Spanish

J. Rafael Angel

W9-CNM-651

HODDER
EDUCATION
AN HACHETTE UK COMPANY

Although every effort has been made to ensure that website addresses are correct at time of going to press, Hodder Education cannot be held responsible for the content of any website mentioned in this book. It is sometimes possible to find a relocated web page by typing in the address of the home page for a website in the URL window of your browser.

Hachette UK's policy is to use papers that are natural, renewable and recyclable products and made from wood grown in sustainable forests. The logging and manufacturing processes are expected to conform to the environmental regulations of the country of origin.

Orders: please contact Bookpoint Ltd, 130 Milton Park, Abingdon, Oxon OX14 4SB. Telephone: (44) 01235 827720. Fax: (44) 01235 400454. Email education@bookpoint.co.uk. Lines are open 9 a.m.–5 p.m., Monday to Saturday, with a 24-hour message answering service. You can also order through our website www.hoddereducation.com

© J. Rafael Angel 2015

Published by Hodder Education
An Hachette UK Company
Carmelite House
50 Victoria Embankment
London EC4Y 0DZ
www.hoddereducation.com

Impression number 5 4 3 2 1

Year   2019 2018 2017 2016 2015

All rights reserved. Apart from any use permitted under UK copyright law, no part of this publication may be reproduced or transmitted in any form or by any means, electronic or mechanical, including photocopying and recording, or held within any information storage and retrieval system, without permission in writing from the publisher or under licence from the Copyright Licensing Agency Limited. Further details of such licences (for reprographic reproduction) may be obtained from the Copyright Licensing Agency Limited, Saffron House, 6–10 Kirby Street, London EC1N 8TS.

Cover photo © emattil-Fotolia
Illustrations by DC Graphic Design Limited
Typeset in Frutiger LT Std 45 Light 10/14pt by DC Graphic Design Limited, Hextable, Kent
Printed in Slovenia

A catalogue record for this title is available from the British Library

ISBN: 9781471841880

Índice

Cómo usar este libro

¡Bienvenido(a) a la serie by Concept de Hodder Education! Cada capítulo se ha diseñado para acompañarte en un proceso de indagación conceptual en el mundo de la lengua española y en los contextos globales que permiten interactuar con nuevas ideas, desarrollar nuevos escenarios de aprendizaje y crear significado.

El *Enunciado de Indagación* revela el marco de la indagación, y las preguntas de indagación sirven de guía a lo largo de la exploración a medida que aparecen en cada capítulo.

En cada capítulo, el marco de estudio se genera a partir de la unión de un *concepto clave*, y *conceptos relacionados* encuadrados en un *contexto global*.

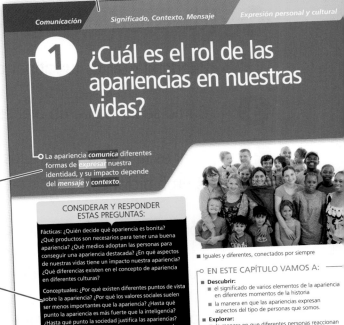

| Comunicación | Significado, Contexto, Mensaje | Expresión personal y cultural |

1 ¿Cuál es el rol de las apariencias en nuestras vidas?

La apariencia *comunica* diferentes formas de *expresar* nuestra identidad, y su impacto depende del *mensaje* y *contexto*.

CONSIDERAR Y RESPONDER ESTAS PREGUNTAS:

Fácticas: ¿Quién decide qué apariencia es bonita? ¿Qué productos son necesarios para tener una buena apariencia? ¿Qué medios adoptan las personas para conseguir una apariencia destacada? ¿En qué aspectos de nuestras vidas tiene un impacto nuestra apariencia? ¿Qué diferencias existen en el concepto de apariencia en diferentes culturas?

Conceptuales: ¿Por qué existen diferentes puntos de vista sobre la apariencia? ¿Por qué los valores sociales suelen ser menos importantes que las apariencias? ¿Hasta qué punto la apariencia es más fuerte que la inteligencia? ¿Hasta qué punto la sociedad justifica las apariencias? ¿Por qué la gente cambia su apariencia? ¿Cómo son las apariencias indicadores culturales?

Debatibles: ¿Existen ventajas en verse bien? ¿Juzgamos a los demás únicamente por su apariencia? ¿Es la apariencia un distractor a la hora de tomar decisiones? ¿Son las apariencias un factor determinante del éxito? ¿Hasta qué punto la aceptación o no aceptación de ciertas apariencias varía de país a país?

Ahora compara y comparte tus opiniones con un compañero o con toda la clase.

■ Iguales y diferentes, conectados por siempre

EN ESTE CAPÍTULO VAMOS A:

■ **Descubrir:**
  ■ el significado de varios elementos de la apariencia en diferentes momentos de la historia
  ■ la manera en que las apariencias expresan aspectos del tipo de personas que somos.

■ **Explorar:**
  ■ la manera en que diferentes personas reaccionan a las apariencias de otros y cómo esto dicta un comportamiento específico
  ■ el impacto de las apariencias en diferentes contextos.

■ **Actuar y:**
  ■ reflexionar sobre los múltiples mensajes que envían diferentes elementos de nuestra apariencia y los malentendidos que pueden crear
  ■ evaluar la manera en que se usan las apariencias para crear expectativas.

Spanish for the IB MYP 4&5: by Conc

2

ACTIVIDAD

Algunos enfoques del aprendizaje esenciales en la asignatura de Adquisición de Lenguas en el PAI se han identificado en cada tarea con el fin de orientar tu trabajo.

Cada actividad tiene un enfoque especial que te permite poner en práctica diferentes destrezas de aprendizaje.

■ Enfoques del aprendizaje

■ Las actividades que encontrarás en este libro te brindarán la oportunidad de utilizar el idioma de manera personalizada. Todas las actividades se han diseñado para apoyar el desarrollo de los enfoques del aprendizaje. Tu profesor podrá indicarte cómo se relacionan con los objectivos de Adquisición de Lenguas en el PAI.

VOCABULARIO SUGERIDO

Al principio de cada capítulo, encontrarás un *vocabulario sugerido* que te ayudará a contextualizar, sustentar y desarrollar tus ideas de forma efectiva.

GRAMÁTICA

Cada capítulo incluye algunas sugerencias sobre las estructuras gramaticales que aparecen en él, o que pueden ser útiles a la hora de expresar tus ideas en las actividades que realizarás. Siempre es recomendable tener en cuenta qué es posible expresar con las diferentes estructuras de manera individual y combinándolas.

Reflexiona sobre el siguiente atributo de la comunidad de aprendizaje:

Cada capítulo aborda y promueve un atributo de la comunidad de aprendizaje para contribuir a tu proceso de reflexión.

Finalmente, al final de cada capítulo tendrás la oportunidad de reflexionar sobre lo que has aprendido por medio de la *Tabla de Reflexión*, en la cual podrás registrar algunas otras preguntas que pudieron surgir gracias al proceso de indagación.

Las siguientes habilidades de los enfoques del aprendizaje serán útiles:

- Habilidades de comunicación
- Habilidades de colaboración
- Habilidades de reflexión
- Habilidades de gestión de la información
- Habilidades de pensamiento crítico
- Habilidades de investigación
- Habilidades de transferencia

Reflexiona sobre el siguiente atributo de la comunidad de aprendizaje:

- Reflexivo: mediante la evaluación de las ideas que se generen en clase.

Oportunidades de evaluación en este capítulo:

- **Criterio A:** Comprensión de textos orales y visuales
- **Criterio B:** Comprensión de textos escritos y visuales
- **Criterio C:** Comunicación en respuesta a textos orales, escritos o visuales
- **Criterio D:** Uso de la lengua de forma oral o escrita

VOCABULARIO SUGERIDO

Revisión y práctica profunda de adjetivos calificativos para describir la personalidad, las emociones y las apariencias. Vocabulario sugerido para mejorar la experiencia de aprendizaje.

Sustantivos	Adjetivos	Verbos
apariencia	agradable	adaptar(se)
apreciación	artificial	adoptar
aspecto	atractivo	aparentar
atributos	atrayente	apreciar
autoestima	bonito/lindo	aprender
cara	encantador	cambiar
características	extraño	confundir
confusión	extravagante	considerar
críticas	falso	criticar
cuerpo	fascinante	cubrir
descripción	feo	decir
engaño	guapo	describir
figura	interesante	despreciar
físico	llamativo	discriminar
originalidad	natural	distraer
rasgos	original	engañar
reflejo	provocador	ignorar
rostro	raro	incluir
semblante	seductor	juzgar
silueta	sofisticado	llevar/portar/
valor	sugerente	vestir
		mencionar
		murmurar
		parecer
		poner
		atención
		reflejar
		reflexionar

GRAMÁTICA

Tiempos verbales que se abordan en este capítulo:
- Presente simple (indicativo)
- Pretérito indefinido
- Pretérito imperfecto (en menor grado)
- Los verbos "poder" y "deber" en su forma condicional para expresar modalidades de expresión: podría, debería
- Diferencias entre los verbos "ser" y "estar"

PIENSA–COMPARA–COMPARTE

Observa las siguientes preguntas y respóndelas.

1. ¿Cuáles son las diferencias entre los verbos "ser" y "estar" cuando hacemos descripciones?
2. Menciona algunos adjetivos que también son verbos en participio pasado.
3. ¿Qué cosas nos pueden dar una idea de quién eres?
4. Cuando observas a alguien, ¿qué detalles de su personalidad o apariencia te dicen cómo es?
5. En un lugar determinado, ¿qué detalles podemos observar en las personas para describir de qué manera el lugar impone una apariencia?
6. En tu opinión, ¿para quién es más importante la apariencia: para los hombres o las mujeres?
7. Para ti, ¿en quiénes es más fácil y común identificar y describir aspectos de la belleza física: en los hombres o las mujeres?

Ahora **compara** y **comparte** tus opiniones con un compañero o con toda la clase.

Oportunidades de evaluación:

Muchas de las actividades en este libro te permitirán fortalecer destrezas de los cuatro criterios de evaluación. Es posible que algunas de estas actividades se realicen para evaluar tu progreso de manera formativa en un tema específico o de manera sumativa cuando concluya el capítulo. Las actividades en las que no veas esta indicación te ayudarán a profundizar la indagación.

▼ Nexos:

Como cualquier otra asignatura, el aprendizaje de lenguas extranjeras es sólo una fracción del conocimiento. Observarás cómo muchas actividades dan paso a crear nexos con otras asignaturas de manera natural, pero también podrás identificar recuadros que te permitirán crear conexiones con asignaturas y temas específicos.

Reflexionemos sobre nuestro aprendizaje…
Usa esta tabla para reflexionar sobre tu aprendizaje personal en este capítulo.

Preguntas que hicimos	Respuestas que encontramos	Preguntas que podemos generar ahora			
Fácticas					
Conceptuales					
Debatibles					
Enfoques del aprendizaje en este capítulo	Descripción: ¿qué destrezas nuevas adquiriste?	¿Cuánto has consolidado estas destrezas?			
		Novato	En proceso de aprendizaje	Practicante	Experto
Destrezas de colaboración					
Manejo de la información					
Destrezas de pensamiento crítico					
Destrezas de pensamiento creativo					
Atributos de la comunidad de aprendizaje	*Reflexiona sobre la importancia del atributo de la comunidad de aprendizaje de este capítulo.*				
Reflexivo					

! Actúa e involúcrate

! Mientras que el Capítulo 8 promueve la idea de acción (aprender haciendo y experimentando), encontrarás una variedad de oportunidades para generar acción y para enriquecer las relaciones conceptuales, por lo tanto debes ser un agente activo de todo el proceso. En las tareas que representan oportunidades de servicio, habrá indicaciones que te apoyarán en tu proceso de investigación y que te ayudarán a detectar las herramientas necesarias por medio del ciclo de indagación.

1 ¿Cuál es el rol de las apariencias en nuestras vidas?

La apariencia **comunica** diferentes formas de **expresar** nuestra identidad, y su impacto depende del **mensaje** y **contexto**.

CONSIDERAR Y RESPONDER ESTAS PREGUNTAS:

Fácticas: ¿Quién decide qué apariencia es bonita? ¿Qué productos son necesarios para tener una buena apariencia? ¿Qué medios adoptan las personas para conseguir una apariencia destacada? ¿En qué aspectos de nuestras vidas tiene un impacto nuestra apariencia? ¿Qué diferencias existen en el concepto de apariencia en diferentes culturas?

Conceptuales: ¿Por qué existen diferentes puntos de vista sobre la apariencia? ¿Por qué los valores sociales suelen ser menos importantes que la apariencia? ¿Hasta qué punto la apariencia es más fuerte que la inteligencia? ¿Hasta qué punto la sociedad justifica las apariencias? ¿Por qué la gente cambia su apariencia? ¿Cómo son las apariencias indicadores culturales?

Debatibles: ¿Existen ventajas en verse bien? ¿Juzgamos a los demás únicamente por su apariencia? ¿Es la apariencia un distractor a la hora de tomar decisiones? ¿Son las apariencias un factor determinante del éxito? ¿Hasta qué punto la aceptación o no aceptación de ciertas apariencias varía de país a país?

Ahora **compara y comparte** tus opiniones con un compañero o con toda la clase.

■ Iguales y diferentes, conectados por siempre

EN ESTE CAPÍTULO VAMOS A:

■ **Descubrir:**
   ■ el significado de varios elementos de la apariencia en diferentes momentos de la historia
   ■ la manera en que las apariencias expresan aspectos del tipo de personas que somos.

■ **Explorar:**
   ■ la manera en que diferentes personas reaccionan a las apariencias de otros y como esto dicta un comportamiento específico
   ■ el impacto de las apariencias en diferentes contextos.

■ **Actuar y:**
   ■ reflexionar sobre los múltiples mensajes que envían diferentes elementos de nuestra apariencia y los malentendidos que pueden crear
   ■ evaluar la manera en que se usan las apariencias para crear expectativas.

- Habilidades de comunicación
- Habilidades de colaboración
- Habilidades de reflexión
- Habilidades de gestión de la información
- Habilidades de pensamiento crítico
- Habilidades de investigación
- Habilidades de transferencia

● Reflexivo: mediante la evaluación de las ideas que se generen en clase.

◆ Oportunidades de evaluación en este capítulo:

- **Criterio A:** Comprensión de textos orales y visuales
- **Criterio B:** Comprensión de textos escritos y visuales
- **Criterio C:** Comunicación en respuesta a textos orales, escritos o visuales
- **Criterio D:** Uso de la lengua de forma oral o escrita

VOCABULARIO SUGERIDO

Revisión y práctica profunda de adjetivos calificativos para describir la personalidad, las emociones y las apariencias. Vocabulario sugerido para mejorar la experiencia de aprendizaje.

Sustantivos	Adjetivos	Verbos
apariencia	agradable	adaptar(se)
apreciación	artificial	adoptar
aspecto	atractivo	aparentar
atributos	atrayente	apreciar
autoestima	bonito/lindo	aprender
cara	encantador	cambiar
características	extraño	confundir
confusión	extravagante	considerar
críticas	falso	criticar
cuerpo	fascinante	cubrir
descripción	feo	decir
engaño	guapo	describir
figura	interesante	despreciar
físico	llamativo	discriminar
originalidad	natural	distraer
rasgos	original	engañar
reflejo	provocador	ignorar
rostro	raro	incluir
semblante	seductor	juzgar
silueta	sofisticado	llevar/portar/
valor	sugerente	vestir
		mencionar
		murmurar
		parecer
		poner
		atención
		reflejar
		reflexionar

GRAMÁTICA

Tiempos verbales que se abordan en este capítulo:
- Presente simple (indicativo)
- Pretérito indefinido
- Pretérito imperfecto (en menor grado)
- Los verbos "poder" y "deber" en su forma condicional para expresar modalidades de expresión: podría, debería
- Diferencias entre los verbos "ser" y "estar"

PIENSA–COMPARA–COMPARTE

Observa las siguientes preguntas y respóndelas.

1 **¿Cuáles son las diferencias entre los verbos "ser" y "estar" cuando hacemos descripciones?**
2 **Menciona algunos adjetivos que también son verbos en participio pasado.**
3 **¿Qué cosas nos pueden dar una idea de quién eres?**
4 **Cuando observas a alguien, ¿qué detalles de su personalidad o apariencia te dicen cómo es?**
5 **En un lugar determinado, ¿qué detalles podemos observar en las personas para describir de qué manera el lugar impone una apariencia?**
6 **En tu opinión, ¿para quién es más importante la apariencia: para los hombres o las mujeres?**
7 **Para ti, ¿en quiénes es más fácil y común identificar y describir aspectos de la belleza física: en los hombres o las mujeres?**

Ahora **compara y comparte** tus opiniones con un compañero o con toda la clase.

Tema 1: ¿Cuál es el rol de las apariencias en nuestras interacciones sociales?

¿Y TÚ QUIÉN ERES?

La apariencia tiene un rol muy importante en la construcción de amistades y de grupos sociales. De igual forma, los lugares que las personas frecuentan y las situaciones en las que interactúan determinan comportamientos y actitudes específicas.

En muchas ocasiones, la apariencia puede ser una herramienta que facilita la manera en que socializamos e interactuamos con las personas. Cada uno de nosotros es un individuo único; por esta razón, es posible mostrar o enfatizar ciertos aspectos de nuestra personalidad dependiendo de la situación.

Así, la apariencia, como parte de nuestra identidad, puede incluso considerarse como un lenguaje especial que transmite sentimientos, emociones, ideas, y que define la vida social de las personas.

PIENSA – COMPARA – COMPARTE

Observa las categorías en la siguiente tabla y describe cómo te vistes en esa situación. Utiliza tantos adjetivos como sea posible. Menciona tus atuendos, las apariencias que proyectas, así como tu comportamiento. ¿Cómo eres en estas situaciones?

Debate tus respuestas con tus compañeros.

Situación	Tu aspecto
En el aula	
Cuando asistes a una fiesta formal	
Cuando vas a una fiesta donde no conoces a nadie	
Cuando participas en un evento religioso o tradicional	
Cuando visitas la familia de colegas de tu papá o de tu mamá	

ACTIVIDAD: Diferentes formas de apreciar

■ Enfoques del aprendizaje

■ Habilidades de comunicación: Ofrecen y reciben comentarios pertinentes

Después de debatir y compartir la información de la tabla, en grupo, discute las siguientes ideas. Escribe únicamente el consenso al que llegues.

1 ¿Qué es más común: sobreestimar o subestimar nuestras cualidades físicas? ¿Por qué?
2 ¿Qué es más fácil: volverse popular por ser guapo/a o por tener buenos modales y ser humilde?
3 ¿Qué influencia tiene la apariencia física en la personalidad de una persona? ¿Y viceversa?
4 ¿Qué tan fácil es ajustarse a las demandas de un lugar o situación?
5 ¿Cuándo o dónde se pueden cometer errores si uno no muestra la apariencia adecuada?

LA VECINA QUE MÁS ME AGRADA

Hay ocasiones en que sacamos conclusiones de las personas considerando únicamente las apariencias que están a la vista, precipitándonos, sin prestar atención a los detalles. ¿Qué hacemos cuando vemos a las personas?

Algunas habilidades de pensamiento crítico que podemos considerar cuando queremos llegar a una conclusión sobre la forma de ser de una persona son la observación y la inferencia. Para lograr tener una opinión más certera sobre las personas no es suficiente mencionar lo que vemos, sino observar su comportamiento y la manera de hablar y de dirigirse a los demás.

Observa la siguiente imagen del programa de televisión llamado *Orphan Black*.

Este programa es popular porque una sola actriz representa más de cinco personajes. En la foto, puedes ver algunos de los clones de la serie *Orphan Black*: Rachel, Cosima, Allison, Sarah, Helena.

PIENSA–COMPARA–COMPARTE

Observa las siguientes preguntas y respóndelas.

1 **¿Cómo te describes a ti mismo?**
2 **¿Cómo te describen tus amigos?**
3 **¿Cómo seleccionas a tus amigos?**
4 **¿Cómo seleccionas los lugares que te gusta frecuentar?**
5 **¿Qué elementos son esenciales en tu imagen personal?**
6 **¿Qué tan importante es tu apariencia y la de tus amigos?**

Ahora **compara y comparte** tus opiniones con un compañero o con toda la chase.

ACTIVIDAD: Orphan Black

■ Enfoques del aprendizaje

- Habilidades de comunicación: Escriben con diferentes propósitos. Organizan y describen la información de manera lógica

Observa con atención la apariencia de las chicas en la foto. Escribe un párrafo donde describas su personalidad, sus gustos en cuestión de música y cine, los productos que consumen, sus estados de ánimo comunes y tipo de amigos que tienen. En tu descripción, menciona qué tan buenas vecinas son, qué tan feliz piensas que es cada una y si piensas que puedes tener una relación amigable con ellas.

◆ Oportunidades de evaluación

- En esta actividad se han practicado las habilidades que son evaluadas por medio del Criterio C: Comunicación en respuesta a textos orales, escritos o visuales y del Criterio D: Uso de la lengua de forma oral o escrita.

■ Cinco de los personajes que Tatiana Maslany representa en la serie *Orphan Black*

¿QUÉ PREFIEREN LOS JÓVENES?

Un grupo de jóvenes latinoamericanos del colectivo Humo realizó una encuesta sobre los aspectos de la imagen personal que los adolescentes entre 14 y 19 años consideraban esenciales. Además de estudiar el rol de las redes sociales en las decisiones que toman los jóvenes para decidir la importancia de su apariencia, el colectivo intentaba sondear los gustos de este grupo para comercializar un nuevo producto. Estudia los resultados.

Imagen personal

Para los jóvenes, su imagen personal es un elemento identificador en el mundo, una forma de mostrar lo que son y un canal de expresión para manifestar sus ideas. Los jóvenes saben que su imagen personal se compone de lo que la gente ve en ellos, de la identidad del clan social al que pertenecen y de las ideas que los representan, y por esta razón la cuidan.

Con el auge de las redes sociales, las fotos que se publican y la facilidad y rapidez con las que las imágenes se convierten en tendencias virales, la importancia de la imagen ha cobrado fuerza y, por esta razón, los jóvenes toman cada momento y oportunidad para impregnar un espacio o circunstancia con su presencia.

Irónicamente, esta actitud también ha provocado muchos tipos de falsedades, pues muchos jóvenes viven intentando aparentar lo que no son.

ACTIVIDAD: Promoción de un producto

■ Enfoques del aprendizaje

■ Habilidades de comunicación: Escriben con diferentes propósitos. Hacen deducciones y extraen conclusiones. Organizan y describen la información de manera lógica

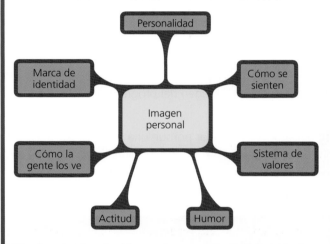

Observa la descripción que acompaña la imagen y los resultados de la encuesta representados en la imagen.

¿Qué producto piensas que el colectivo desea lanzar al mercado? Usa tu imaginación y escribe una descripción del producto: ¿Qué es? ¿Qué objetivo tiene? ¿Qué posibilidades de éxito tiene? ¿Por qué? Utiliza la información en el diagrama para fundamentar tus ideas.

Escribe entre 200 y 300 palabras.

Comparte tu texto con un compañero y escribe un párrafo dándole retroalimentación sobre su producto.

◆ Oportunidades de evaluación

◆ En esta actividad se han practicado las habilidades que son evaluadas por medio del Criterio C: Comunicación en respuesta a textos orales, escritos o visuales y del Criterio D: Uso de la lengua de forma oral o escrita.

ACTIVIDAD: Entrevista con el creador de un producto

■ Enfoques del aprendizaje

■ Habilidades de comunicación: Utilizan una variedad de técnicas de expresión oral para comunicarse con diversos destinatarios

En parejas, lee las descripciones de los productos que escribieron tus compañeros. Selecciona uno que no sea ni el tuyo ni el de tu compañero.

Prepara una entrevista utilizando el producto que seleccionaste con tu compañero. Uno de ustedes será el creador del producto, y el otro un periodista. La interacción debe reflejar las características especiales del producto, las personas objetivo, las ventajas, lo que hace al producto diferente. Esta entrevista se transmitirá en un programa de TV y radio especializado en el diseño de imagen. Pon atención al registro del idioma y el vocabulario que selecciones.

◆ Oportunidades de evaluación

◆ En esta actividad se han practicado las habilidades que son evaluadas por medio del Criterio C: Comunicación en respuesta a textos orales, escritos o visuales y del Criterio D: Uso de la lengua de forma oral o escrita.

ACTIVIDAD: El rostro y el cuerpo perfectos

■ Enfoques del aprendizaje

■ Habilidades de comunicación: Utilizan una variedad de técnicas de expresión oral para comunicarse con diversos destinatarios

¿Hasta qué punto estas de acuerdo con la siguiente idea? **Las opiniones de grupos sociales, el consumismo y la mercadotecnia son responsables de que nuestra percepción de la belleza esté tan distorsionada.** Toma notas en una tabla como la siguiente. Menciona la manera en que cada posibilidad afecta la percepción de la apariencia.

Grupos sociales	Consumismo	Mercadotecnia

Considera las siguientes preguntas y comparte tu opinión: **¿Quiénes crees que están sujetos a más presión? ¿Los hombres o las mujeres? ¿Por qué?**

ACTIVIDAD: La distorsión de la realidad

■ Enfoques del aprendizaje

■ Habilidades de comunicación: Utilizan una variedad de técnicas de expresión oral para comunicarse con diversos destinatarios

Ve al siguiente enlace en YouTube **http://tinyurl.com/byconpg7**.

Mientras ves el vídeo, piensa en los sentimientos de los modelos y las ideas y responsabilidades de los fotógrafos y maquilladores. Después, en parejas, discute las preguntas:

1 **¿Cómo se sienten los y las modelos al ver el resultado de la transformación? ¿Piensas que esto crea presión en ellos?**
2 **¿Hasta qué punto crees que se promueve una apariencia imposible?**
3 **¿Por qué es difícil conformarse con la apariencia natural?**

La interacción debe durar cuatro minutos.

◆ Oportunidades de evaluación

◆ En esta actividad se han practicado las habilidades que son evaluadas por medio del Criterio C: Comunicación en respuesta a textos orales, escritos o visuales y del Criterio D: Uso de la lengua de forma oral o escrita.

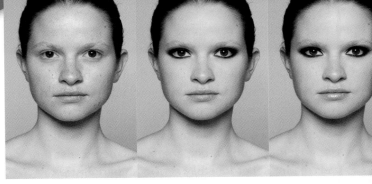

ACTIVIDAD: Artículo sobre la ley antirretoque

■ Enfoques del aprendizaje

■ Habilidades de comunicación: Estructuran la información en resúmenes, ensayos e informes

Utiliza la información que encontraste sobre la ley antirretoque y escribe un artículo para una revista de jóvenes activistas de un grupo de escuelas públicas y privadas, donde presentes tus ideas sobre la forma en que se debe proteger la integridad de las personas y los consumidores.

En tu producción, menciona aspectos importantes de la ley antirretoque, y algunos ejemplos que ilustren la gravedad del tema.

Concluye invitando a las personas a participar en la solución de este problema.

Escribe 250 palabras.

Comparte tu artículo con tus compañeros, y publícalo en un blog. Ofrece retroalimentación y prepara ideas para un posible debate sobre el tema.

◆ Oportunidades de evaluación

◆ En esta actividad se han practicado las habilidades que son evaluadas por medio del Criterio C: Comunicación en respuesta a textos orales, escritos o visuales y del Criterio D: Uso de la lengua de forma oral o escrita.

ACTIVIDAD: La ley antirretoque

■ Enfoques del aprendizaje

■ Habilidades de gestión de la información: Acceden a la información para estar informados e informar a otros

En algunos países existe la ley antirretoque que prohíbe el uso del Photoshop para distorsionar el cuerpo de los modelos.

Investiga sobre esta ley y escribe un informe donde indiques qué intenta proteger, cómo reaccionaron los medios y los negocios cuando se dio a conocer, qué quiere conseguir la ley y las reacciones de los modelos y los diseñadores de imagen. Concluye expresando tu punto de vista y hasta qué punto estás de acuerdo.

Escribe 250 palabras.

◆ Oportunidades de evaluación

◆ En esta actividad se han practicado las habilidades que son evaluadas por medio del Criterio C: Comunicación en respuesta a textos orales, escritos o visuales y del Criterio D: Uso de la lengua de forma oral o escrita.

ACTIVIDAD: Punto de vista

■ Enfoques del aprendizaje

■ Habilidades de comunicación: Utilizan el entendimiento intercultural para interpretar la comunicación

Selecciona una de las siguientes opciones:

a escribe y debate por qué no podemos ni debemos juzgar a alguien por la ropa que usa.

b escribe una historia que comience así: "¡Qué opinión más equivocada y errada tenía yo sobre Elena! La primera vez que la vi parecía tan…"

c responde la siguiente pregunta debatiendo tu punto de vista y mencionando ejemplos: ¿Qué te deja ver más sobre la manera de ser de un extraño: la ropa que viste, la apariencia de su casa, los lugares que frecuenta, los amigos que tiene?

Escribe 250 palabras.

◆ Oportunidades de evaluación

◆ En esta actividad se han practicado las habilidades que son evaluadas por medio del Criterio C: Comunicación en respuesta a textos orales, escritos o visuales y del Criterio D: Uso de la lengua de forma oral o escrita.

APARIENCIAS Y DIFERENCIAS

■ ¿Hispano, latino o estadounidense? Mi apariencia define mi identidad

ACTIVIDAD: Ella es bonita

■ Enfoques del aprendizaje

■ Habilidades de comunicación: Utilizan el entendimiento intercultural para interpretar la comunicación

Busca en YouTube el vídeo musical de Natalia Lafourcade titulado: Ella es bonita.

Debate las siguientes preguntas en parejas:

1 Menciona tres situaciones relacionadas con las apariencias que se muestran en el vídeo.

2 ¿Por qué se menciona a la madre del chico en la canción?

3 ¿Qué significado tiene el título de la canción, considerando que la canta una chica? ¿En qué sería diferente si la cantara un chico?

4 ¿A qué hacen alusión los siguientes versos de la canción?
   a ¿Por qué será, si no lo tienes más lo quieres?
   b Cuando lo tienes, ya no lo quieres
   c Ella es bonita, aunque tiene mal humor
   d Ella es bonita, aunque no te deje ir

5 ¿Te gusta la canción? ¿Por qué? ¿Por qué no? ¿A cuál(es) de tus amigos piensas que le gustaría?

6 ¿A las personas de qué edad les puede gustar esta canción? ¿Por qué?

PUNTO DE INDAGACIÓN

Lee las siguientes preguntas y comparte tus opiniones con tus compañeros.

1 ¿Qué rasgos atribuimos a la apariencia de personas de las siguientes nacionalidades?
   a china   d sudafricana
   b mexicana   e estadounidense
   c rusa   f india

2 ¿Por qué, en ocasiones, es difícil decir que una persona viene de un país específico considerando únicamente sus rasgos físicos?

3 ¿Cuáles son algunas de las características de las personas que son una mezcla de culturas?

4 En tu país, ¿qué tan común es encontrar personas cuyos padres son de diferentes países?

5 ¿Cuáles son algunos verbos que podemos utilizar para hablar de apariencias?

6 Al describir las emociones y/o la personalidad de una persona, ¿cuándo usamos los verbos "ser", "estar" y "tener"?

ACTIVIDAD: Apariencias y abuso

■ Habilidades de reflexión: Consideran las implicaciones éticas, culturales y ambientales

Ve a **soundcloud.com** y busca el siguiente audio: **apariencias diferencias y abuso**.

Escucha el audio y responde las siguientes preguntas:

1 **Según el audio, ¿cuáles son tres causas del abuso?**
2 **¿Quiénes sufren de problemas de abuso, según el audio?**
3 **¿Cuántos años tiene Marta?**
4 **¿Cuántos años parece que tiene Marta?**
5 **¿Cuál es el problema más grande de Marta?**
6 **¿Qué amigos tiene Marta? ¿Por qué?**
7 **¿Cómo es Marta en realidad?**
8 **¿Qué piensan los niños y niñas de primaria de Marta?**
9 **¿Cuál es la característica más sobresaliente de Marta?**
10 **¿Conoce incidentes como el de Marta? Compara las situaciones.**

Después de responder las preguntas, interactúa con un compañero. Uno de ustedes representará el rol de Marta y el otro será uno de sus amigos. Debate la influencia de la apariencia para formar grupos de amistades; utiliza ejemplos del audio para enfatizar los problemas que las apariencias pueden causar. Contextualiza la charla adecuadamente.

Su interacción debe durar cuatro minutos.

◆ Oportunidades de evaluación

◆ En esta actividad se han practicado las habilidades que son evaluadas por medio del Criterio C: Comunicación en respuesta a textos orales, escritos o visuales y del Criterio D: Uso de la lengua de forma oral o escrita.

ACTIVIDAD: Encuesta

■ Enfoques del aprendizaje

■ Habilidades de gestión de la información: Obtienen y analizan datos para identificar soluciones y tomar decisiones fundadas

Realiza: un sondeo con los profesores de tu escuela.

Consulta: dos páginas web de tu selección; un artículo de una revista especializada; las estadísticas de una investigación.

Realiza tu sondeo considerando los siguientes puntos y escribe tu informe tomando en cuenta la información que encontraste en el sondeo y en las diferentes fuentes que consultaste.

a **Los profesores universitarios otorgan mejores notas en los exámenes a las chicas guapas. Se dice que los profesores son generosos porque tienen la tendencia a sobreestimar las cualidades de sus alumnas. ¿Qué tan cierto es? ¿Qué puedes probar?**
b **En los tribunales, las personas que son guapas y atractivas reciben sentencias más cortas y menos severas, a menos que hagan uso deliberado de sus atributos para manipular la opinión del jurado y del juez, en cuyo caso la sentencia es más severa. ¿Qué tan cierto es? ¿Qué puedes probar?**
c **Se cree que las personas atractivas tienen una personalidad más afable, una posición social más alta, un mayor encanto y posibilidades más grandes de ser felices en el matrimonio. ¿Qué tan cierto es? ¿Qué puedes probar?**
d **Las mujeres guapas raramente se vuelven científicas reconocidas o hacen aportes a áreas como la física y la química. Por lo general, estas mujeres tienen la tendencia a seleccionar carreras como Lenguas, Derecho y Medicina. ¿Qué tan cierto es? ¿Qué puedes probar?**
e **Los hombres de estatura baja tienen menor fortuna a la hora de encontrar trabajos y de recibir salarios apropiados en comparación con los hombres de estatura promedio. En muchos países, en las elecciones presidenciales, el candidato más alto generalmente gana. Puede incluso haber una relación entre la estatura y la inteligencia, pues se podría decir que los mismos genes definen los dos aspectos. ¿Qué tan cierto es? ¿Qué puedes probar?**

◆ Oportunidades de evaluación

◆ En esta actividad se han practicado las habilidades que son evaluadas por medio del Criterio C: Comunicación en respuesta a textos orales, escritos o visuales y del Criterio D: Uso de la lengua de forma oral o escrita.

PIENSA – COMPARA – COMPARTE

Debate las siguientes preguntas con un compañero. Después intercambia puntos de vista con toda la clase.

1 ¿Por qué muchas personas basan sus decisiones en las apariencias?
2 ¿Por qué los valores sociales suelen ser menos importantes que la apariencia?
3 ¿Hasta qué punto la sociedad justifica las apariencias?
4 ¿Juzgamos a los demás únicamente por su apariencia?
5 ¿Son las apariencias un factor determinante del éxito?
6 ¿Cuál es la diferencia entre, por ejemplo: "él es…", "él puede ser…", "él parece…" y "él es como un…"?
7 ¿Cómo podemos utilizar los *símiles* para describir apariencias?

DIME ADÓNDE VAS Y TE DIRÉ CÓMO ERES

■ *Yo soy Betty la fea*, telenovela colombiana transmitida en el canal RCN de 1999–2001

ACTIVIDAD: Beatriz Pinzón

▪ Enfoques del aprendizaje

■ Habilidades de pensamiento crítico: Observan detenidamente para reconocer los problemas. Obtienen y organizan información pertinente para formular un argumento

Busca el siguiente vídeo en YouTube: Yo soy Betty la fea – La entrevista y después responde estas preguntas:

1 ¿Qué tipo de mujeres se presentaron a la entrevista?
2 ¿Cómo reaccionaron las personas cuando vieron a Beatriz Pinzón?
3 Menciona tres diferencias entre las habilidades de Beatriz y Patricia.
4 ¿Por qué cambiaba el tono de voz y el lenguaje corporal del director cuando hablaba con Patricia o Beatriz?
5 ¿Por qué el director de la telenovela decidió no mostrar la cara de Beatriz sino hasta que le preguntaron por su foto?
6 ¿Hasta qué punto crees que el director quiere presentar una crítica a las apariencias en el lugar de trabajo?
7 ¿El director de la compañía habló de la misma manera a las dos chicas? ¿En qué se diferenció su forma de expresarse?
8 En tu opinión, ¿qué es más importante:
   a en una entrevista de trabajo: tener una buena hoja de vida o presentarse con una buena apariencia?
   b para obtener un trabajo: ser bien parecido o ser inteligente?
9 En tu opinión, ¿qué tan importante es la apariencia para las primeras impresiones?
10 Imagina que eres el director. ¿Quién es la candidata idónea para el trabajo: Beatriz o Patricia? Explica.

◆ Oportunidades de evaluación

◆ En esta actividad se han practicado las habilidades que son evaluadas por medio del Criterio A: Comprensión de textos orales y visuales.

ACTIVIDAD: Los ambientes que crean las apariencias

■ Enfoques del aprendizaje

■ Habilidades de pensamiento crítico: Extraen conclusiones y realizan generalizaciones razonables

Trabaja con un compañero. Selecciona tres de las siguientes situaciones y dibuja un mapa conceptual para cada una. Indica la personalidad que el individuo mencionado tiene, la ropa que usa, los lugares a los que va y el tipo de amigos que tiene.

a   Una mujer calva
b   Un hombre que lleva un arete en cada oreja
c   Una mujer con maquillaje pronunciado y exagerado
d   Un hombre de 60 años con pelo largo y bien conservado
e   Una chica que usa joyas en exceso y las muestra deliberadamente
f   Un hombre elegante que lleva ropa a la moda, refinado, amable y respetuoso
g   Una joven a la que le gusta usar ropa de hombre
h   Un hombre que usa calcetines blancos deportivos con zapatos de vestir
i   Un hombre que usa pantalones de mezclilla ajustados
j   Un hombre o mujer que usa la talla incorrecta de ropa

De manera individual o en equipos pequeños, presenta tu mapa conceptual e indaga sobre las ideas que se incluyeron en los diferentes mapas. Expresa tus puntos de vista acerca de las ideas que se mencionen.

Después de terminar las descripciones de los mapas conceptuales, selecciona una situación e, individualmente, escribe la conclusión a la que llegarían las personas que observan al individuo. En tu texto, utiliza el vocabulario que compilaste en el mapa conceptual.

Escribe 250 palabras en un formato para un blog popular entre adolescentes titulado "Ciudad y Estilo".

◆ Oportunidades de evaluación

◆ En esta actividad se han practicado las habilidades que son evaluadas por medio del Criterio C: Comunicación en respuesta a textos orales, escritos o visuales y del Criterio D: Uso de la lengua de forma oral o escrita.

ⓘ "La belleza es la maravilla de las maravillas. Sólo la gente superficial no juzga por las apariencias. El verdadero misterio del mundo es lo visible, no lo invisible".

Oscar Wilde en El Retrato de Dorian Gray

ACTIVIDAD: ¿Qué es la buena apariencia?

■ Enfoques del aprendizaje

■ Habilidades de pensamiento crítico: Consideran ideas desde múltiples perspectivas. Extraen conclusiones y realizan generalizaciones razonables

¿Qué tan determinantes, para la buena apariencia, son los elementos a la derecha?

Clasifica las ideas del 1 al 5 dependiendo de lo mucho que dañen o afecten la apariencia. Cinco es el menos favorable.

Después de completar la tabla, compara tus resultados con los de uno de tus compañeros y debate estas preguntas:

1   ¿Qué tan diferentes son los permisos que reciben los hombres y las mujeres?
2   ¿Hasta qué punto piensas que esto es similar en otras culturas?

Comparte tus reflexiones con toda la clase.

PIENSA–COMPARA–COMPARTE

Responde las siguientes preguntas con uno de tus compañeros y comparte tus respuestas con toda la clase.

1 **¿Quién decide lo que es una buena apariencia?**
2 **¿Es la apariencia un distractor a la hora de tomar decisiones?**

¿Qué opinas tú?

Se dice que el 90 por ciento de la opinión que se forman las personas sobre los demás sucede en los primeros 90 segundos de sus interacciones. ¿Estás de acuerdo? ¿Por qué o por qué no?

Hombres y mujeres	1	2	3	4	5
Usar zapatos sin lustrar					
Usar la talla incorrecta de ropa					
Llevar tatuajes					
Usar joyas en exceso					
Hablar de manera descortés					
Mostrar mala alimentación					
No sonreír mucho					
Reír excesivamente					
Usar palabras soeces					
Usar fragancias y perfumes en exceso					
Hombres					
Usar calcetines blancos deportivos con zapatos de vestir					
Llevar el teléfono móvil en el cinturón					
Llevar la camisa desabotonada hasta el pecho					
Usar ropa de colores llamativos					
Actuar de manera extravagante					
Mujeres					
Usar ropa reveladora					
Usar demasiado maquillaje					
No usar maquillaje					
Caminar como hombre					
Actuar de forma muy masculina					

ACTIVIDAD: Ojos para los ojos

■ Enfoques del aprendizaje

■ Habilidades de pensamiento crítico: Reconocen los sesgos y los supuestos no explícitos

Después de leer el artículo de las páginas 14–15 responde las siguientes preguntas:

1 **¿Por qué se mencionan personas como Elton John y Alex Syntek en el texto?**
2 **Según el texto, ¿por qué los asesores de imagen deben poner atención a los anteojos? Menciona tres de las ideas centrales del texto.**
3 **Analiza los apodos que se mencionan en el párrafo 3 y explica por qué se utilizan para referirse a las personas que usan lentes.**
4 **¿Cuáles son las dos ideas principales que se mencionan en el texto?**
5 **¿Cómo están relacionadas las situaciones de abuso en los niños de primaria, las gafas y la apariencia? ¿Por qué crees que el autor decidió mencionar este ejemplo?**
6 **¿Cómo pueden variar las opiniones de un oftalmólogo y los amantes de la moda sobre el tipo de lentes que una persona necesita?**
7 **Uno de tus amigos quiere comprar unas gafas; considerando la información del artículo, ¿qué tres preguntas le harías para ayudarlo a tomar una buena decisión?**
8 **¿De qué manera el párrafo 6 justifica la idea principal del párrafo 4? Explica.**
9 **¿Qué relaciones encuentras entre la imagen 2 y el párrafo 2? Justifica tu respuesta.**
10 **¿Hasta qué punto piensas que los oftalmólogos deben tomar en cuenta la opinión de los amantes de la moda? Explica.**
11 **Imagina que eres testigo de una situación donde unos chicos abusan verbalmente de un niño con lentes. ¿Cómo reaccionas? ¿Qué puedes decir al respecto?**
12 **En tu opinión, ¿cómo cambia la apariencia o personalidad de la gente cuando usan lentes?**

◆ Oportunidades de evaluación

◆ En esta actividad se han practicado las habilidades que son evaluadas por medio del Criterio B: Comprensión de textos escritos y visuales.

Lee el siguiente artículo de revista sobre la manera en que los anteojos definen la personalidad:

Ojos para los ojos

Por: Miroslava Ortega

1 Anteojos, lentes, gafas … existen muchos nombres para referirnos a ese par de cristales que se usan no sólo para ver mejor sino para verse mejor. No obstante, independientemente de la razón por la que las personas deciden usarlos, resulta interesante preguntarnos: ¿cómo influyen en la personalidad? Algunas personas piensan que las gafas dan un aire intelectual, otros que hacen que alguien se vea misterioso y seductor, y otros más que dicen que las personas que usan anteojos son analíticas. ¿Quiénes tienen la razón?

2 Para las personas que están interesadas en la moda, la opción de lentes que se seleccione debe tomar en cuenta elementos de estilo y de cuidado personal. En otras palabras, si una persona compra anteojos por razones médicas, puede ser buena oportunidad considerar qué estilo le beneficia más. Para ello, los amantes de la moda recomiendan tomar en cuenta la estructura facial, el tono de piel y el tamaño del accesorio, porque si seleccionas los lentes ideales, puedes lucir inteligente, ingenioso y único.

3 No obstante, usar lentes no siempre es tan halagador. Para algunos niños en las escuelas primarias, usar anteojos puede ser razón para ser objeto de burlas. Por ejemplo, las personas que constantemente se burlan de otros suelen poner apodos como cuatro ojos, poca luz, o casimiro a los niños que llevan gafas. Claramente estas palabras no son nada agradables y son tanto ofensivas como hirientes; así que como podemos observar, usar lentes puede dar pie a comportamientos negativos.

4 Por otro lado, cuando analizamos las razones por las que los personajes en películas o series de televisión utilizan gafas, podemos llegar a la conclusión de que se usan para enfatizar la personalidad y el estilo de cada actor. Además, existen personajes públicos y celebridades para quienes sus lentes son una parte fundamental de su personalidad y es imposible imaginarlos sin ellos. Por ejemplo, la imagen de los siguientes individuos estaría incompleta sin estos accesorios: Woody Allen, Alex Syntek, Elton John y el personaje ficticio de la serie mexicana Chespirito llamado "la Chilindrina".

de Lady Gaga", "los anteojos de Steve Jobs" o "las gafas de John Lennon", lo que confirma que este artículo tiene la capacidad de definir identidades y de crear imágenes mentales, gracias a los estereotipos y estilos de vida que el armazón, el color y el tamaño dejan ver.

5 Posiblemente, una de las diferencias más notables es la forma en que los rasgos faciales de una persona que usa lentes cambian cuando no los usa. Quizás por esta razón en muchos documentos oficiales en los que se requiere incluir fotografías, uno de los requisitos es no usar lentes, pues de otra forma sería difícil identificar a la persona. Con gafas, muchas personas se ven más sofisticadas, otras se ven más intelectuales, pero también puede ocurrir que se vean un poco aburridas.

6 Lo que me llama más la atención es que muchos estilos de gafas pueden llevar el nombre de la persona que las portó por primera vez o que las hizo famosas. En muchos ocasiones he escuchado que las personas hablan de "los lentes

7 Como podemos observar, los lentes no solo ayudan a las personas que necesitan mejorar su visión, sino que también son un accesorio de moda y un accesorio que permite expresar nuestra personalidad y define nuestro estilo. Entonces, cuando un diseñador de imagen quiere definir la apariencia ideal para una figura pública, una celebridad o un político tiene que considerar qué elementos necesita enfatizar, qué busca transmitir, los grupos o tribus sociales donde un estilo de lentes es predominante, los posibles estereotipos ligados a tal selección y las reacciones que pueden tener los demás. Así pues, las gafas son uno de los elementos a los que los asesores de imagen ponen más atención.

ACTIVIDAD: Los lentes y las apariencias

■ Enfoques del aprendizaje

- ■ Habilidades de investigación: Establecen conexiones entre diversas fuentes de información

Después de leer el texto, realiza una mini investigación sobre los lentes y la apariencia. Para esta tarea necesitas consultar a tus amigos, a un oculista/oftalmólogo, a un asesor de imagen, si es posible, y varias páginas especializadas en internet.

Investiga qué colores, estructuras y estilos de armazón debe seleccionar alguien que quiera mostrar una imagen:

Coqueta	
Tecnócrata	
Visionaria	
Intelectual	
De amante de lo *vintage*	
Hipster	
Artística	
De pacifista	

Imagina que eres un experto en imagen y escribe un informe para tu blog en el cual informes a tus lectores sobre el efecto de los lentes en la personalidad. Incluye recomendaciones para situaciones específicas.

Escribe 250 palabras.

◆ Oportunidades de evaluación

- ◆ En esta actividad se han practicado las habilidades que son evaluadas por medio del Criterio C: Comunicación en respuesta a textos orales, escritos o visuales y del Criterio D: Uso de la lengua de forma oral o escrita.

ACTIVIDAD: Manteniendo las apariencias

■ Enfoques del aprendizaje

- ■ Habilidades de colaboración: Manejan y resuelven los conflictos y trabajan de manera colaborativa en equipos

Con un compañero, debate y **evalúa** los siguientes comportamientos:

a **Gritar en la calle.**
b **Echarle un vistazo a nuestra apariencia en el espejo de un coche.**
c **Decir "con permiso".**
d **Ceder el asiento a una mujer embarazada o mayor.**
e **Dar los buenos días o las buenas tardes.**
f **Dar la bienvenida al barrio con un regalo.**
g **Nunca decir la verdad por temor a herir los sentimientos de las personas.**
h **No saludar con la mano.**
i **Hacer demasiadas preguntas.**
j **Usar gafas oscuras de noche.**
k **Usar ropa holgada o poco reveladora.**

Sigan los siguientes pasos:

1 **Lee los comportamientos.**
2 **Discute hasta qué punto son apropiados o inapropiados.**
3 **Menciona en qué casos se evitan esos comportamientos para mantener las apariencias.**
4 **Menciona cuándo son diferentes o aceptables dependiendo de la cultura.**
5 **Compara puntos de vista entre culturas.**
6 **Evalúenlos.**

Después de su debate, escribe un ensayo argumentativo en el que discutas la relación entre las apariencias y los buenos comportamientos, las generalizaciones correctas o incorrectas que se pueden hacer, y las razones por las que las personas intentan "mantener sus apariencias".

Escribe 250 palabras.

◆ Oportunidades de evaluación

- ◆ En esta actividad se han practicado las habilidades que son evaluadas por medio del Criterio C: Comunicación en respuesta a textos orales, escritos o visuales y del Criterio D: Uso de la lengua de forma oral o escrita.

Lee las siguientes preguntas y comparte tus puntos de vista con tus compañeros:

1 ¿Qué comportamientos asociamos con las personas de acuerdo con el lugar donde viven en la ciudad?

2 ¿Podemos generalizar que las personas que viven en las mejores áreas y tienen mejor apariencia se comportan de manera más apropiada?

3 ¿Es posible decir que todas las personas que tienen una apariencia humilde carecen de buenos modales?

4 ¿Hasta qué punto la apariencia es equivalente a la calidad de los modales sociales?

5 ¿Qué significa la idea de mantener las apariencias?

6 ¿Cuál es tu punto de vista sobre la idea de mantener las apariencias, considerando las reglas de tu cultura?

7 ¿Qué medios adoptan las personas para conseguir una apariencia destacada?

8 ¿Cuándo cambian su apariencia las personas?

9 ¿Por qué es posible desarrollar juicios u opiniones acerca de las personas a partir de sus apariencias?

10 ¿Por qué las apariencias pueden ser engañosas?

11 ¿Qué tipo de divisiones sociales pueden causar las apariencias?

12 ¿En qué aspectos de nuestras vidas tiene un impacto nuestra apariencia?

Lee el siguiente artículo de revista sobre las tribus sociales:

Tribus y culturas sociales

Por: Rubí Pérez

Dime qué ropa usas y te diré cómo eres; las cosas que te gustan son una representación de lo que piensas. De hecho, la ropa que las personas deciden utilizar es una expresión de su identidad personal y, en muchas ocasiones, el reflejo del grupo social del que son parte. Para los adolescentes, la moda, la apariencia y los estilos de vida son una forma de expresar lo que son. Para los adolescentes, la apariencia es una lengua que comunica ideas personales y un medio para definir su rol en la sociedad. Entonces, ya que existe una variedad enorme de apariencias y porque cada una es un idioma individual, es necesario aprender a comprender, identificar, asimilar y respetar los estilos de los adolescentes; de otra forma, podemos perder la oportunidad de compartir los lugares de esparcimiento que tenemos en nuestra ciudad.

En muchas ocasiones, en el presente, YouTube y las redes sociales como Facebook o Instagram promueven tendencias que las personas adoptan rápidamente, dependiendo de sus intereses. Cuando deciden qué tendencia adoptar, muchos adolescentes consideran la apariencia de sus ídolos, la popularidad de las preferencias y su satisfacción personal. Así, es imposible ignorar la importancia de la apariencia en el presente.

Sin embargo, la apariencia es un concepto muy amplio que no está limitado a la ropa que las personas llevan, sino que también incluye aspectos de las cosas que les gustan, como la música, la literatura y el cine, así como

los lugares que frecuentan. En ciertos casos, incluso el tono de voz y las palabras que las personas emplean son parte de un concepto que define el grupo social al que las personas pertenecen.

Un ejemplo es lo que en algunos países de América Latina se conoce como chicos o chicas *fresa*, los cuales son un estereotipo de jóvenes y, en algunas ocasiones, adultos cuya forma de vivir es o aparenta ser superficial, mostrando un interés pronunciado en el físico, en las marcas de ropa, en los lugares de moda, además de tener una fuerte predilección por los aparatos tecnológicos. Los *fresas* son criticados por su forma de vestir y su forma de hablar, la que muchas personas describen como dramática, mimada, actuada o *fake*. Los *fresas* suelen escuchar la música que está de moda, que generalmente es pop y electro pop comercial, y asisten a escuelas privadas. De esta manera, esta tribu se basa ampliamente en el estatus socioeconómico.

Otra cultura es la de los *emos*, la cual es más prominente entre adolescentes. Muchas personas piensan que los *emos* son clones de la banda de rock

Tokio Hotel. Los *emos* parecen ser una combinación de los estilos *góticos* y *dark*, y se caracterizan por llevar ropas de color oscuro con combinaciones drásticas, por tener pelo negro que cubre su cara parcialmente y por preferir ropas con motivos retro. Muchas personas piensan que los *emos* escuchan música triste y deprimente y que tienen tendencias suicidas, pero es imposible confirmar estas ideas. Muchas personas que demuestran características de los *emos* son personas intelectuales que reflexionan y leen mucho. Algunas personas que parecen ser *emos* son individuos creativos con actitudes muy artísticas y les gusta asistir y participar en exhibiciones de arte.

Otro ejemplo es la cultura urbana de los *hipsters*, la cual es particularmente popular en jóvenes entre los 20 y los 35 años. Los *hipsters* se caracterizan por tener opiniones independientes, por no preferir las modas y por escuchar música no comercial. Los *hipsters* no aceptan las marcas comerciales y respetan la naturaleza. Los *hipsters* tienen una apariencia uniforme, pero sus gustos de ropa y entretenimiento no siguen los patrones establecidos. El atuendo característico de los *hipsters* se distingue por incluir ropa con estilo bohemio muy "*old-school*", y por utilizar complementos antiguos o con estética vintage. A los *hipsters* les gustan las gafas y los complementos artesanales también.

Estos tres grupos o clanes sociales son completamente diferentes y son parte de la cultura moderna de muchas ciudades en el mundo. Cada uno tiene espacios de interacción y sus complicaciones; cada uno tiene sus oportunidades y su medio de expresión. Generalmente los *hipsters* tienen fama de ser arrogantes y superficiales; también tienen fama de presumir que conocen las novedades más relevantes. Los *fresas* son posiblemente el grupo social con actitudes más separatistas o racistas, mientras que los *emos* tienen fama de ser solitarios, poco sociables y con emociones cambiantes, pero también se sabe que son individuos muy sensibles y artísticos.

Mientras que para muchas personas es difícil interactuar o hacer amigos con personas que pertenecen a un grupo social diferente, todos tenemos derecho a gozar de lo que nuestra ciudad nos ofrece pues, aunque muchos piensan que cada grupo social marca su territorio de una forma invisible, no existe regla que diga eso. Además, lo más importante no es categorizar a las personas en un grupo determinado, sino aceptar que ser diferente es una necesidad humana y que es necesario respetar nuestras diferencias.

ACTIVIDAD: Tribus y culturas sociales

■ Enfoques del aprendizaje

■ Habilidades de comunicación: Leen con actitud crítica y para comprender

Después de leer el texto de las páginas 17–19, responde las siguientes preguntas:

1 Menciona tres ejemplos que indiquen diferencias entre los *emos* y los *hipsters*.

2 Según el texto, ¿cómo y dónde comienzan las tendencias de moda? Explica por qué se vuelven populares tan fácilmente.

3 Completa esta tabla de acuerdo con la información del texto. ¿Qué pueden preferir los chicos *emos* y *hipsters*? Indica con una X.

Actividad	Emos	Hipsters	Fresas
Visitar un restaurante nuevo			
Ir a un concierto de música gótica			
Discutir emociones			
Ser discreto			
Frecuentar lugares caros			
Discutir tendencias nuevas			

4 ¿Por qué la autora del texto mencionó la banda de rock **Tokio Hotel**?

5 ¿Por qué la autora menciona que los estilos de ropa son un lenguaje? Menciona un ejemplo utilizando las imagenes para explicar tu idea.

6 ¿Cuál es la característica principal que define a los chicos o chicas *fresa*?

7 ¿Quién puede ser tu amigo: una persona con apariencia de *emo*, un *hipster* o un *fresa*? ¿Por qué? Explica.

8 Cuando Rubí discute la cultura de los *fresas*, ¿por qué utiliza la palabra "aparenta"?

9 ¿De qué forma la primera imagen ayuda a introducir el tema que el artículo discute?

10 Considera la información del texto. ¿Es Rubí una persona que respeta las diferencias entre las personas? Justifica tu respuesta e incluye una opinión del texto para explicar tu opinión.

11 ¿De qué manera piensas que la imagen final ayuda en la conclusión del artículo?

12 ¿Por qué la sociedad tiene diferentes reacciones a la cultura de los *emos* y de los *hipsters*? Explica y menciona dos ejemplos.

13 ¿Hasta qué punto estás de acuerdo con la opinión de Rubí sobre el concepto de la apariencia? Justifica tu respuesta.

14 ¿Cuál es tu opinión sobre la conclusión del texto: "lo más importante no es categorizar a las personas en un grupo determinado, sino aceptar que ser diferente es una necesidad humana y que es necesario respetar nuestras diferencias"? Explica y menciona ejemplos.

15 ¿De qué forma se agrupan los adolescentes en tu cultura o país? ¿Existen algunos patrones en los grupos sociales que existen?

◆ Oportunidades de evaluación

◆ En esta actividad se han practicado las habilidades que son evaluadas por medio del Criterio B: Comprensión de textos escritos y visuales.

LA PERSONALIDAD DE LOS ESPACIOS

En la novela *El jardín de cemento* de Ian McEwan, se narra la siguiente descripción sobre la apariencia de las casas. Lee el párrafo con atención y piensa en la persona que habita esa casa. Con un compañero, intercambia tu punto de vista sobre la persona que vive en esta casa. ¿Cómo es? ¿Qué hábitos tiene? ¿Qué ropa usa? ¿Es sociable?.

"La mayoría de las casas estaban repletas de objetos inmóviles colocados en lugares apropiados. Cuando los observas, cada objeto te dice algo y te cuenta una historia: aquí comiste, aquí dormiste, aquí te sentaste, aquí escribiste una carta. Yo traté de imaginar las alfombras de segunda mano, los armarios, las pinturas, una máquina de coser, la sala de estar, los relojes en las paredes, los sofás aburridos, los armarios, los largos inviernos, la chimenea y las habitaciones colmadas de objetos innecesarios. Me agradó lo irrelevante y enfermizo que ahora parecen al recordarlos. Pero lo que más me agradó es reconocer que a pesar de la fealdad y el mal gusto, éste es mi universo".

ACTIVIDAD: La apariencia de las casas

■ Enfoques del aprendizaje

■ Habilidades de comunicación: Escriben con diferentes propósitos

Considera la imagen que acompaña el texto y escribe un ensayo descriptivo que explique la forma en que la apariencia de una casa tiene una conexión con la personalidad y apariencia de sus habitantes.

Toma en cuenta las siguientes preguntas:

a ¿A qué tipo de persona hace alusión ese párrafo?
b ¿Qué tipo de vida tenía el individuo que habitaba la casa?
c ¿Hasta qué punto la apariencia de la casa nos muestra aspectos de la personalidad de las personas que la habitan?
d ¿Cómo podemos decir o concluir cómo es la personalidad de alguien considerando la apariencia de su casa?

Escribe 250 palabras.

◆ Oportunidades de evaluación

◆ En esta actividad se han practicado las habilidades que son evaluadas por medio del Criterio C: Comunicación en respuesta a textos orales, escritos o visuales y del Criterio D: Uso de la lengua de forma oral o escrita.

▼ Nexos: Lengua y literatura

La tradición judeocristiana se conoce la historia de Sasón y Dalila, la cual cuenta las hazañas de Sansón y su extraordinaria fuerza, la cual se atribuía a la largura de su cabello.

Cuando hablamos sobre personalidad y apariencia, la mayoría del tiempo hacemos referencia a la ropa que usan las personas, los estilos de cortes de pelo y los accesorios que usan; no obstante, cuando se habla de culturas, el enfoque de las cosas que observamos son aspectos como la religión, la política y la historia. Por esta razón, cuando se discute la importancia de las apariencias en la vida de las personas, es necesario reconocer que las opiniones pueden variar de cultura a cultura.

En la última parte de este capítulo trabajaremos con situaciones culturales sobre la apariencia que han enriquecido la expresión personal y cultural de diferentes países a lo largo de la historia.

LA CULTURA DEL PELO EN LA HISTORIA

El cabello y los estilos para esculpirlo con estética son elementos claves en la apariencia de las personas y han tenido un significado muy particular en diferentes culturas a lo largo del tiempo. Los grandes peinados elegantes y extravagantes no son nada nuevo; en diferentes momentos de la historia, los estilos de peinados que han surgido son parte de la cultura dominante en ese entonces y del flujo de gustos y preferencias entre los diferentes estratos sociales.

En muchas culturas, el cabello es tan preciado que representa no sólo un símbolo de género, sino también de la condición religiosa y profesional tanto en los hombres como en las mujeres. Por ejemplo, en la civilización egipcia antigua había reglas de la apariencia del pelo para hombres, mujeres y niños: a los pequeños les afeitaban las cabezas, únicamente dejando un largo mechón en el lado izquierdo hasta la pubertad. De igual forma, el faraón siempre utilizaba peluca y el resto de la población masculina usaba el pelo corto, dejando sus orejas visibles.

El peinado en las mujeres era más singular. Generalmente, preferían tener el pelo liso o con una onda natural.

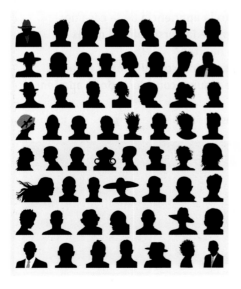

ACTIVIDAD: Investigación

■ Enfoques del aprendizaje

■ Habilidades de gestión de la información: Acceden a la información para estar informados e informar a otros

Realiza una investigación sobre el rol que tuvo o tiene el pelo en la apariencia de las personas en las sociedades indicadas y la forma en que éste manifiesta patrones de niveles sociales, poder o espiritualidad.

Incluye una comparación con tu cultura.

Escribe un artículo para la revista de tu escuela.

Haz referencia a las fuentes que selecciones.

Presenta tu trabajo a tus compañeros.

Selecciona uno de estos temas:

a El uso y significado de las pelucas durante el siglo XVII en Inglaterra.
b El significado del cabello en el sijismo.
c El significado de afeitarse la cabeza en el hinduismo.
d ¿Por qué las mujeres judías usan pelucas?
e La relación entre cabello y poder en las tribus de los indios de Estados Unidos.
f La relación entre el pelo y el espíritu en varias comunidades africanas.
g El significado del pelo para la comunidad Miao en Soga, Guizhou, China.
h La historia de la palabra نعيمًا (*na'eeman*) en árabe, cuando alguien se hace un corte de pelo.

Escribe 250 palabras.

◆ Oportunidades de evaluación

◆ En esta actividad se han practicado las habilidades que son evaluadas por medio del Criterio C: Comunicación en respuesta a textos orales, escritos o visuales y del Criterio D: Uso de la lengua de forma oral o escrita.

ACTIVIDAD: Tatuajes

■ Enfoques del aprendizaje

■ Habilidades de comunicación: Hacen deducciones y extraen conclusiones

Realiza una búsqueda en YouTube utilizando las palabras clave: **El secreto de los tatuajes Álvaro Leiva**. Mira la primera parte del documental del *History Channel* sobre tatuajes.

Responde las siguientes preguntas:

1 **¿Cuáles son algunas razones por las que las personas se hacen tatuajes?**
2 **¿Cuáles son algunas características de los tatuajes maoríes?**
3 **Menciona algunos de los elementos característicos del tatuaje maorí.**
4 **¿Qué información da "el moko" del tatuajes maoríes?**
5 **¿Por qué dejaron los maoríes de hacerse el moko? ¿Qué ocasionó esta decisión?**
6 **¿Por qué podemos decir que el conductor del programa tiene interés en el tema?**
7 **¿Qué vínculos generacionales y culturales crees que los maoríes logran crear gracias a los tatuajes?**

8 **¿Piensas que es inapropriado que las personas no maoríes se hagan un moko? Explica.**
9 **¿Cuál es tu opinión sobre los tatuajes maoríes?**
10 **¿Qué tan diferente es la estética y significado de los tatuajes maoríes y otros tipos de tatuajes?**

◆ Oportunidades de evaluación

◆ En esta actividad se han practicado las habilidades que son evaluadas por medio del Criterio A: Comprensión de textos orales y visuales.

LOS PERFUMES

PIENSA–COMPARA–COMPARTE

Responde las siguientes preguntas y después debátelas con un compañero. Comparte tus reflexiones con toda la clase.

1 **¿Por qué son populares los perfumes y fragancias?**
2 **¿Qué elementos agregan a nuestra apariencia?**
3 **¿Quiénes compran más perfumes: los hombres o las mujeres? ¿Cómo llegas a esa conclusión?**
4 **¿Tú usas perfumes? ¿Qué fragancia decides ponerte en cada ocasión? Menciona ejemplos.**

■ "Sólo había una cosa que el perfume no podía hacer. No le podría convertir en una persona que podía amar y ser amada como todos los demás. Así, al infierno con él, pensó. Al diablo con el mundo. Con el perfume. Con él mismo". – *Perfume*, de Patrick Süskind

ACTIVIDAD: La historia del perfume

Enfoques del aprendizaje

- Habilidades de comunicación: Hacen deducciones y extraen conclusiones

Ve a YouTube y realiza una búsqueda usando las siguientes palabras clave: Historia del Perfume Uno TV Bites.

Responde las siguientes preguntas. Diseña una cronología donde demuestres la historia del perfume.

1 Escribe el nombre del país o nacionalidad que propició cada uno de los siguientes avances:
  a Los… impulsaron el uso de la química en la perfumería.
  b En… el perfume tenía un valor divino.
  c En… se usaban los perfumes para ocultar la falta de higiene.
  d Tapputi vivió en…
  e En…, con el cristianismo, el uso del perfume era considerado inmoral.

2 Escribe el nombre de las personas responsables de los siguientes aspectos:
  a … fue la primera química.
  b … llevaron los perfumes a Roma.
  c … llevó la perfumería a Francia.
  d … estableció la perfumería como una industria rentable.

3 ¿De qué manera la cultura del perfume moderno recibió influencia de las antiguas civilizaciones?

4 ¿Qué información del vídeo te sorprendió? Explica por qué.

5 ¿Qué otras civilizaciones tuvieron una gran apreciación por el perfume?

6 ¿Te gustan los perfumes? ¿Cuáles?

7 ¿Por qué crees que algunas fragancias son muy caras?

8 ¿Consideras que oler bien es una parte importante de la imagen y apariencia de las personas? Explica.

◆ Oportunidades de evaluación

◆ En esta actividad se han practicado las habilidades que son evaluadas por medio del Criterio A: Comprensión de textos orales y visuales.

ACTIVIDAD: El perfume y la personalidad

Enfoques del aprendizaje

- Habilidades de colaboración: Logran consenso; Toman decisiones justas y equitativas

En esta actividad colaborarás con un compañero.

Simula una entrevista entre un perfumista famoso y un periodista.

El objetivo de la entrevista es debatir la manera en que los perfumistas toman en consideración la personalidad de la gente para producir perfumes para cada tipo de individuo. Incluye ideas, sentimientos y detalles acerca de la manera en que los perfumes contribuyen a diseñar la apariencia de las personas y por qué es importante seleccionar a la persona que será la imagen del perfume.

La interacción deberá durar cuatro minutos.

◆ Oportunidades de evaluación

◆ En esta actividad se han practicado las habilidades que son evaluadas por medio del Criterio C: Comunicación en respuesta a textos orales, escritos o visuales y del Criterio D: Uso de la lengua de forma oral o escrita.

ACTIVIDAD: Un infomercial

■ Enfoques del aprendizaje

■ Habilidades de pensamiento creativo: Crean soluciones novedosas para problemas auténticos

En esta actividad vas a utilizar tu creatividad y vocabulario sensorial para crear un infomercial sobre un perfume de tu autoría. Presenta tu infomercial en un vídeo, compártelo con tu clase y pide a tus compañeros que comenten.

Debate los comentarios en clase.

Considera las siguientes preguntas guía en tu planeación:

a ¿Cómo se llama tu perfume?
b ¿Para qué tipo de personas es tu perfume?
c ¿Cuáles serían algunas escenas clave de tu vídeo?
d ¿Cuál celebridad sería la imagen de tu perfume? ¿Por qué?
e ¿Qué música acompañaría tu infomercial? ¿Por qué?
f ¿Cuáles serían las palabras clave de tu mensaje en el infomercial?

Escribe el guión para tu infomercial y consulta con tu profesor antes de producirlo.

◆ Oportunidades de evaluación

◆ En esta actividad se han practicado las habilidades que son evaluadas por medio del Criterio C: Comunicación en respuesta a textos orales, escritos o visuales y del Criterio D: Uso de la lengua de forma oral o escrita.

■ Maquillaje típico de la Catrina, uno de los íconos de la cultura mexicana

PIENSA–COMPARA–COMPARTE

Lee las siguientes preguntas, escribe tu respuesta y después coméntalas con un compañero.

Comparte tus reflexiones con la clase en general.

1 ¿Cómo se usa el maquillaje en diferentes culturas?
2 ¿Por qué en ciertas culturas es más común ver a las mujeres más maquilladas?
3 ¿Por qué las personas de algunas culturas luchan por tener una apariencia bronceada e individuos de otras se esmeran por conservar la blancura de su piel?
4 ¿Qué tan común es para los hombres usar maquillaje?
5 Si el maquillaje fuera culturalmente aceptable para los hombres, ¿quién lo usaría más: los hombres o las mujeres? ¿Cómo llegas a esa conclusión?

▼ Nexos: Individuos y sociedades

La industria perfumera y de cosméticos de nuestro tiempo utiliza campañas publicitarias constantes, agresivas y creativas para crear ideas de identidad.

ACTIVIDAD: Historia del maquillaje

■ Enfoques del aprendizaje

■ Habilidades de transferencia: Indagan en diferentes contextos para obtener una perspectiva distinta

Después de leer el artículo en las páginas 28–29, responde las siguientes preguntas:

1 Explica la breve comparación que se hace entre el perfume y el maquillaje.
2 ¿En qué son diferentes las formas de fabricar maquillaje en el presente y en el pasado?
3 ¿Cuánto han cambiado las ideas sociales sobre el maquillaje? Menciona ejemplos.
4 ¿Por qué crees que el blanco ha sido un color apreciado en muchas culturas? ¿Cómo explicas que muchas personas de piel blanca en el presente visitan playas con el fin de broncearse? ¿Te parece contradictorio este comportamiento?
5 ¿Cuáles son tres de las ideas principales que se mencionan en el pasaje?
6 ¿De qué manera las imágenes incluidas representan las ideas principales del texto? Menciona dos ejemplos.
7 ¿Cuál de las ideas mencionadas en el párrafo 3 está asociada con las imágenes en la página 28?

8 ¿Cuál de los usos de la henna no representa la imagen debajo del párrafo 5?
9 ¿Cómo describirías al autor del texto? Justifica tu respuesta. Menciona partes del texto en tu explicación.
10 ¿Por qué crees que el autor del texto decidió referirse a la belleza y la guerra para explicar la historia del maquillaje?
11 En el párrafo 3 se mencionan situaciones en las que se emplea el maquillaje. Selecciona tres y explica los colores y estilos de maquillaje relacionados con cada una. Menciona tu opinión para cada caso.
12 ¿Cómo resumirías el rol moderno del maquillaje, considerando las convenciones y expectativas de tu sociedad, la importancia que las personas dan a su apariencia, los valores culturales y la línea entre géneros?
13 ¿Qué ideas o reglas sobre el maquillaje existen en tu cultura? ¿Hasta qué punto estás de acuerdo con ellas?

◆ Oportunidades de evaluación

◆ En esta actividad se han practicado las habilidades que son evaluadas por medio del Criterio B: Comprensión de textos escritos y visuales.

Lee este artículo de revista sobre la historia del maquillaje:

El maquillaje

1 El concepto de belleza depende de cada civilización, y varía enormemente dependiendo del tiempo y del lugar. En cada cultura, el concepto de belleza ha tenido un aliado frecuente: el maquillaje, cuya evolución se puede observar en la forma en que se utiliza en cada cultura y en el significado que tiene para las diferentes comunidades en diferentes países.

2 Históricamente, las culturas han utilizado el maquillaje de formas diferentes. Por ejemplo, si estudiamos diversos pueblos aborígenes del mundo, podemos notar la presencia del maquillaje en sus creencias, costumbres, motivos religiosos, ritos o, más claramente, como parte de su vestimenta habitual. De igual forma, ya que la búsqueda de la belleza en varias culturas está ligada a la apreciación del cuerpo humano, el uso del color, ornamentos y detalles en los rostros se volvió un lenguaje que define el estatus social de las personas, su identidad dentro de su cultura en una época concreta.

3 El maquillaje tiene su origen en los tiempos cuando el hombre comenzó a utilizar substancias naturales de diferentes plantas, frutos y animales para representar ideas sobre varias partes del cuerpo y, de esta forma, para transmitir sus estados de ánimo o para manifestar papeles o momentos sociales como la viudez, el luto, la virginidad, y más frecuentemente, en actos tribales, para expresar su sentido de colectividad. Así, podemos ver que, desde sus comienzos, el maquillaje ha sido un potente instrumento de comunicación en la sociedad, teniendo influencia en ámbitos políticos, económicos y psicológicos.

4 En los tiempos de las tribus nómadas, algunos clanes utilizaban maquillaje en sus ritos de iniciación, o para intimidar al enemigo en tiempos de guerra. En la cumbre de la civilización egipcia, los faraones se depilaban y se maquillaban; la cultura árabe antigua también usó el *kohl* para resaltar los ojos y la henna para teñir el cabello, mientras que en la India la henna es esencial para

Por: Edgar Ferrer
Especialista en maquillaje artístico

completar el atuendo de la novia en la boda. Por su parte, en la China imperial, las viudas teñían sus dientes de negro como signo de renuncia a la belleza; mientras que en la cultura azteca las mujeres, cuya piel era de color moreno o bronceado, utilizaban una sustancia llamada *axin*, la cual obtenían al cocinar y aplastar insectos, para maquillarse las mejillas.

5 Como se puede observar, en cada civilización, el maquillaje ha jugado un papel destacado; sin embargo, los colores que cada cultura o civilización prefería eran completamente diferentes. Por ejemplo, en los siglos XVII y XVIII los hombres se pintaban la cara blanca para diferenciar su estatus social, pues sólo las clases pudientes podía utilizar maquillaje; las culturas griega y japonesa igualmente compartían el gusto por la tez blanca, como indicador de una posición social elevada y, como consecuencia, usaban incluso la harina o

el arroz para lograr los efectos que deseaban. Los chinos, por su parte, incorporaron finos polvos de color rosado, rojo o anaranjado y los ojos se subrayaban con bastoncillos untados en tinta china, mientras que las geishas de Japón usaban lápices de pétalos de cártamo aplastados para las cejas, comisuras de los ojos y labios, y pasta blanca para maquillarse el rostro y la espalda.

6 Así, igual que con el perfume, con el auge de la química en el siglo XIX, el maquillaje comenzó a comercializarse y fue entonces cuando todas las clases tuvieron acceso a él. Sin embargo, cuando el maquillaje se convirtió en un elemento de belleza para toda la sociedad, surgieron ideas y opiniones que comenzaron o intentaron establecer reglas sobre la cantidad de maquillaje, los colores que son aceptables y las situaciones donde se requiere usarlo. Evidentemente, esto varía de país en país y de cultura en cultura.

PIENSA–COMPARA–COMPARTE

Responde las siguientes preguntas, comparte tus respuestas con un compañero y después debate con toda la clase:

1 ¿Por qué los pantalones se asocian con los hombres y las faldas con las mujeres?
2 ¿Por qué a algunas mujeres no les gusta utilizar falda?
3 ¿Qué diferencia puedes mencionar entre un hombre que usa una falda ordinaria y otro que usa un kilt escocés?
4 ¿Usarías un kilt escocés? ¿Por qué o por qué no?

FALDAS Y PANTALONES

ACTIVIDAD: Faldas y pantalones

■ Enfoques del aprendizaje

■ Habilidades de reflexión: Se centran en el proceso de creación mediante la imitación del trabajo de otras personas

En el enlace **http://tinyurl.com/o5rptzu** podrás leer una de las confesiones de Julie, uno de las personajes principales en *El jardín de cemento*, escrito por Ian McEwan.

Escribe tu opinión sobre este extracto de la novela. Escribe tu opinión al respecto del caso que se describe. Considera las siguientes preguntas guía:

a ¿Qué es lo que discuten los chicos en este pasaje?
b ¿Qué provocó esta discusión?
c ¿Qué intenta probar Julie con sus ideas?
d ¿Piensas que el autor es feminista?
e ¿Cuál es tu opinión sobre el contraste de géneros en este extracto?
f ¿Te gustaría leer la novela? ¿Por qué o por qué no?
Escribe 250 palabras.

◆ Oportunidades de evaluación

◆ En esta actividad se han practicado las habilidades que son evaluadas por medio del Criterio C: Comunicación en respuesta a textos orales, escritos o visuales y del Criterio D: Uso de la lengua de forma oral o escrita.

ACTIVIDAD: Miss y Míster Universo

■ Enfoques del aprendizaje

■ Habilidades de comunicación: Utilizan una variedad de técnicas de expresión oral para comunicarse con diversos destinatarios

Muchas personas no están de acuerdo con la idea del concurso de Miss Universo, pues piensan que este tipo de eventos degradan el valor de la mujer. ¿Estás de acuerdo?

Sin embargo, en esta competencia es posible ver ejemplos de la diversidad de apariencias en el mundo y, al mismo tiempo, podemos apreciar las diferentes ideas de belleza que existen en el mundo.

En esta actividad colaborarás con un compañero. Simula una cápsula de comentarios en un programa de televisión que discute aspectos sobre la apariencia, la identidad, las ideas de belleza en Miss Universo.

Menciona aspectos positivos y negativos del concurso; comparte ideas acerca del contraste entre apariencia e inteligencia; indaga sobre las razones por las que no existe un concurso de Míster Universo que tenga la misma difusión. Concluye discutiendo la manera en que se aprecian las apariencias masculinas y femeninas en cuestión de estética y belleza en la sociedad.

La interacción deberá durar cuatro minutos.

◆ Oportunidades de evaluación

◆ En esta actividad se han practicado las habilidades que son evaluadas por medio del Criterio C: Comunicación en respuesta a textos orales, escritos o visuales y del Criterio D: Uso de la lengua de forma oral o escrita.

ACTIVIDAD: Las apariencias engañan

Enfoques del aprendizaje

- Habilidades de comunicación: Escriben con diferentes propósitos. Organizan y describen la información de manera lógica

En esta actividad, escribirás un ensayo argumentativo sobre la manera en que las apariencias tienen influencia en la manera en que desarrollamos juicios y/u opiniones erróneas sobre las personas de otros países o de culturas o religiones diferentes a la nuestra.

Realiza una búsqueda en YouTube utilizando las siguientes palabras clave: **No te dejes llevar por las apariencias, Excelente video.**

Escribe tu ensayo utilizando detalles y ejemplos del vídeo.

Escribe 250 palabras.

◆ Oportunidades de evaluación

- ◆ En esta actividad se han practicado las habilidades que son evaluadas por medio del Criterio C: Comunicación en respuesta a textos orales, escritos o visuales y del Criterio D: Uso de la lengua de forma oral o escrita.

ACTIVIDAD: Cierre de unidad

Enfoques del aprendizaje

- Habilidades de reflexión: Identifican los puntos fuertes y débiles de las estrategias de aprendizaje personales (autoevaluación)

Para concluir este capítulo, responde la siguiente pregunta y escribe tu opinión:

¿Existe una relación entre la manera en que utilizamos el idioma y la manera de tener en cuenta la apariencia de las personas?

Escribe 250 palabras y publica tu texto en un blog o en un cartel. Invita a tus compañeros a leerlo y a comentar.

Reflexión

En esta unidad abordamos el concepto de apariencias, las impresiones que podemos desarrollar a partir de ellas, la manera en que definen la identidad de las personas y algunos elementos que son parte esencial de ellas.

Reflexionemos sobre nuestro aprendizaje... *Usa esta tabla para reflexionar sobre tu aprendizaje personal en este capítulo.*					
Preguntas que hicimos	Respuestas que encontramos	Preguntas que podemos generar ahora			
Fácticas					
Conceptuales					
Debatibles					
Enfoques del aprendizaje en este capítulo	Descripción: ¿qué destrezas nuevas adquiriste?	¿Cuánto has consolidado estas destrezas?			
		Novato	En proceso de aprendizaje	Practicante	Experto
Destrezas de colaboración					
Manejo de la información					
Destrezas de pensamiento crítico					
Destrezas de pensamiento creativo					
Atributos de la comunidad de aprendizaje	*Reflexiona sobre la importancia del atributo de la comunidad de aprendizaje de este capítulo.*				
Reflexivo					

2 ¿Pueden las artes funcionar como medios de expresión?

Los artistas utilizan sus talentos para **expresar puntos de vista** sobre acontecimientos sociales y **culturales** y así transmitir los valores y creencias de una sociedad.

CONSIDERAR Y RESPONDER ESTAS PREGUNTAS:

Fácticas: ¿De qué expresiones artísticas disfrutas? ¿Cuál es tu obra de arte favorita? ¿Qué puede expresar una obra de arte? ¿Cuándo es posible para las personas tener el mismo punto de vista que el artista? ¿Cuál es la conexión entre las artes y las emociones? ¿Cuál es la conexión entre las artes y las habilidades?

Conceptuales: ¿Cómo podemos diferenciar a los artistas de las celebridades? ¿Por qué existe un estereotipo sobre la apariencia de los artistas? ¿Por qué muchas personas no pueden compartir la misma opinión sobre una obra de arte?

Debatibles: ¿El arte es bello y estético todo el tiempo? ¿Debe algo ser popular para ser considerado arte? ¿Pueden las personas realmente comprender el propósito de creación de una obra de arte? ¿Tienen los artistas un propósito real para su arte? ¿El arte se produce como resultado de momentos críticos en la sociedad? Una emoción, ¿puede ser representada de manera similar por diferentes artistas?

Ahora **compara y comparte** tus opiniones con un compañero o con toda la clase.

■ Hay espacios que necesitas llenar con tu voz, con tus ideas… con tu arte

EN ESTE CAPÍTULO VAMOS A:

■ **Descubrir:**
- ejemplos de obras de arte que representan momentos históricos
- artistas cuyas tendencias son ejemplos de las artes como medio de expresión.

■ **Explorar:**
- la manera en que los artistas utilizan su talento para darle voz a la sociedad
- el impacto del arte en la apreciación de la historia.

■ **Actuar y:**
- reflexionar sobre el rol de los artistas como documentadores del momento histórico en que viven
- evaluar el impacto que algunas obras de arte continúan teniendo en nuestro presente.

Las siguientes habilidades de los enfoques del aprendizaje serán útiles:

- Habilidades de pensamiento crítico
- Habilidades de colaboración
- Habilidades de comunicación
- Habilidades de gestión de la información
- Habilidades de alfabetización
- Habilidades de pensamiento creativo
- Habilidades de reflexión
- Habilidades de alfabetización mediática

Reflexiona sobre el siguiente atributo de la comunidad de aprendizaje:

- Mente abierta: por medio de la apreciación de varios aspectos de las culturas, así como de la manera en que cada sociedad manifiesta su creatividad.

Oportunidades de evaluación en este capítulo:

- **Criterio A:** Comprensión de textos orales y visuales
- **Criterio B:** Comprensión de textos escritos y visuales
- **Criterio C:** Comunicación en respuesta a textos orales, escritos o visuales
- **Criterio D:** Uso de la lengua de forma oral o escrita

VOCABULARIO SUGERIDO

Vocabulario sugerido para mejorar la experiencia de aprendizaje.

Sustantivos	Adjetivos	Verbos
abandono	agudo	apreciar
celos	alegre	cambiar
conflictos	artístico	censurar
debilidad	atrevido	combinar
depresión	cómico	comparar
dicha	creativo	convocar
dificultades	deprimente	crear
dolor	festivo	crear
dudas	fino	conciencia
envidia	fuerte	crear la
equilibrio	grande	impresión de
felicidad	hilarante	criticar
libertad	intenso	dar ejemplo
obsesión	libre	demostrar
odio	llamativo	dibujar
opresión	misterioso	diseñar
optimismo	místico	enfatizar
pánico	nostálgico	evaluar
pasión	optimista	expresar
paz	oscuro	indicar
pena	pensativo	mostrar
pesimismo	preocupado	opinar
prejuicio	profundo	presentar
progreso	provocador	promover
remordimiento	religioso	querer
rencor	secreto	comunicar
represión	sugestivo	reclamar
sufrimiento	sutil	resaltar
tristeza	triste	revelar
venganza	vivo	transmitir
vergüenza	vulgar	trazar

GRAMÁTICA

Tiempos verbales que se abordan en este capítulo:
- Presente simple (indicativo)
- Gerundio en presente
- Pretérito indefinido
- Pretérito imperfecto del indicativo
- Los verbos "poder" y "deber" en su forma condicional para expresar modalidades de expresión: podría, debería
- Diferencias entre los verbos "ser" y "estar": aspectos permanentes y emocionales

PIENSA–COMPARA–COMPARTE

Lee las siguientes preguntas y escribe tus respuestas. Después, comparte tus opiniones con toda la clase y compara sus puntos de vista.

1 ¿Qué es el arte?
2 ¿Qué disciplinas artísticas son más populares?
3 ¿De qué expresiones artísticas disfrutas?
4 ¿Cuál es tu obra de arte favorita?
5 ¿Qué puede expresar una obra de arte?
6 ¿Cómo podemos diferenciar a los artistas de las celebridades?
7 ¿Qué verbos podemos utilizar para hablar del arte específicamente?
8 ¿Por qué son importantes los verbos de percepción cuando hablamos del arte?
9 ¿Cómo podemos utilizar el pretérito indefinido, el imperfecto y el pretérito continuo (con gerundio) al hablar del trabajo de los artistas?

Tema 1: ¿Qué provoca que los artistas expresen lo que ven?

APRECIA LAS ARTES PARA QUE NO TE HARTES

> "Una sinfonía debe expresar aquellas cosas para las que no hay palabras, pero que necesitan ser expresadas"
>
> *P.I. Tchaikovsky*

¿Qué opinas de la frase de Tchaikovsky? ¿Consideras que el arte existe para expresar lo que no podemos describir utilizando la lengua que hablamos?

Podemos ver el arte como una colección de representaciones bellas, feas, tristes y felices de la realidad; también lo podemos considerar como un medio que le da voz a las ideas de los artistas; como un poder o destreza que ayuda a darle color, textura y matiz a lo que vemos, oímos y sentimos; o simplemente como un medio para transmitir sentimientos y para conectar con otras personas.

En cada época han existido individuos con los talentos y la visión para retratar momentos importantes de la historia, para crear movimientos artísticos que revolucionaron ideologías y que utilizaron el arte para definir momentos y promover el diálogo. Por eso, es posible pensar que el arte seguirá existiendo mientras las personas tengan algo que expresar y mientras exista la inspiración.

Sin embargo, quizás nunca sabremos hasta qué punto el público realmente comprende el mensaje de los artistas, o sí los artistas sienten que han logrado expresar todo lo que deseaban comunicar. No obstante, algo sí es seguro: el arte siempre provocará diferentes reacciones, impresiones; y despertará pasiones e intereses; y siempre conseguirá involucrar al observador con el arte; y siempre nos permitirá utilizar la lengua de manera creativa, pues no es necesario que el arte nos guste para que sea arte, ¿o sí?

ACTIVIDAD: Expresiones que usamos cuando observamos obras de arte

■ Enfoques del aprendizaje

- Habilidades de comunicación: Utilizan e interpretan una variedad de términos y símbolos específicos de las distintas disciplinas

Cuando vemos, escuchamos o leemos una obra de arte, ¿cuáles son algunas de las palabras que utilizamos para expresar nuestras reacciones? Por ejemplo: ¡qué lindo!

Haz una lluvia de ideas con tus compañeros y escribe al menos diez ejemplos.

Comparte tus ideas con tus compañeros.

PIENSA–COMPARA–COMPARTE

Observa las categorías en la siguiente tabla y menciona el nombre de tu obra de arte favorita en cada caso; también menciona por qué tu elección es tu favorita. Utiliza adjetivos que te permitan describir lo que significan para ti.

Cuando termines, debate tus respuestas con tus compañeros. ¿Hay similitudes?

Categorías	¿Por qué?
Mi libro favorito es	
Mi película favorita es	
Mi canción favorita es	
Mi vídeo musical favorito es	
Mi *meme* favorito es	

ACTIVIDAD: Elementos del arte

Enfoques del aprendizaje

- Habilidades de gestión de la información: Acceden a la información para estar informados e informar a otros

A continuación, verás una lista de elementos que son necesarios en varias disciplinas del arte. Investiga para qué disciplina son relevantes y por qué. En cada caso, incluye un ejemplo que represente el ítem.

Después de tu investigación, comparte tus respuestas con toda la clase.
Indaga sobre las diferencias que detectaron en sus opiniones.

Elementos	¿Para qué disciplina son relevantes y por qué?
Espacio	
Ritmo	
Color	
Melodía	
Estilo del idioma	
Forma	
Textura	
Imaginación	
Originalidad	

ACTIVIDAD: Músicas, libros y películas

Enfoques del aprendizaje

- Habilidades de colaboración: Logran consensos

Debate las siguientes preguntas con un compañero y escribe un resumen del consenso al que lleguen.

1 ¿Qué es más interesante: una pintura con muchos colores o una pintura con una cantidad limitada de colores? ¿Por qué?
2 ¿Qué tipo de película tiene más influencia: una película que describe un problema social o una película original con muchas innovaciones visuales? ¿Por qué?
3 ¿Qué tipo de libro merece más respeto: un libro popular con una temática no tan seria o un libro con una temática seria que es menos popular? ¿Por qué?
4 ¿Qué tipo de esculturas merecen ser exhibidas: las que muestran formas comprensibles o las que muestran formas abstractas difíciles de comprender? ¿Por qué?

ACTIVIDAD: ¿Qué significa el arte para ti?

Enfoques del aprendizaje

- Habilidades de comunicación: Escriben con diferentes propósitos

Utiliza las ideas del debate que tuviste con tus compañeros y escribe un informe sobre tu opinión personal del arte. Menciona qué consideras y qué no consideras arte; incluye ejemplos que demuestren ambas situaciones. Concluye indicando qué tipo de arte debería promoverse más y por qué.

Escribe 200 palabras.

◆ Oportunidades de evaluación

- ◆ En esta actividad se han practicado las habilidades que son evaluadas por medio del Criterio C: Comunicación en respuesta a textos orales, escritos o visuales y del Criterio D: Uso de la lengua de forma oral o escrita.

OJOS DE HUMANO, MANOS DE ARTISTA

Algunas personas piensan que cada artista ve el mundo a través de los lentes de las ideas que quiere transmitir. Indudablemente, cada artista utiliza sus experiencias personales, sus técnicas propias y su sensibilidad para expresar sus ideas y para interpretar el mundo.

La riqueza cultural de cada lugar, las tendencias que surgen, los momentos históricos que cada país vive, la naturaleza, las diferentes filosofías, los colores, los matices, las texturas y las ideas de innovación son algunas de las fuentes de inspiración para los artistas que ayudan a definir épocas, y a producir arte que provoca diálogo, reflexión, nuevas ideas y una variedad inmensa de emociones.

ACTIVIDAD: Investigación

Enfoques del aprendizaje

- Habilidades de alfabetización: Demuestran conciencia de las diferentes interpretaciones que los medios hacen de los hechos y las ideas (incluidas las redes sociales)

En esta actividad vas a investigar sobre algunos artistas del mundo hispanohablante, sobre su arte, y los temas que abordan, entre otros elementos.

Completa la siguiente tabla con información sobre cada uno de los artistas y después comparte tus opiniones con la clase.

Artista	¿Cuáles son los temas que aborda en su arte?	¿En qué movimientos sociales se ha involucrado o se involucró?	¿Te gusta su arte? ¿Sí? ¿No? ¿Por qué?
Leonardo Favio			
Luis Buñuel			
Mercedes Sosa			
Diego Rivera			
Fernando Fernán Gómez			
Mario Benedetti			
Ricardo Arjona			
Maná			
Isabel Allende			
Silvio Rodríguez			
El Greco			

ACTIVIDAD: Realistas y surrealistas

Enfoques del aprendizaje

■ Habilidades de gestión de la información: Obtienen, registran y verifican datos

En esta actividad vas a trabajar en parejas. Cada uno seleccionará a Frida Kahlo o a Salvador Dalí. La actividad se desarrolla en dos partes.

Parte 1

Lee las siguientes preguntas e investiga las respuestas. Escribe tus contestaciones en la tercera persona del pretérito indefinido.

1 ¿Dónde nació?
2 ¿Cuándo nació?
3 ¿Qué tipo de arte pintó?
4 ¿Se casó? ¿Quién fue su esposo/a?
5 ¿En qué ciudades vivió?
6 ¿Quiénes fueron algunos de sus amigos famosos?
7 ¿Qué ideas políticas tenía?
8 ¿Cuáles eran las ideas más comunes en su arte?
9 ¿Quiénes fueron sus musas?
10 ¿Con qué artistas colaboró?

Parte 2

Después de responder las preguntas, interactúa con tu compañero. Utiliza la información que escribiste. Cada uno representará al artista que seleccionó. Realiza las preguntas en segunda persona del singular (tú). Contesta las preguntas de tu compañero en primera persona (yo) del singular en pretérito indefinido. Pon atención a las conjugaciones.

■ ¿Conoces a Frida Kahlo y a Salvador Dalí? ¿Por qué son populares?

ACTIVIDAD: Biografías

Enfoques del aprendizaje

■ Habilidades de comunicación: Organizan y describen la información de manera lógica

Después de participar en la entrevista con tu compañero, en esta actividad escribirás su biografía. Utiliza la información que obtuviste en la actividad anterior, investiga más detalles sobre su arte e incluye información sobre las emociones o ideas que el artista expresaba con más frecuencia. Menciona algunas de sus pinturas más famosas y tu opinión personal sobre su arte. Escribe 200 palabras.

◆ Oportunidades de evaluación

◆ En esta actividad se han practicado las habilidades que son evaluadas por medio del Criterio C: Comunicación en respuesta a textos orales, escritos o visuales y del Criterio D: Uso de la lengua de forma oral o escrita.

ACTIVIDAD: Dalí y Kahlo como musas

■ Enfoques del aprendizaje

■ Habilidades de pensamiento crítico: Extraen conclusiones y realizan generalizaciones razonables

En esta actividad vas a **analizar** y debatir las posibles influencias que Dalí y Kahlo tuvieron en algunos cantantes contemporáneos.

Busca en internet la letra de las siguientes canciones: Mecano: Eungenio Salvador Dalí y Marta Sánchez: Frida y sus flores.

Responde las siguientes preguntas para cada una:

Compara y debate tus respuestas con un compañero. ¿Qué tan similares o diferentes fueron las respuestas?

Escucha ambas canciones y debate las siguientes preguntas:

1 ¿Qué canción te gusta más? ¿Por qué?
2 ¿En qué son diferentes las emociones y la admiración que se expresan en ambas canciones?
3 ¿Qué canción piensas que fue más popular? ¿Por qué piensas eso?
4 ¿Qué letra te pareció más sofisticada? ¿Por qué?
5 ¿Qué cantante tiene mejor voz? Explica.
6 ¿Cómo crees que Dalí influyó a Mecano y Frida Kahlo a Marta Sánchez?
7 ¿Conoces canciones similares en las que los cantantes hacen tributo a artistas? Menciona ejemplos.

Eungenio Salvador Dalí	Frida y sus flores
1 ¿En qué parte de la canción se menciona de dónde es Dalí?	1 ¿En qué parte de la canción se menciona de dónde es Frida?
2 ¿Qué tributo a Dalí se hace en el nombre de la canción?	2 ¿Cómo describe la canción el tema más común en el arte de Frida?
3 ¿Qué aspectos de la apariencia y personalidad de Dalí, en tu opinión, se incluyen en la canción?	3 ¿Qué aspectos de la personalidad de Frida, en tu opinión, se incluyen en la canción?
4 ¿Qué alusiones a su trabajo se hacen en la canción?	4 ¿Qué alusiones a su trabajo se hacen en la canción?
5 ¿Qué aspectos de la vida sentimental de Dalí se evocan con estos versos?	5 ¿A qué cuadro de Frida es posible que se refiera este verso: *amor y desamor, pintar pensando en dos*? Investiga. Pista: "frente".
Si te reencarnas en cosa, hazlo en lápiz o en pincel… Y Gala […] que lo haga en lienzo o en papel.	

ACTIVIDAD: La voz de Frida

■ Enfoques del aprendizaje

■ Habilidades de pensamiento crítico: Extraen conclusiones y realizan generalizaciones razonables

Lee con atención las siguientes frases de Frida Kahlo. Considera su trabajo y compara con tu clase. Menciona por qué piensas que expresó estas ideas:

1 "El arte más poderoso de la vida es hacer del dolor un talismán que cura".

2 "Intenté ahogar mis dolores, pero ellos aprendieron a nadar".
3 "Pies, ¿para qué los quiero si tengo alas para volar?"
4 "Me recibiste destrozada y me devolviste entera y completa".
5 "Nunca pinté mis sueños o mis pesadillas, pinté mi propia realidad".
6 "La vida insiste en ser mi amiga y mi destino mi enemigo".
7 "Yo sufrí dos accidentes en mi vida: uno con un autobús que me empujó al suelo, y el otro fue Diego".

PIENSA–COMPARA–COMPARTE

Lee las siguientes preguntas, respóndelas y comparte tus respuestas con un compañero y, después, con toda la clase

1 ¿Consideras que la moda es arte? ¿Por qué? ¿Por qué no?
2 ¿En qué conceptos o ideas se basan los diseñadores para crear sus prendas?
3 ¿Qué tan importante son los colores, las formas y las figuras en la moda? Explica.
4 ¿Qué relación existe entre la moda, las temporadas del año y la figura del cuerpo humano?
5 ¿Qué tipo de estudios necesita hacer un diseñador para formar su colección?
6 ¿Qué tipo de sensibilidad es necesario tener para ser buen diseñador? ¿Por qué?

ACTIVIDAD: Julia y Renata

3 ¿Qué hábitos tenían de niñas?
4 ¿Qué rol tuvo su madre en sus intereses artísticos?
5 ¿En qué se basa su filosofía de trabajo?
6 ¿Cómo describe el narrador las prendas de Julia y Renata?
7 ¿Qué aprendieron Julia y Renata de los diseñadores europeos?
8 Considerando las imágenes del vídeo, ¿qué elementos atraen la atención de Julia y Renata a la hora de diseñar? Menciona ejemplos.
9 Considera los colores y estilos de ropa que se muestran en el vídeo, ¿para qué tipo de personas diseñan ropa Julia y Renata? Justifica tu respuesta.
10 Según Renata, ¿por qué es importante conocer sus raíces para los diseñadores contemporáneos?
11 Considerando lo que dice el narrador, ¿Julia y Renata son ciudadanas interesadas en el desarrollo de otros artistas? ¿Cómo lo justifican ellas? ¿Qué opinas tú?
12 ¿Qué opinas de los diseños de Julia y Renata?
13 ¿A cuál de tus amigos le gustaría usar sus diseños? Explica.

◼ Enfoques del aprendizaje

◼ Habilidades de pensamiento crítico: Extraen conclusiones y realizan generalizaciones razonables

En esta actividad vas a mirar un vídeo sobre Julia y Renata, dos jóvenes diseñadoras.

Realiza una búsqueda en YouTube utilizando las palabras clave Julia y Renata MP GEQ.

1 ¿Cuál es la relación entre Julia y Renata?
2 ¿Cuándo crearon su línea de ropa?

◆ Oportunidades de evaluación

◆ En esta actividad se han practicado las habilidades que son evaluadas por medio del Criterio A: Comprensión de textos orales y visuales.

ACTIVIDAD: El Museo

◼ Enfoques del aprendizaje

■ Habilidades de pensamiento creativo: Establecen conexiones inesperadas o inusuales entre objetos o ideas

En esta actividad vas a preparar un mini museo de esculturas.

El objetivo de la actividad es seleccionar una colección de piezas y escribir una breve descripción sobre cada una.

1 Selecciona uno de los siguientes escultores:
   a   Rodrigo Arenas Betancourt
   b   Fernando Botero
   c   Carlos Regazzoni
   d   Enrique Carbajal Sebastián.
2 Busca sus esculturas más representativas e imprime fotografías de ellas.
3 Investiga sobre su técnica, los materiales que utiliza, las ideas que generalmente representa y los lugares donde se localizan sus obras.
4 Organiza las esculturas en una maqueta en forma de museo.
5 Organiza visitas a los museos de tus compañeros y discute la muestra.
6 Considera estas preguntas guía para tu investigación y utilízas durante tu interacción.
   a   ¿Cómo se llama la obra?
   b   ¿Qué material utilizó?
   c   ¿Qué representó en la escultura?
   d   ¿Qué emociones intentó transmitir con la pieza?
   e   ¿En qué se inspiró para este trabajo?
   f   ¿Qué reacciones provocó cuando se exhibió por primera vez?

◆ Oportunidades de evaluación

◆ En esta actividad se han practicado las habilidades que son evaluadas por medio del Criterio C: Comunicación en respuesta a textos orales, escritos o visuales y del Criterio D: Uso de la lengua de forma oral o escrita.

■ El fantasma de la libertad aparece con un cuchillo entre los dientes

PIENSA–COMPARA–COMPARTE

Responde las siguientes preguntas. Escribe tus respuestas y después, en grupos pequeños o en parejas, compártelas y debátelas.

1 **¿En qué sentido es diferente la manera en que se utiliza el arte para expresar ideas en el presente, en comparación con:**
   a **la era de las cavernas?**
   b **el apogeo de culturas como la china, la egipcia, la persa o la azteca?**
   c **algunos movimientos artísticos como el gótico y el renacimiento?**
   d **el arte contemporáneo?**
2 **¿Por qué son diferentes las ideas que se intentan transmitir en diferentes periodos de nuestra historia?**
3 **¿De qué manera el arte nos ayuda a comprender la historia de un cierto periodo histórico?**
4 **¿Por qué el arte siempre ha sido importante para la humanidad en todos los periodos históricos?**
5 **¿Cómo podemos utilizar el pretérito indefinido y el imperfecto para hablar de los diferentes movimientos artísticos?**

ACTIVIDAD: Resumiendo ideas

Enfoques del aprendizaje

■ Habilidades de colaboración: Escuchan con atención otras perspectivas e ideas

Después de compartir tus respuestas con tus compañeros, trabaja con un grupo diferente y comparte tus conclusiones sobre las preguntas anteriores.

Utiliza tus ideas para completar esta tabla, considerando el segundo subtema de la unidad: **¿Por qué es posible decir que el arte puede ser la voz de la sociedad?**, como eje de pensamiento.

Puedes compartir sus ideas en un Googledoc o en carteles en su aula, para comparar ideas.

El arte como voz de la sociedad			
De la información que compartimos, ¿en qué coincidimos?	¿Qué ideas desconocíamos?	Después de estos dos intercambios de ideas, ¿qué preguntas me surgen sobre el arte como voz de las ideas de una sociedad?	¿Dónde puedo encontrar más información sobre el tema?

ACTIVIDAD: La voz de un movimiento

■ Enfoques del aprendizaje

■ Habilidades de pensamiento crítico: Consideran ideas desde múltiples perspectivas

En esta actividad, hablarás de las ideas fundamentales que los artistas expresaron en un periodo. Utiliza el vocabulario sugerido al principio de este capítulo (verbos, sustantivos y adjetivos) y el pretérito indefinido para describir qué ideas expresaron diferentes artistas en una de las siguientes corrientes artísticas. Selecciona una:

a **Arte renacentista**
b **Arte impresionista**
c **Arte barroco**
d **Arte modernista**

No busques información; únicamente realiza una búsqueda en internet de imágenes pertenecientes a la corriente artística que escogiste. Observa con atención las ideas, sentimientos y detalles que se muestran en las imágenes que selecciones, y prepara una narración de las ideas que los artistas capturaron en su arte.

Puedes crear uno de los siguientes productos: un podcast, un vídeo con imágenes y voz o una presentación con tu voz narrando el contenido de las imágenes. Tu grabación debe durar de cuatro a cinco minutos.

◆ Oportunidades de evaluación

◆ En esta actividad se han practicado las habilidades que son evaluadas por medio del Criterio C: Comunicación en respuesta a textos orales, escritos o visuales y del Criterio D: Uso de la lengua de forma oral o escrita.

EL IDIOMA UNIVERSAL

En las dos actividades anteriores, pudiste observar la manera en que los artistas de diferentes periodos utilizaron diferentes disciplinas artísticas, como la escultura o la pintura, para expresar sus ideas y definir un momento histórico. También, posiblemente, en tus discusiones, observaste que cada periodo ofrece una oportunidad para expresar ideas diferentes y para explorar diferentes formas de creatividad.

Ahora, vamos a discutir aspectos de la musica, una forma de arte que podemos disfrutar independientemente del idioma en que se interprete, incluso si no lo entendemos.

DEBATE

Debate con toda la clase:

1 ¿Por qué se le llama a la música "el idioma universal"?
2 ¿Qué aspectos de la cultura del país donde se originó un cierto estilo musical se manifiestan en éste?
3 ¿Por qué es posible para todos conectar con las emociones que se expresan en diferentes canciones y estilos musicales?

4 ¿Piensas que cada tipo de música o ritmo tiene un ambiente o lugar específico para apreciarse y disfrutarse? ¿Por qué?
5 ¿Cómo es que cada región del mundo tiene su propio estilo de música, canto y baile? ¿Qué aspectos de la identidad de un país o cultura se presentan en la música?

ACTIVIDAD: La voz en la música

■ **Enfoques del aprendizaje**

■ Habilidades de pensamiento crítico: Analizan conceptos y proyectos complejos desglosando las partes que los conforman y los sintetizan para dar lugar a una nueva comprensión

País	Ritmo/Género musical	Tema
Argentina	Tango	Por una cabeza
España	Flamenco	Alegría (Sara Baras)
México	Mariachi (Vargas)	Son de la Negra
Cuba, Puerto Rico y Colombia	Salsa	Aguanile (Marc Anthony)
Cuba	Mambo	Mambo # 8 (Pérez Prado)
Brasil	Batucada	Olodum Salvador Bahía
India	Kathak	Meghranjani
República Dominicana	Bachata	Romeo y Julieta (Aventura)

En esta actividad necesitarás auriculares.

En esta actividad apreciarás, observarás y debatirás diferentes géneros de música del mundo. El objetivo es tomar nota de las emociones que las personas manifiestan, de las emociones que se expresan, de los movimientos que se hacen, de los gestos que se producen, de la ropa que se utiliza para bailar cada tipo de baile, de la personalidad que cada estilo evoca y del ambiente que se crea con tal ritmo.

En esta actividad realizarás búsquedas en YouTube utilizando la información en la siguiente tabla. En tu búsqueda usarás las palabras clave en las columnas "Ritmo/Género musical" y "Tema". Así, por ejemplo, para Argentina, tu búsqueda incluirá: **tango por una cabeza**.

Selecciona tres ritmos y realiza tu exploración como se indicó. Toma nota de los siguientes puntos para cada caso. Al terminar, compártelos con un compañero que haya seleccionado ritmos diferentes.

Preguntas guía	Opción 1:	Opción 2:	Opción 3:
¿Por qué seleccioné este género?			
¿Qué emociones y gestos percibí en el vídeo?			
¿Qué tipo de movimiento corporal observé y qué me dice esto sobre el contacto físico en esta cultura?			
¿Qué personalidad/temperamento evoca este ritmo?			
¿Cómo es la ropa que se usa en este género? ¿Qué nos dice esto?			
¿Qué ambiente se crea con este género musical?			
¿Qué podemos inferir del país de origen de este ritmo, de su cultura y su gente?			

ACTIVIDAD: El mundo de la música

Enfoques del aprendizaje

■ Habilidades de comunicación: Escriben con diferentes propósitos

En esta actividad vas a utilizar la información que reuniste en la actividad anterior y escribirás un texto para tu blog en el que describas la manera en que la música es una representación de los sentimientos y la identidad de su país de origen.

Utiliza la información en la tabla para mencionar como mínimo tres ejemplos. Menciona cómo mediante la música podemos aprender acerca de los estados de ánimo característicos de la gente de ciertos países. Concluye indicando cómo los cantautores utilizan la música como medio de expresión. Escribe entre 200 y 250 palabras.

◆ Oportunidades de evaluación

◆ En esta actividad se han practicado las habilidades que son evaluadas por medio del Criterio C: Comunicación en respuesta a textos orales, escritos o visuales y del Criterio D: Uso de la lengua de forma oral o escrita.

ACTIVIDAD: Calle 13

Enfoques del aprendizaje

■ Habilidades de reflexión: Consideran las implicaciones éticas, culturales y ambientales

El grupo puertorriqueño llamado Calle 13 escribió la letra de la canción "Latinoamérica" pensando en la identidad de esta parte del continente americano; en su legado histórico, en el peso cultural de las civilizaciones pasadas y en el punto de vista que muchos latinos pueden tener sobre Latinoamérica.

Realiza una búsqueda en YouTube utilizando las palabras clave: Calle 13 Latinoamérica; encuentra la letra en la red; escucha la canción y lee la letra con atención. Responde las siguientes preguntas:

1 ¿Qué impacto tiene escuchar/incluir el quechua al principio de la canción? ¿Qué mensaje transmite este detalle?
2 ¿Por qué piensas que el director del vídeo decidió incluir un corazón al principio de la canción?
3 ¿Cuál es el objetivo de mostrar personas con diferentes fisionomías mirándose al espejo? ¿Con qué estrofas de la canción puedes establecer una conexión? Explica.
4 En la estrofa 1 se menciona "*Soy lo que dejaron, soy toda la sobra de lo que se robaron*". ¿A qué hace referencia estas palabras? ¿Por qué se incluyeron al principio de la canción?

5 En la estrofa 1 se menciona "*Soy una fábrica de humo, mano de obra campesina para tu consumo*". ¿De quién hablan cuando dicen "*tu consumo*"? ¿Qué mensaje encierra esta línea?
6 En la estrofa 1 se menciona "*Soy lo que me enseñó mi padre, el que no quiere a su patria no quiere a su madre*"; y hacia el final se incluye "*Trabajo en bruto pero con orgullo, aquí se comparte, lo mío es tuyo*". ¿Qué elementos de la educación cívica latinoamericana describe este verso? ¿Estás de acuerdo? ¿Por qué?
7 En el minuto 2:22 el verso dice: "*la nieve que maquilla mis montañas*". ¿Qué analogía se hace entre una montaña y la mujer que aparece en la imagen? Explica.
8 ¿Cuál es la razón de mencionar "*No puedes comprar mi vida... mi tierra no se vende*"? Explica y justifica tu respuesta.
9 ¿Por qué crees que se incluyó el portugués en la canción?
10 ¿Piensas que todas las personas de Latinoamérica simpatizan con esta canción? ¿Por qué (no)? Menciona ejemplos.
11 En tu opinión, ¿qué significa el estribillo de la canción? ¿A quién van dirigidas estas palabras? Explica.

▼ Nexos: Artes

El cine ha servido de canal para crear historias sobre grandes artistas y sus obras de arte. Por ejemplo, Akira Kurosawa en su película 'Sueños', creó una historia a partir del trabajo de Vincent van Gogh. De igual forma, dos de los grandes artistas surrealistas: Salvador Dalí y Luis Buñuel, pintor y cineasta respectivamente, colaboraron en un par de ocasiones, siendo Perro Andaluz su colaboración más afamada.

RITMO, VOZ Y MOVIMIENTO

¿Recuerdas la *Actividad: La voz en la música* de este capítulo? ¿Qué ideas importantes recuerdas de esa actividad?

De la misma manera que la música crea ambientes y hay ambientes que nos producen diferentes sentimientos, cada género musical tiene una historia. La razón por la que se utilizan ciertos instrumentos, por la que se hace constante referencia a ciertas ideas y por la que generalmente vemos ciertos colores representados en los bailes tiene una justificación que habla del legado cultural que cada país tiene.

Gracias a los grandes procesos de migración y al roce entre distintos grupos sociales, los diferentes géneros y estilos musicales suelen ser la voz de su pueblo, de las tradiciones de las personas y suelen ser una muestra de la forma en la que se usa la lengua para hablar de las cosas que forman nuestra esencia cultural.

En las siguientes actividades, estudiarás el trabajo de uno de los maestros cineastas españoles más respetados y también leerás dos poemas de un poeta cubano considerado como la voz de su nación.

ACTIVIDAD: Carlos Saura

■ Enfoques del aprendizaje

■ Habilidades de comunicación: Utilizan formas de redacción adecuadas para distintos destinatarios y propósitos

En esta actividad, escribirás un artículo descriptivo sobre el arte de Carlos Saura. Imagina que este artículo se publicará en la revista de arte de tu escuela y tiene el objetivo de introducir el arte de Carlos Saura en tu comunidad. Para este trabajo necesitarás enfocarte únicamente en sus trabajos artísticos, en las ideas que le gusta expresar, en las imágenes que usa y los ambientes que crea. Describe cómo Carlos Saura utiliza su talento para hablar de la importancia de la música de varios países.

Usa el vocabulario sugerido al principio de este capítulo.

Realiza una búsqueda en YouTube de los siguientes avances:

a **Carlos Saura Fados (Trailer)**
b **Carlos Saura Tango (Trailer)**
c **Carlos Saura Flamenco (Trailer)**

Toma nota sobre las características de cada filme y después escribe tu artículo. Haz referencia a estos tres filmes. Escribe entre 200 y 250 palabras.

◆ Oportunidades de evaluación

◆ En esta actividad se han practicado las habilidades que son evaluadas por medio del Criterio C: Comunicación en respuesta a textos orales, escritos o visuales y del Criterio D: Uso de la lengua de forma oral o escrita.

▼ Nexos: Lengua y literatura

Muchas de las tendencias artísticas, junto con las técnicas y tecnologías que incorporan, son responsables de la introducción de nuevos vocablos en la lengua, ampliando el vocabulario y las posibilidades de comunicación.

ACTIVIDAD: Entrevista con Carlos Saura

■ Enfoques del aprendizaje

- ■ Habilidades de colaboración: Ofrecen y reciben comentarios pertinentes

En esta actividad, utilizarás la información de fondo que tienes sobre Carlos Saura.

Trabajarás en parejas y, con tu compañero, prepararás una entrevista en la que uno de ustedes será Carlos Saura y el otro será un periodista.

Para su entrevista, puedes seleccionar una de las siguientes opciones:

a **¿Por qué a Carlos Saura le gusta hacer filmes sobre bailes y música?**

b **Pregúntale sobre un nuevo proyecto.**

c **Pregúntale sobre su trayectoria.**

d **Pregúntale sobre lo que quiere expresar con sus filmes.**

La interacción deberá durar cuatro minutos.

◆ Oportunidades de evaluación

- ◆ En esta actividad se han practicado las habilidades que son evaluadas por medio del Criterio C: Comunicación en respuesta a textos orales, escritos o visuales y del Criterio D: Uso de la lengua de forma oral o escrita.

ACTIVIDAD: El Séptimo Arte: El Cine

■ Enfoques del aprendizaje

- ■ Habilidades de comunicación: Utilizan formas de redacción adecuadas para distintos destinatarios y propósitos

En esta actividad, **analizarás** dos resúmenes informativos sobre el cine como medio de comunicación.

Realiza dos búsquedas en YouTube utilizando las siguientes frases clave:

a **El cine como medio de comunicación hydespeon**

b **El cine como medio de comunicación senjou**

Durante y después de cada una de los resúmenes, toma nota de los siguientes aspectos:

Aspecto	Vídeo A	Vídeo B
Ideas más importantes que menciona. ¿Son variadas?		
Ejemplos que utiliza		
Comprensibilidad de las ideas y claridad de la voz		
Impacto del mensaje		
Calidad de la información que presenta		
Relevancia de las imágenes en conexión con la narración		

Ahora vas a utilizar las notas que tomaste para escribir un ensayo comparativo en el que **evalúes** la efectividad y relevancia de los vídeos así como las cualidades informativas de cada uno. En la introducción de tu ensayo, habla sobre el rol del cine en la sociedad, después **analiza** los dos vídeos y concluye con tu punto de vista personal. Escribe entre 200 y 250 palabras.

◆ Oportunidades de evaluación

- ◆ En esta actividad se han practicado las habilidades que son evaluadas por medio del Criterio C: Comunicación en respuesta a textos orales, escritos o visuales y del Criterio D: Uso de la lengua de forma oral o escrita.

Dos patrias

Dos patrias tengo yo: Cuba y la noche.
¿O son una las dos? No bien retira
su majestad el sol, con largos velos
y un clavel en la mano, silenciosa
5 Cuba cual viuda triste me aparece.
¡Yo sé cuál es ese clavel sangriento
que en la mano le tiembla!

Está vacío mi pecho, destrozado está
y vacío en donde estaba el corazón.
10 Ya es hora de empezar a morir.
La noche es buena para decir adiós.
La luz estorba y la palabra humana.
El universo habla mejor que el hombre.
Cual bandera que invita a batallar,
15 la llama roja de la vela flamea.

Las ventanas abro, ya estrecho en mí.
Muda, rompiendo las hojas del clavel,
como una nube que enturbia el cielo,
Cuba, viuda, pasa…

José Martí y Cuba

José Martí fue un pensador, escritor, periodista, filósofo y poeta cubano, organizador de la Guerra del 95, también conocida como la Guerra Necesaria. A pesar de que fue condenado a la cárcel y a un posterior exilio, Martí nunca renunció a sus ideas y utilizó la poesía como un medio para expresarse. Lee dos de sus poemas más personales.

Isla famosa

Aquí estoy, solo estoy, despedazado.
Ruge el cielo: las nubes se aglomeran,
Y aprietan, y ennegrecen, y desgajan:
Los vapores del mar la roca ciñen:
5 Sacra angustia y horror mis ojos comen:
A qué naturaleza embravecida,
A qué la estéril soledad en torno
¿De quién de ansia de amor rebosa y muere?
¿Dónde, Cristo sin cruz, los ojos pones?
10 ¿Dónde, oh sombra enemiga, dónde el ara
Digna por fin de recibir mi frente?
¿En pro de quién derramaré mi vida?

Rasgóse el velo; por un tajo ameno
De claro azul, como en sus lienzos abre
15 Entre mazos de sombra Díaz famoso,
El hombre triste de la roca mira
En lindo campo tropical, galanes
Blancos, y Venus negras, de unas flores
Fétidas y fangosas coronados:
20 ¡Danzando van: a cada giro nuevo
Bajo los muelles pies la tierra cede!
Y cuando en ancho beso los gastados
Labios sin lustre ya, trémulos juntan,
Sáltanles de los labios agoreras
25 Aves tintas en hiel, aves de muerte.

ACTIVIDAD: José Martí y Cuba

■ Enfoques del aprendizaje

■ Habilidades de comunicación: Leen con actitud crítica y para comprender

Después de leer los dos poemas, responde las siguientes preguntas.

1 En el poema "Dos patrias", ¿por qué hace Martí la siguiente pregunta: *"¿O son una las dos?"*? Explica.

2 En "Dos patrias", ¿por qué decidió Martí utilizar la palabra "*viuda*" para hablar de Cuba? ¿Qué énfasis quiere dar?

3 ¿Qué ambiente crea Martí en "Dos patrias"? ¿Cuáles son las palabras clave que le ayudan a hacerlo?

4 En "Dos patrias", ¿por qué piensas que Martí decidió comparar la bandera con el fuego? ¿Qué movimiento se evoca en estos dos versos?

5 En "Isla famosa", ¿qué fenómeno natural describe Martí en la estrofa 1, versos 2 y 3? ¿En qué sentido es este fenómeno malo para una isla?

6 Considerando su papel en la historia de Cuba, ¿qué quiso decir Martí con estos versos: en "Dos patrias": *"Cual bandera que invita a batallar"*; en "Isla famosa": *"¿En pro de quién derramaré mi vida?"*? Explica tu respuesta.

7 ¿Con qué versos de los dos poemas puedes relacionar las imágenes en Isla Famosa? Explica.

8 Selecciona un verso del poema "Dos patrias" y otro del poema "Isla famosa" con significado similar. Justifica por qué piensas que son similares y explica la comparación que haces.

9 Después de leer los dos poemas, ¿qué significado tiene la imagen 2 para el pueblo cubano? Explica.

10 ¿Qué similitudes puedes encontrar entre las ideas que expresó Martí sobre su país y la forma en que algunos artistas/poetas locales se expresan en tu país?

11 En tu opinión, ¿en cuál de los dos poemas capturó Martí con más precisión sus sentimientos acerca de los problemas en su país? Explica.

◆ Oportunidades de evaluación

◆ En esta actividad se han practicado las habilidades que son evaluadas por medio del Criterio B: Comprensión de textos escritos y visuales.

ACTIVIDAD: Mis pies son guerreros

■ Enfoques del aprendizaje

■ Habilidades de comunicación: Leen con actitud crítica y para comprender

Lee el artículo en las páginas 50–51 y responde las siguientes preguntas:

1 Basándote en las respuestas de Lorena, ¿piensas que es una pensadora crítica? ¿Por qué? Explica con detalles.

2 Imagina una clase de Lorena. ¿De qué manera piensas que habla a sus estudiantes?

3 ¿Piensas que tiene buena relación con ellos? ¿Por qué (no)? Menciona un ejemplo con información del texto.

4 Menciona dos de las ideas principales que se expresan en el texto.

5 Considerando las respuestas que ofreció Lorena, ¿qué tipo de persona es Claudio Guerra, el periodista? ¿Cómo llegas a esa conclusión?

6 ¿Por qué es posible decir que este texto tiene elementos de una mini biografía y de una crítica de un espectáculo y de una entrevista? Menciona detalles específicos.

7 En tu opinión, ¿cuál de las imágenes representa la idea de Lorena que se mencionó en el párrafo 6?

8 ¿Hasta qué punto estás de acuerdo o en desacuerdo con la idea de Lorena sobre el arte como voz de la sociedad? Explica.

9 Selecciona la imagen que en tu opinión representa la afirmación de Lorena en el párrafo 7.

10 Quieres representar aspectos de la personalidad de Lorena. ¿Qué tres imágenes utilizarías? Describe las imágenes y justifica tu respuesta.

11 Menciona dos preguntas que le harías a una artista como Lorena. Incluye una justificación de por qué te interesa preguntarle eso.

12 ¿Cuál es la actitud del periodista sobre el tema del arte en general? Explica.

13 Imagina que Lorena es la maestra de danza en tu escuela. ¿De qué manera piensas que afectaría la percepción del arte en tu escuela? Justifica tu respuesta.

◆ Oportunidades de evaluación

◆ En esta actividad se han practicado las habilidades que son evaluadas por medio del Criterio B: Comprensión de textos escritos y visuales.

Lee la siguiente semblanza sobre la vida de una bailarina profesional:

Mis pies son guerreros

Por: Claudio Guerra

2   A pesar de su respetable y admirable trayectoria artística, que le ha permitido experimentar ser estudiante, maestra, artista y emprendedora, Lorena parece no alejarse de su esencia: "yo soy un ser humano con deseos de crecimiento y de conocimiento; me gusta terminar ciclos para comenzar otros nuevos, para enfrentar nuevos riesgos y desafíos y continuar explorando mi pasión, los límites de mi disciplina y mi capacidad de observar mis alrededores y transformar lo que veo en arte"– mencionó con una energía que posiblemente es similar al carácter que demuestra al bailar.

3   Cuando le preguntamos cómo se ve el mundo con los ojos de bailarina, Lorena enfatizó que se aprecia de una manera diferente, con una visión mucho más detallada de las energías, de los espacios, de las reacciones, del comportamiento y esencia del ser humano ante el mundo. Para Lorena, el arte es una de las muchas voces de la sociedad y de la realidad, porque muchas de las emociones que se proyectan al bailar son producto de una intensa observación, de la búsqueda de explicación, de las reflexiones personales, las que indica que son extremadamente importantes, y de la evaluación constante a lo que uno siente, a lo que uno vive, a lo que uno crea, a lo que uno compone.

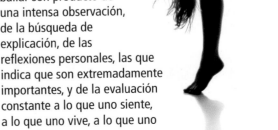

1   Para artistas como Lorena, es difícil definir el momento que supieron que su vocación era ser artista, "la danza se convirtió en mi vida desde que recuerdo. Creo que tuve mi primer contacto con el arte del movimiento cuando aún era una bebé, a través de la música. Cuando movía mi cuerpo, hubo un vínculo inmediato que me llenó de placer, plenitud y de sueños. Así fue como supe que quería ser bailarina" – mencionó Lorena al recordar el origen de su historia.

4 Artistas como Lorena reconocen que aprender es un proceso que nunca termina, que se reconstruye y se redefine constantemente gracias a los nuevos compases que uno encuentra, gracias a las nuevas melodías que las nuevas experiencias nos permiten disfrutar y gracias a la coreografía en la que participamos con nuestros nuevos aprendizajes y cuando tenemos nuevos retos. "En ocasiones es imposible separar las emociones y el aprendizaje de lo que vemos, lo que hacemos y lo que sentimos. En todo hay música, en todo hay sinfonía y simetría, y por eso aprender a transformar nuestras vivencias en arte es como vivir en una coreografía orquestada especialmente para nosotros", – aclara Lorena con un breve suspiro que evidentemente indica su devoción por su arte.

5 De igual forma, escuchar hablar a Lorena, sin intenciones de comparar, es similar a charlar con el uruguayo Darío Santarelli, pues ambos están de acuerdo en que sin arte no se puede vivir; que todo el arte que se produce cuenta una historia, pertenece a un momento específico y describe los sueños y filosofías del artista y los individuos que participaron en la creación de su obra. Sin embargo, Lorena también destaca que el arte, la danza en su caso, es un generador fundamental de emociones que inspiran, mueven y transforman.

6 Una de las partes más interesantes de la charla con Lorena fue escucharla hablar de la conciencia social responsable que es posible desarrollar por medio de la danza como disciplina y área de conocimiento. "La danza ofrece una oportunidad de desafiar a nuestro propio espacio porque, sin importar la complejidad de cada rutina, siempre debemos comenzar comprendiéndonos a nosotros mismos, nuestro espacio, y nuestras oportunidades. Es extremadamente similar al método científico, pues es necesario observar y observar para poder llegar a conclusiones. Precisamente es esta intensa observación lo que nos ayuda a generar estímulos y aspiraciones de superación. Al final del día, como yo digo a mis alumnos, todo lo que somos, es consecuencia de lo que hacemos"– puntualizó.

7 Después de verla bailar y de escucharla hablar, me queda claro que Lorena Ramírez sabe perfectamente lo que significa tener la plena convicción y vocación de hacer lo que uno hace por pasión. Tal como ella lo afirma: "la danza requiere gente comprometida, preparada, entregada, apasionada, trabajadora, tenaz y disciplinada, con carácter y espíritu guerrero, enamorado de lo que hace porque, el artista bailarín siempre estará en la línea de fuego o de riesgo y, por eso, hay que aprender a ser guerreros".

Tema 3: ¿De qué manera puede el arte representar la historia?

ARTE, AQUÍ Y AHORA

Vivimos en tiempos en los que debemos sentirnos afortunados de tener tantas oportunidades para documentar nuestras experiencias y para guardarlas en una gran variedad de formas, que incluyen fotografías, vídeos, archivos de audio, entre otros formatos. De igual forma, estas posibilidades permiten que los artistas utilicen su talento y creatividad para representar momentos importantes que suceden día a día.

Imagina la forma en que concebiríamos la historia si existieran vídeos o fotos de la época de las cavernas, de los apogeos de las grandes civilizaciones. Imagina las imágenes y los mensajes que aparecerían en las redes sociales, el efecto que producirían en las personas y las maneras en que los individuos se involucrarían.

Gracias al ingenio de los artistas de las diferentes etapas de nuestra historia, en el presente es posible estudiar cómo vivían las personas, cómo se transformaban las ideologías y cómo evolucionaban las ideas; por ello, es posible decir que el arte es una gran herramienta para navegar en las olas del conocimiento y la historia.

El arte y la lengua siempre han formado una alianza que permite transmitir ideas, formular significados y provocar el debate y, por ello, es difícil negar que este binomio siempre nos ayudará a comprender nuestro pasado, nuestro presente, y nos permitirá especular sobre nuestro futuro. ¿Estás de acuerdo?

ACTIVIDAD: *Polaroids* históricas

■ Enfoques del aprendizaje

- Habilidades de gestión de la información: Establecen conexiones entre diversas fuentes de información
- Habilidades de comunicación: Ofrecen y reciben comentarios pertinentes

En esta actividad trabajarás en parejas o en equipos pequeños.

El objetivo es realizar una investigación de imágenes sobre los siguientes momentos históricos y escribir la forma en que se documentaron.

Haz una búsqueda de imágenes en internet de los siguientes puntos. Observa las imágenes, discute lo que ves y qué aspecto relevante de ese momento se rescató. También comparte ideas sobre las razones por las que el fotógrafo tomó esa imagen: **¿Qué quiso enfatizar?**

Comparte sus ideas y únicamente escriban el resumen del consenso.

Momentos:

1 **La llegada del hombre a la luna**
2 **La creación del muro de Berlín**
3 **El discurso de Martin Luther King ("Tengo un sueño")**
4 **La huelga de hambre de Mahatma Gandhi**
5 **El bombardeo de Hiroshima y Nagasaki**
6 **La muerte de Franco en España**

¿Cómo recordaríamos la historia si los fotógrafos, periodistas y escritores no hubieran documentado esos momentos?

■ *"El 2 de mayo de 1808 en Madrid"* o *"La lucha con los mamelucos"*, por artista español Francisco Goya

ACTIVIDAD: Documentando la historia con métodos modernos

■ Enfoques del aprendizaje

■ Habilidades de pensamiento creativo: Establecen conexiones inesperadas o inusuales entre objetos o ideas

En esta actividad desempeñarás el rol de un(a) artista. Decide la disciplina en la que eres experto (fotografía, cine, pintura, etc.) y selecciona uno de los siguientes momentos que te gustaría documentar:

a   **El descubrimiento de América**
b   **El incendio de la biblioteca de Alejandría**
c   **El descubrimiento del fuego**
d   **La peste negra en Europa**
e   **La construcción de la Muralla China**

Considerando tus habilidades y talentos en tu área de especialización, escribe una fundamentación sobre tu proyecto. Comienza tu texto presentándote, mencionando qué momento documentarás y después responde las siguientes preguntas:

1   **¿Cómo documentarías el momento que seleccionaste?**
2   **¿Por qué lo harías de esa manera?**

3   **¿De qué aspectos relevantes de ese momento podríamos ser testigos gracias a tu trabajo?**

Considera que en algunos casos será necesario contextualizar cómo sucedieron los hechos; por ejemplo, América fue descubierta por accidente, entonces no puedes planearlo.

Escribe 250 palabras.

Después de terminar tu fundamentación, la debatirás de manera oral con tu profesor.

Presenta tus ideas en clase.

Piensa en una serie de sucesos históricos que has estudiado, ¿han sido estos documentados en las artes gráficas, la literatura o el cine?

◆ Oportunidades de evaluación

◆ En esta actividad se han practicado las habilidades que son evaluadas por medio del Criterio C: Comunicación en respuesta a textos orales, escritos o visuales y del Criterio D: Uso de la lengua de forma oral o escrita.

ACTIVIDAD: Guernica

■ Enfoques del aprendizaje

■ Habilidades de pensamiento crítico: Extraen conclusiones y realizan generalizaciones razonables

En esta actividad verás un documental sobre el *Guernica* de Picasso y la manera en que esta obra de arte ayudó a representar un momento importante en la historia española.

Realiza una búsqueda en YouTube utilizando las palabras clave: **Documental: El Guernica de Pablo Picasso** y después responde las siguientes preguntas:

1 **De acuerdo a la primera línea del documental, ¿qué emociones expresa una obra plástica y qué reflejan esas emociones?**
2 **¿Qué oportunidad de expresión y promoción permitió la participación de Picasso y España en la Exposición Internacional de París? Explica.**
3 **¿Cuál es el contexto del *Guernica*?**
4 **¿Cuáles dos de estas obras de Picasso no se menciona en el documental?**

  a **El actor**
  b **Muchacha delante de un espejo**
  c **Retrato de Dora Maar**
  d **La comida del ciego**
  e **Mujer con abanico**
  f **Los tres músicos**
  g **Las señoritas de Aviñón**

5 **¿Qué tres colores y qué tres tipos de cubismo se aprecian en las transformaciones de Picasso? Explica usando una tabla.**

■ Pablo Picasso, artista español, autor de *Guernica*

PIENSA–COMPARA–COMPARTE

Debate las siguientes preguntas con toda la clase.

1 **¿Quién fue Pablo Picasso?**
2 **¿Por qué es famoso?**
3 **¿Qué pinturas de Picasso son famosas?**
4 **¿Has oído hablar de Guernica? ¿Qué es?**
5 **¿Cómo ayuda el arte de Picasso a recordar momentos importantes de la historia española?**

6 ¿Qué significan los siguientes elementos del *Guernica*?
  a El toro
  b El caballo
  c El sol/la bombilla

7 ¿Por qué piensas que Picasso decidió pintar el *Guernica* en tales dimensiones?

8 ¿Qué decisión tomó el director del documental para permitir a los espectadores apreciar los detalles del *Guernica* en el vídeo?

9 ¿Qué rol jugaron los aguafuertes de toros que Picasso había pintado antes?

10 ¿Qué similitudes puedes encontrar entre el aguafuerte llamado *Minotauromaquia* y el *Guernica*?

11 ¿Para quiénes se realizó este documental? Menciona dos puntos de información para justificar tu respuesta.

12 ¿Qué efecto tienen las voces que se escuchan en los reconocimientos finales? ¿Fue buena idea? ¿Por qué?

13 ¿Consideras que Picasso logró capturar el mensaje y la esencia del horror de Guernica con su trabajo? Explica.

14 Considerando la fama del *Guernica* de Picasso, en tu opinión, ¿hasta qué punto podemos decir que el arte tiene la capacidad de transmitir mensajes más allá de su tiempo? Explica.

◆ Oportunidades de evaluación

◆ En esta actividad se han practicado las habilidades que son evaluadas por medio del Criterio A: Comprensión de textos orales y visuales.

■ Recuerda mi arte cuando compres arte

PIENSA–COMPARA–COMPARTE

Debate las siguientes preguntas con toda la clase.

1 ¿Has escuchado hablar de Diego Rivera?

2 ¿Por qué crees que el Banco de México decidió poner a Diego Rivera en los billetes de 500 pesos

3 ¿Qué información conoces sobre el movimiento muralista en México?

4 Diego Rivera siempre expresó su apoyo por el socialismo; ¿qué tipo de arte crees que realizó?

5 A Diego Rivera le gustaba pintar personas indígenas. ¿Por qué piensas que muchas personas pensaban que su arte era para los pobres? Explica.

ACTIVIDAD: El Hombre Controlador del Universo

■ Enfoques del aprendizaje

■ Habilidades de alfabetización mediática: Localizan, organizan, analizan, evalúan, sintetizan y utilizan de manera ética información procedente de diversas fuentes y medios (incluidas las redes sociales y en línea)

Para realizar esta actividad necesitas hacer una búsqueda en internet. Sigue estas instrucciones:

1 Ve al sitio del Museo del Palacio de Bellas Artes de México, en museopalaciodebellasartes.gob.mx.

2 Selecciona "museo digital".

3 Después ve a "murales".

4 Selecciona el tercer mural de izquierda a derecha.

Este mural se llama *El Hombre Controlador del Universo*.

En la siguiente actividad trabajarás en parejas.

Estudia el mural y responde las siguientes preguntas:

1 ¿Qué puedes observar en el centro del mural?

2 ¿Qué podemos apreciar en la parte derecha del mural?

3 ¿Qué podemos apreciar en la parte izquierda del mural?

4 ¿Cuáles son las diferencias entre los elementos que rodean las estatuas en ambos extremos del mural?

5 ¿Cómo describirías el semblante del hombre en el centro?

6 ¿Qué aspectos históricos e ideológicos se contrastan con las imágenes en ambos extremos del mural?

ACTIVIDAD: Diego Rivera en el Centro Rockefeller

Enfoques del aprendizaje

■ Habilidades de pensamiento crítico: Extraen conclusiones y realizan generalizaciones razonables

En esta actividad, estudiarás el fondo del mural de Diego Rivera conocido como *"El Hombre Controlador del Universo"* o *"El Hombre en el Cruce de Caminos"*.

Primero, realiza una búsqueda rápida en internet sobre la historia del mural. Utiliza las siguientes palabras clave: Diego Rivera hombre controlador universo. Lee el contexto. La versión en Wikipedia en español es muy fácil y concreta.

Después de leer el contexto, relaciona la información que descubriste con tus respuestas en la actividad pasada.

Ahora realiza una búsqueda en YouTube utilizando las siguientes palabras clave: Diego Rivera en el Rockefeller Center.

Responde estas preguntas:

1 Describe el escenario del vídeo.
2 ¿Cuál es el elemento inapropiado del mural que se menciona en el vídeo?
3 ¿Con quién fue comparado Lenin?
4 ¿Qué sugerencia dieron a Rivera para sustituir a Lenin?
5 ¿Cuál fue la opinión de Diego Rivera respecto a la sugerencia?
6 ¿Qué menciona Diego Rivera sobre el arte y sobre su método?
7 ¿Cómo califican las personas estadounidenses la actitud de Diego Rivera?
8 Considerando que en extracto mencionaron que se contrató a Diego considerando los bosquejos establecidos, ¿qué pasó antes de la situación que se muestra en el vídeo?
9 ¿Por qué piensas que un director de cine quiso hablar de este artista, esta pintura y la reacción social en su trabajo? Justifica tus ideas.
10 ¿Cuál nombre de la pintura te parece más apropiado? ¿Por qué?
11 ¿Cuál es tu opinión sobre el respeto que los artistas tienen por sus ideas, considerando la actitud de Diego Rivera en el vídeo?

Oportunidades de evaluación

◆ En esta actividad se han practicado las habilidades que son evaluadas por medio del Criterio A: Comprensión de textos orales y visuales.

EL ARTE EN LAS REDES SOCIALES: DISEÑANDO LA INFORMACIÓN DEL PRESENTE

Hoy en día, vivimos en tiempos donde las representaciones visuales y el diseño tienen un gran impacto en la sociedad. Además, con las redes sociales, el diseño de información tiene un poder impresionante en la comunicación de ideas y en la creación de mensajes. Por ello, la manera de compartir y apreciar el arte va más allá de museos y galerías físicas. Ahora, con fotos y grupos en diferentes redes, toda persona que esté conectada a internet puede promover su arte o conocer el arte de otros.

PIENSA–COMPARA–COMPARTE

Discute las siguientes preguntas en equipos pequeños y después comparte tus opiniones con toda la clase.

1 **¿Qué relaciones tienen el diseño visual y la lengua?**
2 **¿Cómo actúan juntos la lengua y el arte en las redes sociales para promover ideas?**
3 **¿Por qué es posible decir que el arte tiene un impacto más fuerte gracias a las redes sociales?**
4 **¿Cómo permiten las redes sociales utilizar diferentes formas de arte para documentar momentos importantes e informar? Menciona algunos ejemplos.**

ACTIVIDAD: Involúcrate en la creación de arte que informa

Enfoques del aprendizaje

- Habilidades de colaboración: Ejercen liderazgo y asumen diversos roles dentro de los grupos
- Habilidades de comunicación: Utilizan una variedad de técnicas de expresión oral para comunicarse con diversos destinatarios

Ésta será una actividad grupal.

En esta actividad utilizarás una forma de arte y el poder del idioma para comunicar ideas sobre uno de los siguientes momentos. El objetivo es observar la relación entre la lengua y el arte para representar la historia e informar en las redes sociales.

1 **La clase se dividirá en dos grupos. Cada grupo tomará turnos para operar de la siguiente forma: un grupo trabajará escribiendo mensajes tipo Twitter o Instagram y el otro interactuará imaginando que están operando en Facebook. Esto permitirá que los dos grupos vivan las dos experiencias.**
2 **Cada grupo seleccionará dos de los siguientes sucesos y, de manera colaborativa, utilizará imágenes y expresiones escritas para diseñar mensajes sobre los sucesos que seleccionó.**

Sucesos:

a **El hundimiento del Titanic**
b **La reunión de familias en Alemania después de la caída del Muro de Berlín**
c **El caso de Rosa Park en el autobús**
d **Los primeros Juegos Olímpicos**

Lee el siguiente texto sobre la responsabilidad social de los fotógrafos:

Los fotógrafos de verdad tienen un compromiso

La noche del jueves tuvimos una entrevista por Skype en la que conversamos con Dánae Kotsiras, una joven artista greco mexicana, sobre sus puntos de vista sobre las comunicaciones visuales y las artes, particularmente la fotografía, considerando que es profesora, artista y espectadora.

No Te Hartes: *¿Cómo describirías tu pasión por la fotografía y lo que te gusta capturar?*

Dánae: El cine es responsable de mi pasión por la foto, y para mí fue difícil decidir entre ser cineasta o fotógrafa, pero si consideramos que una imagen puede decir mucho, posiblemente más que un filme y que toma menos tiempo observar una foto que ver una película, opté por la fotografía. Además, como quiero encontrar significado en todo lo que veo, me gusta mi proceso de búsqueda de emociones, pensamientos y experiencias que deseo depositar en cada foto. Yo pienso que yo hago fotografía en movimiento, que las imágenes que concibo son productos intelectuales y espirituales, pues cada una de ellas representa un compromiso.

NTH: *¿Qué quieres decir con "compromiso"?*

D: La fotografía tiene un rol muy importante en el presente. Ahora todos tenemos acceso a capturar imágenes desde la comodidad de un dispositivo móvil (teléfono celular, iPod, iPad, tablet, etc.) y si consideramos que cada uno de estos dispositivos nos permite desarrollar y explorar un tipo de lenguaje, entonces es fácil comprender que el tipo de comunicación que podemos establecer entre nosotros y lo que fotografiamos, y entre nuestro producto y el mundo puede tener diferente impacto y provocar diferentes reacciones. Hoy todos somos fotógrafos, según Pedro Meyer, pero pocos tienen lenguaje visual. La fotografía se ha convertido en un medio que nos permite estar en tiempo real en las redes sociales, nos ha afectado la manera en que vivimos, pues pareciera que está implícita en nuestra manera de querer compartir el mundo. Hoy en día queremos registrar todo lo que nos sucede y queremos compartirlo con los demás, queremos crear conexiones, ahí es cuando nace nuestro compromiso.

NTH: *¿Cómo enseñas a tus estudiantes a comprender la necesidad de ser un comunicador visual para que descubran su propio compromiso?*

D: Me atrevo a decir que somos lo que vemos y a partir de lo que vemos, también somos. La fotografía nos influye hasta en el estilo de vida, pues aprendemos a través de imágenes, aunque desgraciadamente no todos tenemos la educación para leerlas.

Fue difícil para mí dar el paso de comenzar a enseñar, pues un artista no quiere dar clases. Sin embargo, cuando yo me di cuenta de que podía guiar a otros a transmitir sus propias ideas, concluí que sería buena idea vivir la experiencia.

Además, pienso que la adolescencia es una edad vulnerable para el arte, crítica, importante, con mucho potencial y deseo de descubrimiento. Rápidamente noté que muchos de mis alumnos ya sabían tomar fotografías y que, por lo tanto, no era necesario enseñarles técnicas, pues eso podría afectar su sensibilidad y su creatividad. Por eso, preferí ayudarlos a explorar su lenguaje, a disciplinar sus energías y sus capacidades de observación, a canalizar sus deseos y posibilidades, pues pienso que ésta es la mejor manera de construir comunicadores visuales.

NTH: *¿Por qué es necesario ser un comunicador efectivo para los fotógrafos?*

D: Necesitamos más educación visual y hacer una depuración del fenómeno fotográfico que hay en las redes. Si las fotos no nos ayudan a crear relaciones con el artista, con el caso que presenta o con su mensaje, se corre el riesgo de convertirse en contaminación visual. Ahora es muy fácil ayudar a escribir nuevos capítulos de la historia por medio de la fotografía.

NTH: *¿Cómo describirías tu evolución y tu compromiso personal con el lenguaje de la fotografía?*

D: Es muy interesante. A mí me descubrieron por mi cuenta de Instagram. Unos periodistas que seguían mis publicaciones me pidieron que les ayudara a aprovechar el potencial de una cámara profesional, pues ellos usaban sus teléfonos móviles y, desgraciadamente, no podían comunicar la esencia de los instantes con efectividad. Ellos ya tenían la habilidad de leer el lenguaje de las situaciones, yo simplemente les mostré como utilizar una cámara para congelar el momento. Mi compromiso tiene que ver con la historia, a mí me gusta documentar mi trabajo y la creatividad de las personas en las artes escénicas. Mi interés surgió a raíz de la falta de historia gráfica de las artes escénicas; hay pinturas, grabados, esculturas, y a mí me preocupaba que nadie había documentado esta clase de arte, pues en el futuro no habría referencia de todas las exploraciones que muchos artistas están realizando en el presente. Así que decidí hacerme responsable de esto para que en el futuro haya evidencia de cómo las personas utilizan su ingenio e inventiva en las artes. Además de ser mi contribución, creo que también hablará mucho de mí como ser femenino individual que siente y piensa.

NTH: *Muchas gracias, Dánae. Ha sido un placer. Por favor compártenos tu cuenta de Instagram para que veamos tu trabajo.*

D: En Instagram pueden encontrarme con mi nombre: Dánae Kotsiras. Gracias a ustedes. Hasta siempre.

ACTIVIDAD: Los fotógrafos de verdad tienen un compromiso

Después de leer la entrevista con Dánae, responde las siguientes preguntas:

1 Tomando en cuenta las respuestas de Dánae, ¿consideras que es una profesora que está interesada en sus alumnos? Justifica tu respuesta.
2 Según Dánae, ¿cuáles son las dos cualidades esenciales que deben tener los fotógrafos del presente?
3 ¿Qué ejemplo personal mencionó Dánae sobre el poder que pueden tener las fotos con significado fuerte y lenguaje preciso?
4 ¿Cuál es la ventaja de las fotos sobre los filmes que Dánae menciona? ¿Qué opinas?
5 ¿A qué detalles de la entrevista hacen alusión las imágenes 2, 3 y 4?
6 Considerando las ideas que Dánae menciona sobre el lenguaje de la fotografía, ¿qué tipo de lenguaje menciona la segunda foto?
7 ¿Qué tipo de persona es Dánae? ¿Cómo la describirías? Toma en cuenta los puntos de vista que expresó.
8 ¿Por qué piensas que la revista estuvo interesada en entrevistar a Dánae? ¿Cuáles pueden ser los temas de este volumen de la revista? Menciona dos ejemplos.
9 Dánae discute el impacto de la fotografía y las redes sociales. ¿Estás de acuerdo con su opinión? ¿Qué ejemplos reales puedes mencionar sobre lo que Dánae menciona?
10 Después de leer el texto, ¿qué es más fácil: ver a Dánae como profesora o como artista? ¿Por qué? Explica tu respuesta.
11 ¿Por qué es posible decir que Dánae piensa que la fotografía es más que arte? Justifica tu respuesta e incluye ejemplos.
12 ¿Cuál es tu opinión sobre el compromiso de Dánae? ¿Qué opinas de su preocupación?

◆ Oportunidades de evaluación

◆ En esta actividad se han practicado las habilidades que son evaluadas por medio del Criterio B: Comprensión de textos escritos y visuales.

PIENSA–COMPARA–COMPARTE

Lee las siguientes preguntas y debátelas con toda la clase.

1 ¿Qué tan diferente es tomar fotografías con una cámara y con un teléfono móvil?
2 Generalmente, ¿qué tipo de imágenes ves en las redes sociales? ¿Qué opinas al respecto?
3 ¿Por qué es posible decir que la fotografía tiene un lenguaje propio?
4 ¿De qué forma la fotografía nos ayuda a documentar la historia moderna?
5 ¿Cuándo podemos decir que una fotografía es buena?
6 ¿Cuántos tipos de fotografía conoces?
7 ¿De qué depende el mensaje, objetivo y significado de las fotografías?

ACTIVIDAD: Cierre de unidad

■ Enfoques del aprendizaje

■ Habilidades de reflexión: Consideran los contenidos y se preguntan: ¿Sobre qué aprendí hoy? ¿Hay algo que aún no haya entendido? ¿Qué preguntas tengo ahora?

En este capítulo abordamos los conceptos de estética, mensaje y creencias en el arte y realizamos exploraciones sobre las diferentes formas en que los artistas utilizan los acontecimientos del presente como inspiración para, de igual forma, tomar acción y expresar sus ideas.

Para concluir este capítulo, responde la siguiente pregunta y escribe tu opinión:

¿De qué manera podemos aprovechar los puntos de vista y mensajes que se transmiten en el arte para enriquecer nuestra visión del mundo?

Escribe 250 palabras y publica tu texto en un blog o en un cartel. Invita a tus compañeros a leerlo y a comentar.

▼ Nexos: Ciencias

Es muy grande la importancia de la fotografía en la ciencia, no sólo en producciones como paisajes o especies de plantas y animales, sino muy especialmente la fotografía aplicada al microscopio, al estereoscopio y al espectroscopio; así como la fotografía celeste, de movimiento, de relieves y de positivos en cristal. Posiblemente el ejemplo más popular es la radiografía o fotografía de los rayos X.

Actúa e involúcrate

! Muchos de los trabajos que se califican como arte contemporáneo son objeto de múltiples críticas debido a la aparente carencia de técnica y propuesta artística que poseen. Muchas personas piensan que tales piezas de arte pueden haber sido producidas por niños.

! La aparición del Museo de Arte Invisible (MONA) (Museum on Non-Visible Art en inglés) no sólo ha provocado controversia, sino también una fuerte reflexión sobre la naturaleza del arte, el límite de las extravagancias y el nivel de consumismo de personas que son capaces de gastar dinero para pertenecer a "un grupo selecto de conocedores". Puedes leer un artículo en el siguiente enlace http://tinyurl.com/pmfmzvp

! ¿Qué responsabilidades sociales tienen las personas u organizaciones que organizan subastas como la que se muestra en el artículo de BBC en el enlace? ¿Qué opinas sobre los artistas que generan estos trabajos, las personas que los adquieren y las campañas o iniciativas que estas subastas apoyan? ¿Hasta qué punto crees que casos como éste afecta en la apreciación y promoción del arte en las escuelas?

! ¿Cuánto apoyo reciben los programas de arte en las escuelas públicas de tu país? ¿Tiene la sociedad interés en el arte y cuentan los artistas con espacios suficientes para mostrar su arte?

Reflexión

Reflexionemos sobre nuestro aprendizaje…
Usa esta tabla para reflexionar sobre tu aprendizaje personal en este capítulo.

Preguntas que hicimos	Respuestas que encontramos	Preguntas que podemos generar ahora			
Fácticas					
Conceptuales					
Debatibles					
Enfoques del aprendizaje en este capítulo	Descripción: ¿qué destrezas nuevas adquiriste?	¿Cuánto has consolidado estas destrezas?			
		Novato	En proceso de aprendizaje	Practicante	Experto
Destrezas de colaboración					
Manejo de la información					
Destrezas de pensamiento crítico					
Destrezas de pensamiento creativo					
Atributos de la comunidad de aprendizaje	*Reflexiona sobre la importancia del atributo de la comunidad de aprendizaje de este capítulo.*				
Mente abierta					

3 ¿Cómo se consigue un bienestar pleno?

Las perspectivas sobre el bienestar pueden ser influenciadas por nuestras **relaciones** con los demás y por los **mensajes** que encontramos en los medios y las redes sociales en nuestro **entorno social** y **cultural**.

CONSIDERAR Y RESPONDER ESTAS PREGUNTAS:

Fácticas: ¿Qué significa estar sano? ¿Qué afecta la salud? ¿Qué actividades pueden ser benéficas y nocivas? ¿Qué hábitos o actitudes condicionan la buena salud? ¿Quién puede ser considerado una autoridad en cuestión de salud? ¿Quién dicta los parámetros de lo que es la buena salud?

Conceptuales: ¿Cómo podemos mantener el equilibrio en nuestra salud mental, física y emocional? ¿Hasta qué punto y cómo pueden los gimnasios ser buenos y/o nocivos? ¿Por qué es importante la salud para estar feliz? ¿Qué podemos aprender al escuchar las sugerencias de nuestros seres queridos respecto a nuestra salud? ¿Cómo es posible lograr que una persona pueda estar físicamente sana y tenga salud mental total?

Debatibles: ¿Por qué muchas personas confían fácilmente en métodos rápidos para bajar de peso? ¿Por qué es la salud mental más importante que la salud física y emocional para algunas personas? ¿Hasta qué punto es la salud emocional importante para mantener una buena calidad de vida?

Ahora **compara y comparte** tus opiniones con un compañero o con toda la clase.

■ El bienestar es cuestión de ser y estar

EN ESTE CAPÍTULO VAMOS A:

■ **Descubrir:**
  ■ aspectos del bienestar en términos emocionales, sociales y espirituales.
■ **Explorar:**
  ■ los buenos hábitos que podrían ser nocivos
  ■ el significado de la salud y el bienestar.
■ **Actuar y:**
  ■ reflexionar sobre el rol de la salud en nuestras relaciones
  ■ evaluar nuestro propio bienestar.

Las siguientes habilidades de los enfoques del aprendizaje serán útiles:

- Habilidades de comunicación
- Habilidades de colaboración
- Habilidades de reflexión
- Habilidades de gestión de la información
- Habilidades de pensamiento crítico
- Habilidades de alfabetización mediática

Reflexiona sobre el siguiente atributo de la comunidad de aprendizaje:

- Equilibrado: mediante una reflexión constante sobre la importancia del equilibrio físico, mental y emocional para lograr el bienestar propio y el de los demás.

Oportunidades de evaluación en este capítulo:

- **Criterio A:** Comprensión de textos orales y visuales
- **Criterio B:** Comprensión de textos escritos y visuales
- **Criterio C:** Comunicación en respuesta a textos orales, escritos o visuales
- **Criterio D:** Uso de la lengua de forma oral o escrita

GRAMÁTICA

Tiempos verbales que se abordan en este capítulo:
- Presente simple (indicativo)
- Gerundio (presente)
- Pretérito indefinido
- Futuro simple
- Construcciones hipotéticas fácticas utilizando el presente simple y el futuro simple
- Los verbos "poder" y "deber" en su forma condicional para expresar modalidades de expresión: podría, debería
- Imperativo negativo

VOCABULARIO SUGERIDO

Vocabulario sugerido para mejorar la experiencia de aprendizaje.

Sustantivos	Adjetivos	Verbos
bienestar	ameno	adelgazar
conducta	dañino	advertir
dificultad	delicioso	agraviar
disciplina	fructífero	beber
energía	grato	cocinar
ingredientes	imperativo	comer
limpieza	innecesario	comparar
malestar	inútil	considerar
mejora	nocivo	consultar
método	perjudicial	consumir
molestia	placentero	dañar
presión	primordial	decaer
prioridad	saludable	deteriorar
problema	sano	empeorar
prosperidad	urgente	engordar
recomendaciones		exagerar
remedios		inculcar
resistencia		mejorar
salubridad		olvidar
salud		optar por
satisfacción		perjudicar
soluciones		ponerse a
sugerencias		dieta
ventaja		preferir
		preparar
		probar
		promover
		respetar
		seguir

Tema 1: Bienestar, salud y plenitud

¿DIRECTA O INDIRECTAMENTE PROPORCIONAL A LO DELICIOSO?

En 2013, la revista británica *The Lancet* realizó una investigación acerca del sobrepeso en el mundo. Los resultados de su exploración son alarmantes, pues llegó a la conclusión de que la obesidad está dejando de ser un mal y está adquiriendo dimensiones exponenciales, dado que más de la mitad de la población total que padece este problema se localiza en solo diez países. En pocas palabras, 30 por ciento de la población mundial padece de ese problema de salud.

Aquí tienes diez países con mayores niveles de obesidad en el mundo:

1 Estados Unidos
2 China
3 India
4 Rusia
5 Brasil
6 México
7 Egipto
8 Alemania
9 Pakistán
10 Indonesia

Por otro lado, un estudio realizado por la revista *Forbes* sobre las dietas más sanas del mundo lanzó los siguientes resultados:

Origen de la dieta	Posición	Porcentaje de obesidad en el país	Características de la dieta
Japón	1	1,5%	Repollo, brócoli, col china, col rizada, pescado y soja, carbohidratos complejos en la forma de nutriente.
Singapur	2	1,8%	Arroz blanco con porciones de verduras y pescado, aprovechan las frutas tropicales de fácil acceso o bajas en azúcar.
China	3	1,8%	Dos tercios de sus comidas se componen de verduras, frutas, granos enteros, frijoles, verduras de hoja como el *bok choi*, hortalizas como el *daikon*, soja, jengibre y ajo.
Suecia	4	11%	Alto consumo de lácteos, panes integrales, frutas y pescado.
Grecia	10	25%	Hace hincapié en grasas no saturadas, cereales integrales, legumbres, verduras y pescado. La carne se come con moderación.

PUNTO DE INDAGACIÓN

Lee con atención las siguientes preguntas y debate tus respuestas con toda la clase.

1 ¿Qué comidas saludables no te gusta consumir?
2 ¿Cuáles son las actitudes de los niños y los adultos respecto a los alimentos saludables?
3 ¿Por qué las comidas chatarra resultan agradables al gusto y nos invitan a comer más?
4 ¿Cuáles son las recomendaciones más comunes sobre la mejor dieta?
5 ¿Cómo debemos balancear la comida que consumimos con nuestras actividades físicas?
6 ¿Cuál es la relación entre la comida, la personalidad y el temperamento de las personas?
7 ¿Qué hacen las personas con hábitos dietéticos específicos para balancear y compensar su dieta?
8 ¿Qué diferencia provocan las siguientes palabras en negrita, en el mensaje que expresamos: **debes** colaborar, **deberías** colaborar, **tienes que** colaborar, **podrías** colaborar?

PIENSA–COMPARA–COMPARTE

Lee las siguientes preguntas, respóndelas y comparte tus respuestas con un compañero y, después, con toda la clase.

1 ¿Qué datos del texto no te sorprenden?
2 ¿Qué información te llama la atención?
3 ¿Cómo podrías explicar que China aparece en ambas listas?
4 ¿Crees en la información que se te presentó?

Nota: Recuerda que uno de los aspectos más importantes de la investigación y la comunicación efectiva es la verificación de datos y fuentes, así que tienes el deber de confirmar que esta información sea correcta.

ACTIVIDAD: S.S.S. Sano, Sabroso y Suculento

■ Enfoques del aprendizaje

- ■ Habilidades de comunicación: Escriben con diferentes propósitos

Estudia y **analiza** la información anterior y escribe un ensayo argumentativo sobre la relación que existe entre la economía de un país y lo sano de su dieta, el rol que juegan los hábitos comunes de las personas en su calidad de vida, y la manera en que la producción agrícola influyen en la calidad de la dieta.

◆ Oportunidades de evaluación

- ◆ En esta actividad se han practicado las habilidades que son evaluadas por medio del Criterio C: Comunicación en respuesta a textos orales, escritos o visuales y del Criterio D: Uso de la lengua de forma oral o escrita.

ACTIVIDAD: Creando conciencia sobre la obesidad

■ Enfoques del aprendizaje

- ■ Habilidades de comunicación: Utilizan una variedad de técnicas de expresión oral para comunicarse con diversos destinatarios
- ■ Habilidades de reflexión: Consideran las implicaciones éticas, culturales y ambientales

En parejas, simula una charla entre un nutricionista y el conductor de un noticiero matutino. Discute la situación de la obesidad en el mundo, especula sobre las causas de su crecimiento acelerado, y la necesidad de crear programas en las escuelas para combatir este problema. La interacción deberá durar cinco minutos.

◆ Oportunidades de evaluación

- ◆ En esta actividad se han practicado las habilidades que son evaluadas por medio del Criterio C: Comunicación en respuesta a textos orales, escritos o visuales y del Criterio D: Uso de la lengua de forma oral o escrita.

ACTIVIDAD: ¿Qué es la salud?

■ Enfoques del aprendizaje

- ■ Habilidades de gestión de la información: Obtienen y analizan datos para identificar soluciones y tomar decisiones fundadas

Realiza una búsqueda en YouTube utilizando las palabras clave: El Cuerpo Humano-Salud y Enfermedad. Mira el vídeo con atención, toma notas y responde las siguientes preguntas:

1 ¿Cómo se define la salud de acuerdo a la Organización Mundial de la Salud?
2 ¿En qué se debe apoyar la sociedad para mejorar las condiciones de salud?
3 ¿Cuáles son los tres consejos que se ofrecen para gozar de salud y bienestar?
4 ¿Qué alimentos se presentaron cuando se mencionaron:
  a las proteínas   c carbohidratos
  b grasas   d vitaminas?
  Incluye dos en cada caso.
5 ¿Por qué la presentadora menciona que Juan deberá comer de todo?
6 ¿Por qué la narradora habla del "estómago de Juan" al hablar de alimentación en lugar de usar "nuestro estómago" u otra alternativa? Explica.
7 ¿Cuál es el objetivo de este vídeo? ¿Qué promueve?
8 Considerando el contenido de este vídeo, ¿qué tipo de canal es Goliat Romano?
9 ¿Qué opinas de la información presentada en el vídeo? ¿Cuántos de estos hábitos practicas con frecuencia?
10 ¿Cuántos problemas existen en tu país respecto a la información que se presenta en el vídeo?

◆ Oportunidades de evaluación

- ◆ En esta actividad se han practicado las habilidades que son evaluadas por medio del Criterio A: Comprensión de textos orales y visuales.

▼ Nexos: Ciencias

Considera el rol de la ciencia en la modificación genética de alimentos y cultivos. Reflexiona sobre las implicaciones éticas, las posibles ventajas y los riesgos.

La Dieta China

1 Estimados pacientes, lectores, amigos y seguidores de este blog. El día de hoy me gustaría enfocar su atención en una dieta que desgraciadamente tiene mala reputación por la popularidad de la versión rápida de su comida. Es todo una ironía, créanme; de hecho, si la comida china que se vende alrededor del mundo respetara los lineamientos básicos de la dieta, estaríamos hablando de que hay restaurantes de comida rápida que venden comida saludable.

2 La dieta china tradicional es más saludable que la dieta regular de muchos países occidentales. Nos debe resultar interesante saber que el concepto de vegetarianismo y carnivorismo no se discute mucho en la cultura china, porque es una costumbre balancear la cantidad de carnes con verduras, granos y hortalizas. Aún así, existe una variedad increíble de platillos vegetarianos, ya que una gran mayoría de sus platillos se preparan con verduras, arroz, soja y un poco de pescado y pollo, además no se cocina con mucho aceite.

3 La dieta china tiene un contenido de grasa animal de solo 20%; esto no es nada, comparada con la dieta estadounidense y la de muchos otros países. Los chinos consideran que la comida es medicina, y que no es necesario hacer mucho ejercicio si las personas tienen una buena dieta y un buen cuidado personal.

4 La dieta tradicional china clasifica los alimentos en diferentes categorías y los asocian en cuatro energías, cinco elementos y cinco sabores con su oferta culinaria. Todos los platillos que los chinos comen incluyen la cantidad exacta de proteínas, grasas y calorías para que el cuerpo funcione bien. La comida china no es muy pesada porque los cocineros combinan verduras, granos y carnes que son fáciles de digerir. Por ejemplo, el arroz blanco es un elemento muy importante, porque ayuda a satisfacer el hambre y ayuda al estómago a extraer las sustancias de la comida.

El *yin* y el *yang*

5 La teoría del yin y del yang es el resultado de la observación de la naturaleza y la descripción de los fenómenos naturales. El *yin* está asociado con el frío, la noche y las mujeres; el *yang* está asociado con la luz, el calor, el día y el hombre. Por esta razón, según los chinos, hay comidas que son más saludables para los hombres y comidas que son más apropiadas para las mujeres.

6 Las energías de las frutas, las verduras y las carnes dependen una de la otra y también se complementa. Por esta razón, es importante combinar la cantidad exacta de cada cosa para conservar el equilibrio. Los alimentos *yin* se consideran fríos, húmedos, suaves y de color oscuro. Ejemplos de alimentos *yin* son: el pescado, las algas, los champiñones, la avena, el pato, el conejo, el cerdo, la berenjena, la remolacha, la calabaza, el pepino, las espinacas, el tomate, la lechuga, el tofu, la soja, el plátano, el limón, el pomelo y la sandía.

7 Los alimentos *yang* son calientes, secos, duros y en general son de colores claros. Algunos ejemplos de alimentos *yang* son: los mariscos, el ajo, los espárragos, el apio, el perejil, la albahaca, la canela, el cilantro, el pimiento, el pollo, el cordero, los camarones, las cerezas, la naranja y los duraznos.

Los cinco elementos y los cinco sabores

8   La teoría de los cinco elementos menciona la idea de que todos los fenómenos del universo son el resultado del movimiento y la combinación de las cinco categorías: madera, fuego, tierra, metal y agua. Para tener una buena salud, es necesario combinar estos elementos perfectamente. Es muy importante considerar que cada elemento representa sabores. Los cinco sabores son: picante, agrio, amargo, dulce y salado. El fuego representa los sabores picantes; la madera representa los sabores salados; el metal representa los sabores amargos; la tierra representa los sabores agrios; y el agua representa los sabores dulces. Algunos alimentos picantes son: el ajo, las cebolletas. Los limones, las manzanas y los kiwis se consideran agrios.

9   El café, el té y las almendras son amargos. Los dátiles, el arroz y el pollo son dulces; y el cerdo, los camarones, el pescado y la sal son salados. Finalmente, cada sabor está asociado con una categoría: los alimentos agrios, amargos y salados son *yin*, mientras que los picantes y los dulces son *yang*.

10   Así pues, la diferencia entre las comidas del mundo y la dieta china es muy grande. La dieta china es una ciencia que tiene el objetivo de funcionar como medicina y como alimentos, además de ayudar a las personas a crecer saludablemente. Si quieren saber más, no se pierdan el *podcast* que presentaremos la próxima semana, en el que compararemos la dieta mediterránea con la dieta china.

– Dra. Raquel

ACTIVIDAD: La dieta china

■ Enfoques del aprendizaje

■ Habilidades de comunicación: Leen con actitud crítica y para comprender

Después de leer la lectura sobre la dieta china, responde las siguientes preguntas:

1   ¿Cuáles son las tres ideas principales que la Dra. Raquel expresa en este artículo?
2   ¿Por qué la doctora habla de una ironía al principio del artículo? ¿Por qué fue importante mencionar este punto?
3   ¿Qué idea del párrafo 2 puede considerarse incorrecta o contradictoria en algunos países o por algunas personas? Explica.
4   ¿Qué relevancia tiene la primera imagen en el significado del artículo? Utiliza un ejemplo del texto en tu justificación.
5   ¿Consideras que la Dra. Raquel es una persona involucrada en las redes sociales? ¿Cómo llegas a esa conclusión?
6   ¿Qué relación existe entre la imagen 2, que representa a una persona haciendo yoga dentro de la imagen del *yin yang* y la información de los párrafos 3 y 4? Menciona dos ideas.
7   ¿Cómo describirías el tono del texto? Explica.
8   Considerando la información del texto, ¿cómo sabes si el blog de la doctora es muy popular?
9   ¿Piensas que su manera de expresar sus ideas es adecuada para sus lectores? ¿Por qué?
10   De las frutas, verduras, hortalizas, granos y carnes que se mencionan, ¿cuáles son tus favoritos? Utiliza la descripción de los sabores, los elementos y el *yin yang* para definir tus hábitos de alimentación según la dieta china.
11   ¿Estás de acuerdo con la idea de que la dieta china es una ciencia, y que es medicinal? ¿Piensas que el artículo presenta suficiente información sobre este punto?

◆ Oportunidades de evaluación

◆ En esta actividad se han practicado las habilidades que son evaluadas por medio del Criterio B: Comprensión de textos escritos y visuales.

PIENSA–COMPARA–COMPARTE

Lee las siguientes preguntas. Primero respóndelas individualmente y, posteriormente, compara tus respuestas en equipos pequeños.

1 ¿Cuál crees que es el origen de la palabra "bienestar"? Observa su construcción, ¿cómo se dice en tu idioma?

2 ¿Cómo varían las ideas de bienestar y calidad de vida de país a país?

3 ¿Hasta qué grado nuestra capacidad o poder de adquisición define nuestra calidad de vida o nuestro bienestar?

4 ¿Hasta qué punto las relaciones que los países tienen entre ellos impactan en las comparaciones de bienestar y calidad de vida que las personas tienen?

Esquemas de calidad de vida

Daniela Blanco de *Infobae* (publicación argentina) menciona que las ciudades con la mejor calidad de vida en el mundo son las siguientes:

Europa, Medio Oriente y África: las primeras dos ciudades del ranking:

1 Viena, Austria (puesto 1 global)

2 Zürich, Suiza (puesto 2 global)

América del Norte: las primeras dos ciudades del ranking:

1 Vancouver, Canadá (puesto 5 global)

2 Ottawa, Canadá (puesto 14 global)

América Central y Sudamérica: las primeras dos ciudades del ranking:

1 Pointe-à-Pitre, Isla de Guadalupe, Antillas francesas (puesto 69 global)

2 Montevideo, Uruguay (puesto 77 global)

Asia: las primeras dos ciudades del ranking:

1 Singapur (puesto 25 global)

2 Tokyo, Japón (puesto 43 global)

Australasia: Las primeras dos ciudades del ranking:

1 Auckland, Nueva Zelanda (puesto 3 global)

2 Sydney, Australia (puesto 10 global)

Sin embargo, *The Huffington Post* (publicación estadounidense) produjo una lista diferente que puedes ver en este enlace: **http://tinyurl.com/unit3bycon**

ACTIVIDAD: Evaluando estimaciones y juicios

■ Enfoques del aprendizaje

■ Habilidades de comunicación: Utilizan una variedad de técnicas de expresión oral para comunicarse con diversos destinatarios. Utilizan el entendimiento intercultural para interpretar la comunicación

En esta actividad, trabajarás en parejas o en equipos pequeños.

Estudia los resultados que presenta cada publicación e intenta inferir las razones por las que son diferentes.

Discute cuánto influye la visión del mundo del país de dónde proviene la publicación; indaga sobre el grado en el que la nacionalidad o cultura de alguien define el concepto de calidad de vida; describe la idea de bienestar que piensan que los habitantes de cada ciudad tiene; examina las razones por las que algunas de las ciudades con peor calidad de vida han llegado a ese lugar, ¿qué rol tuvieron los países con buena calidad de vida en ese proceso?

Intercambia puntos de vista, pide explicaciones y justificaciones.

Después del debate, prepara una conclusión breve para toda la clase.

Escucha la presentación de los demás equipos y haz preguntas cuando sea necesario.

◆ Oportunidades de evaluación

◆ En esta actividad se han practicado las habilidades que son evaluadas por medio del Criterio C: Comunicación en respuesta a textos orales, escritos o visuales y del Criterio D: Uso de la lengua de forma oral o escrita.

¿Encuentras algo interesante en las ciudades que tienen la peor calidad de vida?

¿Qué opinas de las fotos que seleccionó *The Huffington Post*?

Recuerda, nuevamente, que una parte esencial del tratado de la información es la validez y veracidad de las fuentes. Por lo tanto, sería buena idea que verificaras la autenticidad de estas dos ideas.

ACTIVIDAD: Valorando lo que tenemos

■ Enfoques del aprendizaje

■ Habilidades de comunicación: Estructuran la información en resúmenes, ensayos e informes

En esta actividad, escribirás un artículo para una revista de adolescentes en el que reflexiones sobre los aspectos de tu vida que menosprecias; sobre las oportunidades que pierdes o ignoras para tener una buena calidad de vida o un mejor bienestar (considerando la ciudad en que vives). Ilustra tu artículo con ejemplos que hagan referencia a las condiciones en otros lugares.

Escribe 300 palabras.

◆ Oportunidades de evaluación

◆ En esta actividad se han practicado las habilidades que son evaluadas por medio del Criterio C: Comunicación en respuesta a textos orales, escritos o visuales y del Criterio D: Uso de la lengua de forma oral o escrita.

LA SALUD MENTAL Y EMOCIONAL Y NUESTRAS RELACIONES CON LOS DEMÁS

Los seres humanos somos individuos socio-antropológicos e históricos, lo que significa que no es parte de nuestra naturaleza vivir en aislamiento. No obstante, también debemos reconocer que las relaciones humanas no siempre son fáciles y pueden ser incluso un impedimento para lograr pertenecer a una comunidad o para gozar de salud mental y emocional.

De acuerdo con el departamento de sociología de la Universidad Autónoma del Estado de Hidalgo, en México, la salud mental se refiere a la forma en que manejamos nuestra vida diaria y la forma en que nos relacionamos con los demás en distintos ambientes, por ejemplo: en la familia, la escuela, el trabajo, en las actividades recreativas y en la comunidad. También tiene que ver con la manera en que equilibramos nuestros deseos, anhelos, habilidades, ideales,

ACTIVIDAD: Reacción en masas

■ Enfoques del aprendizaje

■ Habilidades de colaboración: Escuchan con atención otras perspectivas e ideas

En esta actividad, toda la clase participará de forma colectiva.

Imagina que el aula es la ciudad y que todos están en la situación que muestra el vídeo que verás.

Realiza una búsqueda en YouTube utilizando las siguientes palabras clave: Contaminación Visual Un enemigo que ataca a diario.

Después de ver el vídeo, selecciona a tu sujeto y toma unos minutos para encarnar el personaje. Posteriormente, con toda la clase, participa en una lluvia de ideas en las que expreses lo que diría las personas ique eres en esta situación. Considera adónde vas, qué sientes, qué preocupaciones tienes, qué te estresa, qué te presiona, etc.

En esta actividad utilizarás una técnica reaccionaria de teatro espontáneo, en la que todos serán parte de una experiencia colectiva. Expresa todos los sentimientos que estés experimentando en la situación. Toma turnos para criticar la calidad de vida y bienestar en la ciudad, para expresar tus frustraciones, tensiones, tragedias, dificultades, problemas, apuros, ahogos, miedos, conflictos, aprietos, etc.

Sería buena idea grabar la actividad para que después verlo en clase y reflexionar.

sentimientos y valores para hacer frente a las múltiples demandas de la vida. Por otro lado, la salud emocional es el manejo responsable de los sentimientos, pensamientos y comportamientos, reconociéndolos, dándoles un nombre y aceptándolos. Por esta razón, se dice que las personas emocionalmente sanas controlan sus sentimientos de manera resuelta y se sienten bien consigo mismas, tienen buenas relaciones personales.

En esta parte del capítulo abordarás brevemente uno de los aspectos que puede dañar la calidad de las relaciones personales y, al mismo tiempo, ser un factor que afecta la salud emocional y mental de las personas.

PIENSA–COMPARA–COMPARTE

Lee las siguientes preguntas y comparte tus opiniones con toda la clase.

1 ¿Hasta qué punto nuestra salud mental depende de las buenas relaciones que tenemos con otras personas?
2 ¿De qué manera los rumores o chismes afectan nuestra salud mental y emocional en los grupos sociales en los que interactuamos?
3 ¿Hasta qué punto piensas que las personas que comienzan un rumor o un chisme se percatan de las consecuencias negativas que puede tener?
4 ¿Hasta qué punto consideras que hablar de los demás es una mala costumbre o es algo que se hace con predeterminación?
5 ¿Qué métodos podemos considerar para conservar nuestra salud mental y emocional en grupos donde los rumores y chismes son comunes?

ACTIVIDAD: Destruyendo reputaciones

■ Enfoques del aprendizaje

■ Habilidades de alfabetización mediática: Demuestran conciencia de las diferentes interpretaciones que los medios hacen de los hechos y las ideas (incluidas las redes sociales)

Realiza una búsqueda en YouTube utilizando las siguientes palabras clave: **Destruyendo Reputaciones Sonia Valdés**.

Después de ver el vídeo responde las siguientes preguntas:

1 ¿Cuándo se transmitió este programa?
2 ¿Cómo introducen las conductoras el tema? Menciona tres ideas.
3 ¿Por qué Sonia piensa que el tema de este programa es muy delicado?
4 ¿Qué comentario hace Sonia sobre el significado de las palabras que la gente usa? ¿Por qué hace énfasis en esto?
5 Según las conductoras, ¿cómo se pueden crear imágenes negativas de las personas?
6 ¿Qué se menciona sobre el poder de las redes sociales y la reputación de las personas? Menciona un ejemplo.
7 Considerando este vídeo, ¿qué tipo de programa es "Viva la Familia"? Explica tu respuesta.
8 ¿Qué tipo de personas forman la audiencia de este programa? Justifica tu respuesta.
9 ¿Piensas que las conductoras tienen la actitud y personalidad adecuada para este tipo de programas? ¿Por qué (no)?
10 Describe el escenario del programa y menciona si va de acuerdo con el tono de la conversación y el mensaje que se está transmitiendo. Menciona un ejemplo y justifica tu respuesta.
11 Resume las ideas que se mencionan sobre los rumores. ¿Cuál es tu opinión sobre el tema?
12 ¿Qué consecuencias se mencionan sobre la manera en que los comentarios inapropiados pueden trascender? ¿Es esto común en tu cultura? ¿Qué opinas al respecto?
13 ¿Qué has aprendido sobre las interacciones y opiniones sociales y su relación con la salud mental y emocional de las personas?

◆ Oportunidades de evaluación

◆ En esta actividad se han practicado las habilidades que son evaluadas por medio del Criterio A: Comprensión de textos orales y visuales.

Tema 2: Los enemigos del bienestar

INTRODUCCIÓN

Nuestra vida se encuentra constantemente bajo la influencia de riesgos y circunstancias que pueden poner en peligro el bienestar general. Aunque muchas personas heredan ciertas condiciones genéticas de sus padres y, como consecuencia, tienden a padecer ciertos problemas. Además, el ambiente psicosocial en el que interactuamos, el tipo de hábitos que tenemos y los estilos de vida que seguimos tienen una gran influencia en la calidad de nuestra salud y bienestar.

¿Qué nos viene a la mente cuando pensamos en los riesgos y los enemigos de la salud y el bienestar?

Espontáneamente podríamos pensar en el tabaco, el abuso del alcohol, el uso o consumo de drogas y la falta de ejercicio. No obstante, muchos de los buenos hábitos que tenemos también pueden llegar a ser dañinos si no sabemos cómo gestionarlos adecuadamente.

En esta parte del capítulo, abordarás algunas situaciones que, a pesar de ser sanas, pueden representar un riesgo para la salud y el bienestar.

PIENSA–COMPARA–COMPARTE

Lee las siguientes preguntas y debátelas con toda la clase:

1 **¿Por qué es difícil tener una vida equilibrada en cuestión de trabajo, tiempo de calidad con amigos y familiares, y tiempo personal?**
2 **¿Por qué muchas personas son más vulnerables a las situaciones o factores dañinos?**
3 **¿Qué tan importante es estar informado sobre lo que puede ser nocivo para nuestra salud?**
4 **¿Por qué es importante no confiar en la información que recibimos y verificar su veracidad?**
5 **¿Hasta qué punto te involucras en la calidad del bienestar de tu familia y tus amigos?**
6 **¿Por qué tenemos que ser cuidadosos cuando utilizamos formas imperativas como: "¡camina más rápidamente!" y "¡escucha!" cuando hablamos con los demás?**
7 **¿Qué estructuras podemos utilizar para expresar ideas con más tacto?**

ACTIVIDAD: ¿Qué es la salud?

■ Enfoques del aprendizaje

- Habilidades de pensamiento crítico: Reconocen los sesgos y los supuestos no explícitos; Extraen conclusiones y realizan generalizaciones razonables

Mira el vídeo en este enlace: **http://tinyurl.com/saludFME** y responde las siguientes preguntas:

1 **¿Cuáles son los tres elementos importantes del bienestar?**
2 **¿Por qué tener bienestar es casi imposible en el presente? Menciona dos ideas.**
3 **¿Cuáles son los obstáculos que dificultan el bienestar?**
4 **¿Cuál de los obstáculos es más difícil resistir para ti? ¿Por qué?**
5 **¿Cuáles son los motivos por los que algunas personas no pueden controlar su gusto por los bocadillos?**
6 **¿Qué opinas sobre la opinión del fracaso de las dietas que se presenta en el vídeo?**

7 **¿Cuál es la causa de la epidemia de la obesidad?**
8 **¿A qué conclusión podemos llegar con el punto de vista que se presenta sobre la moda? ¿Por qué algunas personas son presa fácil en este aspecto?**
9 **¿Cuál es el tono general del vídeo? Menciona dos ejemplos que te ayuden a justificar tu respuesta.**
10 **¿Qué produce la introducción de la comida estadounidense (americana) en los países subdesarrollados? ¿A qué se debe este efecto?**
11 **¿Por qué se concluye mencionando que el bienestar es un estilo de vida?**
12 **¿Cuál fue tu reacción cuando viste la última palabra en el vídeo? ¿Esperabas eso?**

◆ Oportunidades de evaluación

- En esta actividad se han practicado las habilidades que son evaluadas por medio del Criterio A: Comprensión de textos orales y visuales.

ACTIVIDAD: Buenos hábitos que son malos I

■ Enfoques del aprendizaje

- ■ Habilidades de alfabetización mediática: Localizan, organizan, analizan, evalúan, sintetizan y utilizan de manera ética información procedente de diversas fuentes y medios (incluidas las redes sociales y en línea)

Realiza una búsqueda en YouTube utilizando las siguientes palabras clave: **Buenos Hábitos que son Malos Rafael Angel Mendoza**.

Mira el vídeo poniendo atención a las emociones que puedes observar y toma notas de los hábitos de la madre, de la hija y del problema que existe entre ellas.

No necesitas comprender los diálogos.

Selecciona una de las dos opciones siguientes:

Opción a

Escribe una narración desde el punto de vista de la madre. Menciona tus estándares de salud, la importancia de estar en forma y el problema que observas en tu hija. Indica qué medidas has tomado para ayudarle y cómo te sientes ante los resultados. Menciona algunos ejemplos que expliquen tu frustración.

Opción b

Imagina que eres Linda. Escribe en tu diario. Describe lo que te gusta comer y los hábitos que tienes debido a las órdenes de tu madre. Menciona las medidas que tu madre ha tomado para ayudarte a bajar de peso, describe cómo te sientes. Menciona algunos ejemplos para añadir sentimientos a tu historia.

Escribe 250 palabras.

Comparte tu texto con tus compañeros y haz comentarios sobre las narraciones que leas.

◆ Oportunidades de evaluación

- ◆ En esta actividad se han practicado las habilidades que son evaluadas por medio del Criterio C: Comunicación en respuesta a textos orales, escritos o visuales y del Criterio D: Uso de la lengua de forma oral o escrita.

ACTIVIDAD: Buenos hábitos que son malos II

■ Enfoques del aprendizaje

- ■ Habilidades de comunicación: Utilizan una variedad de técnicas de expresión oral para comunicarse con diversos destinatarios

Esta actividad es una continuación del vídeo "Buenos Hábitos que son Malos".

Trabaja en parejas. Selecciona una de las dos opciones siguientes:

Opción a

Esta es una interacción entre la madre de Linda y la trabajadora social de la escuela. Linda habló con la trabajadora social y le explicó la presión que su madre estaba poniendo sobre ella. Entonces, en esta interacción, la trabajadora social discutirá la situación de Linda con su madre para ayudarle a ver su error. La persona que interprete a la madre de Linda tendrá la libertad de decidir cómo reaccionar.

Opción b

Esta es una interacción entre Linda y la trabajadora social. Linda habla con la trabajadora social sobre los problemas que tiene con su mamá. La trabajadora social escucha e indaga sobre el problema. La trabajadora social deberá recolectar tanta información como sea posible con el fin de escribir una denuncia contra la madre por maltrator a su hija. Linda deberá responder todas las preguntas tan detalladamente como sea posible.

Presenta tu interacción ante la clase.

La interacción deberá durar cuatro minutos.

◆ Oportunidades de evaluación

- ◆ En esta actividad se han practicado las habilidades que son evaluadas por medio del Criterio C: Comunicación en respuesta a textos orales, escritos o visuales y del Criterio D: Uso de la lengua de forma oral o escrita.

ACTIVIDAD: Crítica sobre la preocupación de los padres

■ Enfoques del aprendizaje

- ■ Habilidades de reflexión: Consideran las implicaciones éticas, culturales y ambientales
- ■ Habilidades de comunicación: Escriben con diferentes propósitos

En esta actividad, realizarás una reflexión sobre la situación que viste en el vídeo "Buenos Hábitos que son Malos". Escribe un artículo para una revista juvenil en el que describas brevemente el contexto del vídeo que viste. Debate las responsabilidades que tienen los padres con respecto a la salud de sus hijos e incluye tu punto de vista sobre la manera en que los padres deben intervenir y utiliza ejemplos del vídeo para indicar las instancias en las que las intenciones de los padres pueden ser negativas.

Escribe 250 palabras.

◆ Oportunidades de evaluación

- ◆ En esta actividad se han practicado las habilidades que son evaluadas por medio del Criterio C: Comunicación en respuesta a textos orales, escritos o visuales y del Criterio D: Uso de la lengua de forma oral o escrita.

PUNTO DE INDAGACIÓN

Lee las siguientes preguntas y comparte tus ideas con tus compañeros.

1 ¿Qué afecta la salud?
2 ¿Qué actividades pueden ser benéficas y nocivas?
3 ¿Qué hábitos o actitudes condicionan la buena salud?
4 ¿Hasta qué punto y cómo pueden los gimnasios ser buenos y/o nocivos?
5 ¿Qué podemos aprender al escuchar las sugerencias de nuestros seres queridos respecto a nuestra salud?
6 ¿Por qué muchas personas confían fácilmente en métodos rápidos para bajar de peso?

ACTIVIDAD: Todo depende de los ojos con los que veas la situación

■ Enfoques del aprendizaje

- ■ Habilidades de comunicación: Utilizan una variedad de técnicas de expresión oral para comunicarse con diversos destinatarios; Colaboran con los compañeros y con expertos utilizando diversos medios y entornos digitales

Realiza una búsqueda en YouTube utilizando las palabras clave: Un Minuto Por El Bienestar No Todo Es Lo Que Parece.

Mira el vídeo y asegúrate de parar en el segundo 43.

Tarea 1

Con un compañero, escribe los diálogos para el vídeo. Enfócate en el bienestar y la salud emocional.

Compara tu diálogo con el resto de la clase. Reproduce el vídeo, presenta tus diálogos, y después debate similitudes y diferencias entre ellos.

Participa en una mesa redonda y debate qué tan diferente es la información que se presentó.

Tarea 2

Selecciona una de las siguientes situaciones.

a Individualmente, escribe la historia del vídeo. Describe en detalle a cada uno de los personajes, los ambientes que se muestran y los conflictos que observas. Infiere sobre los posibles sentimientos de las personas. Escribe en tercera persona, funcionando como narrador omnisciente.

b Encarna uno de estos personajes: la hija, el padre o la madre. Relata el problema desde el punto de vista de la persona que seleccionaste. Enfócate en la salud emocional y el bienestar. Menciona la manera en que tú vives el problema, lo que has hecho para ayudar y las reacciones de las otras personas.

◆ Oportunidades de evaluación

- ◆ En esta actividad se han practicado las habilidades que son evaluadas por medio del Criterio C: Comunicación en respuesta a textos orales, escritos o visuales y del Criterio D: Uso de la lengua de forma oral o escrita.

Lee el siguiente texto sobre los efectos nocivos del exceso de ejercicio:

El indestructible más frágil

1 Me llamo Patricio y soy el capitán de los equipos de deportes en mi escuela. Además de jugar en el equipo de fútbol americano, también participo con el equipo de pesas; soy bueno para jugar tenis y baloncesto también.

2 El equipo de fútbol americano de mi escuela ha sido campeón nacional por cinco años consecutivos, y yo estoy orgulloso de ser parte de ese éxito en tres ocasiones. Este es mi último año en la escuela y quiero cerrar con broche de oro. No es fácil ser capitán, ni tampoco y menos ser el motor y el alma del equipo pues es una responsabilidad muy grande. Por ello, para hacerlo bien, pensé que era necesario trabajar al 300% para que nada me pudiera destruir. Evidentemente, nunca pensé que al final, mis buenas intenciones terminarían siendo mi peor enemigo.

3 Con los Linces, el equipo, practicamos entre tres y cinco veces por semana, a veces dos horas o más, dependiendo de los errores que cometamos o de las estrategias que planeemos. Siempre he sentido mucha presión, tanto en los entrenamientos como en los juegos; como capitán, creo que soy muy bueno para apoyar a mis compañeros cuando cometen errores, pero yo no me permito cometerlos. Como líder, siempre he tenido que hacer muchos esfuerzos para mantenerme en forma, para conservar el peso ideal, para poseer una velocidad y fuerza que me permita luchar e intimidar a nuestros oponentes, y por eso siempre he añadido entrenamientos adicionales a mi régimen.

4 Por las mañanas, me levanto a las 5 y salgo a correr 5 kilómetros o más, dependiendo de cuánto enfoque necesite; tres días entreno con el equipo de fútbol, y los otros días voy al gimnasio para entrenar con el equipo de físicoculturismo; aparte de esto, me gusta escalar muros en un complejo deportivo cerca de mi domicilio, después regreso a casa, ceno ligeramente, hago los deberes de las asignaturas más importantes y charlo un poco con mis padres y mi hermana menor.

5 Mi hermana me adora y yo la quiero mucho también; todas las noches le gusta contarme nuevas historias que sus amigas inventan, pues según ella, todas están enamoradas de mí y dicen que soy el hombre más fuerte de la ciudad. Claramente, yo no confío en la opinión de las chicas de quinto grado, pero me gusta saber que estoy haciendo bien las cosas. Mi madre se ríe de las historias que mi hermana cuenta, pero sus gestos cambian cuando me quito la camiseta y presumo mis músculos; a mi madre no le gustan, pues piensa que he deformado mi cuerpo, y siempre menciona su preocupación.

6 Aunque a mis padres les gusta saber que practico muchos deportes, que soy buena persona y que tengo buena disciplina, mi madre en ocasiones hace comentarios sobre mi dieta, pues en ocasiones no pruebo los platillos que cocina. Dice mi abuela que todo buen deportista debe comprender y apreciar los sabores y delicias de la buena comida, porque si no, el cuerpo nunca conocera el significado de placer. Yo me echo a reír cuando escucho eso y le doy un beso a mi abuela.

7 Pero bueno, ¿por qué narro todo eso? La razón por la que he comenzado este diario es porque mi médico me ha recomendado documentar mi recuperación. Según él, debo sentirme afortunado de poder contar mi experiencia, porque mis decisiones me expusieron a situaciones críticas que pudieron haber sido peores.

8   No era raro que en ocasiones me sintiera agotado y que tuviera una fatiga enorme en mis clases; pero todo lo solucionaba yendo al baño y mojando mi cara con agua fría. A veces, cuando necesitaba despertarme, pedía permiso para ir a dar una vuelta en el patio de la escuela, trotando. Algunas veces escuché que unos compañeros decían que estaba loco y que me gustaba presumir que era el mejor en deportes, pero en realidad era mi única forma de recuperar el control, era como una droga, le expliqué a la enfermera de la escuela.

9   Cuando uno es el orgullo de la escuela, uno hace lo que tiene que hacer para ganar, y a veces las decisiones que uno toma lo ciegan por completo. Ahora sé que cuando me sentía fatigado era porque mi cuerpo ya no podía continuar, pero yo me engañaba a mí mismo y me presionaba para no dejar de ser el capitán que todos admiran.

10   El día de mi incidente no pudo ser otro que el día de la final nacional. Como de costumbre, me levanté temprano y salí a correr los 5 kilómetros de rigor. Curiosamente, después de unos 10 minutos comencé a sentir que no soportaba el paso y comencé a correr más despacio. En la escuela, mientras me preparaba para el partido, sentía que me quedaba ciego, pero no hice caso porque pensé que eran los nervios, pues este sería mi último partido con los Linces y la victoria con la que me recordarían en la escuela. Cuando salimos al campo de fútbol, noté que todos me miraban con atención, que sus ojos me estudiaban, así como los científicos analizan sus inventos, incluso el entrenador me preguntó si me sentía bien y automáticamente respondí que sí, aunque en realidad sentía un sudor frío corriendo por mi espalda. Yo continué pensando que era la mezcla de emoción y nervios.

11   Típico de todos nuestros partidos, comenzamos ganando; no hay oponente que resista nuestra fuerza. Somos como la mejor armada del mundo: nos comunicamos muy bien, conocemos nuestros movimientos, buscamos oportunidades de ataque, conocemos las habilidades especiales de cada uno del equipo y, por eso, cuando avanzamos, no atacamos, fulminamos. Pero después de 30 minutos de juego, mi cuerpo dejó de responder.

12   Claudio, nuestro mejor pateador, preparaba una de sus grandes patadas que debería llegar a mis manos. Cuando le dio al balón, levanté mis ojos para hacer la recepción, pero, entonces, sentí una presión inmensa en mi pecho. Cuando me preparaba para capturar el balón, de repente, no pude ver nada. Lo último que sentí fue un golpe inmenso en la nuca y mi cuerpo cayó al suelo.

13   Hace tres días me desperté en mi recámara, y vi a mis compañeros de equipo, al entrenador, al director de la escuela y a mis padres; mi hermana estaba tirada en la cama, a mi lado, tomada de mi mano. Cuando todos se dieron cuenta de que los estaba viendo no dijeron nada, sólo sonrieron y se acercaron. En las películas, cuando un paciente sale de un coma o después de un accidente, la primer pregunta que sale es "¿qué pasó?", pero en mi caso fue diferente. Lo primero que pregunté fue, "¿ganamos?" Creo que mi mente nunca dejó de desearlo.

14   Y bueno, los Linces ganaron y aunque yo no fui parte de la victoria, siento que lo que me pasó será un mejor ejemplo para aquellos que intentan ser los mejores deportistas, pues yo creo que a nadie le gustaría besar el suelo en el día más importante.

    Mañana quiero hablar de mi equipo.

ACTIVIDAD: El indestructible más frágil

■ Enfoques del aprendizaje

■ Habilidades de comunicación: Leen con actitud crítica y para comprender
■ Habilidades de pensamiento crítico: Evalúan las pruebas y los argumentos

Después de leer el blog de Patricio, responde las siguientes preguntas:

1 Considerando el comentario final de Patricio, ¿consideras que realmente ha aprendido de su experiencia? Justifica tu respuesta.
2 Teniendo en cuenta los detalles que menciona Patricio, ¿consideras que era un capitán admirable? Explica tu respuesta.
3 ¿Cuáles son las dos ideas principales que Patricio quiere mencionar en su publicación?
4 Vuelve a escribir la idea que la mamá de Patricio menciona en el párrafo 5. ¿Por qué mencionó eso?
5 Selecciona dos ejemplos que ilustren la idea que Patricio mencionó en el párrafo 9. Menciona el párrafo de donde tomaste la idea.
6 ¿Cuál es el tono de la narración de Patricio? Selecciona dos ideas que apoyen tu respuesta.
7 ¿Qué tipo de persona es la hermana de Patricio? Utiliza información del texto para justificar tu respuesta.
8 ¿Por qué piensas que el médico considera que escribir un diario es bueno para Patricio?
9 ¿De qué manera narran la historia las imágenes? Justifica tu respuesta.
10 ¿Cuál de las imágenes piensas que podría representar el título del texto? ¿Por qué?
11 Si tu estudiaras en la escuela de Patricio, ¿lo considerarías un capitán de deportes excepcional? Justifica tu respuesta.
12 ¿Cuáles hábitos de Patricio puedes relacionar con las ideas que se mencionan en el párrafo 11?
13 Expresa tu punto de vista sobre la forma en que Patricio concebía su liderazgo. ¿Estás de acuerdo con él?

◆ Oportunidades de evaluación

◆ En esta actividad se han practicado las habilidades que son evaluadas por medio del Criterio B: Comprensión de textos escritos y visuales.

▼ Nexos: Educación física y para la Salud

La educación física nos ayuda a desarrollar destrezas motoras, cognitivas y afectivas esenciales para nuestra vida cotidiana, y nos ayuda a expresarnos con espontaneidad, al mismo tiempo que fomenta nuestra creatividad, permitiéndonos conocer, respetar y valorarnos a nosotros mismos y a los demás.

ACTIVIDAD: En los zapatos de Patricio

■ Enfoques del aprendizaje

■ Habilidades de comunicación: Escriben con diferentes propósitos

En esta actividad encarnarás a Patricio.

Considera la información y las reflexiones que presentó en la primer entrada de su blog. También toma en cuenta su decisión de escribir sobre su equipo en su próxima entrada.

En esta actividad escribirás la segunda entrada de Patricio en el blog que usa como su diario. Describe la manera en que el espíritu de equipo contribuyó a conseguir tus metas y la manera en que también te empujó a exceder tus límites.

Selecciona el tono que consideres más apropiado dependiendo de lo que escribas.

Escribe 250 palabras.

◆ Oportunidades de evaluación

◆ En esta actividad se han practicado las habilidades que son evaluadas por medio del Criterio C: Comunicación en respuesta a textos orales, escritos o visuales y del Criterio D: Uso de la lengua de forma oral o escrita.

ACTIVIDAD: La *vigorexia*

■ Enfoques del aprendizaje

■ Habilidades de comunicación: Escriben con diferentes propósitos

En esta actividad, necesitarás realizar una investigación sobre la *vigorexia*.

Escribe un ensayo comparativo en el que compares la vigorexia con la anorexia o la bulimia. Explica cómo son similares o diferentes; incluye información sobre los síntomas que se pueden observar en las personas que padecen tales problemas y discute algunas formas en las que podemos sensibilizarnos al respecto.

Escribe 250 palabras.

◆ Oportunidades de evaluación

◆ En esta actividad se han practicado las habilidades que son evaluadas por medio del Criterio C: Comunicación en respuesta a textos orales, escritos o visuales y del Criterio D: Uso de la lengua de forma oral o escrita.

ACTIVIDAD: Reflexiones de capitán

■ Enfoques del aprendizaje

■ Habilidades de colaboración: Escuchan con atención otras perspectivas e ideas

En esta actividad, trabajarás en parejas para interactuar en una situación en la que uno de ustedes desempeñe el rol de Patricio y otro del médico que sigue su caso.

En la charla, discute el progreso de Patricio, la manera en que escribir el diario le está ayudando a reflexionar, y su proceso de reincorporación al equipo. Discute ideas que aborden la importancia de hacer ejercicio con moderación y de escuchar las sugerencias de los demás.

La interacción deberá durar cuatro minutos.

◆ Oportunidades de evaluación

◆ En esta actividad se han practicado las habilidades que son evaluadas por medio del Criterio C: Comunicación en respuesta a textos orales, escritos o visuales y del Criterio D: Uso de la lengua de forma oral o escrita.

ACTIVIDAD: Reflexión sobre los enemigos del bienestar

■ Enfoques del aprendizaje

■ Habilidades de comunicación: Escriben con diferentes propósitos
■ Habilidades de reflexión: Consideran las implicaciones éticas, culturales y ambientales

Después del debate de la actividad anterior, escribe una reflexión sobre el segundo tema del capítulo. En tu reflexión deberás incluir una descripción de las actividades que realizaste, las ideas presentadas y compartidas, y las reacciones de los compañeros respecto a cada diálogo. Explica las relaciones que puedes trazar entre los vídeos que viste y tus opiniones sobre el bienestar.

Escribe 250 palabras.

◆ Oportunidades de evaluación

◆ En esta actividad se han practicado las habilidades que son evaluadas por medio del Criterio C: Comunicación en respuesta a textos orales, escritos o visuales y del Criterio D: Uso de la lengua de forma oral o escrita.

Tema 3:
100% humano, 100% sano

EL BIENESTAR DE NUESTRO PLANETA

Se dice generalmente que debemos tratar a los demás como queremos que nos traten. Entonces, es justo preguntarnos si esta idea también es válida cuando consideramos nuestra relación con el planeta tierra.

Si nuestro bienestar depende en gran parte del lugar donde vivimos, de los recursos que podemos aprovechar y de las relaciones que construimos con otras personas, entonces debemos preocuparnos por crear un lugar donde esto pueda suceden.

PIENSA–COMPARA–COMPARTE

Debate las siguientes preguntas con toda la clase.

1 **¿Hasta qué punto piensas que los humanos estamos interesados en la salud del planeta?**
2 **¿Hasta qué punto crees que los mandatarios en las cumbres internacionales son honestos al expresar sus intenciones de salvar al mundo? ¿Crees que lo hacen por simple protocolo?**
3 **¿Qué ejemplos has visto en las redes sociales del hombre como el peor enemigo del bienestar del planeta?**
4 **¿Qué actitudes o hábitos que nos ayudan a tener buena salud y bienestar como personas también contribuyen a mejorar las condiciones del planeta?**

ACTIVIDAD: El discurso de José Mujica

■ Enfoques del aprendizaje

- Habilidades de reflexión: Consideran las implicaciones éticas, culturales y ambientales
- Habilidades de comunicación: Estructuran la información en resúmenes, ensayos e informes

En la Cumbre sobre Desarrollo Sustentable, en 2013, José Mujica, entonces Presidente de Uruguay, habló ante el Secretario General de las Naciones Unidas, Ban Ki-moon, y representantes de los 139 países presentes. A diferencia de los discursos de otros mandatarios, el de Mujica se enfocó en la idea de ser felices y de aspirar al bienestar personal y al bienestar de la unidad humana con el planeta.

Realiza una búsqueda en YouTube utilizando las palabras clave: **Intervención Presidente Mujica en Río+20**.

Después de ver el vídeo, escribe tu reacción y reflexión sobre las ideas que Mujica presentó. ¿Cómo piensas que reaccionaron los demás mandatarios? ¿Qué opinas de sus ideas? ¿Qué piensas que motivó a Mujica a hablar de esa manera? ¿Cómo calificas su decisión?

Escribe 250 palabras.

◆ Oportunidades de evaluación

- En esta actividad se han practicado las habilidades que son evaluadas por medio del Criterio C: Comunicación en respuesta a textos orales, escritos o visuales y del Criterio D: Uso de la lengua de forma oral o escrita.

■ Nadie sabe lo que tiene hasta que lo ve perdido

ACTIVIDAD: Artículo de periódico

Enfoques del aprendizaje

■ Habilidades de comunicación: Estructuran la información en resúmenes, ensayos e informes

En esta actividad escribirás un artículo de periódico. Debate la intervención de José Mujica en la Cumbre sobre Desarrollo Sustentable. Decide la postura de tu periódico y selecciona el tono más apropiado para tu artículo. En tu conclusión, indica tu opinión sobre las ideas del presidente.

◆ Oportunidades de evaluación

◆ En esta actividad se han practicado las habilidades que son evaluadas por medio del Criterio C: Comunicación en respuesta a textos orales, escritos o visuales y del Criterio D: Uso de la lengua de forma oral o escrita.

ACTIVIDAD: Los hombres versus el planeta

Enfoques del aprendizaje

■ Habilidades de comunicación: Utilizan una variedad de técnicas de expresión oral para comunicarse con diversos destinatarios
■ Habilidades de organización: Emplean estrategias adecuadas para organizar información compleja

Aunque esta es una actividad individual, todas las producciones serán compiladas y donadas a la biblioteca de tu escuela.

El objetivo de esta actividad es producir un documento con contenido relevante que pueda ser parte de un compendio de ideas. El título del sumario será **Los hombres son el peor enemigo de la salud y bienestar del planeta**.

Individualmente, selecciona un tema para escribir tu texto (ensayo argumentativo): nutrición, salud, psicología, educación, etc. Dependiendo de tu decisión, busca información sobre la manera en que la humanidad está afectando la salud del mundo. Escribe tu contribución para el compendio.

No olvides escribir la bibliografía con tus fuentes.

Escribe 250 palabras.

Cuando el compendio esté listo, reparte copias digitales a estudiantes de español de tu escuela y pide su opinión.

◆ Oportunidades de evaluación

◆ En esta actividad se han practicado las habilidades que son evaluadas por medio del Criterio C: Comunicación en respuesta a textos orales, escritos o visuales y del Criterio D: Uso de la lengua de forma oral o escrita.

NECESITAMOS MÁS HUMANOS

Un dicho famoso dice:

Mente sana en cuerpo sano

y hace alusión a la idea de que es necesario estar sano física, mental, emocional y espiritualmente.

Consideremos lo siguiente: **Si todas las personas del mundo están sanas y gozan de un gran bienestar, ¿puede el mundo ser mejor?**

PIENSA–COMPARA–COMPARTE

Lee las siguientes preguntas y comparte tus opiniones con toda la clase.

1 **¿Qué nos hace falta para ser más humanos?**
2 **¿De qué forma nos humaniza estar sanos física y mentalmente?**
3 **¿Podemos decir que la calidad del bienestar humano se debe a que nos hace falta humanizarnos?**
4 **¿Cómo afecta nuestra salud emocional la miseria que existe en muchas partes del mundo?**
5 **¿Cuánto nos ayuda sonreír?**
6 **¿Qué significa ser 100% humano y estar 100% sano?**

Concluiremos este capítulo reflexionando sobre la manera en que lo mejor de nuestras actitudes, cualidades y conductas humanas nos pueden ayudar a fomentar un ambiente lleno de bienestar donde nos percatemos de que la salud es más que una palabra, una idea o un estilo de vida.

CÍRCULO DE OPINIONES

Trabaja en equipos pequeños. Realiza una lluvia de ideas desde diferentes perspectivas (médico, atleta, psicólogo, nutricionista) sobre la salud, el bienestar y las situaciones que los ponen en riesgo. Cada participante tendrá una perspectiva diferente. Explora las ideas siguiendo estos pasos:

1 **Estoy viendo... (tema)... desde el punto de vista de un...**
2 **Pienso que... (describe el tema que seleccionaste desde el punto de vista de la persona que te fue asignada)**
3 **Una pregunta que tengo al respecto de este tema, desde mi perspectiva, es... (realiza una pregunta)**

Escucha las ideas y preguntas de tus compañeros. Después de compartir sus ideas y preguntas, comenta sobre los puntos que te parecieron interesantes.

ACTIVIDAD: Operación sonrisa

Enfoques del aprendizaje

- Habilidades de colaboración: Ofrecen y reciben comentarios pertinentes

¿Cuál es la diferencia entre reír y sonreír?

Según *Publímetro Perú*, sonreír tiene más beneficios de lo que imaginamos. En la publicación se mencionan varios estudios que indican que sonreír rejuvenece, oxigena, limpia, elimina el estrés y mejora nuestras relaciones con los demás. En su número 35, del 19 de enero de 2013, Publímetro comparte una lista de nueve beneficios que sonreír trae a nuestra salud:

1 **Libera endorfinas**
2 **Nos hace agradables**
3 **Es un gran ejercicio**
4 **Aumenta la confianza**
5 **Es bueno para la piel**
6 **Equilibra el humor**
7 **Mejora la digestión**
8 **Hace vivir más**
9 **Nos presenta como seres más humanos**
¿Estás de acuerdo con las razones de la lista?

En esta actividad, trabajarás en parejas para recrear una entrevista en un programa familiar dominical que discutirá las ventajas de sonreír para nuestra salud.

Una persona será un sonrisólogo (científico especializado en la ciencia de las sonrisas) y la otro será el conductor del programa. La charla deberá girar alrededor de los nueve puntos mencionados. Incluye información adicional sobre aspectos de la salud y el bienestar.

Su interacción deberá durar cuatro minutos.

Oportunidades de evaluación

- En esta actividad se han practicado las habilidades que son evaluadas por medio del Criterio C: Comunicación en respuesta a textos orales, escritos o visuales y del Criterio D: Uso de la lengua de forma oral o escrita.

ACTIVIDAD: ¿Cómo ser 100% humano y 100% sano?

Enfoques del aprendizaje

- Habilidades de colaboración: Escuchan con atención otras perspectivas e ideas. Ofrecen y reciben comentarios pertinentes

En una serie de publicaciones en la comunidad de Facebook llamada *Los hábitos que logran un mejor ser humano*, se han publicado una lista de máximas que presentan ideas sobre cómo podemos ser mejores personas, cómo podemos gozar de una salud mental y emocional plena, y cómo podemos estar en paz con los demás y el mundo. A continuación, leerás una selección de enunciados, los cuales emulan conceptos que hemos discutido en esta unidad.

Lee los enunciados y después colabora en parejas o en equipos pequeños.

1 "Siempre haz lo que haces lo mejor posible".
2 "Desarrolla tu generosidad sin testigos".
3 "Ordena lo que has desordenado".
4 "Deja de autodefinirte".
5 "Ayuda a tu prójimo sin volverlo dependiente".
6 "No desees ser imitado".
7 "No establezcas amistades inútiles".
8 "En una discusión, ponte en lugar de otro".
9 "Admite que alguien te supere".
10 "No elimines, transforma".
11 "Ayuda a otros a ayudarse a sí mismos".
12 "Transforma tu orgullo en dignidad".
13 "Transforma tu cólera en creatividad".
14 "Transforma tu envidia en admiración por los valores de otro".
15 "No te quejes".
16 "Desarrolla tu imaginación".
17 "Si ofendes a alguien, pídele perdón".

Después de leer las máximas, en parejas o en equipos pequeños, trabaja sobre los siguientes puntos:

a **Selecciona las expresiones más interesantes, comparte tu opinión e indaga sobre ellas, y menciona por qué.**
b **Comparte ejemplos sobre las ideas que se compartan.**
c **Crea conexiones con ideas de libros, películas o temas de otras asignaturas.**
d **Justifica la relación entre tus ideas y la cultura de bienestar en diferentes países.**

Comparte tus opiniones con toda la clase.

Lee el siguiente blog sobre el bienestar y los problemas sociales:

Construye el hogar para lo que más amas de ti

1 Cuando nos vemos al espejo, lo primero que vemos es nuestro rostro y nuestro cuerpo; cuando vemos a las personas en la calle, lo primero que vemos es su apariencia. Nadie camina por el mundo con etiquetas que indican lo educado, amable, responsable, sincero o atento que es, así que esa famosa idea de que la belleza interna es lo más importante es una farsa.

2 Honestamente, yo creo que pocas personas son realmente pacientes y humildes para invertir tiempo en conocer a otras personas por intuición o buenas corazonadas; la mayoría de nosotros nos guiamos por lo que vemos y lo que percibimos, así que no creo que yo esté muy equivocada en pensar que el cuerpo y sus características individuales no son únicamente indicaciones de belleza física, sino también de salud. Por ello, me atrevo a decir que la compatibilidad entre las personas comienza con una apreciación física. Espero que no me malentiendan y piensen que estoy promoviendo la idea de la belleza externa, porque en realidad lo que quiero decir es que todos nos sentimos atraídos hacia las personas que son felices y que están sanas y que demuestran su bienestar, su confianza y su responsabilidad personal cuidando su apariencia física.

3 La semana pasada, leí un artículo titulado *La satisfacción corporal y su rol en las relaciones sociales*, escrito por expertos de la Universidad de Cataluña, y me gustó encontrar ideas que concordaban con las mía: la salud y la actitud que mostramos tiene un impacto en nuestras relaciones con las demás personas. En el artículo se describía a las personas como arquitectos de sus cuerpos: todos tenemos una idea de lo que somos, de cómo nos queremos ver y de los esfuerzos y el trabajo que estamos dispuestos a hacer para construir la persona que queremos que el mundo vea.

4 No es fácil tener una felicidad plena y tener relaciones sociales sanas y auténticas, ni tampoco es fácil tener un cuerpo sano que refleje nuestra felicidad interna y nuestro estado de ánimo saludable y luchador. Por eso, yo siento que es hora de ser más realistas y dejar de engañar a las personas, hombres y mujeres, que no se cuidan porque "lo más importante no es la belleza interior". Y quiero reafirmarlo, ya que continuar fomentando esa idea es un crimen social, porque no estamos siendo lo suficientemente responsables y francos para decirles a las personas que no hacen el esfuerzo por estar sanas que es necesario tanto verse como sentirse bien.

5 Yo siempre seré la primera en afirmar que las personas no sólo somos físico, sino también emociones y cerebro, y por eso no veo razón alguna para suponer que uno de esos tres elementos es más importante que el otro. Necesitamos entender que debemos encontrar el equilibrio entre ellos y, básicamente, eso no implica ni ser la más bonita o el más guapo, ni ser el más inteligente o la persona con el mejor corazón. Debemos aspirar a vernos y sentirnos de la manera como queramos que los demás nos vean.

6 Hace tiempo asistí a una conferencia donde el panelista habló sobre la manera en que nuestras decisiones diarias dan forma a nuestro bienestar; el experto mencionó que si nos rodeamos de personas con una actitud positiva y con hábitos de alimentación saludables, es muy probable que tengan un impacto positivo sobre nosotros. Después de participar en esta plática, me puse a reflexionar y concluí que tales ideas eran verdaderas, pues aquellas personas que abusan del gimnasio y hacen ejercicio más allá de lo necesario tampoco son completamente felices, porque viven con la preocupación de la estética de su cuerpo. En otras palabras, yo no creo que esa preocupación sea tan diferente de la intranquilidad que sufren las personas que tienen problemas con su peso. Yo apuesto por la apariencia natural y por aprender a utilizar nuestros cuerpos como lienzos que expresen lo satisfechos que estamos con nuestras vidas.

7 Quiero concluir invitándolas a comentar. Insisto, no podemos negar la relevancia de la percepción de nuestro cuerpo y nuestras emociones en estos tiempos, cuando los parámetros de aceptación social son tan crueles y fulminantes en ocasiones.

Besitos,

Mimí.

ACTIVIDAD: Construye el hogar para lo que más amas de ti

■ Enfoques del aprendizaje

■ Habilidades de comunicación: Leen con actitud crítica y para comprender

Responde las siguientes preguntas:

1 Considerando las opiniones que expresó en su texto, ¿piensas que Mimí está contenta con su vida y su apariencia? ¿Por qué (no)?
2 Menciona dos de las ideas principales que se presentan en este texto.
3 Tomando en cuenta únicamente la información que se presenta en el texto, ¿por qué es posible decir que Mimí es una persona informada sobre este tema? Explica.
4 Explica la comparación que hizo Mimí entre las personas que tienen problemas de peso y las personas obsesionadas con el gimnasio. Menciona un ejemplo para ilustrar tu respuesta.
5 ¿En qué sentido es el tono del texto diferente al principio y al final? ¿Por qué piensas que Mimí decidió escribirlo de esta manera?
6 ¿En qué sentido es diferente la imagen número 3 a las otras dos imágenes, considerando el punto de discusión en el texto?
7 ¿Cuál de las ideas que se mencionan en el párrafo 6 es posible decir que se representa con la imagen 3?
8 ¿Qué tipo de persona es Mimí y qué tipos de amigos tiene? Justifica tu respuesta.
9 ¿Qué efecto tiene leer un texto escrito por una chica? ¿Cómo serían diferentes el tono y el mensaje si el autor fuera un chico?
10 ¿Qué pensamientos te provoca este texto?
11 ¿Hasta qué punto crees que el artículo escrito por la Universidad de Cataluña tuvo un efecto positivo en Mimí? Explica.
12 ¿Cuál es la actitud del autor ante el problema que describe? Utiliza una idea del texto para justificar tu respuesta.
13 Imagina que tú tienes un blog similar al de Mimí, ¿qué información relevante para tu cultura y amigos presentarías sobre este tema? Menciona por qué.

◆ Oportunidades de evaluación

◆ En esta actividad se han practicado las habilidades que son evaluadas por medio del Criterio B: Comprensión de textos escritos y visuales.

ACTIVIDAD: Ruth la gorda

■ Enfoques del aprendizaje

■ Habilidades de pensamiento crítico: Extraen conclusiones y realizan generalizaciones razonables

Realiza una búsqueda en YouTube utilizando las palabras clave: Ruth Gorda SnowPorcelainDoll. El vídeo que encontrarás mezcla la canción "Gorda", interpretada por la banda española Papá Levante, con escenas de la serie juvenil "Física o Química", donde uno de los personajes principales es Ruth. Busca la letra en internet, léela y mira el vídeo. Toma nota sobre las situaciones que observas.

Después de ver el vídeo, responde las siguientes preguntas:

1 ¿Qué tres ideas principles de la canción se representan en las imágenes en el vídeo?
2 ¿Qué tipo de serie es "Física y Química"? ¿Quién es la audiencia objetivo del programa? ¿Cómo llegas a esa conclusión?
3 ¿Por qué la autora del vídeo decidió mezclar las escenas de la serie con esta canción? Explica.
4 ¿A qué se refiere la canción cuando menciona que (la chica) "con la hebilla de su cinturón aprieta la talla de su corazón"? Explica.
5 ¿Por qué los autores de la canción decidieron utilizar los espejos como símbolo en la canción? Explica.
6 Considerando el simbolismo de la palabra "espejo", ¿a qué se refieren los siguientes versos en la canción?
   a Todos los espejos gritan
   b Todos los espejos te dan de lado
7 **Interpreta** el siguiente verso: "anda vigilada por toda la ciudad, amarga la calle de tiramisú". ¿Qué significa para ti?
8 **Interpreta** el siguiente verso: "(ella) se esconde en el hueco delgado de su sombra". ¿Qué significa para ti?
9 ¿Cuál es el verso de la canción que tuvo más impacto en ti? Explica por qué.
10 ¿Qué escena te impactó más? ¿Por qué?
11 ¿Cuál es la relevancia de la imagen que se muestra en el minuto 1,12 en conexión con el mensaje general de la canción y el vídeo? Explica.
12 Observa con atención el vídeo. ¿Reaccionarías como los amigos de Ruth o lo harías de manera diferente?
13 ¿Qué tan apropiada sería esta canción en tu cultura? Explica por qué.

Comparte y discute tus ideas con tus compañeros.

ACTIVIDAD: La Ruth que llevas dentro de ti

■ Enfoques del aprendizaje

■ Habilidades de comunicación: Escriben con diferentes propósitos

Imagina que eres Ruth. Escribe cinco entradas en tu diario, donde describas el proceso de apoyo que recibiste de tus amigos y la manera en que te rehabilitaste de tu problema. Escribe 50 palabras en cada entrada. La historia entera debe incluir las siguientes etapas:

1 **Los problemas que vivías**
2 **Cómo reaccionabas cuando tus amigos intervenían**
3 **La decisión que tomaron tus amigos**
4 **Tus primeros momentos en la clínica de rehabilitación**
5 **Tu vida después de haber salido de la clínica.**

◆ Oportunidades de evaluación

◆ En esta actividad se han practicado las habilidades que son evaluadas por medio del Criterio C: Comunicación en respuesta a textos orales, escritos o visuales y del Criterio D: Uso de la lengua de forma oral o escrita.

ACTIVIDAD: Todo sobre Ruth

■ Enfoques del aprendizaje

■ Habilidades de comunicación: Utilizan una variedad de técnicas de expresión oral para comunicarse con diversos destinatarios

En esta actividad vas a trabajar en parejas o en equipos pequeños. Con tu equipo, selecciona uno de los momentos sobre los cuales escribiste en la actividad anterior. Prepara un diálogo en el que discutas el problema de Ruth, las posibles soluciones y las consecuencias si no intenta solucionarlo.

Representa tu juego de roles frente al grupo. Menciona por qué seleccionaste ese tema e incluye una breve reflexión al respecto.

Su interacción debe durar cuatro minutos.

◆ Oportunidades de evaluación

◆ En esta actividad se han practicado las habilidades que son evaluadas por medio del Criterio C: Comunicación en respuesta a textos orales, escritos o visuales y del Criterio D: Uso de la lengua de forma oral o escrita.

ACTIVIDAD: Cierre de unidad

■ Enfoques del aprendizaje

■ Habilidades de reflexión: Consideran los contenidos y se preguntan: ¿Sobre qué aprendí hoy? ¿Hay algo que aún no haya entendido? ¿Qué preguntas tengo ahora?

En esta actividad, escribirás una reflexión sobre las relaciones que puedes mencionar entre el vídeo de Ruth–Gorda y el artículo titulado "Construye el hogar para lo que más amas de ti". ¿Qué ideas en común puedes mencionar? ¿De qué manera apoya cada uno el mensaje general del otro? ¿Cuál es tu punto de vista al respecto? ¿Qué ideas nuevas has encontrado o reafirmado después de las interacciones con tus compañeros?

Después de escribir tu reflexión, compártela con algunos de tus compañeros.

Destaca los puntos que te parezcan interesantes.

Comparte tus impresiones generales con todo el grupo.

Actúa e involúcrate

! En el presente, es difícil creer que el concepto de belleza que promueve la industria de la moda toma en cuenta la salud de las mujeres que aspiran a convertirse en modelos. El concepto "cuerpo perfecto" es cuestionable por todas las cuestiones de salud que involucra aspirar a tener el cuerpo que promueven los medios.

! En la página web de EFE, una publicación digital española, en un artículo sobre la vigorexia, el doctor Luis Franco Bonafonte explica que hay dos tipos de vigorexia:

- La que afecta a personas que tienen una alteración importante de la imagen corporal, que cada vez quieren estar más fuertes.

- La que se da en personas que se encuentran bien haciendo ejercicio, que se someten a entrenamientos diarios y que no conciben la vida sin estar continuamente haciendo deporte.

! También menciona que la falta de autoestima puede ser uno de los principales detonantes de esta alteración.

! Planea una entrevista con tus profesores de educación física y para la salud en la que discutan la manera en que se puede crear una campaña de información sobre la vigorexia para hacer conciencia en la escuela y en los gimnasios de tu comunidad. También puedes hablar con entrenadores en los gimnasios para informarte sobre los consejos que dan a los usuarios del gimnasio.

Reflexión

Reflexionemos sobre nuestro aprendizaje…
Usa esta tabla para reflexionar sobre tu aprendizaje personal en este capítulo.

Preguntas que hicimos	Respuestas que encontramos	Preguntas que podemos generar ahora			
Fácticas					
Conceptuales					
Debatibles					

Enfoques del aprendizaje en este capítulo	Descripción: ¿qué destrezas nuevas adquiriste?	¿Cuánto has consolidado estas destrezas?			
		Novato	En proceso de aprendizaje	Practicante	Experto
Destrezas de colaboración					
Manejo de la información					
Destrezas de pensamiento crítico					
Destrezas de pensamiento creativo					
Atributos de la comunidad de aprendizaje	*Reflexiona sobre la importancia del atributo de la comunidad de aprendizaje de este capítulo.*				
Equilibrado					

4 ¿Cuál es la relación entre los modales, las reglas y las prohibiciones?

○ Los modales son *convenciones* sociales que expresan cualidades de las formas en que *los individuos de una sociedad* interactúan y *se relacionan*.

■ Siempre habrá un rostro para cada emoción, para cada protesta y para cada punto de vista

CONSIDERAR Y RESPONDER ESTAS PREGUNTAS:

Fácticas: ¿De quién aprendemos los modales que tenemos? ¿Qué modales o comportamientos específicos son particulares de tu país? ¿Cuáles son algunos ejemplos de buenos modales en determinados lugares? ¿Quiénes son responsables de enseñar los buenos modales?

Conceptuales: ¿Por qué debemos tener o aprender buenos modales? ¿En qué sentido son los buenos modales en tu país diferentes de otros? ¿Hasta qué punto son los buenos modales indicadores de las creencias de una cultura específica? ¿Cómo se enriquecen nuestras vidas gracias a los modales? ¿Cómo ha cambiado la percepción de los modales en la sociedad?

Debatibles: ¿Hasta qué grado son importantes los buenos modales? ¿Hasta qué punto son los modales específicos de las personas con educación? ¿Hasta qué punto juegan los modales un rol específico en el éxito de las personas? ¿Qué modales son los mínimos necesarios para demostrar un comportamiento aceptable? ¿Hasta qué punto es responsabilidad de las escuelas enseñar buenos modales?

Ahora **compara y comparte** tus opiniones con un compañero o con toda la clase.

○ EN ESTE CAPÍTULO VAMOS A:

■ **Descubrir:**
  ■ elementos que ayudan a definir qué son buenos los modales.
  ■ diferencias sobre diversos comportamientos y actitudes en diferentes culturas.

■ **Explorar:**
  ■ la relación entre los modales y las prohibiciones.
  ■ el papel de los modales en el comportamiento cívico de las personas.

■ **Actuar y:**
  ■ reflexionar sobre la manera en que podemos construir a construir una sociedad más inclusiva.
  ■ evaluar las decisiones de varias instituciones respecto a los códigos de conducta en diferentes situaciones.

■ Las siguientes habilidades de los enfoques del aprendizaje serán útiles:

- ■ Habilidades de comunicación
- ■ Habilidades de colaboración
- ■ Habilidades de reflexión
- ■ Habilidades de gestión de la información
- ■ Habilidades de pensamiento crítico
- ■ Habilidades de alfabetización mediática
- ■ Habilidades de organización

● Reflexiona sobre el siguiente atributo de la comunidad de aprendizaje:

- ● Íntegro: por medio de la colaboración íntegra y honrada en un ambiente de aprendizaje donde nuestras respuestas reflejen la responsabilidad que asumimos.

◆ Oportunidades de evaluación en este capítulo:

- ◆ **Criterio A:** Comprensión de textos orales y visuales
- ◆ **Criterio B:** Comprensión de textos escritos y visuales
- ◆ **Criterio C:** Comunicación en respuesta a textos orales, escritos o visuales
- ◆ **Criterio D:** Uso de la lengua de forma oral o escrita

GRAMÁTICA

Tiempos verbales que se abordan en este capítulo:
- Presente simple (indicativo)
- Gerundio (presente)
- Pretérito indefinido
- Pretérito imperfecto
- Se impersonal
- Imperativo negativo

VOCABULARIO SUGERIDO

Vocabulario sugerido para mejorar la experiencia de aprendizaje.

Sustantivos	Adjetivos	Verbos
amabilidad	agradable	abordar
carácter	amable	acoplarse
comportamientos	apreciado	acostumbrar(se)
compostura	atento	adaptarse
condición	comedido	admirar
conductas	considerado	adoptar
cortesía	cortés	amaestrar
cualidad	culto	amenizar
distinción	desobediente	auspiciar
elegancia	diligente	considerar
elitismo	distinguido	constituir
estilo	elegante	contradecir
falta de respeto	estimado	criar
género	exquisito	criticar
glamour	fastidioso	deleitar
gracia	fino	desobedecer
índole	grosero	educar
maneras	hacendoso	entrenar
modales	impertinente	entretener
porte	indisciplinado	formar
prácticas	malcriado	instruir
principios	maleducado	insultar
reglamento	mimado	ir en contra (de)
reglas	nefasto	moldear
respeto	oficioso	ofender
sistema	pesado	preparar
urbanidad	pulcro	provocar
	querido	responder
	respetuoso	seguir
	selecto	
	soez	
	trabajador	

4   ¿Cuál es la relación entre los modales, las reglas y las prohibiciones?

87

Tema 1: Los modales y la idea del comportamiento bueno y/o refinado

PIENSA–COMPARA–COMPARTE

Lee las siguientes preguntas con atención, piensa y escribe las palabras clave que utilizarás en tu respuesta.

1   ¿Qué asocias con la palabra "modales"?
2   ¿Con quiénes es necesario tener buenos modales?
3   ¿Dónde y de qué manera podemos aprender buenos modales?
4   ¿Cómo sería una sociedad sin modales?
5   Menciona algunos ejemplos de modales que podríamos llamar "universales".
6   ¿Por qué existe una serie de modales específicos para cada situación? ¿En qué nos basamos para decidir cómo comportarnos?
7   ¿Cómo cambia la manera en que actuamos con las diferentes profesiones?

doctor	autoridad de la escuela
policía	recolector de basura
sacerdote o ministro	cajero en un
político	supermercado
juez	colega de trabajo de
taxista	uno de tus padres

8   En parejas debate las preguntas anteriores. Utiliza las palabras clave que seleccionaste.

¿En qué sentido son sus puntos de vista similares?

¿En qué aspectos no están de acuerdo? ¿A qué atribuyes el cambio de posturas?

Comparte las respuestas con toda la clase.

ACTIVIDAD: Esquema de modales

■ Enfoques del aprendizaje

■ Habilidades de pensamiento crítico: Consideran ideas desde múltiples perspectivas

Considerando las opiniones que compartiste con tus compañeros, dibuja un mapa conceptual en el que representes los siguientes puntos centrales:

1   ¿Cuáles son algunos ejemplos de modales universales?
2   ¿Por qué varían los modales que mostramos? ¿De qué dependen las variaciones?
3   ¿Dónde adquirimos educación sobre lo que se considera "buenos modales"?
4   ¿Quiénes observan, regulan y categorizan los modales?

Dibuja tu modelo en tu cuaderno y después en un cartel.

Despliega tu cartel en clase y haz comentarios sobre los carteles de tus compañeros.

ACTIVIDAD: Tu definición personal de los modales

■ Enfoques del aprendizaje

■ Habilidades de comunicación: Escriben con diferentes propósitos

Tomando en cuenta las ideas en el mapa conceptual que compartiste y en las opiniones que tus compañeros expresaron, lee el enunciado de indagación y escribe tu propia definición de lo que son los modales, y de la manera en que influyen en nuestras interacciones sociales.

ACTIVIDAD: Mi ejemplo a seguir

Enfoques del aprendizaje

- Habilidades de comunicación: Estructuran la información en resúmenes, ensayos e informes

Considerando las ideas que se han mencionado en los mapas conceptuales y en las respuestas del ejercicio de introducción, ahora vas a escribir un texto biográfico de 200 palabras en el que describas quién es tu modelo a seguir, considerando los buenos modales, y conductas que muestra. Incluye ejemplos de su personalidad y los comportamientos que distinguen a la persona que seleccionaste.

Después de escribir tu texto, prepara cinco preguntas sobre los aspectos más relevantes que debemos considerar cuando otorgamos a alguien el título de "ejemplo".

Comparte tu texto con un compañero, lee otros textos y comparte sus opiniones sobre lo que leas. Finaliza la actividad utilizando las preguntas para enriquecer la discusión del tema.

Oportunidades de evaluación

- En esta actividad se han practicado las habilidades que son evaluadas por medio del Criterio C: Comunicación en respuesta a textos orales, escritos o visuales y del Criterio D: Uso de la lengua de forma oral o escrita.

Escribe un ensayo argumentativo en el que presentes tu opinión; incluye ejemplos con la información en el mapa conceptual y explica utilizando ejemplos personales donde sea necesario.

Escribe 250 palabras.

Comparte tu idea con la clase y haz comentarios sobre los ensayos de tus compañeros.

Oportunidades de evaluación

- En esta actividad se han practicado las habilidades que son evaluadas por medio del Criterio C: Comunicación en respuesta a textos orales, escritos o visuales y del Criterio D: Uso de la lengua de forma oral o escrita.

ACTIVIDAD: Malos hábitos

Enfoques del aprendizaje

- Habilidades de comunicación: Utilizan el entendimiento intercultural para interpretar la comunicación

Utiliza la siguiente tabla para hacer una lista de los comportamientos que se consideran inapropiados pero que muchas personas practican consciente o inconscientemente. En la primera columna de la derecha, menciona una situación donde es posible tolerar o aceptar tal comportamiento. En la última columna menciona si tal comportamiento es aceptado o castigado en otras culturas.

Lee con atención el ejemplo que se ofrece.

Comportamiento/ Hábito	Situación en la que puede ser aceptable	Ejemplo de alguna cultura que lo permite o lo castiga; explica
Masticar goma de mascar.	En algunas ocasiones, después de comer comida condimentada.	En Singapur no es posible comprar goma de mascar.

Comparte con tus compañeros.

Reflexión

¿Cómo decide cada cultura qué comportamientos o modales tolerar o aceptar?

¿Por qué algunos hábitos se han convertido en prácticas inapropiadas? Explica.

4   ¿Cuál es la relación entre los modales, las reglas y las prohibiciones?

89

Lee las siguientes preguntas y comparte tus opiniones con toda la clase.

1 **¿De quién aprendemos los modales que tenemos?**
2 **¿Qué ejemplos de "buenos modales" podemos nombrar?**
3 **¿Cuáles son algunos malos modales?**
4 **¿Qué modales o comportamientos específicos son particulares de tu país?**
5 **¿Hasta qué grado son importantes los buenos modales?**
6 **¿Hasta qué grado definen la personalidad los modales?**
7 **¿Cómo enriquecen nuestras vidas los modales?**
8 **¿Por qué los modales son parte de la cultura de cada país?**
9 **¿Hasta qué punto son los modales particulares de las personas con educación?**

▼ Nexos: Individuos y sociedades

Las personas, como seres sociales, antropológicos e históricos, necesitan generar un sistema de conductas para organizarse y crear estructuras sociales diversas y dinámicas, para organizar su convivencia familiar, en el trabajo, en los ambientes educativos, en el gobierno, y en la ciudad en general.

ACTIVIDAD: El Manual de Carreño

■ Enfoques del aprendizaje

- Habilidades de comunicación: Utilizan el entendimiento intercultural para interpretar la comunicación
- Habilidades de gestión de la información: Establecen conexiones entre diversas fuentes de información
- Habilidades de pensamiento crítico: Extraen conclusiones y realizan generalizaciones razonables

En la cultura hispanohablante, existe un libro llamado el *Manual de urbanidad y buenas maneras*, para uso de la juventud de ambos sexos, en el cual se encuentran las principales reglas de civilidad y etiqueta que deben observarse en las diversas situaciones sociales. Esta publicación es más comúnmente conocido como *El Manual de Carreño*.

Realiza una búsqueda en internet sobre el Manual de Carreño y responde las siguientes preguntas:

1 **¿Quién fue Manuel Carreño?**
2 **¿Cuándo se publicó el manual?**
3 **¿Por qué recibió tanta admiración y acumuló fama este libro?**
4 **¿Cuáles fueron las críticas que recibió este manual? ¿Por qué?**

Después de responder las preguntas, encuentra las normas de etiqueta en el manual y, considerando tu punto de vista personal y las creencias de tu cultura, clasifica algunas ideas en columnas como las siguientes. Escribe cinco ejemplos en cada apartado.

El Manual de Carreño		
Ideas que aún están vigentes	Ideas que son obsoletas	Ideas que nunca antes había escuchado o considerado

Comparte tus respuestas con un compañero, o en equipos pequeños. Intercambia tus puntos de vista y ofrece justificaciones donde sea necesario.

Reflexión

¿Por qué piensas que algunas normas dejan de ser relevantes?

¿Qué circunstancias favorecen la permanencia de ciertas reglas o normas?

¿Hasta qué punto crees que estas normas se comprenden, aceptan y siguen en los diferentes grupos sociales en tu cultura y el mundo?

ACTIVIDAD: La evolución de las normas de etiqueta

■ Enfoques del aprendizaje

- ■ Habilidades de comunicación: Escriben con diferentes propósitos

En esta actividad, escribirás un texto para tu blog donde expreses tu reacción a la lectura de las normas en el Manual de Carreño. Discute la relevancia, vigencia e importancia de las normas de etiqueta, considerando tu estilo de vida, los comportamientos que tienes con tus amigos y el círculo social en el que te desenvuelves. Indica hasta qué punto estas normas promueven la igualdad. Culmina tu texto con tres preguntas que inviten a la reflexión de tus lectores.

Escribe entre 200 y 250 palabras.

Comparte tu blog con tus compañeros y escribe tus comentarios a las preguntas que presenten.

◆ Oportunidades de evaluación

- ◆ En esta actividad se han practicado las habilidades que son evaluadas por medio del Criterio C: Comunicación en respuesta a textos orales, escritos o visuales y del Criterio D: Uso de la lengua de forma oral o escrita.

ACTIVIDAD: Aprendiendo buenos modales

■ Enfoques del aprendizaje

- ■ Habilidades de pensamiento crítico: Obtienen y organizan información pertinente para formular un argumento

Realiza una búsqueda en YouTube utilizando las palabras clave: Aprendiendo buenos modales: lección 1.

Mira con suma atención el vídeo un par de veces y toma nota sobre las expresiones que escuches. Después responde las siguientes preguntas:

1 ¿Qué roles adoptaron cada una de las personas en la escena?
2 ¿Por qué piensas que Nuria (la chica del centro) se muestra nerviosa en este extracto? ¿Qué dice ella al respecto?
3 Menciona tres de las ideas principales sobre lo que no es apropiado hacer.
4 ¿Cuál es el objetivo del extracto?
5 Según Karina (la chica a la derecha), ¿qué podemos concluir al ver la manera en que se arregló la mesa?
6 ¿Qué efecto tiene la música de fondo? ¿Por qué se incluyó?
7 Describe el escenario de la situación que se presenta.

8 Considerando la forma en que actúa Karina, ¿cómo la describirías?
9 ¿Qué tipo de personas ven este programa? ¿Cuáles pueden ser otros temas que discuten? Justifica tu respuesta.
10 Considerando las reacciones y el comportamiento de los participantes, ¿a qué conclusión puedes llegar?
11 ¿Cuál piensas que es la opinión sobre el tema del productor del programa? ¿Por qué?
12 ¿Qué has aprendido sobre los modales de la cultura argentina en comparación con los de tu cultura?
13 Imagina que tú eres uno de los conductores de este extracto, en este programa, ¿cómo te sentirías? ¿Estarías bajo presión o puedes operar adecuadamente considerando el tema?
14 ¿Qué comportamientos o hábitos mencionados en el vídeo no son propios de tu cultura? ¿Piensas que es importante conocer esta información? ¿Por qué?

◆ Oportunidades de evaluación

- ◆ En esta actividad se han practicado las habilidades que son evaluadas por medio del Criterio A: Comprensión de textos orales y visuales.

ACTIVIDAD: Cuestión de sabor y cantidad

■ Enfoques del aprendizaje

- Habilidades de comunicación: Utilizan el entendimiento intercultural para interpretar la comunicación. Utilizan una variedad de técnicas de expresión oral para comunicarse con diversos destinatarios
- Habilidades de colaboración: Escuchan con atención otras perspectivas e ideas

Contextualicemos la actividad. Responde estas preguntas y comparte algunos detalles con la clase en general:

1 **Imagina que viajas a un país muy diferente del tuyo, y que vas a un restaurante local. ¿Notarías en los hábitos y conductas de las personas?**
2 **¿Alguna vez has vivido alguna situación embarazosa en un viaje?**
3 **¿Alguna vez has tenido visitas o huéspedes de una cultura diferente que se hayan sentido tensos al compartir la mesa con tu familia?**
4 **¿Has sentido timidez en alguna situación en la que haya compartido la mesa con otras personas?**

Después de compartir tus ideas, vas a leer una serie de situaciones culturales que incluyen comportamientos típicos en diferentes países. Léelas y, en cada caso, menciona qué podría causarte problemas y por qué.

India

Los indios en su mayoría comen con la mano. Utilizan la mano derecha para poner los alimentos en la boca y la izquierda para pasar los platillos que desean compartir. En la India, las porciones de comida que ofrecen los anfitriones son generalmente abundantes, y se espera que los invitados coman todo lo que se ponga en el plato. No está bien visto que alguien se levante de la mesa hasta que los anfitriones hayan declarado que ha concluido la ocasión.

Chile

Al colocar los platos sobre la mesa, se sirve por la izquierda y se retiran por la derecha. A los invitados siempre se les sirve en primer lugar. Se considera de mala educación responder el teléfono mientras se comparten alimentos en la mesa. Se debe masticar despacio y con la boca cerrada, sin hacer ruido y sin hablar. Es muy importante comer únicamente la ración que se ofrece, a menos que se invite a repetir. Además, es de muy mala educación comer con las manos.

Mongolia

La cabeza o líder de la familia siempre toma el *deej* (primer bocado). La comida se debe tomar con la mano derecha y nunca se debe cubrir el plato con la mano cuando uno esté satisfecho. Cuando se sirve vodka, es tradición sumergir el dedo anular en el vaso donde se sirve la bebida para tomar unas gotas, que se han de lanzar al aire. Cuando se bebe, es necesario esperar a que alguien llene nuestro vaso, y estar al pendiente para llenar el vaso de otros cuando sea necesario.

Etiopía

La idea de comunidad es altamente apreciada en la cultura etíope; se considera un desperdicio utilizar platos individuales, y por ello los alimentos se sirven en un platón grande, en el centro de la mesa; después, todos los comensales utilizan las manos para comer. En algunas regiones del país existe una tradición llamada *"gursha"*, en la cual las personas se alimentan entre ellas. Es descortés mostrar las plantas de los pies cuando uno está comiendo en una alfombra. Se considera de mala educación llegar temprano a una cena; es recomendable llegar entre 15 y 30 minutos tarde.

Después de escribir tu respuesta a cada situación, debate tus ideas en equipos pequeños. Pide clarificaciones acerca de las ideas que te parezcan interesantes.

Al finalizar tu debate, selecciona la situación que consideres más compleja y escribe un texto en tu diario personal, imaginando que pasaste unos días con una familia de otro país. Menciona algunas situaciones interesantes, contrasta sus hábitos y normas con los de tu cultura y concluye mencionando lo que aprendiste. Si conoces a una persona de la cultura que seleccionaste, pide más información e inclúyela en tu escrito.

Escribe entre 200 y 250 palabras.

◆ Oportunidades de evaluación

- ◆ En esta actividad se han practicado las habilidades que son evaluadas por medio del Criterio C: Comunicación en respuesta a textos orales, escritos o visuales y del Criterio D: Uso de la lengua de forma oral o escrita.

ACTIVIDAD: ¿Beso, saludo de mano o reverencia?

Enfoques del aprendizaje

- Habilidades de alfabetización mediática: Localizan, organizan, analizan, evalúan, sintetizan y utilizan de manera ética información procedente de diversas fuentes y medios (incluidas las redes sociales y en línea)
- Habilidades de comunicación: Utilizan una variedad de técnicas de expresión oral para comunicarse con diversos destinatarios

País:		
Comportamiento	**Ideas sobresalientes**	**Fuentes consultadas**
Puntualidad		
Formalidad y protocolo		
Saludos		
Contacto físico		
Muestras de afecto		
Hospitalidad		
Propinas		
Gestos		
Manejo del estrés (paciencia)		
Estilos de conversación y socialización		
Expresar ideas directa y francamente		
Espacio personal		
Organización social (tráfico, hacer cola)		

Esta tarea es un proyecto de grupo.

En esta actividad realizarás una investigación sobre los aspectos que definen el comportamiento en varios países.

En tu clase, cada uno de tus compañeros seleccionará un país diferente, sin repetir.

Cada uno tendrá la responsabilidad de encontrar, verificar y **evaluar** información sobre conductas específicas en la cultura del país.

En una tabla como la siguiente, escribe las ideas más sobresalientes del país que hayas seleccionado.

Al final de esta actividad, se deberá juntar la información de todos los países para producir un compendio cultural que sirva de guía sobre los comportamientos en tales países.

Si es posible, presenta el resultado en una asamblea escolar y/o distribúyelo para crear conciencia sobre las diferencias culturales en cuestión de modales.

Lee el resultado final y escribe tu reflexión personal. **¿Qué aprendiste?**

Comparte el proyecto final con otras escuelas del Bachillerato Internacional (BI) y solicita retroalimentación.

PIENSA–COMPARA–COMPARTE

1 ¿Existen reglas en tu familia a la hora de comer?
2 ¿Cuánta comunicación se vive en tu cultura a la hora de comer?
3 ¿Qué prácticas o rituales son populares en tu cultura antes y después de compartir alimentos?

4 En tu comunidad, ¿compartir alimentos es una parte importante de tu cultura?
5 ¿Cuánto tiempo pueden durar las cenas en tu cultura, aproximadamente?
6 ¿Qué es lo que más te gusta de compartir alimentos con otras personas?

4   ¿Cuál es la relación entre los modales, las reglas y las prohibiciones?

93

Lee el siguiente artículo sobre la sobremesa:

La sobremesa

1   En el mundo de habla hispana, comer no sabe igual sin la sobremesa. Además de ser una de esas palabras especiales y excepcionales del castellano cuyo significado es difícil o imposible de traducir a otros idiomas, esta práctica social también es parte del espíritu de los hispanohablantes y, en Latinoamérica, es parte de los comportamientos que heredaron los españoles.

2   Muchas personas sienten que la sobremesa se ha ido perdiendo con la aparición de los servicios de entrega a domicilio que muchos restaurantes han adoptado. Por ello, considerando que además de ser un momento genial para convivir y disfrutar la experiencia gastronómica, esta tradición define el placer por la buena compañía y la buena comida, es necesario rescatarla y reinstaurarla.

3   La sobremesa es un momento para compartir, para interactuar y para conectar y, debido a que sucede inmediatamente después de la comida, particularmente el almuerzo o la cena, es un periodo de tiempo donde se habla con el estómago lleno, y con el corazón también. Esta convivencia emotiva es particularmente popular y larga en el verano, gracias a las bondades del clima. Dependiendo de las tradiciones de la región, durante la sobremesa se sirve café, té, una pequeña copa de licor o un vino especial.

4   No obstante, la sobremesa no solo significa *relax*. Muchos médicos han incluso mencionado que pasar tiempo con los demás ayuda a la digestión, disminuye el estrés y ayuda a desarrollar la inteligencia emocional. De igual forma, Julián Marías, un pensador español, ha descrito el poder de la sobremesa en el pensamiento al permitir la discusión de una gama incontable de temas profundos y superficiales, entre ellos ideas sofisticadas, superficiales, personales, pero sobre todo, emotivas.

Una colección de buenos hábitos y actitudes en peligro de desaparecer
Por: Irma Inés

5 En una charla que *Voces* tuvo con Marías hace años, Marías compartió su punto de vista sobre la pérdida de este hábito tan humano. Marías mencionó que la sobremesa siempre ha sido una muestra de los buenos modales durante la tertulia, porque además de ejercitar nuestras habilidades de comunicación y escucha, también practicamos actos de cortesía, gentileza y generosidad pues, en pocas palabras, valoramos y damos crédito a la presencia de nuestros amigos y los que nos acompañan.

6 Octavio Paz, un filósofo mexicano, incluso comparó la calidad de vida durante la sobremesa con la vieja tradición de la conversación cuando las mujeres se juntaban y caminaban a llenar sus cántaros de agua, la cual no era una simple tarea doméstica, sino una oportunidad para hablar de las novedades del pueblo, y para escuchar y apoyar cuando era necesario. "No tenemos idea de la cantidad de grandes proyectos que surgieron en esas charlas de cántaros", mencionó Paz.

7 Entonces, ¿qué pasaría si las prácticas modernas, además de la pereza, eliminan momentos de excelencia como la sobremesa? ¿Qué perderá la cultura hispanohablante con ello? ¿Por qué nos debe interesar mantenerla viva? ¿Cómo cambiará el significado de *"pasar tiempo de calidad con amigos"* si no existen momentos como la sobremesa para compartir vivencias y experiencias?

8 Isabel Allende, escritora chilena, al discutir el poder de la sobremesa en la socialización, mencionó que una gran parte del espíritu es la manera en que celebramos cómo fluimos, cómo crecemos y cómo nos transformamos cuando estamos con las personas que queremos, particularmente cuando armonizamos ocasiones especiales; y agregó que pensar que el tiempo de calidad no es parte del ser latino es como tener un reloj y no saber cómo utilizarlo.

4 ¿Cuál es la relación entre los modales, las reglas y las prohibiciones?

95

9 En años pasados, la televisión fue la primera distracción que afectó la calidad de la sobremesa; mas en el presente, el uso de dispositivos móviles y la facilidad para obtener cosas la han arruinado aún más. Laura Esquivel, autora de la novela *Como Agua para Chocolate*, mencionó que cuando escribió esa historia pensó en las enseñanzas que suceden tanto en la cocina como en la mesa, y en el valor que tienen la cultura de los buenos modales, los comportamientos adecuados y las conductas sociales. Esquivel bromeó diciendo: "quizás una versión moderna de *Como Agua para Chocolate* tendría que incluir recetas sobre comida rápida y comida chatarra".

10 ¿Podemos decir, entonces, que parte de los buenos modales que pueden existir en el mundo hispanohablante tienen su origen en la mesa? ¿Están nuestras conductas condicionadas por la comida? ¿Somos una cultura que valora los buenos modales, la comunicación y la buena actitud social? Posiblemente, los extranjeros que deciden residir en un país de habla hispana o las personas que aprenden español son los más indicados para responder estas preguntas.

11 Creo que después de esta larga discusión y reflexión sobre la cultura de la sobremesa, a nadie le queda duda que es una práctica tan saludable como la siesta y como las sonrisas. Quizás, en estos tiempos tan rápidos y apresurados donde el contacto humano disminuye a medida que las presiones sociales y laborales aumentan, deberíamos estar interesados en retener esos elementos culturales que permiten disfrutar la vida y la compañía; que nos ayudan a estar en contacto con las personas que nos rodean; que nos ayudan a regular nuestras emociones; pero, sobre todo, que nos permiten observar y vivir las maneras en que las personas nos relacionamos con respeto, buena voluntad, y cortesía. En cualquier caso, hay que recordar lo que se menciona en la puerta del templo de Delfos: "*Nada en demasía*", y así es como debe considerarse la sobremesa; como dicen en España: *use pero no abuse*.

ACTIVIDAD: La sobremesa

■ Enfoques del aprendizaje

■ Habilidades de comunicación: Leen con actitud crítica y para comprender

Después de leer el texto sobre la sobremesa, responde las siguientes preguntas.

1 ¿Cuáles son tres de las ideas principales que se manejan en el texto?

2 Considerando la información del texto, ¿piensas que Irma Inés es una autoridad en el tema que discute? Menciona por qué.

3 ¿Por qué podemos suponer que Irma Inés o *Voces* charla con frecuencia con Julián Marías?

4 ¿Cuál es la preocupación principal de Irma? ¿Por qué le interesa tanto enfatizar la importancia de eso?

5 ¿Por qué piensas que Irma Inés utilizó las opiniones de escritores y filósofos en su artículo?

6 ¿Qué tipo de publicación es *Voces*: la revista para la que escribe Irma? Utiliza el contenido del texto para justificar tu respuesta. Explica.

7 ¿Cuáles pueden ser dos razones que inspiraron a Irma Inés para escribir este artículo? Explica.

8 ¿Qué tan relevante es el concepto de la sobremesa en tu cultura? ¿Existe una tradición similar?

9 ¿Por qué piensas que es muy difícil o prácticamente imposible traducir "sobremesa" a otros idiomas? ¿Por qué piensas que en cada idioma existen palabras tan especiales? ¿Qué ejemplo de tu lengua puedes mencionar?

10 Si Irma Inés escribiera un artículo sobre una tradición de tu cultura que incluyera una serie de buenos modales y que representara el espíritu de la sociedad, ¿qué tradición describiría? Explica tu respuesta.

11 ¿Qué ideas del texto representan las fotografías en las páginas 94 y 96?

12 ¿Con qué párrafo puedes relacionar la imagen en la página 95? Justifica tu respuesta.

13 Si tuvieras que explicar la idea general del texto refiriéndote únicamente a una de las imágenes, ¿cuál escogerías? ¿Por qué? Ofrece detalles en tu respuesta.

◆ Oportunidades de evaluación

◆ En esta actividad se han practicado las habilidades que son evaluadas por medio del Criterio B: Comprensión de textos escritos y visuales.

▼ Nexos: Individuos y sociedades

Para muchas culturas compartir alimentos o bebidas en la mesa es un ritual que forma parte de su proceso de convivencia e incluso de toma de decisiones. Así, cada cultura tiene una serie de reglas y conductas permitidas o prohibidas que son un reflejo de su sistema de valores y son ejemplos de la manera en que se definen los derechos y deberes de cada persona.

4 ¿Cuál es la relación entre los modales, las reglas y las prohibiciones?

97

Tema 2: ¿Modales, reglas o prohibiciones?

PIENSA–COMPARA–COMPARTE

Reflexiona sobre las siguientes preguntas y escribe las palabras clave que puedes utilizar para responder. Debate las preguntas con tus compañeros y escribe la síntesis del debate.

1 ¿Cuál es la diferencia entre las reglas y los modales?
2 ¿Es posible decir que las reglas se vuelven parte de los buenos modales con el hábito cotidiano?
3 ¿Por qué algunas reglas son más flexibles que otras?
4 ¿Puede una persona que rompe las reglas con frecuencia tener buenos modales?

5 ¿Por qué los anuncios sobre prohibiciones son más comunes que los anuncios sobre lo que se permite?
6 ¿Cómo ha cambiado la severidad de algunas reglas a lo largo de la historia? ¿Por qué?
7 ¿Qué tan formal es el uso de "se" cuando se expresan reglas?
8 ¿Cuáles son algunas diferencias entre estas dos frases: "se prohíbe el acceso a mascotas" y "no introduzca sus mascotas"?
9 ¿Cómo podemos decidir cuándo utilizar estructuras del idioma más directas que otras?

Comparte las conclusiones con toda la clase.

ACTIVIDAD: Extremos

■ Enfoques del aprendizaje

- Habilidades de comunicación: Utilizan el entendimiento intercultural para interpretar la comunicación
- Habilidades de organización: Emplean estrategias adecuadas para organizar información compleja

¿Qué significan las indicaciones en la siguiente imagen?

Comparte con tu clase.

Lee las siguientes ideas, escribe tus respuestas y debátelas con tus compañeros:

a Unas de las reglas más extremas que conoces.
b Unas de las reglas más absurdas que has escuchado.

c Unas de las reglas que te gustaría que existieran en tu país.
d Unas de las reglas que te gustaría que existieran en tu escuela.
e Unas reglas que existen en tu país y no existen en otros.
f Unas de las reglas que estás feliz de que existan.

Después de compartir tus ideas con tus compañeros, clasifica algunas de las ideas que se compartieron en una tabla como esta:

Categoría	Idea	Justificación
La idea menos tolerante		
La idea más innecesaria		
Una idea redundante		
Una regla fácil de romper		
Una regla que nadie rompería		

Dibuja la tabla en un cartel y compártela con la clase en general para **analizar** la variedad de ideas.

ACTIVIDAD: Vamos a escribir un nuevo reglamento ciudadano

■ Enfoques del aprendizaje

- ■ Habilidades de comunicación: Estructuran la información en resúmenes, ensayos e informes

En parejas, discute la edad más apropiada para tener permiso de ejercer las siguientes actividades:

1 **La edad ideal para conducir un vehículo.**
2 **La edad ideal para tener una mascota.**
3 **La edad ideal para poseer un arma de fuego.**
4 **La edad ideal para tener un hijo.**
5 **La edad ideal para casarse.**
6 **La edad ideal para vivir independientemente.**
7 **Le edad ideal para votar.**

Después del debate, individualmente escribe el código de conducta de tu ciudad o pueblo. Incluye 15 artículos en un texto de 250 palabras. Utiliza lengua formal y sofisticada donde sea posible.

Puedes encontrar ejemplos en internet ingresando: **reglamento ciudadano (+ ciudad que tú prefieras).**

ACTIVIDAD: ¿Quién tuvo la magnífica idea?

■ Enfoques del aprendizaje

- ■ Habilidades de pensamiento crítico: Elaboran argumentos a favor o en contra
- ■ Habilidades de comunicación: Escriben con diferentes propósitos

Debate las siguientes preguntas con tu clase. Toma nota de las ideas que consideres importantes.

1 **¿Cómo se llegó al acuerdo sobre las reglas que tenemos?**
2 **¿Por qué algunas reglas tienen más prioridad que otras?**
3 **¿En qué situaciones se fragmenta la idea de libertad debido a las reglas?**
4 **¿Hasta qué punto estás de acuerdo con la idea de que las reglas se hicieron para romperse?**

Después de debatir las preguntas, escribe un artículo para la revista de tu escuela en el que respondas la siguiente pregunta:

¿Cuál es la diferencia entre los comportamientos que son reglas y los que son buenos modales?

Menciona ejemplos e incluye detalles donde sea necesario. Incluye tres preguntas para provocar la reflexión en tu audiencia. Concluye con tu opinión personal.

Escribe entre 200 y 250 palabras.

◆ Oportunidades de evaluación

- ◆ En esta actividad se han practicado las habilidades que son evaluadas por medio del Criterio C: Comunicación en respuesta a textos orales, escritos o visuales y del Criterio D: Uso de la lengua de forma oral o escrita.

ACTIVIDAD: El árbol de las señales

Enfoques del aprendizaje

- Habilidades de colaboración: Ejercen liderazgo y asumen diversos roles dentro de los grupos
- Habilidades de comunicación: Utilizan una variedad de técnicas de expresión oral para comunicarse con diversos destinatarios

Estudia esta imagen y responde las siguientes preguntas.

Trabaja en parejas.

Toma notas de las ideas que compartan.

1 **¿Dónde podemos encontrar estos señalamientos? ¿Quién los escribió/diseñó? ¿Cómo se llegó al consenso de que tal comportamiento no es aceptable?**
2 **¿Cuáles señalamientos son considerados reglas y cuáles son considerados parte del conjunto de buenos modales? ¿Qué consecuencias puede tener no respetar tales instrucciones?**
3 **¿Por qué existen las reglas? ¿Es necesario tener reglas? ¿Qué pasa con los niños (y los adultos en general) si no les damos reglas?**
4 **¿Tener reglas garantiza la organización y seguridad? ¿Cuándo? ¿Cómo? Menciona ejemplos.**
5 **¿Es aceptable y/o correcto romper las reglas? ¿En qué situaciones?**
6 **¿Qué consecuencias deben existir para las personas que constantemente rompen las reglas?**

Después de tu debate, en parejas, prepara una presentación oral en la que **evalúes** las reglas de urbanidad en tu ciudad en comparación con otros países. Menciona los aspectos positivos y negativos y las oportunidades de mejora.

ACTIVIDAD: ¿Por qué se crearon estas reglas o acuerdos?

Enfoques del aprendizaje

- Habilidades de comunicación: Utilizan una variedad de técnicas de expresión oral para comunicarse con diversos destinatarios; Escriben con diferentes propósitos
- Habilidades de colaboración: Escuchan con atención otras perspectivas e ideas

Trabaja en parejas y debate por qué se crearon las siguientes reglas. Toma notas de las ideas que consideres importantes:

a **No hables con extraños.**
b **No comas entre comidas.**
c **Pon la basura en su lugar.**
d **No abras el examen hasta que se te indique.**
e **Cuide sus pertenencias; la compañía no se hace responsable por ellas.**
f **Cuando un adulto dice a un niño:** *"no se lo cuentes a nadie"*, **habla con tus padres.**
g **En caso de incendio, no utilice el ascensor ni entre en pánico.**

Después de debatir las reglas con tu compañero, selecciona una y prepara una lluvia de ideas, incluyendo ejemplos en los que se mencione cómo muchas personas rompen esa regla. Debate los riesgos y sugiere formas de mejorar la situación.

La interacción deberá durar cuatro minutos.

Después de la interacción, individualmente, escribe un texto para tu diario donde relates un incidente del que fuiste testigo. Narra la serie de eventos que observaste, tus reacciones y una reflexión sobre las razones por las que muchas personas rompen las reglas.

Escribe entre 200 y 250 palabras.

◆ Oportunidades de evaluación

- ◆ En esta actividad se han practicado las habilidades que son evaluadas por medio del Criterio C: Comunicación en respuesta a textos orales, escritos o visuales y del Criterio D: Uso de la lengua de forma oral o escrita.

ACTIVIDAD: Los mandamientos

Enfoques del aprendizaje

- Habilidades de comunicación: Utilizan el entendimiento intercultural para interpretar la comunicación; Estructuran la información en resúmenes, ensayos e informes

En la tradición judeocristiana existe una serie de instrucciones que mencionan parámetros sobre el buen comportamiento.

Léelos con atención y responde las preguntas individualmente. Después compara con un compañero.

Los mandamientos

1º Amarás a Dios sobre todas las cosas.

2º No tomarás el Nombre de Dios en vano.

3º Santificarás las fiestas.

4º Honrarás a tu padre y a tu madre.

5º No matarás.

6º No cometerás actos impuros.

7º No robarás.

8º No dirás falso testimonio ni mentirás.

9º No consentirás pensamientos ni deseos impuros.

10º No codiciarás los bienes ajenos.

1 ¿Qué virtudes pueden conseguir las personas que obedezcan estas instrucciones?

2 ¿Hasta qué punto piensas que estas ideas informan o aconsejan? Explica.

3 ¿Hasta qué punto estas ideas son reglas o indicaciones de buenas conductas? Justifica tu respuesta.

4 ¿Por qué se escribieron en futuro? ¿En qué sentido sería diferente su significado si se utilizara el verbo "deber" o "tener que"?

5 ¿Qué valor se atribuye a la honestidad, a la modestia, al recato y a la humildad? ¿Crees que estos deben ser valores que todos deberíamos tener presentes independientemente de la religión? ¿Por qué (no)?

Después de debatir tus respuestas, realiza una investigación sobre la manera en que los valores manifestados en los diez mandamientos se expresan en el Torá (el libro sagrado de los judíos), el Corán (el libro sagrado de los musulmanes), el Bhágavad-guitá (el libro sagrado del hinduismo) o cualquier libro sagrado de otra religión.

Escribe un ensayo argumentativo donde contrastes la información que encuentres con tu opinión personal.

Compara las similitudes y las diferencias con los diez mandamientos.

Escribe entre 200 y 250 palabras.

Oportunidades de evaluación

- En esta actividad se han practicado las habilidades que son evaluadas por medio del Criterio C: Comunicación en respuesta a textos orales, escritos o visuales y del Criterio D: Uso de la lengua de forma oral o escrita.

PUNTO DE INDAGACIÓN

Lee las siguientes preguntas y comparte tus opiniones con toda la clase.

1 ¿Quiénes son responsables de enseñar los buenos modales?

2 ¿Cuáles son algunos ejemplos de buenos modales en determinados lugares?

3 ¿Qué modales o comportamientos específicos son particulares de tu país?

4 ¿En qué sentido son los buenos modales en tu país diferentes de los de otros?

5 ¿Hasta qué grado son importantes los buenos modales?

6 ¿Cómo enriquecen nuestras vidas los modales?

7 ¿Cómo ha cambiado la percepción de los modales en la sociedad?

8 ¿Hasta qué punto es responsabilidad de las escuelas enseñar buenos modales?

ACTIVIDAD: ¿Tú o usted?

■ Enfoques del aprendizaje

■ Habilidades de pensamiento crítico: Consideran ideas desde múltiples perspectivas; Evalúan las pruebas y los argumentos

Realiza una búsqueda en YouTube utilizando las palabras clave: Hablar de tú o de usted. Imagen Pública.

Mira el vídeo con atención y responde las siguientes preguntas:

1 ¿Dónde trabaja Álvaro Gordoa, el presentador en el vídeo?
2 ¿En qué modalidades puedes estudiar en el instituto donde trabaja Álvaro?
3 Menciona tres de las ideas principales que Álvaro quiere enfatizar con su discurso. Menciona un ejemplo.
4 Según Álvaro, ¿por qué menciona que el protocolo no es una simple moda o tendencia?
5 ¿A quién llama Álvaro los *"forever youngs"*?
6 ¿Qué evidencia menciona Álvaro sobre la importancia de distinguir en qué situaciones debemos usar "tú" y "usted"?
7 Considerando la apariencia de Álvaro, su manera de hablar y la información que proporciona, ¿consideras que tiene la autoridad para hablar de este tema? ¿Por qué? Explica.
8 ¿Cómo describirías el tono de la narración en el vídeo? Menciona un ejemplo para justificar tu respuesta.
9 ¿Por qué se creó este vídeo? ¿Cuál es el objetivo del presentador? Considera el canal al que pertenece.
10 ¿Hasta qué punto piensas que Álvaro está consciente de las diferencias lingüísticas y culturales en los países que hablan español? ¿Cómo llegas a esa conclusión?
11 ¿Estás de acuerdo con la idea sobre las personas a quienes Álvaro menciona que debemos hablarles de usted? Explica tu punto de vista.
12 ¿Qué tan diferente es el protocolo en tu cultura y el sistema que describe Álvaro?
13 Considerando la manera en que Álvaro presentó la información, ¿estarías interesado en estudiar en su instituto? ¿Por qué (no)?
14 Según Álvaro, ¿cuáles son las ventajas de estudiar la profesión que él promueve? ¿Es esta profesión relevante en tu cultura? Explica.
15 En tu opinión, las ideas que menciona Álvaro ¿son reglas o ejemplos de buenos modales? Explica.

◆ Oportunidades de evaluación

◆ En esta actividad se han practicado las habilidades que son evaluadas por medio del Criterio A: Comprensión de textos orales y visuales.

▼ Nexos: Deseño y tecnología; Lengua y literatura

A lo largo de la historia de la humanidad todos los cambios en las tecnologías de la escritura tuvieron consecuencias en las prácticas sociales. En el presente herramientas informáticas, como SMS, chats, Twitter, correo electrónico, Facebook, blogs y fotologs son los espacios donde las interacciones sociales hacen uso de símbolos, abreviaciones que facilitan la comunicación, logrando operar como lenguas.

ACTIVIDAD: La formalidad en mi cultura

■ Enfoques del aprendizaje

■ Habilidades de comunicación: Utilizan el entendimiento intercultural para interpretar la comunicación. Utilizan una variedad de técnicas de expresión oral para comunicarse con diversos destinatarios
■ Habilidades de colaboración: Ofrecen y reciben comentarios pertinentes

¿Qué tan formal es tu cultura? ¿Existen muchas reglas sobre el comportamiento?

En esta actividad vas a interactuar con un compañero y discutirás cómo son las reglas, los modales y la urbanidad en tu cultura.

Cada uno tomará turnos para representar los siguientes roles:

a **Un experto en protocolo y etiqueta**
b **Un periodista**

Participa en un debate. Discute las reglas de comportamiento y urbanidad que son aceptables en tu cultura. Contrasta los ejemplos con otros países y menciona ejemplos en los que las personas tienen la tendencia de romper o subestimar las reglas.

La interacción debe durar cuatro minutos.

◆ Oportunidades de evaluación

◆ En esta actividad se han practicado las habilidades que son evaluadas por medio del Criterio C: Comunicación en respuesta a textos orales, escritos o visuales y del Criterio D: Uso de la lengua de forma oral o escrita.

ACTIVIDAD: Las reglas del aula de clase en mi cultura

■ Enfoques del aprendizaje

■ Habilidades de colaboración: Ofrecen y reciben comentarios pertinentes
■ Habilidades de comunicación: Hacen deducciones y extraen conclusiones. Escriben con diferentes propósitos

Lee las siguientes preguntas con atención. Piensa en una respuesta y debate tu opinión con la clase.

1 **¿Qué tan formal es la educación en tu cultura?**
2 **¿Cómo son las relaciones entre profesores y alumnos?**
3 **¿Cómo es el respeto entre maestros y los estudiantes?**
4 **Menciona algunas reglas en tu instituto.**

En esta actividad vas a ver un vídeo y después contrastarás su contenido con el contexto de tu escuela. Escribe un ensayo expositivo. En tu texto deberás mencionar las reglas que, de acuerdo al reglamento de tu escuela, se ignoran o no se respetan en el vídeo. Incluye la importancia de los buenos modales y las reglas en tu cultura. Concluye con tu punto de vista.

Para ver el vídeo, realiza una búsqueda en YouTube utilizando las siguientes palabras clave: Buenos Tratos y buenos modales en la escuela.

Escribe 250 palabras.

◆ Oportunidades de evaluación

◆ En esta actividad se han practicado las habilidades que son evaluadas por medio del Criterio C: Comunicación en respuesta a textos orales, escritos o visuales y del Criterio D: Uso de la lengua de forma oral o escrita.

4 ¿Cuál es la relación entre los modales, las reglas y las prohibiciones?

103

Lee el siguiente artículo sobre la historia de los buenos modales.

Los buenos modales a lo largo de la historia

1   Las modas gastronómicas no son cosa del presente. De hecho, los banquetes de los antiguos griegos y romanos eran populares por crear ambientes donde los comensales pudieran apreciar su riqueza y opulencia; así, los humanos siempre nos hemos preguntado cuál es la manera correcta de proceder en la mesa o en ciertas situaciones sociales.

2   En muchas de las narraciones históricas en libros y relatos, es posible encontrar crónicas que describen la manera en que miembros de la nobleza de muchos países son reprendidos o criticados por atreverse a contradecir el comportamiento adecuado en circunstancias como al estar en la iglesia, ante los reyes o autoridades e incluso en público. Por ejemplo, muchas mujeres enfrentaron el rechazo de su familia cuando establecieron relaciones amistosas con personas de clase más baja; algunos hombres tuvieron que abandonar sus hogares por no respetar los protocolos aristocráticos de sus familias; y también se conocen las historias de aquellas personas que, después de adquirir la formación y educación apropiada, refinan sus conductas y se transforman.

Así, para continuar con el tema de este artículo, los buenos modales, es interesante mencionar la evolución de las ideas sobre los cubiertos. Hasta hace tres siglos, el tenedor no era el artículo ordinario que conocemos, sino un lujoso objeto exótico que, en las cortes europeas, se pensaba que no se debía usar para comer, ya que era como recibir un regalo divino que no se podía tocar. Era por esta razón que solo la aristocracia tenía este privilegio.

3   Con el paso del tiempo, las costumbres cambiaron y los buenos modales pasaron de ser un monopolio de la aristocracia y las altas clases a ser parte de la serie de comportamientos que todo mundo necesitaba mostrar. Así, fue necesario aprender desde cómo usar adecuadamente la servilleta hasta cómo utilizar los cubiertos apropiados para cada ocasión. Igual que cómo sucedió con el tenedor, la cuchara también tuvo su evolución, y para llegar a ser lo que conocemos hoy, tuvo que pasar de ser un simple invento de los romanos, a tener ocho versiones diferentes, como en Holanda en el siglo XV, cuando se podía ver hasta ocho cucharas diferentes sobre la mesa, una para cada salsa.

4   Existen pruebas de buenos modales y comportamiento pulcro en una variedad de manuales de urbanidad del siglo XV. Entre estos ejemplos se pueden citar los siguientes:

"Coja la carne tan solo con tres dedos y no se la introduzca en la boca con las dos manos".

"Un niño bien educado no se suena la nariz con la mano que coge la carne".

"El vino se beberá en pequeños sorbos; los alimentos se comerán en poquísima cantidad, con mesura y calma, sin dar señales de ansia desmedida".

Además de los griegos y los romanos, los nórdicos también tienen una larga tradición que dicta el comportamiento que se debe mostrar en la mesa. En la cultura nórdica antigua, la persona más sobresaliente o importante siempre ocupaba el lugar principal en la mesa; los demás lugares se asignaban por orden de categoría, de acuerdo al rango. En la Edad Media, en Europa, se estipulaba que era de mal gusto poner los codos sobre la mesa, sonarse con el mantel y beber de la fuente.

6 Los rituales y reglas de cortesía, de etiqueta, del vestido y de proceder en público, son todo un lenguaje. En cada situación debemos operar de la forma que se requiere, pues cada una tiene su rigor y propiedad particular. Así, es fácil comprender que el comportamiento que se debe mostrar en un funeral es completamente diferente del que debemos mostrar en ocasiones sociales. Un ejemplo claro de la forma en que este código varía

5 es el saludo de mano. Con esta idea uno también puede observar que aunque generalmente se mencionan la cultura de la etiqueta y el refinamiento al discutir la cultura europea, otras culturas también hicieron un despliegue de la elegancia de sus maneras. La cultura persa, de entrada, se distinguió por su cortesía y por su gran tacto al recibir caravanas de gobernantes de otras regiones; asímismo, en textos chinos antiguos, se menciona la manera en que Confucio siempre se preocupó por la moral en el comportamiento varios siglos antes de nuestra era, y una de sus reglas era saludar de mano, con una reverencia y una bendición a todo aquel que visitaba a sus seres cercanos.

7 En retrospectiva, si consideramos que, a medida que las culturas recibían influencia de otras civilizaciones gracias al comercio o las alianzas aristocráticas, resultaba difícil definir qué era y no era aceptable. En el presente, discutir esta idea es aún más complicado debido a la existencia de múltiples comunidades en una ciudad, por ejemplo. Hoy en día, debido a la idea de ciudadanía universal y la mentalidad abierta, está claro que no hay nada malo o bueno en los comportamientos sociales, simplemente son diferentes y propios de cada país o cultura. No obstante, es imposible negar que todos tenemos el deber de mostrar nuestros mejores modales y comportamientos desde el momento en que salimos de nuestras casas hasta el instante en que volvemos, pues estos deben estar presentes en cada una de nuestras interacciones sociales.

4   ¿Cuál es la relación entre los modales, las reglas y las prohibiciones?

105

ACTIVIDAD: Historia de los buenos modales

■ Habilidades de comunicación: Leen con actitud crítica y para comprender
■ Habilidades de pensamiento crítico: Evalúan las pruebas y los argumentos

Después de leer el texto sobre la historia de los buenos modales, responde las siguientes preguntas:

1 ¿Cuáles son dos de las ideas principales que el autor de este texto presenta?
2 Menciona dos ejemplos de los cambios que se describen en el párrafo 3. ¿Por qué fueron naturales o necesarios estos cambios?
3 ¿Por qué piensas que el autor mencionó el ejemplo donde contrasta Europa con el imperio persa? ¿Qué idea quiere afirmar?
4 ¿Por qué piensas que el autor decidió utilizar el tipo de imágenes que incluyó en el texto? Justifica tu respuesta.
5 ¿Cuál puede ser la razón por la cuál el autor mencionó varias civilizaciones antiguas y el tiempo presente en su texto? ¿En qué sentido sería diferente el texto si no mencionara una de estas opciones?

6 Considerando el objetivo del texto, ¿por qué piensas que en el párrafo 2 el autor comenzó su artículo haciendo énfasis en la idea de que "algunas personas son criticadas por atreverse a contradecir a su grupo social"?
7 ¿Qué tipo de persona crees que es el autor de este texto? Explica cómo llegas a esa conclusión.
8 ¿Cuál es la relación entre la imagen sobre el arreglo de la mesa, el párrafo 1 y el mensaje general del texto? Justifica tu idea.
9 ¿Cómo han evolucionado en tu cultura los hábitos, modales y conductas que se describen en el texto? Menciona dos ejemplos y justifica tu respuesta.
10 Considerando el objetivo del texto, si el artículo narrara aspectos de tu cultura, ¿qué elementos enfatizaría? Explica por qué piensas eso.

◆ Oportunidades de evaluación

◆ En esta actividad se han practicado las habilidades que son evaluadas por medio del Criterio B: Comprensión de textos escritos y visuales.

ACTIVIDAD: Ejemplos de buenos modales

■ Enfoques del aprendizaje

■ Habilidades de comunicación: Utilizan el entendimiento intercultural para interpretar la comunicación. Utilizan una variedad de técnicas de expresión oral para comunicarse con diversos destinatarios

Estas imágenes muestran una serie de conductas que pueden ser buenas o malas. En parejas, selecciona una de las situaciones que se presentan y prepara un diálogo en el que una persona muestre un comportamiento poco apropiado y la otra persona lo corrija, indicando por qué se deben evitar esas prácticas. Considera las ideas de los textos sobre la historia de los buenos modales y la sobremesa. Toma en cuenta las sensibilidades culturales que pueden existir en tu aula. La interacción deberá durar 4 minutos. Cuando presentes tu diálogo, explica por qué seleccionaste tal situación.

◆ Oportunidades de evaluación

◆ En esta actividad se han practicado las habilidades que son evaluadas por medio del Criterio C: Comunicación en respuesta a textos orales, escritos o visuales y del Criterio D: Uso de la lengua de forma oral o escrita.

PIENSA–COMPARA–COMPARTE

Lee las siguientes preguntas con atención.

Escribe tus respuestas y después, en parejas o equipos pequeños, comparte tus opiniones.

1 ¿Cómo varían las metas y expectativas de la vida de las personas dependiendo de su estatus social o su casta? ¿En qué piensa cada uno al pensar en una casa, en una carrera profesional, en la ubicación de la casa, en las vacaciones?

2 ¿Son las personas que tienen oportunidades más limitadas las menos afortunadas? ¿Por qué?

3 ¿Qué tipo de personas son más respetadas y gozan de más poder? ¿Por qué?

4 ¿Qué clase tiene la mejor vida?

5 En tu país, ¿de qué depende la posición social de una persona: de los títulos nobiliarios/ aristocráticos, del nivel de educación que tiene, de su fortuna, del mérito y sus logros?

6 ¿Qué beneficios puede tener pertenecer a una clase social específica? ¿Por qué?

7 ¿Cuánta interacción debe haber entre las diferentes clases sociales?

8 ¿Cómo se consideran las interacciones entre clases en tu cultura? ¿Y las amistades? ¿Y los matrimonios?

9 ¿Hasta qué punto podemos decir que todos nacemos con los mismos derechos y con las mismas oportunidades? ¿Deberíamos todos aspirar a la igualdad?

ACTIVIDAD: Mapas de modales

■ Enfoques del aprendizaje

- Habilidades de comunicación: Colaboran con los compañeros y con expertos utilizando diversos medios y entornos digitales

Después de compartir tus respuestas a las preguntas anteriores, en equipos pequeños, selecciona las ideas principales mencionadas y prepara un mapa conceptual sobre los modales que representan responsabilidades civiles.

En el centro del mapa conceptual escribe: modales que representan responsabilidades civiles, y después dibuja tantas ramas/secciones como sean necesarias. Cada rama/sección representará un contexto social determinado. Finalmente, a partir de cada contexto, menciona por lo menos tres ejemplos de los modales que, en tu opinión, representan nuestro sentido de urbanidad.

Comparte tu mapa conceptual con toda la clase y expresa tu opinión.

Reflexión

¿Cuáles fueron las diferencias y las similitudes en los mapas?

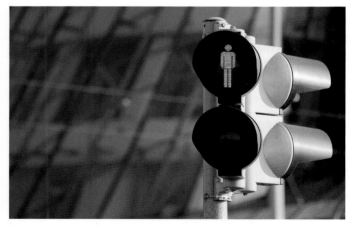

■ ¿Las reglas se hicieron para romperse?

PIENSA–COMPARA–COMPARTE

Lee las siguientes preguntas, respóndelas en equipos pequeños y comparte sus conclusiones con toda la clase.

1 **¿Te gusta tomar fotografías?**
2 **¿En qué lugares de una ciudad no se puede tomar fotografías?**
3 **¿Por qué algunos museos prohíben o limitan el uso de las cámaras fotográficas?**
4 **¿Qué moda se ha vuelto popular en los conciertos o cuando hay accidentes? ¿Qué opinas al respecto?**
5 **¿Qué problemas podemos tener al tomar fotografías sin permiso?**
6 **¿Cuáles son algunas reglas del uso de fotografías, las etiquetas y los comentarios en Facebook u otras redes sociales?**

■ ¿Es cuestión de prevenir o de prohibir?

ACTIVIDAD: Reglas del uso de la cámara fotográfica en la ciudad

■ Enfoques del aprendizaje

■ Habilidades de pensamiento crítico: Extraen conclusiones y realizan generalizaciones razonables

Realiza una búsqueda en YouTube utilizando las palabras clave: Curso De Fotografía La Ciudad Práctica PARTE 4.

Después de mirar el vídeo, responde las siguientes preguntas:

1 **¿Cuáles dos sugerencias para los fotógrafos menciona el vídeo?**
2 **¿Qué problema puede causar el uso del trípode?**
3 **¿Qué se menciona sobre los aeropuertos, estaciones de metro, zonas militares y la fotografía?**
4 **¿Qué se debe hacer antes de retratar a las personas?**
5 **¿Qué reglas se violan cuando se toma la foto de una persona sin su permiso?**
6 **¿Con qué fines u objetivos se hizo este vídeo?**
7 **¿De qué forma parte el vídeo?**
8 **¿Con qué tono se narró la información?**
9 **¿Para quiénes se ha hecho este vídeo? Además del auditorio objetivo, ¿otras personas se pueden beneficiar del vídeo? ¿Cómo?**
10 **¿Cómo utilizó y coordinó el autor las imágenes y el audio?**
11 **¿Qué mensaje presenta el vídeo? Resúmelo en una idea.**
12 **¿Qué has aprendido sobre los derechos ciudadanos y las reglas para fotografiar?**
13 **¿Hasta qué punto estás de acuerdo con la idea que se menciona en el vídeo sobre tomar fotos sin permiso?**
14 **¿Cuáles razones tienen los padres para no permitir que fotografíen a sus hijos?**

◆ Oportunidades de evaluación

◆ En esta actividad se han practicado las habilidades que son evaluadas por medio del Criterio A: Comprensión de textos orales y visuales.

ACTIVIDAD: Prohibiciones y sanciones

■ Enfoques del aprendizaje

■ Habilidades de comunicación: Utilizan una variedad de técnicas de expresión oral para comunicarse con diversos destinatarios

Colabora con un compañero. Simula una entrevista entre el Director de Seguridad Civil de tu ciudad y un ciudadano. El director está sentado en una banca en el parque, al lado de un ciudadano y entonces comienza una charla sobre las reglas de urbanidad. Usa tu creatividad para producir diferentes tipos de conversaciones, con diversos tonos y objetivos.

Discute tus opiniones sobre los siguientes puntos, expresa sentimientos e ideas relevantes sobre cada uno de los casos, muestra acuerdo o desacuerdo.

a **Cuando los ciclistas circulan por la acera.**
b **Cuando los conductores no dan paso a las ambulancias y patrullas.**
c **Cuando las personas no respetan los asientos designados a los discapacitados.**
d **Cuando los padres no colocan a los pasajeros menores en los asientos traseros de su automóvil con el cinturón de seguridad y/o en una silla especial.**
e **Cuando los conductores no respetan los derechos de los peatones.**

Si en tu país algunos de estos problemas no son comunes, ponte en los zapatos de alguien de otro país donde sí lo sean.

PIENSA–COMPARA–COMPARTE

Lee las siguientes preguntas y comparte tu punto de vista con tus compañeros.

1 **¿En qué situaciones es necesario mostrar simpatía en tu cultura?**
2 **¿Son populares las tarjetas de condolencias o agradecimiento en tu cultura?**
3 **¿Existen comportamientos específicos en tu cultura en situaciones tales como: los velorios, las bodas, los festivales?**
4 **¿Hasta qué punto es importante saber cómo comportarse en diferentes situaciones?**
5 **Menciona algunas palabras útiles cuando escribimos notas de condolencias, o de agradecimiento.**

ACTIVIDAD: Notas

■ Enfoques del aprendizaje

■ Habilidades de comunicación: Escriben con diferentes propósitos. Utilizan el entendimiento intercultural para interpretar la comunicación

En esta actividad, escribirás una serie de notas en la que expreses diferentes sentimientos al destinatario, dependiendo de la situación. Escribe una nota de 100 palabras para cada una de las siguientes situaciones:

1 **Una tarjeta de condolencias por el fallecimiento de un familiar.**
2 **Una invitación a una boda.**
3 **Una tarjeta de agradecimiento por haber asistido a tu boda.**

◆ Oportunidades de evaluación

◆ En esta actividad se han practicado las habilidades que son evaluadas por medio del Criterio C: Comunicación en respuesta a textos orales, escritos o visuales y del Criterio D: Uso de la lengua de forma oral o escrita.

PIENSA–COMPARA–COMPARTE

Lee las siguientes preguntas con atención.

Escribe palabras clave que puedes utilizar para responder cada una.

Comparte tus ideas con toda la clase.

1 **¿Quiénes son responsables de mantener el orden de una ciudad?**
2 **¿Cómo contribuyen todos los individuos de manera personal a la organización de una ciudad?**
3 **¿Cómo debemos reaccionar cuando alguien no sigue las reglas de urbanidad?**
4 **¿Cómo podemos colaborar en la creación y fomento de las reglas de urbanidad en nuestra comunidad?**
5 **¿En qué situaciones es buena idea usar "deber" y en qué situaciones es bueno usar "debería"? Observa los ejemplos:** *Debes ser responsable. Deberías ser responsable.*

Tú, Yo y todos los demás

Lectores míos, ¿cómo están?

Esta semana he pasado muchas horas como voluntario en el festival internacional de cine en mi ciudad y no he podido ignorar las fricciones entre los participantes de diferentes nacionalidades. Por ello, hoy me gustaría discutir las reglas de urbanidad pues, básicamente, a todos nos gusta que nos traten bien, ¿o no?

Muchas personas dicen que para tener una mejor ciudad, debemos comenzar con nosotros mismos. ¿Estás de acuerdo? Un país no puede construirse por sí solo y, de hecho, es común escuchar que la única forma de tener un mejor país se logra si todo el mundo se compromete a aportar un granito de arena a este gran proyecto. Algunas personas suelen decir que mantener el orden, garantizar la organización y la cooperación, y proteger la calidad de vida en una ciudad son responsabilidades del gobierno; pero si creemos esto, ¿estamos admitiendo que renunciamos a nuestra libertad de defender lo que merecemos disfrutar?

Personalmente, yo creo que es responsabilidad de todos cuidar el medio ambiente, cuidar los espacios de convivencia social, exigir que se respeten las reglas de los lugares públicos, y procurar que no se desperdicien los recursos comunes. También, es responsabilidad de todos cultivar los valores cívicos, promover el respeto de todo tipo de creencias, velar por que se tengan presentes los derechos humanos, los de los animales, y el cumplimento de todas nuestras obligaciones.

En el festival, he sido testigo de actos que me causan tristeza, enojo y disgusto, y lo peor de todo es que mis conciudadanos son capaces de dar un buen ejemplo y, en pocas palabras, además de ser malos embajadores de la ciudad, están dando una muy mala impresión. Incluso he tenido que intervenir en algunas situaciones debido a la actitud desconsiderada de muchos. Por ello, me gustaría discutir cuatro normas generales de convivencia. Por favor, escriban un comentario porque me interesa su opinión.

1 **Reduce, reutiliza y recicla**

No es difícil saber que si compramos una botella de agua, podemos rellenarla en las fuentes disponibles y que no es necesario comprar otra botella. Incluso si sabemos que hay agua para beber disponible en un lugar determinado, es mejor llevar nuestra botella y rellenarla todas las veces que sea necesario. Esto es incluso bueno para nuestra economía, pues ahorramos dinero. Entonces, ¿por qué no podemos hacerlo? ¿Pereza? ¿Por qué no nos importa gastar dinero innecesariamente?

2 **Cultiva valores cívicos y respeta el espacio de los demás**

No es tan difícil entender que a todos nos gusta estar cómodos, especialmente cuando esperamos nuestro turno, o cuando hacemos cola; de igual forma, es cuestión de sentido común ceder nuestro asiento a las personas que claramente lo necesitan más que nosotros, como las personas mayores, las mujeres embarazadas o cualquier persona con algún problema físico. Me dio una vergüenza inmensa, pero tuve que pedir a una joven que permitiera que un chico con muletas tomara su asiento, pues ella no hacía más que charlar en su móvil mientras ocupaba la única silla disponible en el vestíbulo de la sala de cine. Algo igualmente interesante es que muchas otras personas podían ver lo que pasaba, pero no hacían nada. Yo no resistí y tuve que alzar la voz.

3 **El silencio se aprecia en algunas situaciones**

Quizás muchos de ustedes pensarán que el siguiente punto es redundante e insignificante, mas yo sigo notando lo poco decentes que algunas personas son en el cine. Incluso, cuando se menciona antes de comenzar la película que hay que apagar los teléfonos móviles o ponerlos en silencio, muchas personas deciden no hacerlo, toman llamadas a la mitad de la película y hablan sin respetar la presencia de los demás espectadores. Para mí, esta es una falta de respeto tremenda, pues lo menos que pueden hacer es salir de la sala discretamente, si la llamada es muy urgente.

4   **Los animales son lindos, pero también son una responsabilidad**

Mi ciudad ha cambiado mucho y estoy orgulloso de esto, pero aún hay muchas personas que no aprecian estas mejoras y continúan haciendo muestra de su falta de urbanidad. A mí me encantan los animales y soy el primero en animar a mis amigos a adoptar perritos abandonados, pero no dejo de notar que muchas personas deciden tener una mascota por moda, pero no admiten las responsabilidades que esto implica. Muchas personas no limpian cuando sus mascotas defecan, muchas personas no enseñan a sus mascotas cómo comportarse y causan problemas que se pueden evitar muy fácilmente. Por ejemplo, en el festival, los organizadores han creado un espacio de cuidado de mascotas para aquellos que deseen llevar la suya consigo, y esto es una muestra genuina de la bondad del comité. Sin embargo, muchas personas dejan a sus mascotas y olvidan dejar comida, o incluso se van a casa y se olvidan de sus mascotas. Yo me pregunto si estas personas también olvidan a sus hijos en algunas ocasiones.

Personalmente, creo que debemos comprender que el principio más básico de una sociedad feliz y sana es que cada quien tiene algo que dar y algo que hacer. Todos tenemos la responsabilidad de cuidar nuestros derechos, pero también de hacer valer los derechos de los demás. Necesitamos comprender que todo es importante, incluso aquello que es distinto y muy ajeno a nosotros; todas las personas son importantes aunque no tengamos relaciones directas con ellas, independientemente de su país, clase social o edad. ¿O me equivoco?

Úrgeme leer sus comentarios aquí en mi blog El Ciudadano de Papel.

Chay.

ACTIVIDAD:
Tú, Yo y todos los demás

■ Enfoques del aprendizaje

- Habilidades de comunicación: Leen con actitud crítica y para comprender
- Habilidades de pensamiento crítico: Extraen conclusiones y realizan generalizaciones razonables

Después de leer el texto titulado "Tú, yo y todos los demás", responde las siguientes preguntas:

1   Considerando la introducción del blog, ¿piensas que el autor toma suficiente responsabilidad por sus ideas? Explica por qué.
2   Aparte de las cuatro situaciones que describe, ¿cuáles son dos de las ideas principales que el autor quiere transmitir?
3   Basándote únicamente en la información del texto, ¿piensas que la ciudad donde vive el autor es una ciudad agradable y organizada? Menciona ejemplos del texto para justificar tu idea.
4   ¿Qué atributos de la comunidad de aprendizaje manifiesta el autor del blog en sus anécdotas? Explica.
5   ¿De qué manera las imágenes ilustran las ideas principales del texto?
6   Considerando este texto como ejemplo, ¿qué tipo de blog es El Ciudadano de Papel? Justifica tu respuesta.
7   ¿En qué sentido es el tono del texto diferente en los cuatro ejemplos que menciona el autor?
8   ¿Por qué piensas que el autor decidió incluir la imagen 2? ¿Qué punto quiere reafirmar? Explica.
9   Imagina que tú estás presente en la situación del chico con muletas. ¿Cómo reaccionarías? ¿Harías lo mismo que el autor? ¿Por qué (no)?
10 ¿Qué opinas del título del texto? ¿Por qué piensas que el autor decidió llamarlo así?
11 ¿Qué tan diferentes son las reglas en tu ciudad en comparación con la ciudad que se describe en el texto? Compara o contrasta un par de ejemplos y explica.

◆ Oportunidades de evaluación

◆ En esta actividad se han practicado las habilidades que son evaluadas por medio del Criterio B: Comprensión de textos escritos y visuales.

ACTIVIDAD: Urbanidad y buenos modales

■ Enfoques del aprendizaje

- Habilidades de comunicación: Utilizan una variedad de técnicas de expresión oral para comunicarse con diversos destinatarios

Después de leer el texto titulado "Tú, yo y todos los demás", trabaja con un compañero. Selecciona una de las cuatro situaciones que se describen en el texto. Prepara un juego de roles. Cada uno representará una de las personas involucradas en la situación. Incluye información que represente ideas sobre urbanidad, buenos modales y las responsabilidades sociales que todos tenemos. Presenta tus diálogos a la clase y, al final, menciona por qué seleccionaste esa situación así como tu reflexión personal.

La interacción debe durar entre tres y cuatro minutos.

◆ Oportunidades de evaluación

- En esta actividad se han practicado las habilidades que son evaluadas por medio del Criterio C: Comunicación en respuesta a textos orales, escritos o visuales y del Criterio D: Uso de la lengua de forma oral o escrita.

ACTIVIDAD: Una sociedad mejor… ¡Sí se puede!

■ Enfoques del aprendizaje

- Habilidades de comunicación: Utilizan una variedad de técnicas de expresión oral para comunicarse con diversos destinatarios
- Habilidades de colaboración: Ejercen liderazgo y asumen diversos roles dentro de los grupos

En esta actividad, colaborarás en equipos pequeños.

En tu equipo, considera el estado actual de las leyes de urbanidad en tu ciudad y organiza los siguientes ítems de acuerdo a su importancia o prioridad para que se pueda tener una sociedad con mejores reglas de urbanidad y convivencia.

Evalúa las ventajas de cada uno, y decide el orden.

Comparte tus conclusiones con toda la clase.

a **Respeto a las leyes de vialidad**
b **Puntualidad**
c **Noción de pedir disculpas**
d **Respeto al espacio personal de otros**
e **Amabilidad**
f **Conservación o respeto de las áreas verdes**
g **Disminución de la contaminación visual**
h **Ruido**

ACTIVIDAD: Cierre de unidad

■ Enfoques del aprendizaje

- Habilidades de reflexión: Consideran los contenidos y se preguntan: ¿Sobre qué aprendí hoy? ¿Hay algo que aún no haya entendido? ¿Qué preguntas tengo ahora?; Consideran las implicaciones éticas, culturales y ambientales

En este capítulo abordamos el concepto de los buenos modales, las reglas que nos ayudan a tener una cultura de organización y seguridad, y nuestras responsabilidades sociales y civiles.

Para concluir este capítulo, responde la siguiente pregunta y escribe tu opinión:

¿Existe una relación entre una regla, los modales y los derechos humanos?

Escribe 250 palabras y publica tu texto en un blog o en un cartel. Invita a tus compañeros a leerlo y a comentar.

Actúa e involúcrate

! Los hackers cívicos son ingenieros, tecnólogos, ciudadanos, científicos, diseñadores, artistas, educadores, emprendedores y cualquier persona dispuesta a resolver los problemas y retos de nuestras comunidades, ciudades, estados y países.

! El movimiento del hackeo cívico se ha vuelto popular debido a que este tipo de hackers buscan fortalecer y fomentar las reglas básicas para la convivencia, puesto que los participantes buscan recabar, generar, organizar y distribuir toda la información posible de tal manera que esta esté tan actualizada como la evolución de una ciudad.

! Investiga qué es un hacker cívico, qué información se necesita conocer, qué habilidades se necesita poseer, y cuál es la finalidad o meta del hackeo cívico. Reflexiona sobre la manera en que las acciones de estos hackers puede mejorar la manera en que convive una sociedad.

! Discute con tus compañeros sobre la manera en que tu comunidad escolar se puede involucrar en la producción y gestión de información para ayudar a la comunidad. Produzcan pósters que hagan alusión al papel que la escuela podría jugar e involucren a la comunidad entera.

! Si quieres conocer sobre el trabajo de los hackers cívicos visita esta página: **www.opendatahgo.org**.

Reflexión

Reflexionemos sobre nuestro aprendizaje…
Usa esta tabla para reflexionar sobre tu aprendizaje personal en este capítulo.

Preguntas que hicimos	Respuestas que encontramos	Preguntas que podemos generar ahora			
Fácticas					
Conceptuales					
Debatibles					

Enfoques del aprendizaje en este capítulo	Descripción: ¿qué destrezas nuevas adquiriste?	¿Cuánto has consolidado estas destrezas?			
		Novato	En proceso de aprendizaje	Practicante	Experto
Destrezas de colaboración					
Manejo de la información					
Destrezas de pensamiento crítico					
Destrezas de pensamiento creativo					

Atributos de la comunidad de aprendizaje	*Reflexiona sobre la importancia del atributo de la comunidad de aprendizaje de este capítulo.*				
Íntegro					

5 ¿Cómo nos transformamos cuando viajamos?

○ Viajar y ser testigos de las diferentes formas de *expresión* en las *culturas* activa nuestra *creatividad* y enriquece el *significado* de nuestras vivencias.

CONSIDERAR Y RESPONDER ESTAS PREGUNTAS:

Fácticas: ¿Qué estereotipos de varios países conoces? ¿Cuáles son las primeras diferencias que notamos al viajar? ¿Cuáles son los cambios que observamos al regresar a nuestro país de residencia? ¿Qué lecciones podemos llevar a casa cuando viajamos? ¿Qué habilidades despiertan los lugares desconocidos? ¿Qué reflexiones podemos tener después de viajar?

Conceptuales: ¿En qué sentido es viajar "una ventana a nuevos conocimientos"? ¿Cómo cambia la perspectiva del mundo después de viajar? ¿Cómo se enriquecen las destrezas lingüísticas, sociales y de adaptación al viajar? ¿Cómo se enriquece nuestra imaginación después de entrar en contacto con diferentes formas de expresarse y concebir la vida?

Debatibles: ¿Qué desean mostrar los países anfitriones a los turistas? ¿Hasta qué punto somos embajadores de nuestros países cuando viajamos? ¿Hasta qué punto viajar acerca o aleja a las culturas? ¿Hasta qué punto se diversifican al viajar nuestras capacidades de reflexión y tolerancia?

Ahora **compara y comparte** tus opiniones con un compañero o con toda la clase.

■ No viajes para buscar, viaja para encontrar

○ EN ESTE CAPÍTULO VAMOS A:

■ **Descubrir:**
   ■ opiniones sobre lo que aprendemos al viajar.
■ **Explorar:**
   ■ el legado de los grandes viajeros
   ■ el impacto de las exploraciones humanas.
■ **Actuar y:**
   ■ reflexionar sobre las habilidades que activamos cuando viajamos
   ■ evaluar la manera en que construimos nuestras experiencias.

Reflexiona sobre el siguiente atributo de la comunidad de aprendizaje:

- Informado e instruido: mediante la exploración del conocimiento que abordamos en cuestiones de importancia local y mundial.

Oportunidades de evaluación en este capítulo:

- **Criterio A:** Comprensión de textos orales y visuales
- **Criterio B:** Comprensión de textos escritos y visuales
- **Criterio C:** Comunicación en respuesta a textos orales, escritos o visuales
- **Criterio D:** Uso de la lengua de forma oral o escrita

Las siguientes habilidades de los enfoques del aprendizaje serán útiles:

- Habilidades de comunicación
- Habilidades de colaboración
- Habilidades de reflexión
- Habilidades de gestión de la información
- Habilidades de pensamiento crítico
- Habilidades de alfabetización mediática
- Habilidades de transferencia
- Habilidades de pensamiento creativo

GRAMÁTICA

Tiempos verbales que se abordan en este capítulo:
- Presente simple (indicativo)
- Pretérito indefinido
- Pretérito imperfecto
- Futuro (indicativo)
- Verbos indicadores del presente en modo subjuntivo: deseo que, quiero que, necesito que, etc.

VOCABULARIO SUGERIDO

Vocabulario sugerido para mejorar la experiencia de aprendizaje.

Sustantivos	Adjetivos	Verbos
aprendizaje	aborigen	adorar
atuendos	accesible	apreciar
aventurero	agradable	bucear
aviso	antiguo	buscar
caminante	artístico	caminar
civilización	autóctono	celebrar
comida	barato	contar
comportamiento	bonito	contemplar
comunidad	caminable	convivir
conducta	caro	cruzar
conquistador	clásico	descubrir
cultura	común	(des)cuidar
destino	congestionado	desear
dinero	corriente	disfrutar
equipaje	costoso	enfatizar
estilo de vida	ecológico	escalar
excursión	espiritual	escuchar
experiencias	estándar	exigir
forastero	étnico	explorar
forma de ser	frecuente	generalizar
idiosincrasia	frustrante	incitar
indumentaria	histórico	instalar(se)
jornada	limpio	invitar
lengua	lujoso	llegar
maleta	moderno	meditar
matiz	relajante	narrar
origen	religioso	participar
paseo	ruidoso	pedir
peligro	sucio	perdonar
peregrinaje	sustentable	planear
práctica	tradicional	preguntar
precaución	tranquilo	presenciar
pueblo	transitable	provocar
recorrido	traumatizante	quedarse
recuerdo	turístico	recorrer
regalo	vanguardista	resaltar
respeto	verde	respetar
restricción	vulgar	salir
tradición		soñar
trayecto		suponer
trotamundos		transitar
turista		viajar
vagabundo		visitar
viajero		
visitante		
vivencia		

Tema 1: Los grandes exploradores

▼ Nexos: Individuos y sociedades; Artes

Gracias a los grandes viajes y expediciones que se realizaron en el pasado, hoy en día es posible conocer la manera en que diferentes culturas y civilizaciones contribuyeron al progreso y expresión artística que podemos disfrutar actualmente.

LOS GRANDES EXPLORADORES DEL MUNDO

¿Qué fue lo que realmente provocó y alimentó la curiosidad de los europeos por explorar el mundo? ¿Hasta qué punto podemos decir que las exploraciones que los ingleses, franceses, españoles y portugueses hicieron fueron sistemáticas? ¿Qué provocó que la búsqueda de oportunidades comerciales y recursos materiales culminaran convirtiéndose en imperios coloniales?

Mientras que el comercio, tanto de bienes como de ideas, era un factor sumamente estimulante; vale la pena no restar valor a la intrepidez que tuvieron los exploradores para salir en busca de nuevas rutas, ni a la imaginación y espíritu aventurero que los animaba a armarse de valor y salir a explorar nuevas tierras. ¿Cómo decidían los exploradores quiénes eran sus mejores acompañantes? ¿Acaso ya tenían una idea de lo que querían encontrar o lo que pretendían contribuir a la hora de armar sus tripulaciones? ¿Cuál era la motivación que los famosos polizones tenían para escabullirse y, secretamente, formar parte de la delegación de exploradores?

¿Piensas que las exploraciones del presente tienen el mismo impacto que las exploraciones del pasado?

Comenzaremos esta unidad echándole un vistazo a tres de los más grandes exploradores.

Ibn Battuta, el peregrino incansable

"¿Es aquí donde debo estar"? preguntó el discípulo. "No hay lugar justo. Todo lugar es lugar equivocado", respondió el maestro. "Entonces me quedaré acá. Este es un lugar tan malo como cualquier otro".

Ibn Battuta

Ibn Battuta fue un viajero y explorador marroquí que nació el 17 de rayab* del año 703 de la Hégira**, lo que corresponde al 25 de febrero de 1304. Battuta es el más conocido de los grandes viajeros árabes, debido a que gracias a su gran viaje por el oriente, el cual duró 20 años, recorrió el mundo islámico del norte de África hasta la India, además de haber explorado el sur de Rusia, China y las costas de Sumatra. Cuando Battuta regresó a su ciudad natal, Tánger, recorrió los reinos negros subsaharianos, llegando al Níger y a la ciudad de Timbuctú.

Se dice que Ibn Battuta viajó el triple que Marco Polo y que gracias a su talento para documentar y narrar sus aventuras en sus rihla***, ahora podemos conocer detalles y pormenores de lo que aprendió y aportó al mundo con sus viajes.

Unas de las frases célebres más populares de Battuta son:

"Me decidí, pues, en la resolución de abandonar a mis amigas y amigos, y me alejé de la patria como los pájaros dejan el nido".

"Viajar te deja sin palabras y después te transforma en un cuentahistorias".

*El séptimo mes del calendario musulmán.

** Nombre que se le da a la migración de Mahoma; se refiere a la emigración de la Meca a Medina y se considera como el primer año en el mundo islámico.

*** En el árabe clásico, *rihla* se refiere a un gran viaje, generalmente para recabar información espiritual y sabiduría relacionada con el Islam.

ACTIVIDAD: Entrevista con Iban Battuta

Enfoques del aprendizaje

- Habilidades de colaboración: Escuchan con atención otras perspectivas e ideas; Ejercen liderazgo y asumen diversos roles dentro de los grupos
- Habilidades de comunicación: Utilizan una variedad de técnicas de expresión oral para comunicarse con diversos destinatarios

En esta actividad, colaborarás con un compañero. Simula una entrevista con Ibn Battuta. Uno de ustedes representará a Battuta y el otro será un periodista especializado en viajes.

Haz una investigación breve para aprender más sobre el viaje de Battuta y prepara preguntas a partir de la información que encuentres. La entrevista tomará lugar en los tiempos de Battuta, en el pasado, por lo que podrás especular sobre el impacto que los viajes tendrán en el futuro.

La interacción deberá durar cinco minutos.

Oportunidades de evaluación

- En esta actividad se han practicado las habilidades que son evaluadas por medio del Criterio C: Comunicación en respuesta a textos orales, escritos o visuales y del Criterio D: Uso de la lengua de forma oral o escrita.

PUNTOS CARDINALES

En esta actividad explorarás ideas sobre los viajes que realizó Battuta. Considera las limitaciones que existían en el pasado y los logros que consiguió. Primero trabajarás individualmente tomado notas, y después las compartirás con tus compañeros. Guíate con estos 4 pasos:

(Este) E: ¿Qué te emociona sobre sus logros?

(Oeste) O: ¿Qué oportunidades de integrar conocimientos **identificas** en sus viajes?

(Norte) N: ¿Qué más te gustaría saber sobre Battuta y sus intereses?

(Sur) S: ¿Qué preguntas sugerirías para comprender sus hazañas aún más?

ACTIVIDAD: El blog en tiempos de Ibn Battuta

Enfoques del aprendizaje

- Habilidades de comunicación: Escriben con diferentes propósitos

Imagina que eres Ibn Battuta y que estás por terminar tu gran viaje. Imagina, también, que el servicio de blogs está disponible.

Escribe una entrada para tu blog en la que describas en detalle los tres puntos más interesantes de tu viaje. Menciona lo que más te ha sorprendido, y las cosas que has aprendido. Incluye información de cómo eras antes de realizar este viaje. Incluye imágenes de los lugares que has seleccionado.

Escribe 300 palabras.

Oportunidades de evaluación

- En esta actividad se han practicado las habilidades que son evaluadas por medio del Criterio C: Comunicación en respuesta a textos orales, escritos o visuales y del Criterio D: Uso de la lengua de forma oral o escrita.

PIENSA–COMPARA–COMPARTE

Lee las siguientes preguntas y debátelas con toda la clase.

1 ¿Desde cuándo se interesaron las personas en explorar el mundo?
2 ¿Por qué se interesaron en comenzar expediciones?
3 ¿Cómo evolucionaron las razones por las que las personas viajan?
4 ¿Qué caracterizaba a los exploradores del pasado?
5 ¿Qué beneficios trajeron los viajes de los grandes exploradores?
6 ¿Qué naciones exploraron el globo en el pasado?
7 ¿Cambiaría la forma en que el mundo evolucionó si diferentes naciones hubieran colonizado el mundo?
8 ¿En qué sentido son diferentes los aventureros del presente a los aventureros del pasado?
9 ¿Cuál forma del tiempo pretérito podemos utilizar para hablar de:
   a fechas
   b periodos de tiempo
   c puntos específicos?

Marco Polo

Marco Polo fue un mercader y viajero veneciano célebre por sus viajes al Lejano Oriente, los cuales narró en su libro titulado *Los viajes de Marco Polo* o *El libro de las maravillas*. En 1269, junto con su padre y su tío, Niccolò y Maffeo, Marco Polo se embarcó en un épico viaje por Asia, pasando por Armenia, Persia y Afganistán, para llegar a China.

En la época de Marco Polo, el comercio a través de la Ruta de la Seda propició el intercambio de productos de lujo procedentes de oriente, tales como la seda y las especias. Aunque Marco Polo no fue el primer europeo en llegar a China por tierra, su relevancia histórica se debe a su libro, el cual fue la primera obra bien documentada que se dio a conocer entonces. Varios historiadores atribuyen a Marco Polo la introducción de productos tales como los helados, la piñata y la pasta y especialmente los espaguetis, en la cultura italiana.

El libro de las maravillas se divide en cuatro libros:

1 Medio Oriente y Asia Central
2 China
3 Varias regiones costeras, como Japón, India, Ceilán y el sureste de Asia
4 Las guerras de los mongoles y Rusia.

Puede decirse que *El libro de las maravillas* es un documento importante, dado que sirve de ejemplo de la mentalidad

ACTIVIDAD: Entrevista con Marco Polo

■ Enfoques del aprendizaje

- Habilidades de gestión de la información: Utilizan la capacidad crítica para analizar e interpretar los contenidos de los medios de comunicación
- Habilidades de alfabetización mediática: Localizan, organizan, analizan, evalúan, sintetizan y utilizan de manera ética información procedente de diversas fuentes y medios (incluidas las redes sociales y en línea)
- Habilidades de comunicación: Utilizan una variedad de técnicas de expresión oral para comunicarse con diversos destinatarios

Colabora con un compañero. Simula una entrevista con Marco Polo en los tiempos modernos. Realiza una investigación breve sobre la ruta de los viajes de Marco Polo para encontrar información adicional.

Uno de ustedes jugará el rol de Marco Polo y el otro será un presentador de un canal de televisión de viajes. En la entrevista discute las cuatro secciones del libro y lo más destacado en cada una. Incluye preguntas sobre personas interesantes y tradiciones únicas de las que Marco Polo pudo haber sido testigo.

La interacción debe durar cinco minutos.

◆ Oportunidades de evaluación

- En esta actividad se han practicado las habilidades que son evaluadas por medio del Criterio C: Comunicación en respuesta a textos orales, escritos o visuales y del Criterio D: Uso de la lengua de forma oral o escrita.

predominante de los exploradores y comerciantes de la época, porque es más que una simple anécdota o diario de un viajero, y nos permite apreciar y aprender de una multiplicidad de significados de aquellos tiempos. Se dice que incluso Cristóbal Colón tenía una copia.

Marco Polo es además reconocido por sus habilidades de comunicación y por la riqueza cultural que manejaba y dominaba. Incluso es bien conocida la historia de cómo Marco Polo se ganó el agrado del Gran Kan gracias a sus habilidades narrativas, lo cual nos da un ejemplo del calibre de explorador que era.

ACTIVIDAD: El Gran Marco Polo

■ Enfoques del aprendizaje

- Habilidades de comunicación: Escriben con diferentes propósitos

En esta actividad representarás el papel de Kublai Khan, el último Gran Kan de la dinastía Yuan, del imperio mongol. Realiza una investigación breve para conocer más sobre su encuentro con Marco Polo.

En esta actividad, escribirás un artículo para tu pueblo, en el que alabes los dones de Marco Polo y honres sus éxitos. El objetivo de tu artículo es describir las grandes contribuciones que Marco Polo tendrá en el futuro, y por qué será recordado.

Escribe 300 palabras.

◆ Oportunidades de evaluación

- En esta actividad se han practicado las habilidades que son evaluadas por medio del Criterio C: Comunicación en respuesta a textos orales, escritos o visuales y del Criterio D: Uso de la lengua de forma oral o escrita.

ACTIVIDAD: El Nuevo Mundo

■ Enfoques del aprendizaje

- Habilidades de comunicación: Escriben con diferentes propósitos
- Habilidades de transferencia: Combinan conocimientos, comprensión y habilidades para crear productos o soluciones

En esta actividad, actuarás como Américo Vespucio y escribirás una carta a los reyes que patrocinan tus expediciones en las que narres algunas de tus observaciones en el Nuevo Mundo. Toma en cuenta la diversidad del continente americano y narra algunas aventuras que has tenido, algunos hallazgos que has hecho y algunos de los aprendizajes que has experimentado.

Escribe 300 palabras.

◆ Oportunidades de evaluación

- En esta actividad se han practicado las habilidades que son evaluadas por medio del Criterio C: Comunicación en respuesta a textos orales, escritos o visuales y del Criterio D: Uso de la lengua de forma oral o escrita.

Américo Vespucio

Américo Vespucio (en italiano *Amerigo Vespucci*) fue un comerciante y cosmógrafo florentino que nació el 9 de marzo de 1454. Vespucio participó en al menos dos viajes de exploración al Nuevo Mundo. A pesar de que muchas personas pueden afirmar que la fama de Américo se debe al nombramiento de un continente, su fama surgió a partir de dos obras que publicó entre 1503 y 1505: el *Mundus Novus* y la *Carta a Soderini*, las cuales le atribuye en papel protagonista en la denominación de América como un nuevo continente.

Los textos que Vespucio escribió sobre sus exploraciones son considerados como evidencia documental de unas de las expediciones más significativas del actual continente americano. Gracias a sus notas, las cuales recogen fechas, itinerarios, y referencias geográficas se han logrado verificar algunos de los mapas de aquella época. Así, glorificando los aportes de Vespucio, Martin Waldseemüller, un afamado cartógrafo, acuñó el nombre "América" el cual inscribió en su mapa de 1507 para celebrar las contribuciones de Vespucio al futuro de la exploración.

PIENSA–COMPARA–COMPARTE

Lee las siguientes preguntas y comparte tus opiniones con tus compañeros.

1 ¿Por qué se le otorgó el nombre de "América" al territorio del continente al que llegó Cristóbal Colón?
2 ¿De qué manera se comunicaban los exploradores con los reyes o las personas que financiaban sus viajes?
3 ¿Qué desventajas tenían al no contar con una cámara para acompañar sus descripciones?
4 Considerando el tiempo que tardaban las cartas en llegar a su destinatario y en ser respondidas, ¿de qué manera se pudo ver afectada la situación del lugar considerando lo que la persona escribió en la carta?
5 ¿Cómo serían diferentes las narraciones, anécdotas o relatos de exploradores si ya hubieran existido herramientas como el correo electrónico, Instagram, Facebook y la capacidad de *geo-etiquetar*?

ACTIVIDAD: ¿Quién descubrió América?

■ Enfoques del aprendizaje

■ Habilidades de pensamiento crítico: Analizan conceptos y proyectos complejos desglosando las partes que los conforman y los sintetizan para dar lugar a una nueva comprensión; Extraen conclusiones y realizan generalizaciones razonables

Realiza una búsqueda en YouTube utilizando las palabras clave: ¿Quién descubrió América? (1/6).

Mira los primeros 9 minutos y 40 segundos del vídeo.

Después de ver el vídeo responde las siguientes preguntas:

1 Resume en dos ideas el mensaje general de este vídeo.
2 ¿Qué información se ofrece sobre el mapa que posiblemente se dibujó en tiempos de Zheng He? ¿Por qué podría ser el primer mapa?
3 ¿A partir de qué información es posible inferir que Hui Chen estuvo en el territorio que ahora ocupan California, en EEUU, y una parte de México? ¿Qué revela esta información sobre sus conocimientos de navegación?
4 El narrador comienza mencionando que los libros de historia tienen un error respecto al descubrimiento de América. ¿Qué impresión quiere crearse con este comentario?
5 Menciona dos ideas que confirmen el error que el narrador menciona al principio del vídeo.
6 Al principio del documental se menciona que "es difícil creer por qué la gente se aferra a la idea de que Cristóbal Colón descubrió América". ¿Qué intenta el realizador provocar en el auditorio al usar el verbo "aferrarse"? Justifica tu respuesta.
7 ¿Cómo se organizó la información en el documental? ¿Por qué crees que se optó por hacerlo de esta forma?
8 ¿Por qué crees que el realizador del documental decidió mostrar eventos paralelos en diferentes partes del mundo al introducir nueva información? ¿Consideras que esta decisión te ayudó a comprender mejor el mensaje?
9 ¿Qué aprendiste sobre Zheng He y Hui Chen en el vídeo? ¿Qué tipo de exploradores eran? ¿Qué tipo de conocimientos tenían que los distinguieron de entre los demás?
10 ¿Qué puedes aprender sobre la importancia de documentar los eventos históricos? ¿Qué puede suceder si no lo hacemos? Menciona un ejemplo del documental para ilustrar tu opinión.
11 ¿Cómo cambiaría la historia del continente que llamamos América si se comprobara que Colón no fue su descubridor? ¿Qué opinas al respecto? Explica tu argumento lo más claramente posible.

◆ Oportunidades de evaluación

◆ En esta actividad se han practicado las habilidades que son evaluadas por medio del Criterio A: Comprensión de textos orales y visuales.

ACTIVIDAD: ¿Quieres explorar el mundo?

■ Enfoques del aprendizaje

■ Habilidades de transferencia: Combinan conocimientos, comprensión y habilidades para crear productos o soluciones
■ Habilidades de comunicación: Escriben con diferentes propósitos

Después de familiarizarte con la información sobre Marco Polo, Ibn Battuta y Américo Vespucio, ¿con quién te gustaría ir de viaje?

Escribe una entrada para tu blog en la que describas cuál de estos exploradores te inspiraría a viajar con él; justifica tus razones e indica las posibilidades que tendrías para aprender y contribuir a la sociedad de aquellos tiempos. Toma en cuenta que con cada uno serías parte de hitos en nuestra historia.

Escribe 300 palabras.

◆ Oportunidades de evaluación

◆ En esta actividad se han practicado las habilidades que son evaluadas por medio del Criterio C: Comunicación en respuesta a textos orales, escritos o visuales y del Criterio D: Uso de la lengua de forma oral o escrita.

Spanish for the IB MYP 4&5: *by Concept*

ACTIVIDAD: Los exploradores de los siglos XX y XXI

■ Enfoques del aprendizaje

- **Habilidades de alfabetización mediática:** Localizan, organizan, analizan, evalúan, sintetizan y utilizan de manera ética información procedente de diversas fuentes y medios (incluidas las redes sociales y en línea)
- **Habilidades de colaboración:** Escuchan con atención otras perspectivas e ideas
- **Habilidades de comunicación:** Escriben con diferentes propósitos

En esta actividad, trabajarás en equipos pequeños.

A cada equipo se le asignará uno de los siguientes exploradores modernos.

Realiza una investigación acerca del explorador que se te asignó. Encuentra información relevante sobre su vida, las exploraciones que ha realizado, los desarrollos o misiones en las que participó, la manera en que sus ideas han contribuido al progreso, así como otras ideas relevantes.

a **Jacques Cousteau**
b **Geoff Mackley**
c **Erik Weihenmayer**
d **Ann Bancroft**
e **Nellie Bly**
f **Mark Wood**
g **Yuri Gagarin**
h **Sylvia Alice Earle**

Con la información de tu investigación, prepara un resumen en forma de biografía sobre el sujeto que te les asignó; utiliza mapas conceptuales, infografías u otros medios creativos para presentar la información. Comparte tu resumen con los demás equipos de tal manera que cada equipo tenga información sobre todos los exploradores.

Posteriormente, en equipos, lee la información y debate si es posible comparar los exploradores del pasado con los exploradores del siglo XX y XXI; en otras palabras, ¿quién puede ser el equivalente de cada uno?

Considera las exploraciones que han hecho, las ideas que sus aventuras han aportado a la humanidad, los retos que han experimentado, entre otras cosas.

Comparte tus conclusiones con toda la clase.

◆ **Oportunidades de evaluación**

◆ En esta actividad se han practicado las habilidades que son evaluadas por medio del Criterio C: Comunicación en respuesta a textos orales, escritos o visuales y del Criterio D: Uso de la lengua de forma oral o escrita.

ACTIVIDAD: El explorador del presente

■ Enfoques del aprendizaje

- **Habilidades de alfabetización mediática:** Localizan, organizan, analizan, evalúan, sintetizan y utilizan de manera ética información procedente de diversas fuentes y medios (incluidas las redes sociales y en línea)
- **Habilidades de comunicación:** Escriben con diferentes propósitos

En esta actividad, realizarás una breve investigación sobre Richard Branson y el trabajo que está desarrollando respecto al turismo espacial. **Analiza** sus intereses, sus diferentes participaciones en diversos desarrollos modernos y, posteriormente, escribe una breve biografía suya en la que menciones hasta qué punto podríamos decir si Branson es un explorador tan imaginativo, visionario e intrépido como Marco Polo, Ibn Battuta o Cristóbal Colón.

Considera el enunciado de indagación de esta unidad en tu texto.

Enunciado

Viajar y ser testigos de las diferentes formas de expresión en las culturas activa nuestra creatividad y enriquece el significado de nuestras vivencias.

Escribe 300 palabras e intenta incluir ejemplos que justifiquen tu punto de vista.

◆ **Oportunidades de evaluación**

◆ En esta actividad se han practicado las habilidades que son evaluadas por medio del Criterio C: Comunicación en respuesta a textos orales, escritos o visuales y del Criterio D: Uso de la lengua de forma oral o escrita.

Escuela Secundaria Federal No. 85 Francisco I. Madero

Título de la tarea: *Si Cristóbal Colón no hubiera descubierto América*

Asignatura: *Historia Universal*

Profesor: *Álvaro Estrada*

Alumno: *Omar Quevedo*

Fecha: *26 de enero de 2011*

Si Cristóbal Colón no hubiera descubierto América

1 En 1492, Cristóbal Cólon llegó al territorio que hoy ocupa la República Dominicana, en el continente americano moderno, pero su intención era llegar a las Indias. Este descubrimiento marcó el comienzo de una nueva era para las civilizaciones que existían en esta parte del mundo antes de la llegada de Colón. Posterior al arrivo de Colón, vinieron las misiones religiosas y la conquista, a manos de Hernán Cortés, lo cual cambió la dirección del destino que originalmente tales pueblos esperaban.

2 Civilizaciones con ciencias avanzadísimas para esa época, tales como los aztecas, los mayas y los incas, sucumbieron ante la invasión española.

A pesar de que eran pueblos que conocían el concepto de guerra, aún no poseían armas tan sofisticadas como las que tenían los españoles. Dominados por los españoles, estos pueblos se vieron obligados a sustituir sus religiones politeístas por una religión donde solo debían creer en un solo dios; también comenzaron a dejar atrás sus tradiciones para adoptar un nuevo sistema social con organización nueva, pero no necesariamente más eficiente.

3 Curiosamente, a pesar de que los avances en Europa eran muy grandes, pueblos como los aztecas y los mayas ya poseían sistemas higiénicos que los europeos aún no conocían. Por ejemplo, el sistema de drenaje de Tenochtitlán, la capital

azteca, estaba organizado de tal forma que la ciudad se mantenía libre de excremento y desechos humanos, manteniendo la salud del pueblo. Similarmente, Machu Picchu, en Perú, tenía una estructura que ordenaba los servicios más básicos y necesarios en lugares accesibles para el pueblo, un concepto que París y Londres no conocieron hasta la revolución industrial.

4 Algunos pueblos como los aztecas, eran sociedades estudiosas que poseían una comprensión del medio ambiente y los astros con una profundidad que los extranjeros no podían comprender o imaginar. Ante los ojos de los aztecas, los españoles eran un pueblo violento, desconsiderado e ignorante, pues no intentaban comprender el legado que ellos poseían; y, debido a que los aztecas tenían prácticas y rituales religiosos violentos para venerar a sus dioses, consideraban que los españoles destruían todo lo que no entendían o lo que les parecía extraño o pagano. Por esta razón, cuando se viaja a la Península de Yucatán y a Guatemala, es muy común encontrar estatuas mayas sin pene, pues los españoles pensaban que era un símbolo de la degeneración del pueblo, pero ignoraban que para los mayas las estatuas desnudas mostrando su pene significaba fertilidad.

5 Todos los pueblos nativos del viejo continente americano poseían documentos con estudios de sus campos, literatura, narraciones acerca de sus observaciones del tiempo y el clima, predicciones, poesía y planes de obras arquitectónicas que aún no terminaban de construir. Desafortunadamente, en lugar de conservarlos y estudiarlos, los españoles destruyeron todos los documentos que mostraban evidencia de la cultura de los pueblos que se estaban transformando.

6 Solamente algunos monjes y personas religiosas pudieron rescatar algunos documentos de gran valor, porque aprendieron el idioma local y entendieron la enorme riqueza que los documentos poseían. Así, en el presente, es común encontrar estos documentos en museos afamados como el de Viena, el Louvre o el Metropolitan en Nueva York. El proceso real de transculturación, sin embargo, comenzó con la evangelización, es decir, con la imposición de la religión católica a los pueblos indígenas. Al principio, a los nativos no les llamaba la atención la nueva creencia que se promovía, pues el dios de los españoles no tenía sentido para ellos; no obstante, para los conquistadores era muy importante que su religión fuese la única, por lo que destruyeron templos y, en su lugar, construyeron iglesias.

7 Aunque esto significaba una tragedia, al principio, los indígenas no sintieron preocupación alguna por la nueva religión. Para ellos, las palabras divinas de la Iglesia parecían una dictadura, y se sorprendían al darse cuenta de que la fe que ellos practicaban era considerada como ritos a ídolos paganos, cuando en realidad para ellos sus prácticas tenían un significado tan profundo que los españoles no lograban comprender. No obstante, poco a poco, la presión de los conquistadores y de los misioneros creció, y se comenzó a obligar a los indígenas a predicar la religión de Cristo, la cual supuestamente correspondía al Dios único y verdadero, un dios de quien los naturales de estas tierras no se habían enterado.

8 El culto a los dioses regionales, locales y familiares a los que estaban tan aferrados continuó, aunque en menor proporción. De igual modo, aunque de forma muy discreta, siguieron existiendo los hechiceros, y esa subcasta sacerdotal, que no se había logrado eliminar. Las sepulturas continuaron siendo motivo de culto, y como los españoles también veneraban a los muertos, no se podía establecer en todos los casos una línea de separación entre lo permisible y lo idolátrico. Esto causó conflictos, particularmente en el imperio azteca, en México, donde incluso se veneraba a la muerte.

9 Con la conquista del continente americano no solo se construyó una nueva sociedad, sino que también se impuso un nuevo idioma, una nueva religión y se consumó una mezcla social que continúa su evolución en el presente. Y mientras que es imposible regresar en el tiempo y cambiar el pasado, muchas veces resulta interesante pensar ¿cómo sería el continente americano hoy si Cristóbal Colón no lo hubiera descubierto?

ACTIVIDAD: ¿Cómo sería el Continente Americano hoy si Cristóbal Colón no lo hubiera descubierto?

■ Enfoques del aprendizaje

- Habilidades de comunicación: Hacen deducciones y extraen conclusiones

Después de leer el texto, responde las siguientes preguntas:

1 ¿Qué relaciones puedes trazar entre las sociedades del antiguo continente americano?
2 Infiere sobre las reacciones que pudieron tener los colonizadores sobre el Nuevo Mundo considerando las ideas que se mencionan en los párrafos 3 y 4. ¿Qué pensaban?
3 ¿De qué manera el párrafo 6 introduce la idea central del párrafo 9?
4 ¿Qué ideas del texto se representan en las imágenes? Menciona dos ejemplos.
5 ¿Qué relación tienen las imágenes 2 y 4? Utiliza la información del texto para responder.
6 En la penúltima línea del párrafo 7, la palabra "dios" aparece dos veces: una escrita con una "d" mayúscula y otra con minúscula. ¿Por qué? ¿Qué punto quiere enfatizar el autor?
7 Observa el tipo de texto que leíste, ¿cómo está relacionado con el tipo de lenguaje que se utilizó? Explica.
8 El autor mencionó a Colón al principio y al final, pero no en ninguna otra parte del texto. ¿Por qué? ¿De qué manera es esta decisión relevante a la estructura del texto?
9 ¿Cuál es el punto de vista del autor sobre el caso que describe?
10 ¿Cuál es tu perspectiva sobre los puntos que se mencionan en este texto?
11 Si tú fueras el profesor de Omar, ¿qué retroalimentación le darías sobre su tarea?

◆ Oportunidades de evaluación

- ◆ En esta actividad se han practicado las habilidades que son evaluadas por medio del Criterio B: Comprensión de textos escritos y visuales.

ACTIVIDAD: Estereotipos

Enfoques del aprendizaje

- Habilidades de colaboración: Ejercen liderazgo y asumen diversos roles dentro de los grupos
- Habilidades de comunicación: Utilizan una variedad de técnicas de expresión oral para comunicarse con diversos destinatarios. Utilizan el entendimiento intercultural para interpretar la comunicación

En esta actividad, trabajarás en equipos pequeños.

Después de formar los equipos, lee con atención los siguientes estereotipos. Menciona a qué país corresponden y discute por qué se les han atribuido a las personas de tal país:

Estereotipo	País	Razones de su atribución
Son puntuales		
Saben bailar		
Son románticos		
Son alcohólicos		
Son tacaños		
Tienen una pistola en casa		
Son obesos		
Son tontos		
Son arrogantes		
Usan sombreros y botas vaqueras		
Solo comen queso y baguettes		
Hablan con las manos		
Copian ideas		
Tienen reglas muy estrictas		
Son ruidosos		

Después de debatir los estereotipos, responde las siguientes preguntas:

1 ¿Qué estereotipos comparten varios países? ¿A qué crees que se debe esto?
2 ¿Qué estereotipos te parecen descabellados?
3 ¿Qué estereotipos puedes probar que son incorrectos? ¿Cómo?
4 ¿Hasta qué punto estos estereotipos tienen efecto en nosotros cuando tenemos posibilidad de conocer a alguien de ese país?

PIENSA–COMPARA–COMPARTE

Lee las siguientes preguntas y debate tus opiniones con tus compañeros.

1 ¿Cuáles son unos de los estereotipos más comunes de algunos países hispanohablantes?
2 ¿Cómo surgen los estereotipos?
3 ¿Son los estereotipos representaciones reales de las personas que describen?
4 ¿De qué forma viajar nos permite corroborar qué tan ciertos son los estereotipos?
5 ¿Por qué es común experimentar un choque cultural cuando viajamos?
6 ¿De qué manera viajar nos ayuda a cambiar la imagen que existe de algunos países?

ACTIVIDAD: Planeando un itinerario

■ **Enfoques del aprendizaje**

■ Habilidades de comunicación: Utilizan el entendimiento intercultural para interpretar la comunicación; Escriben con diferentes propósitos

Según la Organización Mundial de Turismo (OMT), un total de 1.087 millones de turistas internacionales viajaron por el mundo en 2014, y prevé un crecimiento de entre el 5 por ciento y el 8 por ciento para los próximos años. Aunque esta tendencia es muy alentadora para las operadoras de turismo, el crecimiento es paralelo a la fragmentación de los estilos de viajar y a la demanda de cada uno, puesto que las preferencias y estilos de vida de las personas dividen y subdividen los grupos de turistas, lo que provoca que las operadoras de turismo revisen sus estrategias de agrupación y ofertas de destinos constantemente.

En un estudio realizado en 2014, se han **identificado** 11 patrones de viajeros modernos:

1 **Personas que viajan con sus mascotas**
2 **Mujeres que viajan con mujeres**
3 **Los *millennials*: los que no visitan lugares sin wifi**
4 **Los que no escatiman dinero en lujos**
5 **Los turistas halal (de países musulmanes)**
6 **Padres que viajan con sus hijos**
7 **Viajeros individuales**
8 **Familias monoparentales con uno o varios hijos**
9 **Viajeros con hábitos alimenticios definidos y estrictos (veganos, vegetarianos, jainistas, halal, etc.)**
10 **Viajeros esclavos al *Lonely Planet***
11 **Viajeros con discapacidades**

Evidentemente, cada tipo de viajero tiene expectativas diferentes y busca diferentes alternativas que satisfagan sus intereses.

En esta actividad, seleccionarás un tipo de turista y planearás un itinerario de diez días en México. Utiliza el siguiente enlace para interactuar con la información audiovisual (vídeos) en el mapa y planea el itinerario: **http://tinyurl.com/unit5bycon**. Investiga sobre los requisitos esenciales que el tipo de viajero que seleccionaste necesita.

Recuerda que el objetivo del viaje es permitir que tu cliente culmine su viaje satisfactoriamente y con una buena idea del país.

Escribe tu itinerario y la justificación para las opciones que propondrás en 300 palabras.

◆ **Oportunidades de evaluación**

◆ En esta actividad se han practicado las habilidades que son evaluadas por medio del Criterio C: Comunicación en respuesta a textos orales, escritos o visuales y del Criterio D: Uso de la lengua de forma oral o escrita.

PUNTO DE INDAGACIÓN

Lee las siguientes preguntas y comparte tus opiniones con toda la clase.

1 ¿Qué estereotipos de varios países conoces?
2 ¿Cuáles son las primeras diferencias que notamos al viajar?
3 ¿Cuáles son los cambios que observamos al regresar a nuestro país de residencia?
4 ¿Cómo cambia la perspectiva del mundo después de viajar?
5 ¿Cómo nos influyen positivamente los países con actitudes optimistas y emprendedoras?
6 ¿Cómo se enriquece nuestra imaginación después de entrar en contacto con diferentes formas de expresarse y concebir la vida?
7 ¿Qué desean mostrar los países anfitriones a los turistas?
8 ¿Hasta qué punto son los habitantes de un país la clave para que los visitantes desarrollen un buen concepto del país?

Lee el siguiente artículo sobre Caracas:

Caracas... tuya

Por: Inés Solada

1   Además de ser un país popular por la cantidad de mujeres bellas que se han coronado como Miss Universo, Venezuela tiene como capital una ciudad fascinante, que es impresionante desde el cielo y desde la tierra. Caracas es la capital de Venezuela, y también es conocida como La Ciudad de los Mil Caminos y los Mil Puentes, porque es la ciudad que innovó el concepto de urbanización con la construcción de autopistas de alta velocidad y puentes superpuestos para construir una mejor movilidad urbana.

2   A principios de los años 40 Caracas se volvió popular por los "distribuidores" de autopistas elevadas, por los pasos a desnivel con estructuras complejas, y por una planeación de calles, avenidas, túneles y vías ferroviarias que muchos países desarrollados aún no tenían. Desde esos días, Caracas se ha desarrollado uniformemente, y ha designado espacios para parques y edificios de manera muy homogénea.

3   Hoy en día, la evolución de Caracas no se detiene; la ciudad es una mezcla de colores, estilos e influencias de todas las culturas de Venezuela, además de contar con un clima paradisiaco, debido a que la temperatura tropical que existe varía muy poco del verano al invierno (generalmente se registra un mínimo de 18 grados centígrados y un máximo de 28). Por esta razón, si preguntamos a los caraqueños cómo es el clima en Caracas, muy acertadamente ellos van a responder: nunca frío y raramente caluroso.

4   Caracas está excelentemente ubicada al pie de la Silla de Caracas, un cerro que le da personalidad y crea una vista panorámica impresionante. En esta vista, se puede apreciar uno de los lugares más populares en toda Venezuela: el parque Ávila Mágica, el cual es tan impresionante y casi de la misma extensión que el Central Park en Nueva York.

5   A pesar de ser una excelente ciudad, con todos los servicios y una cantidad interminable de actividades recreativas, Caracas no es un destino turístico muy popular en Latinoamérica. Sin embargo, este detalle permite a las personas que visitan Caracas tener una experiencia única, porque no hay muchos turistas y, por ello, las personas locales se muestran atentas y amigables con los visitantes. Además, por su ubicación, Caracas puede ser el punto de partida para visitar su arquitectura imponente y una gran cantidad de lugares impresionantes y únicos, como reservas naturales, montañas y haciendas.

6   Para los que aman la naturaleza, es necesario un viaje al Parque Nacional Canaima, en el estado Bolívar, donde se pueden apreciar una laguna y la cascada más elevada del mundo: el Salto del Ángel. En este mismo parque, otro atractivo inigualable

son las Quebradas del Jaspe, donde inevitablemente todas las fotografías son una obra de arte. El parque es el sexto más grande del mundo, el único con un contraste fascinante de diferentes tipos de rocas, flora y corrientes hidrográficas, como ríos, lagunas, cataratas, quebradas y estanques. La UNESCO denominó a este parque como Patrimonio de la Humanidad en 1994.

7   Para las personas que adoran la cultura, las posibilidades en Caracas son interminables. Esta ciudad de tan sólo 822,9 km² tiene más de una docena de plazas históricas, más de diez parques, más de doce museos y una media docena de palacios históricos, además de una impresionante cantidad de teatros y centros de entretenimiento masivo e íntimo para disfrutar de espectáculos culturales y artísticos. Y finalmente, de noche, la ciudad se viste de gala y su aspecto cambia completamente con el sistema de luces que iluminan las calles y avenidas, mostrando una cara elegante y orgullosa.

8   No obstante, los actos de violencia que ocasionalmente suceden en Venezuela posiblemente son la razón por la cual los turistas no seleccionan a Caracas como su destino, para evitar situaciones de riesgo o porque temen por su seguridad. Esta es una razón muy comprensible, pero también es importante reconocer que los medios de comunicación del presente no son completamente honestos y confiables, y que la información que se presenta en la televisión o los periódicos muchas veces obedece a intereses políticos muy particulares y, desafortunadamente, afectan la integridad de una ciudad o país.

9   El escritor mexicano Octavio Paz, ganador del Premio Nobel de literatura en 1990, dijo lo siguiente: "Caracas es la ciudad perfecta para entender el espíritu latinoamericano, porque la ciudad demuestra su orgullo por su legado histórico y, al mismo tiempo, no tiene miedo de tomar riesgos y comenzar a mostrar el futuro hacia donde se dirige". Paz también mencionó: "En Latinoamérica, si quieres comer y cantar, tienes que ir a México; si quieres bailar, tienes que ir a Cuba y a Argentina; si quieres beber café y vivir la vida bohemia es necesario ir a Colombia; si quieres ver naturaleza genuina, Ecuador es tu destino; pero si quieres entender el presente y ver los matices del mundo a tu alrededor, entonces tienes que ir a Caracas".

10   Finalmente, es necesario mencionar que debido a la poca popularidad internacional de la ciudad y las pocas visitas de turistas de todo el mundo, es recomendable llevar un diccionario o libro de frases en español para poder disfrutar la ciudad y tener una estadía más cómoda. Los caraqueños son personas amigables que les gustan de ayudar a los turistas que visitan su país, y siempre demostrarán su felicidad hacia aquellos que aprecien su nación tan lleno de contrastes, conflictos, opiniones y diversidad. No obstante, Caracas no es una ciudad pretensiosa, sino un lugar que se muestra dispuesto a querer y ser querido: por ello, el eslogan de la ciudad es "Caracas… tuya".

ACTIVIDAD: Caracas... tuya

■ **Enfoques del aprendizaje**

■ Habilidades de pensamiento crítico: Extraen conclusiones y realizan generalizaciones razonables

Después de leer el artículo sobre Caracas, responde las siguientes preguntas:

1 Tomando en cuenta las fotos y trazando relaciones con la información del artículo, ¿por qué podrías recomendar Caracas como destino turístico?
2 Examina las ideas que abordan la mala reputación que tiene Caracas. ¿Qué aspectos de los medios se enfatizan en el artículo? ¿Por qué fue necesario mencionarlos?
3 Selecciona unas ideas del artículo que representen las palabras "contrastes, conflictos, opiniones y diversidad" que se mencionan en el párrafo 10. Selecciona una frase por palabra.
4 ¿Por qué el autor decidió incluir ideas de Octavio Paz? ¿Qué impresiones quiere crear en los lectores?

5 Comenta sobre la primer idea del párrafo 2 y especula sobre las posibles razones por las que se perdió esta reputación.
6 ¿Qué lugares utiliza el autor para enfatizar cómo destaca Caracas como destino turístico?
7 ¿Qué dos aspectos de Caracas representan las fotos en las páginas 127 y 128? Explica.
8 ¿Qué pretende lograr el autor con este artículo? Justifica tu respuesta.
9 Considerando los detalles que se presentan en el texto, ¿por qué el autor decidió mencionar Nueva York en su artículo? ¿Qué impresiones intenta crear?
10 ¿Cuál es tu perspectiva sobre la influencia de los medios en las decisiones que las personas toman sobre los destinos turísticos que escogen? Ilustra tu respuesta con ejemplos.

◆ **Oportunidades de evaluación**

◆ En esta actividad se han practicado las habilidades que son evaluadas por medio del Criterio B: Comprensión de textos escritos y visuales.

ACTIVIDAD: Acércate un poco a Venezuela

■ **Enfoques del aprendizaje**

■ Habilidades de comunicación: Estructuran la información en resúmenes, ensayos e informes

Después de leer el texto sobre Venezuela, selecciona una de las siguientes situaciones y escribe un texto de 300 palabras, considerando el formato y el auditorio de cada caso. Pon atención a los aspectos gramaticales, al vocabulario, al contenido y el mensaje de tu texto, a tus ideas, y a los detalles que utilices para explicar tus opiniones. Incluye ejemplos, comparaciones y contrastes donde sea necesario.

Situación 1

Eres un estudiante en Caracas. Tu escuela será sede de una sesión del Modelo de las Naciones Unidas (MNU). Escribe **una carta** a los estudiantes de las escuelas que participarán en el evento. Incluye tu nombre, tu puesto de responsabilidad, una bienvenida a la ciudad, una descripción de ella, las razones por las que Caracas es especial. Menciona algunas actividades culturales que organizarás después del evento. Tu carta debe mostrar una opinión muy positiva de Caracas.

Situación 2

Eres un(a) turista que viaja por todo el mundo y tienes un blog donde escribes sobre tus viajes. Escribe **una aventura en tu blog** donde describas tus experiencias en Caracas. Menciona los lugares que visitaste, las fotos que tienes contigo, tus impresiones, tus sentimientos. Haz un contraste con la información que muestran en la televisión y los periódicos. Discute cómo cambian los puntos de vista cuando visitamos los lugares y conocemos su cultura.

◆ **Oportunidades de evaluación**

◆ En esta actividad se han practicado las habilidades que son evaluadas por medio del Criterio C: Comunicación en respuesta a textos orales, escritos o visuales y del Criterio D: Uso de la lengua de forma oral o escrita.

ACTIVIDAD: Así se siente mi país

■ Enfoques del aprendizaje

- Habilidades de pensamiento creativo: Establecen conexiones inesperadas o inusuales entre objetos o ideas
- Habilidades de comunicación: Utilizan una variedad de técnicas de expresión oral para comunicarse con diversos destinatarios

En esta actividad utilizarás la figura retórica llamada *símil* para describir aspectos de la identidad de tu país.

Realiza una búsqueda en YouTube utilizando las palabras clave: México en la Piel Alexandro Dhanke.

Mira el vídeo y nota cómo se utilizan las tradiciones y los nombres de comidas, lugares y celebraciones para describir sensaciones, ideas y sentimientos.

Selecciona una serie de imágenes de tu país y prepara un guión utilizando una colección de símiles como base. Utiliza tu guión en conjunto con las imágenes para preparar un vídeo en el que describas los aspectos más íntimos y especiales de tu país, de tal forma que los espectadores descubran los detalles que te hacen sentirte orgulloso de tu país.

Comparte los vídeos con toda la clase y en redes sociales, e invita a otros a expresar sus opiniones.

PUNTO DE INDAGACIÓN

Lee las siguientes ideas y debate con toda la clase.

En alemán y en francés existen dos palabras muy singulares que se relacionan con los viajes:

a alemán: *Reiseangst* = ansiedad frente al viaje
b francés: *dépaysement* = el sentimiento de no estar en el país de uno
1 ¿Existe una palabra similar en tu idioma?
2 ¿Qué aspectos de las personas enfatizan esas palabras?
3 ¿Por qué crees que las personas experimentan esos sentimientos?
4 ¿Alguna vez has experimentado uno de estos sentimientos?

ACTIVIDAD: *El Lonely Planet*

■ Enfoques del aprendizaje

- Habilidades de colaboración: Escuchan con atención otras perspectivas e ideas. Ofrecen y reciben comentarios pertinentes

¿Sabes qué es el *Lonely Planet*?

Posiblemente, cuando viajas has visto personas con un libro que les indica adónde ir, dónde comer, qué lugares visitar y que, al mismo tiempo, les informa sobre algunos aspectos relevantes del país. Estas publicaciones representan la primera serie popular de libros de viajes dirigida a mochileros y a viajeros de bajo presupuesto y, desde 2008, están disponibles en varios idiomas.

La primera edición del libro se llamó "Lonely Planet, A través de Asia con gastos mínimos", y fue escrito y publicado por Tony Wheeler y su esposa Maureen Wheeler en Sydney en 1973, después de terminar un viaje a lo largo del continente asiático desde Turquía, a través de Irán, Afganistán y Pakistán, y culminado en la India y Nepal.

Colabora con otro compañero. Simula la conversación entre Tony y Maureen que los motivó a escribir y desarrollar el concepto de *Lonely Planet*.

Comienza la conversación mencionando que tienen una idea. Incluye las ventajas, la manera en que el libro revolucionará la forma en que las personas viajan y cómo contribuirán a enriquecer la visión del mundo que tienen las personas.

La interacción debe durar cinco minutos.

◆ Oportunidades de evaluación

- En esta actividad se han practicado las habilidades que son evaluadas por medio del Criterio C: Comunicación en respuesta a textos orales, escritos o visuales y del Criterio D: Uso de la lengua de forma oral o escrita.

ACTIVIDAD: Arena, nieve, mar y magia

■ Enfoques del aprendizaje

- Habilidades de alfabetización mediática: Localizan, organizan, analizan, evalúan, sintetizan y utilizan de manera ética información procedente de diversas fuentes y medios (incluidas las redes sociales y en línea)
- Habilidades de comunicación: Escriben con diferentes propósitos

El eslogan de la página de turismo del Gobierno de España es: "España es lo que quieres; España es lo que necesitas", y en esta frase no miente; además, no sólo es una afirmación sino también una invitación.

Muchas personas asocian España con una gran arquitectura, con el flamenco, con playas o con dos equipos de fútbol en particular; sin embargo, España tiene muchísimo más que ofrecer.

Realiza un poco de investigación sobre algunos de los destinos únicos que existen en España y clasifícalos en las cuatro categorías del título de esta actividad: arena, nieve, mar y magia.

En esta actividad escribirás una serie de cuatro entradas en tu diario, de 75 palabras cada una, en las que intentarás ampliar el punto de vista de las personas sobre España. Convence a tus lectores y déjales saber que España es más de lo que imaginan. Aquí tienes dos ejemplos para tentar tu curiosidad: el Parque Natural Urbasa, en Navarra, y el Río Tinto, en Andalucía.

Después de escribir tus entradas de diario, compártelas con tus compañeros.

◆ Oportunidades de evaluación

- ◆ En esta actividad se han practicado las habilidades que son evaluadas por medio del Criterio C: Comunicación en respuesta a textos orales, escritos o visuales y del Criterio D: Uso de la lengua de forma oral o escrita.

ACTIVIDAD: El choque cultural

■ Enfoques del aprendizaje

- Habilidades de comunicación: Utilizan una variedad de técnicas de expresión oral para comunicarse con diversos destinatarios. Utilizan el entendimiento intercultural para interpretar la comunicación

Cuando viajamos a otro país, es muy probable que nos percatemos de las diferencias que existen entre esa nación y la nuestra. Al principio puede resultar difícil acoplarse, pero poco a poco se desarrollan mecanismos de adaptación. Curiosamente, si pasamos mucho tiempo fuera de nuestro país, cuando regresamos también experimentamos otro tipo de choque cultural.

Algunos sociólogos mencionan que experimentar un choque cultural al viajar se debe a un choque entre nuestras creencias, nuestro sistema de valores y nuestras prácticas sociales. También, se dice que al principio es imposible comparar y pensar que los comportamientos en otros países son correctos, pero poco a poco comprendemos que no hay correcto o incorrecto, solo diferente. Así, una vez que asimilamos las diferencias, logramos aprender sobre las conductas de otros lugares, y es así como comenzamos a desarrollar una visión más amplia, flexible y menos prejuiciosa del mundo.

Colabora con un compañero. Habla sobre posibles experiencias personales con el choque cultural en viajes anteriores. Menciona las diferencias que observaste, los problemas que viviste, cómo te adaptaste, qué aprendiste y cómo te sientes ahora.

La interacción deberá durar cinco minutos.

◆ Oportunidades de evaluación

- ◆ En esta actividad se han practicado las habilidades que son evaluadas por medio del Criterio C: Comunicación en respuesta a textos orales, escritos o visuales y del Criterio D: Uso de la lengua de forma oral o escrita.

Tema 3: Viajar para educar y educarse

PIENSA–COMPARA–COMPARTE

Lee las siguientes preguntas y debate tus puntos de vista con tus compañeros.

1 ¿De qué manera nos puede cambiar la vida un viaje?
2 ¿Qué podemos descubrir sobre nosotros mismos al viajar?
3 ¿Qué tipo de educación podemos encontrar al viajar?
4 ¿Hasta qué punto podemos generalizar nuestras opiniones de un país a partir de un incidente aislado?

ACTIVIDAD: Conocimiento encerrado en palabras

■ Enfoques del aprendizaje

■ Habilidades de colaboración: Escuchan con atención otras perspectivas e ideas; Ofrecen y reciben comentarios pertinentes

En esta actividad, primero, individualmente, lee las siguientes frases y escribe algunas palabras clave que podrías utilizar al explicar el significado de cada una.

Después, en equipos pequeños, debate qué significan las frases, a qué gran idea hacen alusión y cuál es el conocimiento o experiencia en cada una.

Comparte tus ideas inspiradas en estas frases con la clase.

a *"No existen tierras extrañas. Es el viajero el único que es extraño".* – Robert Louis Stevenson
b *"Si no escalas la montaña, jamás podrás disfrutar el paisaje".* – Pablo Neruda
c *"Viajamos para cambiar, no de lugar, sino de ideas".* – Hipólito Taine
d *"No hay nada como volver a un lugar que no ha cambiado para darte cuenta de cuánto has cambiado tú".* – Nelson Mandela
e *"El único verdadero viaje de descubrimiento consiste no en buscar nuevos paisajes, sino en mirar con nuevos ojos".* – Marcel Proust
f *"Un libro, como un viaje, se comienza con inquietud y se termina con melancolía".* – José Vasconcelos
g *"Un viaje se mide en amigos, no en millas".* – Tim Cahill
h *"Viajar enseña tolerancia".* – Benjamín Disraeli

ACTIVIDAD: Programas de voluntario

■ Enfoques del aprendizaje

■ Habilidades de colaboración: Escuchan con atención otras perspectivas e ideas. Ofrecen y reciben comentarios pertinentes
■ Habilidades de comunicación: Utilizan una variedad de técnicas de expresión oral para comunicarse con diversos destinatarios

En el presente, la industria del turismo se está diversificando y cada vez se ofrece una variedad más grande de programas educativos y de voluntarios.

Participa con un compañero en una conversación de cinco minutos. Uno de ustedes será el director de una agencia de viajes especializada en turismo de voluntarios y educativos, y el otro será el presidente de una escuela internacional. El presidente desea organizar un viaje para los estudiantes de su escuela, busca las mejores oportunidades y pide sugerencias al agente de viajes.

En la charla, utiliza ideas relevantes, evoca sentimientos y oportunidades de aprendizaje que surgen al viajar.

◆ Oportunidades de evaluación

◆ En esta actividad se han practicado las habilidades que son evaluadas por medio del Criterio C: Comunicación en respuesta a textos orales, escritos o visuales y del Criterio D: Uso de la lengua de forma oral o escrita.

ACTIVIDAD: Lo que más te gusta de viajar

■ **Enfoques del aprendizaje**

■ Habilidades de comunicación: Estructuran la información en resúmenes, ensayos e informes

En esta actividad, verás un extracto de publicidad.

Realiza una búsqueda en YouTube utilizando las palabras clave: **¿Sabés qué es lo que más nos gusta de viajar Viajobien?**

Después de mirar el vídeo escribirás una entrada para tu blog en la cual abordes el placer de viajar, lo que podemos aprender y las oportunidades con las que nos podemos topar. Pon atención al tono del vídeo y utiliza un estilo de redacción que emule ese estado de ánimo.

Titula tu texto: **Lo que más me gusta de viajar.**

Comparte tu texto con tus compañeros e invítalos a compartir comentarios acerca de tus ideas.

Escribe 400 palabras.

◆ **Oportunidades de evaluación**

◆ En esta actividad se han practicado las habilidades que son evaluadas por medio del Criterio C: Comunicación en respuesta a textos orales, escritos o visuales y del Criterio D: Uso de la lengua de forma oral o escrita.

PUNTO DE INDAGACIÓN

Lee las siguientes preguntas y comparte tus opiniones con toda la clase.

1 ¿Qué lecciones podemos llevar a casa cuando viajamos?
2 ¿Qué reflexiones podemos tener después de viajar?
3 ¿Cómo se enriquecen las destrezas lingüísticas, sociales y de adaptación al viajar?
4 ¿Cómo se enriquece nuestra imaginación después de entrar en contacto con diferentes formas de expresarse y concebir la vida?
5 ¿De qué destinos podemos aprender más?
6 ¿Hasta qué punto somos embajadores de nuestros países cuando viajamos?
7 ¿Hasta qué punto se diversifican nuestras capacidades de reflexión y tolerancia al viajar?

ACTIVIDAD: Viajar, aprender y vivir

■ **Enfoques del aprendizaje**

■ Habilidades de pensamiento crítico: Reconocen los sesgos y los supuestos no explícitos

Realiza una búsqueda en YouTube utilizando las siguientes palabras clave: **Viajar, aprender, vivir Luis Pino TEDxUPComillas.**

1 Comenta sobre la importancia de tener flexibilidad cuando viajamos, según las ideas del ponente.
2 ¿Cómo reaccionarías tú si vivieras el problema que el ponente tuvo con su pasaporte? ¿Qué opinión sobre él puedes formular a partir de su decisión?
3 ¿Qué problema enfrentó el ponente en Turkmenistán y qué habilidades tuvo que emplear o despertar para hacer frente a la situación? ¿Qué opinas?
4 ¿Cómo justificó el ponente la importancia de tener personas que nos ayuden en el presente? ¿Qué atributo del perfil de la comunidad de aprendizaje evoca esta idea?
5 ¿Qué podemos aprender sobre las personas de Turkmenistán en la aventura que narra el ponente?
6 ¿Qué reflexión piensas que el ponente quiso provocar al hacer una comparación de los viajes con la vida?
7 ¿Quiénes son el auditorio del ponente? ¿De qué manera piensas que el auditorio encontrará relevancia en esta presentación?
8 ¿Cuál es tu reacción a esta presentación? ¿Qué ideas interesantes puedes rescatar? ¿Cuál consideras como la más importante? Explica.
9 ¿Cuál es el mensaje principal que el ponente intenta transmitir?
10 Compárate con el ponente, ¿cuáles son algunas diferencias entre tú y él? ¿Hubieras actuado de la misma manera en este viaje? ¿Por qué (no)?
11 ¿Qué aprendizaje te deja esta ponencia? Menciona dos ejemplos específicos.
12 Menciona de qué manera esta presentación de TEDx explica el enunciado de indagación de esta unidad: "Viajar y ser testigos de las diferentes formas de expresión en las culturas activa nuestra creatividad y enriquece el significado de nuestras vivencias".

◆ **Oportunidades de evaluación**

◆ En esta actividad se han practicado las habilidades que son evaluadas por medio del Criterio A: Comprensión de textos orales y visuales.

ACTIVIDAD: Viajar es aprender

■ Enfoques del aprendizaje

■ Habilidades de comunicación: Estructuran la información en resúmenes, ensayos e informes

En esta actividad, seleccionarás una de las cuatro ideas siguientes y la desarrollarás más para redactar un ensayo argumentativo que analice, ilustre e incluya ejemplos y pensamientos que expliquen la idea que seleccionaste.

Idea 1

Viajar es una oportunidad para aprender sobre el mundo, sobre diferentes lugares y personas. Cuando viajamos, nuestras opiniones cambian, nuestros puntos de vista se enriquecen y tenemos la oportunidad de apreciar la diversidad del planeta.

También, cuando viajamos podemos observar las diferentes formas de comunicación entre las personas en cada continente, país o ciudad. Cada lugar tiene una cultura especial, y las personas en cada cultura tienen una forma particular de comprender el mundo.

Cuando viajamos, podemos aprender sobre las tradiciones de las personas, sobre la historia de los lugares, sobre el origen de muchas cosas populares, y también podemos tener contacto con personas cuyas ideas son similares a las nuestras.

Idea 2

En muchas ocasiones, viajar significa salir de nuestro elemento y probar nuevas experiencias. Esto es muy importante para desarrollar habilidades de adaptación. Cuando viajamos, podemos descubrir información muy interesante que antes no teníamos. Muchas veces, los medios de comunicación como la televisión o los periódicos, muestran una imagen errónea o incompleta de algunos países; entonces, cuando viajamos, podemos comprobar qué es verdad y qué no lo es. De esta forma, podemos enriquecer nuestra visión del mundo y aprendemos a valorar y defender nuestra cultura.

Idea 3

Cuando viajamos también tenemos responsabilidades, porque en muchos lugares no está permitido hacer cosas que generalmente hacemos en nuestro lugar de origen. Algunos países tienen reglas más estrictas y pueden castigar comportamientos no adecuados.

Idea 4

Cuando viajamos somos embajadores de nuestro país y somos responsables de las opiniones e impresiones que las personas desarrollen de nuestra nación. Por esta razón, es importante tomar en consideración nuestros hábitos, nuestros modales, la forma en que nos dirigimos a otras personas, cómo respondemos las preguntas, cómo pedimos información y cómo actuamos en lugares públicos. Es posible mencionar que los estereotipos que tenemos de algunos países también existen porque los turistas no obedecen las reglas de algunos países.

Después de seleccionar tu idea, escribe un ensayo de 300 palabras.

◆ Oportunidades de evaluación

◆ En esta actividad se han practicado las habilidades que son evaluadas por medio del Criterio C: Comunicación en respuesta a textos orales, escritos o visuales y del Criterio D: Uso de la lengua de forma oral o escrita.

PUNTO DE INDAGACIÓN

Lee las siguientes preguntas y comparte tus opiniones con tus compañeros.

1 ¿Cuál es el viaje de tus sueños?
2 ¿Cuáles son algunos de los temores que tienes al viajar a lugares desconocidos?
3 ¿Qué opinas de tus habilidades para adaptarte a situaciones difíciles?
4 ¿Qué tan fácil te es controlar tus emociones en situaciones de estrés pronunciado?
5 ¿Cuáles son algunas de las cosas que aún te sorprenden de las personas?
6 ¿Cómo evaluarías tus capacidades para tomar decisiones en situaciones difíciles?

Lee el siguiente artículo sobre lo que un viajero aprendió en su viaje:

¿Sueño o pesadilla?

El sueño de Máximo era viajar a la India. El día que por fin tuvo la oportunidad de realizarlo, no lo pensó dos veces y partió hacia la civilización que tanto le ha fascinado desde que era niño. Máximo no habla inglés perfectamente, ni mucho menos hindi, pero eso no le impidió lanzarse en esta aventura. Con su cámara fotográfica y un presupuesto limitado, Max llegó al aeropuerto de Nueva Delhi y comenzó su aventura por la India; primero tomó un tren hacia Agra para ver el Taj Mahal y después tomó un autobús para ir a Varanasi.

Como el autobús iba completamente lleno y su mochila era demasiado grande, el chofer le dijo que si quería tomar ese autobús tenía que colocar su mochila en el techo del autobús. Máximo pensó que no habría problema alguno y, cuando vio la disposición de otros pasajeros para ayudarlo, rápidamente se deshizo de su mochila. El viaje a Varanasi fue largo, pero Max estaba fascinado con su experiencia.

Cuando por fin llegaron a Varanasi y Max pidió a los pasajeros que le ayudaran a bajar su mochila, se dio cuenta de que la mochila estaba prácticamente vacía. Estaba claro que alguien la había abierto y había tomado su ropa, sus zapatos, su chaqueta y algo de dinero que había escondido entre la ropa. Afortunadamente, Max conservó su cámara y su pasaporte con él.

Furioso, Max pasó su primer día en Varanasi en completa frustración e incluso hubo momentos en los que se arrepintió de haber ido a la India; jamás se hubiera imaginado que las personas fueran tan deshonestas. Él incluso sospechaba que las opiniones de los indios no eran ciertas, pero después de este incidente comenzó a dudarlo.

En Varanasi, Max tomó un tuk tuk para hacer un tour de las afueras de la ciudad. Después de varios kilómetros de recorrido, llegaron a un campo rústico de criquet donde jugaban unos niños. Max pidió al conductor que parara por un momento mientras él tomaba algunas fotos; sin embargo, Max no puso atención a la hora y cuando se dio cuenta, el conductor lo había abandonado. Una vez más, su furia emergió y se duplicó. Ahora definitivamente odiaba la India, y lo peor de todo era que había dejado su mochila en el tuk tuk y ahí había dejado su cartera. Sin dinero, sin ropa y en un lugar donde el frío comenzaba a aumentar a cada minuto, Max se sintió tan indefenso que incluso le era imposible llorar. Su rostro era una mezcla de angustia, amargura y desilusión, y no sabía qué sería de él.

No obstante, en el momento en que posiblemente había perdido toda fe, se acercó un hombre que le habló en hindi. Max no comprendía qué le decía el hombre, y después de sus experiencias no deseaba relacionarse con los indios en lo más mínimo; sin embargo, el hombre no dejó de insistir y, de repente, Max notó algo en su cara: el hombre se sentía afligido por él.

Max se levantó del lugar donde estaba sentado y el hombre extendió su mano para tomarlo del brazo; era de noche y el hombre notó que Max tenía frío, así que se quitó el abrigo y se lo dio a Max. Máximo no lo podía creer: hasta hacía horas los indios le habían mostrado lo peor de los humanos y ahora este hombre los reivindicaba. Y por si eso no fuera suficiente, cuando llegaron a la casa del hombre, su mujer le dio una sopa de lentejas caliente que le devolvió las ganas de vivir. La mujer, el hombre y sus tres niños lo observaban con curiosidad mientras comía, con unas sonrisas inmensas dibujadas en sus rostros. Max no pudo evitarlo y se permitió llorar discretamente. El silencio llegó a la única habitación donde estaban todos y Max se durmió.

Al día siguiente, por la mañana, el olor a especias indias despertó a Max y, cuando se incorporó, vio que además del hombre y su esposa, también los acompañaba un policía, que se dirigió a Max en inglés, "Ashish me ha dicho que te encontró en la calle anoche"; con su inglés básico, Max le contó la historia a Aman, el policía, quien tradujo para Ashish y su esposa Radhika. Después de varias tazas de té, Aman llevó a Max a la oficina de policía y le permitió usar el teléfono. Max llamó a su hermano y le pidió que le enviara dinero. Mientras tanto, Ashish y Radhika no se separaron de él.

Cuando Max recibió el dinero que su hermano le envió, intentó dar algo a Ashish, pero éste no lo aceptó, simplemente se tocó el corazón con la mano e hizo la señal de "namasté". Por la tarde, Radhika, Ashish y Aman acompañaron a Max a la estación de trenes para que regresara a Nueva Delhi y tomara su vuelo de regreso a casa.

En las largas horas de su viaje en el tren, Max reflexionó ampliamente sobre las dos experiencias que había vivido: primero sobre la cólera y el resentimiento que había sentido, así como sobre la amabilidad y la calidez humana que le mostraron Ashish y Radhika. Indudablemente, este viaje le dejó ver lo peor y lo mejor de los humanos, pero lo más importante es que le permitió aprender que lo más valioso, posiblemente, es no perder las esperanzas, y que incluso en las situaciones más difíciles, siempre habrá alguien que nos extenderá su mano y nos ayudará. En pocas palabras, reflexionó Max, no podemos generalizar a partir de un caso aislado.

Cuando Max cuenta la historia a sus amigos se pueden percibir la tensión y el silencio, y si pudiéramos ver sus caras, podríamos ver cómo los ojos se les llenan de lágrimas y cómo se les escapan los suspiros. A pesar de que no todo el viaje fue placentero, Max aprendió mucho sobre sí mismo, sobre la manera en que debe gestionar sus emociones, sobre lo precavido que debe ser con sus cosas y sobre las oportunidades que siempre tenemos que darles a las personas, pues es imposible decir que todos los habitantes de un país son iguales.

ACTIVIDAD: ¿Sueño o pesadilla?

■ **Enfoques del aprendizaje**

■ Habilidades de pensamiento crítico: Extraen conclusiones y realizan generalizaciones razonables

Después de leer la historia de Max, responde las siguientes preguntas:

1 **Compara la idea de la India que tenía antes de su viaje y después de este. ¿Qué opinión crees que Max tiene ahora sobre la India?**
2 **De las reflexiones que tiene Max, ¿cuál de ellas es la más valiosa para ti? ¿Por qué? Utiliza ejemplos de la experiencia de Max para ilustrar tu opinión.**
3 **¿Cuál es tu opinión de Ashish y Radhika? ¿Hubieras seguido a Ashish si fueras Max o hubieras rechazado su ayuda? ¿Por qué?**
4 **Realiza una inferencia sobre lo que Ashish notó en Max y lo que lo empujó a decidir ayudarlo. ¿Qué atributo de la comunidad de aprendizaje demostró Ashish?**
5 **Categoriza las emociones que vivió Max en este viaje y acompaña cada una con una idea que la ejemplifique. Escribe tres ejemplos.**
6 **Considerando la información presentada en el texto, ¿qué tipo de viajero crees que es Max? Explica tu respuesta con ejemplos.**
7 **Tomando en cuenta el final de la historia, ¿sobre qué quiere el autor que reflexionemos? Explica tu respuesta.**
8 **Considerando los sentimientos que evoca la lectura, ¿qué tan positivo o negativo te parece este artículo?**
9 **¿Cuáles dos imágenes reflejan dos momentos clave en la experiencia de Max? Explica tu respuesta.**
10 **Considerando la experiencia que vivió Max, ¿cuál es la imagen que más significado tiene para él? Justifica tu respuesta.**
11 **¿Cuál es tu perspectiva sobre las oportunidades que tenemos para aprender cuando viajamos?**
12 **Imagina que eres el hermano de Max. ¿Cómo reaccionarías al recibir la llamada que hizo desde la oficina de policía?**

◆ **Oportunidades de evaluación**

◆ En esta actividad se han practicado las habilidades que son evaluadas por medio del Criterio B: Comprensión de textos escritos y visuales.

ACTIVIDAD: Reviviendo la historia

■ **Enfoques del aprendizaje**

■ Habilidades de comunicación: Utilizan una variedad de técnicas de expresión oral para comunicarse con diversos destinatarios

En esta actividad, colaborarás con un compañero para simular una conversación en un café después del viaje de Max, en la que este contará sus experiencias y lo que aprendió.

Uno de ustedes representará el papel de Max y el otro será el amigo.

En la interacción, discute los aprendizajes que podemos adquirir al viajar, las malas experiencias, los momentos inesperados, así como otros aspectos relevantes de la experiencia. Las preguntas deberán indagar sobre las ideas y sentimientos de Max.

La interacción deberá durar cinco minutos.

◆ **Oportunidades de evaluación**

◆ En esta actividad se han practicado las habilidades que son evaluadas por medio del Criterio C: Comunicación en respuesta a textos orales, escritos o visuales y del Criterio D: Uso de la lengua de forma oral o escrita.

ACTIVIDAD: Carta a Ashish y Radhika

■ **Enfoques del aprendizaje**

■ Habilidades de pensamiento creativo: Establecen conexiones inesperadas o inusuales entre objetos o ideas
■ Habilidades de comunicación: Escriben con diferentes propósitos

En esta actividad, personificarás a Max y escribirás una carta a Ashish y a Radhika en la que expreses tu agradecimiento y compartas los aprendizajes de tu viaje con ellos. Menciona el impacto que tuvo conocerlos, los buenos recuerdos que te han dejado, así como algunos aspectos no tan positivos del viaje que te hicieron reflexionar.

ACTIVIDAD: Cierre de unidad

■ Enfoques del aprendizaje

- Habilidades de reflexión: Consideran los contenidos y se preguntan: ¿Sobre qué aprendí hoy? ¿Hay algo que aún no haya entendido? ¿Qué preguntas tengo ahora?

En este capítulo, abordamos los diferentes tipos de aprendizaje que podemos obtener cuando viajamos, así como las diferentes formas en que los viajes representan una oportunidad de descubrir nuevos espacios y de emplear nuestras destrezas en múltiples contextos.

Para concluir este capítulo, responde la siguiente pregunta y escribe tu opinión:

¿Cómo cambia la forma en que nos expresamos acerca de nuestros alrededores y de nuestra sociedad después de un viaje? ¿Cómo contribuyen los viajes al desarrollo de nuestro criterio?

Escribe 250 palabras y publica tu texto en un blog o en un cartel. Invita a tus compañeros a leerlo y a comentar.

! Actúa e involúcrate

! En muchos países que cuentan con culturas originarias se ha popularizado un acto llamado "safari humano", el cual consiste en realizar un paseo por varias áreas delimitadas con el fin de ver y "apreciar" a sus habitantes, así como a sus estilos de vida. No obstante, muchas personas no muestran el respeto necesario y violan la intimidad y privacidad de las personas al exhibir sus imágenes, sin permiso, en redes sociales o en publicaciones impresas. ¿Qué opinas sobre esto? ¿Consideras que los países con culturas originarias deberían permitir y/o promover estos paseos? ¿Por qué se interesan muchos turistas en este tipo de visitas?

! Piensa en una manera mediante la cual puedas concientizar a tu comunidad sobre este tipo de turismo para así ser viajeros más responsables.

Concluye agradeciendo con halagos la bondad que te mostraron.

Escribe 300 palabras.

◆ Oportunidades de evaluación

◆ En esta actividad se han practicado las habilidades que son evaluadas por medio del Criterio C: Comunicación en respuesta a textos orales, escritos o visuales y del Criterio D: Uso de la lengua de forma oral o escrita.

Reflexión

Reflexionemos sobre nuestro aprendizaje…
Usa esta tabla para reflexionar sobre tu aprendizaje personal en este capítulo.

Preguntas que hicimos	Respuestas que encontramos	Preguntas que podemos generar ahora			
Fácticas					
Conceptuales					
Debatibles					
Enfoques del aprendizaje en este capítulo	Descripción: ¿qué destrezas nuevas adquiriste?	¿Cuánto has consolidado estas destrezas?			
		Novato	En proceso de aprendizaje	Practicante	Experto
Destrezas de colaboración					
Manejo de la información					
Destrezas de pensamiento crítico					
Destrezas de pensamiento creativo					
Atributos de la comunidad de aprendizaje	*Reflexiona sobre la importancia del atributo de la comunidad de aprendizaje de este capítulo.*				
Informado e instruido					

6 ¿Qué tan fuerte es el poder del cambio?

○ Los aprendizajes y las opiniones que poseemos en el presente están *ligados* a múltiples *manifestaciones y acontecimientos* pasados que han *definido* momentos, ideas y estilos de vida.

CONSIDERAR Y RESPONDER ESTAS PREGUNTAS:

Fácticas: ¿Cuándo cambia la forma de expresarse de las personas? ¿Qué eventos o momentos son ejemplos de cambio positivo en la sociedad? ¿Cuándo son contraproducentes los cambios sociales, culturales y lingüísticos?

Conceptuales: ¿Cómo están conectados los avances con las nuevas ideas en una sociedad? ¿Hasta qué punto el cambio en formas de pensar responde cambios sociales? ¿Cómo y por qué se populariza un cambio lingüístico? ¿Cómo cambia el idioma con las modas y nuevos inventos y tendencias? ¿Cómo podemos encontrar los momentos clave que propician el cambio en nuestra forma de pensar? ¿Cómo es la relación entre el cambio social y el cambio en las lenguas?

Debatibles: ¿Hasta qué punto afectaron la tecnología y las innovaciones científicas la rapidez del cambio social y cultural del presente? ¿Hasta qué punto son benéficos todos los cambios culturales y lingüísticos? ¿Por qué existen situaciones sociales o culturales donde el cambio no es fácil de aceptar y procesar?

Ahora **compara y comparte** tus opiniones con un compañero o con toda la clase.

■ Parece que el presente, en ocasiones, adquiere la misma forma que el pasado

○ EN ESTE CAPÍTULO, VAMOS A:

■ **Descubrir:**
  ■ aspectos positivos y negativos de diferentes formas en las que podemos hablar del cambio
  ■ la manera en que podemos coordinar diferentes tiempos verbales para expresar varios sucesos.

■ **Explorar:**
  ■ el impacto del cambio en las interacciones y relaciones sociales
  ■ la manera en que diferentes innovaciones y sus cambios han modificado la manera de comunicación de las personas.

■ **Actuar y:**
  ■ realizar investigación sobre algunos momentos destacados en las últimas décadas
  ■ crear conexiones con experiencias personales.

Las siguientes habilidades de los enfoques del aprendizaje serán útiles:

- Habilidades de comunicación
- Habilidades de colaboración
- Habilidades de reflexión
- Habilidades de gestión de la información
- Habilidades de pensamiento crítico
- Habilidades de alfabetización mediática
- Habilidades de organización
- Habilidades de transferencia

Reflexiona sobre el siguiente atributo de la comunidad de aprendizaje:

- Audaz: por medio de trabajo autónomo y colaborativo para explorar nuevas ideas y estrategias innovadoras.

Oportunidades de evaluación en este capítulo:

- **Criterio A:** Comprensión de textos orales y visuales
- **Criterio B:** Comprensión de textos escritos y visuales
- **Criterio C:** Comunicación en respuesta a textos orales, escritos o visuales
- **Criterio D:** Uso de la lengua de forma oral o escrita

GRAMÁTICA

Tiempos verbales que se abordan en este capítulo:
- Presente simple (indicativo)
- Pretérito indefinido
- Pretérito imperfecto
- Pretérito perfecto (en menor grado)

PUNTO DE INDAGACIÓN

¿En qué otras preguntas relevantes sobre "el cambio" puedes pensar? Escribe por lo menos cinco preguntas que te interese preguntar a tu profesor o a tus compañeros. Colabora en parejas o grupos pequeños y discute las preguntas que escribiste. Toma notas de ideas que consideres relevantes.

PIENSA–COMPARA–COMPARTE

Observa las siguientes preguntas y respóndelas.

Después trabaja en parejas o grupos pequeños y comparte tus ideas con tus compañeros.

1 **¿Qué cosas cambian?**
2 **¿Qué procesos cambian constantemente en el presente?**
3 **¿Qué cambios tienen un impacto directo en tu vida?**
4 **¿Qué verbos están estrictamente ligados al cambio?**
5 **Cuándo hablamos de cambios, ¿qué tiempos verbales necesitamos emplear?**

VOCABULARIO SUGERIDO

Vocabulario sugerido para mejorar la experiencia de aprendizaje.

Sustantivos	Adjetivos	Verbos
acontecimiento	actual	abandonar
adaptación	antiguo	advertir
adelanto	efectivo	alterar
alternativa	fatal	animar
ambiente	genérico	apreciar
ámbito	inefectivo	aumentar
avance	inevitable	cambiar
cambio	innovador	conllevar
caso	inservible	contribuir
circunstancia	interesante	convertirse
crisis	inútil	crear conciencia
dificultad	irremediable	crecer
dilema	irreparable	darse cuenta
evento	moderno	disminuir
evolución	necesario	empeorar
facilidad	negativo	experimentar
hecho	nuevo	favorecer
incidente	obligatorio	fortalecer
mejora	positivo	incrementar
oportunidad	práctico	inculcar
posibilidad	prudente	mejorar
progreso	reciente	modificar
solución	sensato	notar
suceso	serio	propiciar
transformación	viejo	reducir
transición		transformar
		volverse

Tema 1: ¿Son los cambios en la interacción profesor–alumno realmente sorprendentes?

PUNTO DE INDAGACIÓN

Lee las siguientes preguntas y debate tu punto de vista con tus compañeros.

1. ¿Cómo cambia el idioma con las modas y los nuevos inventos y tendencias?
2. ¿Qué ha provocado los cambios en la manera en que nos comunicamos?
3. ¿Cómo ha cambiado la manera en que aprendemos de nuestras interacciones gracias a la tecnología?
4. ¿Por qué existen situaciones sociales o culturales donde el cambio no es fácil de aceptar y procesar?
5. ¿Es posible decir que la calidad de la lengua también cambia y es afectada por la tecnología?

▼ Nexos: Lengua y literatura

Autores como Fredric Brown, Ray Bradbury, Philip K. Dick, Jules Verne, Edward Page Mitchell, Eduardo Vaquerizo, Erick Mota, Carlos Sáiz Cidoncha y Félix Díaz González son importantes escritores contemporáneos de ciencia ficción cuyos trabajos visionarios han servido en varias ocasiones como ventanas hacia el futuro.

ACTIVIDAD: Tus cambios personales

■ Enfoques del aprendizaje

■ Habilidades de comunicación: Utilizan una variedad de técnicas de expresión oral para comunicarse con diversos destinatarios

En esta actividad, colaborarás con un compañero para entablar una conversación sobre los cambios que ambos han experimentado en diferentes edades. Debate qué cosas te gustaban antes que ahora no te gustan; cómo cambiaron tus opiniones sobre algunas cosas, y qué piensas de la manera en que eras cuando eras pequeño/a.

La interacción deberá durar cuatro minutos.

◆ Oportunidades de evaluación

◆ En esta actividad se han practicado las habilidades que son evaluadas por medio del Criterio C: Comunicación en respuesta a textos orales, escritos o visuales y del Criterio D: Uso de la lengua de forma oral o escrita.

ACTIVIDAD: Los cambios que has percibido en tus amigos

■ Enfoques del aprendizaje

■ Habilidades de comunicación: Escriben con diferentes propósitos

En esta actividad, escribirás un texto en un formato de entrada de blog en el cual describas los cambios que has percibido en tus amigos. Incluye detalles sobre los aspectos que te gustan más ahora y menciona algunas cosas que ellos han dejado atrás y que tú echas de menos. Concluye especulando sobre la opinión que tus amigos pueden tener de ti, considerando los cambios que has experimentado.

Escribe no más de 250 palabras.

◆ Oportunidades de evaluación

◆ En esta actividad se han practicado las habilidades que son evaluadas por medio del Criterio C: Comunicación en respuesta a textos orales, escritos o visuales y del Criterio D: Uso de la lengua de forma oral o escrita.

PUNTO DE INDAGACIÓN

Lee las siguientes preguntas y debate tus puntos de vista con tus compañeros.

1 ¿Qué relación existe entre los siguientes tiempos verbales cuando hablamos del cambio: **pretérito imperfecto, pretérito indefinido, presente** y **futuro**?
2 ¿Qué eventos o momentos son ejemplos de cambio positivo en la sociedad?
3 ¿Cómo están conectados los avances con las nuevas ideas en una sociedad?
4 ¿Hasta qué punto afectaron la tecnología y las innovaciones científicas la rapidez del cambio social y cultural del presente?
5 El cambio en el presente, ¿tiene impacto real, o simplemente hablamos más sobre él?

MOMENTOS DEL CAMBIO

Hay una expresión que dice que no hay nada más certero que el cambio, y claramente es verdad. Los conocimientos que tenemos en el presente son el producto de múltiples procesos de aprendizaje, experimentación, manifestaciones artísticas y culturales, y de movimientos sociales que modificaron la manera en que las personas vivían, y la apreciación de muchos aspectos de la vida diaria.

En cada época, en cada década, es posible identificar un estilo de vida particular en cada país, debido a que los cambios no sucedieron al mismo tiempo. De igual forma, también podemos observar la evolución de las formas de comunicación, la manera en que los nuevos inventos y servicios a los que se tenía acceso ocasionaban metamórfosis en las interacciones sociales.

ACTIVIDAD: El cambio

Enfoques del aprendizaje

- Habilidades de comunicación: Obtienen información para las indagaciones disciplinarias e interdisciplinarias utilizando una variedad de medios

"Cambio" es una palabra muy breve, pero tiene un impacto enorme.

Ve a YouTube y realiza una búsqueda con las palabras clave: El Cambio Angel Mendoza. Toma notas y prepárate para compartir tus ideas con tus compañeros.

Considera esta pregunta:

¿Qué conexiones puedes observar entre el conocimiento y las oportunidades que tenemos en el presente y las innovaciones del pasado? Enumera varios ejemplos y menciona su significado.

Comparte y debate con tus compañeros.

EL AULA

ACTIVIDAD: Evolución de los ambientes educativos

Enfoques del aprendizaje

- Habilidades de alfabetización mediática: Localizan, organizan, analizan, evalúan, sintetizan y utilizan de manera ética información procedente de diversas fuentes y medios (incluidas las redes sociales y en línea)

El ambiente educativo ha evolucionado de una manera impresionante con el paso del tiempo. Claramente, esto ha afectado las relaciones entre los maestros y los alumnos, y también ha modificado y enriquecido sus roles.

Realiza una búsqueda de imágenes en internet. Utiliza la siguiente palabra clave: aula.

Agrega los siguientes años a tu búsqueda y escribe lo que observas:

Año	Características que observas
1940	
1960	
1980	
1990	

Ahora, en lugar del año, agrega estas palabras. Toma notas nuevamente:

Palabra	Características que observas
Inteligente	
Interactiva	
Tecnológica	

ACTIVIDAD: Profesores y alumnos

■ Enfoques del aprendizaje

- Habilidades de comunicación: Utilizan una variedad de técnicas de expresión oral para comunicarse con diversos destinatarios

Considera las fotos que observaste.

Ahora, debate las siguientes preguntas con un compañero o en grupos pequeños. Presta atención a los tiempos gramaticales que se deben utilizar al formular tus respuestas.

1 **¿Cuáles eran las actividades más comunes que los profesores y alumnos realizaban antes y cuáles son más comunes ahora?**
2 **¿Qué tipo de trabajo podían producir los alumnos antes en comparación con el presente?**
3 **¿En qué se diferencian las formas de producir trabajo escolar para los alumnos en el presente y en el pasado?**
4 **¿Cómo han cambiado las diferentes maneras de tener comunicación maestro–alumno?**
5 **¿A qué tipo de información se tiene acceso en el presente?**
6 **¿Piensas que estos cambios son similares en todos los países?**
7 **¿Qué circunstancias limitan las oportunidades en los cambios en la educación?**
8 **En general y en resumen, ¿cómo han evolucionado los roles y responsabilidades de los profesores y los alumnos?**

PIENSA–COMPARA–COMPARTE

Lee las siguientes preguntas y comparte tus opiniones con toda la clase.

1 **¿Qué mensaje específico queremos transmitir cuando utilizamos:**
   a **el pretérito indefinido; por ejemplo, *él visitó…***
   b **el pretérito imperfecto; por ejemplo, *él visitaba…***
   c **el pretérito perfecto; por ejemplo, *él ha visitado…***
2 **¿Por qué existen situaciones sociales o culturales donde el cambio no es fácil de aceptar y procesar?**
3 **Menciona algunos ejemplos de casos que en el pasado era difícil de considerar y que ahora es común (en la mayoría de los casos)? Por ejemplo, tener alumnos con discapacidades en las escuelas.**

ACTIVIDAD: Testimonio de un estudiante con discapacidades

■ Enfoques del aprendizaje

- Habilidades de comunicación: Utilizan una variedad de técnicas de expresión oral para comunicarse con diversos destinatarios

En el presente, los estudiantes que tienen discapacidades tienen oportunidades que antes no tenían muchos alumnos debido a la falta de tecnología, recursos económicos en la escuela o por diferentes condiciones sociales o culturales.

En esta actividad, tú debes representar el papel de un estudiante con una discapacidad física, y escribirás el guión para un vídeo o grabación de audio. En tu guión debes explicar las oportunidades que tienes para estudiar y la ayuda que algunos de los avances tecnológicos te dan para ser parte de una clase en tu escuela. Al final, tu reflexión debe incluir información sobre las oportunidades que no existían en el pasado. Tu grabación debe durar cuatro minutos.

Comparte tu vídeo o grabación con tus compañeros.

Debate las siguientes preguntas:

1 **¿Por qué es importante desarrollar ambientes inclusivos en las escuelas?**
2 **¿Qué aspectos de la comunidad de aprendizaje se promueven al contar con un ambiente inclusivo en las escuelas?**

◆ Oportunidades de evaluación

- En esta actividad se han practicado las habilidades que son evaluadas por medio del Criterio C: Comunicación en respuesta a textos orales, escritos o visuales y del Criterio D: Uso de la lengua de forma oral o escrita.

ACTIVIDAD: Aulas y clases alrededor del mundo

■ **Enfoques del aprendizaje**

■ Habilidades de gestión de la información: Utilizan la capacidad crítica para analizar e interpretar los contenidos de los medios de comunicación
■ Habilidades de alfabetización mediática: Localizan, organizan, analizan, evalúan, sintetizan y utilizan de manera ética información procedente de diversas fuentes y medios (incluidas las redes sociales y en línea)

Selecciona un país, sin repetir los que escojan tus compañeros. Busca fotos de las aulas y clases en ese país en diferentes décadas. Después, observa y analiza las imágenes meticulosamente y describe el cambio que observas y la manera en que la vida de los profesores y alumnos en ese país cambiaron. Utiliza las imágenes e información para hacer un póster.

Haz inferencias utilizando las imágenes como base.

Presenta tu poster en clase. Invita a otros estudiantes y profesores de español a contemplar la exposición. Utiliza tu cartel para explicar a los demás los cambios en diferentes aulas en diferentes décadas.

ACTIVIDAD: La comunicación virtual entre profesores y alumnos

■ **Enfoques del aprendizaje**

■ Habilidades de pensamiento crítico: Extraen conclusiones y realizan generalizaciones razonables

Realiza una búsqueda en YouTube utilizando las siguientes palabras clave: Ciberpragmática (El uso del lenguaje en internet) – Escribir es comunicarse.

1 ¿Qué comparación hizo el presentador para mencionar las diferentes formas de usar el lenguaje?
2 Según el presentador, ¿por qué es importante escribir bien? ¿Qué permite esto?
3 Explica cómo han surgido nuevos géneros narrativos. Describe el cambio y sus características.
4 ¿Cómo se distingue el nuevo género de los demás géneros literarios?
5 ¿Por qué los cibergéneros representan oportunidades en la relación estudiantes–profesores?
6 Además del alfabeto, ¿qué otras cualidades o habilidades forman parte de la *literalidad*? ¿Por qué son necesarias para la comunicación efectiva?

7 ¿Qué tipo de vídeo es este? Justifica tu respuesta.
8 ¿Cuál es el objetivo del mensaje que se transmite en este vídeo?
9 ¿Qué herramientas se utilizaron para realizar una presentación efectiva?
10 ¿Cuál es la actitud y opinión del presentador acerca de la importancia de comunicarnos efectivamente en internet?
11 ¿Cuál es tu opinión sobre los cuatro puntos que el presentador menciona para que las publicaciones sean persuasivas?
12 ¿En qué tipo de comunicación se enfoca el presentador? ¿Por qué es esta información importante para profesores y estudiantes?

◆ **Oportunidades de evaluación**

◆ En esta actividad se han practicado las habilidades que son evaluadas por medio del Criterio A: Comprensión de textos orales y visuales.

Lee el siguiente blog sobre el uso formal del idioma:

Tuteo o no tuteo, esa es la cuestión

Domingo 9 de junio de 2013. 11:40

Hace 15 años que terminé el bachillerato, pero no quise comenzar la universidad en ese momento, así que esperé. Tres años más tarde me casé y tuve un par de hijos que ahora tienen 13 y 9 años.

Así que ahora, después de mucho tiempo, nuevamente soy alumna. Honestamente, sé que 15 años es mucho tiempo, pero tampoco es una eternidad; sin embargo, ahora que comienzo a relacionarme con compañeros de clase y profesores, he notado que la gente se comunica de una forma a la que no estoy acostumbrada.

Les debo confesar, primeramente estudié el bachillerato en un colegio religioso súper estricto, por lo que estaba acostumbrada a hablar formalmente con todos los profesores. Ahora, en la universidad, la forma en que los profesores y los alumnos socializan es completamente nueva para mí.

"Cuando hables con personas mayores, lo mejor es hablar de 'usted' hasta que te indiquen lo contrario", mis padres decían. Pero ahora he entrado en un dilema. Todos mis compañeros llaman a sus profesores por sus nombres e incluso los tutean. Siempre he tratado de ser una alumna respetuosa, que no habla en clase, que toma apuntes, que le da el lugar que se merecen a sus profesores, y sobre todo que SIEMPRE les habla de usted.

No sé si ya pertenezco a otra generación o si el uso de "usted" ya no se requiere entre los jóvenes.

¿Qué me aconsejan?

Temas: usted, tuteo, respeto, relaciones, profesional, profesores, universidad

Respuestas

María Pinto: domingo 9 de junio de 2013. 13:34

¡Hola! Bueno, en mi clase nunca llamamos a los profesores por su nombre. Obviamente sabemos sus nombres, pero es más frecuente que los llamemos "profe", y les hablamos de usted. Algunos sí nos piden que nos dirijamos a ellos así: Profesor/a o Maestro/a y después su apellido. Pero mis hermanos menores, que están en el bachillerato empezaron a llamar a los profesores por su nombre. Mi opinión es que eso nunca debería ocurrir, porque debemos mantener la distancia, y siguen siendo nuestros maestros, a quienes debemos respetar.

Luz Adela: domingo 9 de junio de 2013. 21:45

Es una paradoja complicada.

Me pasó algo similar. Tengo un profesor de Lengua Francesa que es súper chévere con nosotros, muy amigable y conoce un montón de música que nos gusta. Yo escuchaba que todos mis compañeros le llamaban por su nombre y algunos hasta le decían "pelao"; yo no me atrevía. Pero un día decidí hacerlo, y para mi sorpresa, Marco, mi profe, dijo que así se siente más cómodo, porque cuando le hablaba de usted lo hacía sentir más viejo, y únicamente tenemos 5 años de diferencia. Así que pienso que depende de los profesores. ¿Por qué no les preguntas?

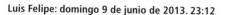

Luis Felipe: domingo 9 de junio de 2013. 23:12

En mi opinión, creo que si los profesores quieren que los tutees, te lo van a pedir. Si no te sientes cómoda, no lo hagas. Espera. Yo no lo haría, prefiero evitar situaciones embarazosas.

Carlos Alberto: lunes 10 de junio de 2013. 16:30

Yo tengo 18 años y siempre tuteo a mis profesores, incluso les llamo por su nombre y no se ofenden. Los maestros dicen que así no hay barreras entre nosotros y que podemos tener mejor comunicación. Para mí, eso es súper importante, porque con los que son estrictos, más viejos y más formales no me apetece hablar.

Oswaldo Álvarez: martes 11 de junio de 2013. 19:25

Penny, yo estudié en un colegio de curas y soy de tu edad, así que entiendo lo que dices. Pero cuando entré a la universidad observé que el ambiente era más relajado. Yo creo que está bien que los tutees, además, así te integrarás más fácilmente con tus compañeros.

Aida Cuevas: viernes 14 de junio de 2013. 15:30

Penny, yo soy profesora de bachillerato y universidad, y vivo ambas situaciones: cuando los chicos me hablan formalmente y cuando me tutean. Curiosamente, en la universidad es donde me hablan de usted. En pocas palabras, si los alumnos tratan al profesor por su nombre, no se pierde el respeto "profesor–alumno" si se sabe llevar.

ACTIVIDAD: Tuteo o no tuteo, esa es la cuestión

■ Enfoques del aprendizaje

- Habilidades de pensamiento crítico: Extraen conclusiones y realizan generalizaciones razonables

Después de leer el blog y los comentarios, responde las siguientes preguntas:

1. ¿Cuáles son las dos ideas principales que se mencionan en esta publicación del blog de Penny?
2. ¿Es posible concluir que Penny considerará la respuesta de Oswaldo? ¿Por qué?
3. ¿Qué ideas del texto se reflejan en las imágenes en las páginas 146 y 147? Explica.
4. ¿De qué manera la imagen en la página 147 refleja las ideas de Aida?
5. Considerando la información en el texto, ¿piensas que el comentario de Aida es relevante para Penny? ¿Por qué?
6. ¿Cómo describirías el contexto de esta publicación?
7. ¿Qué tipo de persona es Penny? ¿Cómo piensas que es como madre? Utiliza las ideas del texto para justificar tu respuesta.
8. ¿Qué tipo de conversación se generó a partir de esta publicación? Explica el tono de la interacción.
9. ¿Qué recomendarías tú a Penny? Escribe el comentario que harías.
10. ¿Cuál es el punto de vista del autor sobre la relación entre la comunicación de los profesores y los alumnos?
11. ¿Cuál es tu punto de vista sobre el uso de "tú" y "usted"? ¿Cuándo debemos de hablar formalmente con las personas?
12. ¿Es similar o diferente el caso que describe Penny al de tu país? ¿De qué manera?

◆ Oportunidades de evaluación

- En esta actividad se han practicado las habilidades que son evaluadas por medio del Criterio B: Comprensión de textos escritos y visuales.

Tema 2: ¿Mostramos afecto de manera diferente debido al cambio en las relaciones?

LA ESCUELA

La educación ha sido uno de los ámbitos en el que se puede observar el proceso del cambio y el impacto de cada novedad.

¡Cómo se divertían!

En su libro *¡Cómo se divertían!*, Isaac Asimov describe la forma de aprender en el futuro. Una de las partes que provocan más reflexión es la siguiente escena:

Tommy lanzó una aguda carcajada.

– No tienes ni idea, Margie. Los profesores del pasado no vivían en casa de los alumnos. Trabajaban en un edificio especial, y todos los alumnos iban allí a escucharles. Pero no se trataba de un maestro normal. Era un hombre.

– ¿Un hombre? ¿Cómo podía ser profesor un hombre?

– Bueno ... Les contaba cosas a los chicos y a las chicas y les daba deberes para casa y les hacía preguntas.

– Un hombre no es bastante listo para eso.

– Seguro que sí. Mi padre sabe tanto como mi maestro.

– No lo creo. Un hombre no puede saber tanto como un profesor.

PIENSA–COMPARA–COMPARTE

Lee las siguientes preguntas y debate tus puntos de vista con tus compañeros.

1 ¿Qué ideas y momentos han cambiado la manera en que nos comunicamos y nos relacionamos?
2 ¿Hasta qué punto el cambio en formas de pensar responde cambios sociales?

Como podemos observar, en el tiempo en el que sucede esta historia, estudiar en un edificio específico y escuchar a los profesores en clase no es común; sin embargo, posiblemente, la idea más impactante de la historia es la manera en que los chicos no pueden creer que una persona tenga la capacidad de enseñar a otras.

ACTIVIDAD: Diario en el futuro

■ Enfoques del aprendizaje

■ Habilidades de comunicación: Escriben con diferentes propósitos

Imagina que vives en el futuro y que eres amigo de Margie y Tommy. Escribe una entrada para tu diario en la que describas los siguientes puntos:

1 ¿Cómo describirías la escuela a la que vas ahora?
2 ¿Cómo describirías la forma de socializar entre profesores y estudiantes?
3 ¿Cómo describirías la forma de trabajar de los estudiantes? ¿Y la vida en la escuela?

Escribe pensando que estás en el futuro. Tendrás que utilizar tiempos verbales como el pretérito imperfecto y el pretérito indefinido.

Escribe 250 palabras.

◆ Oportunidades de evaluación

◆ En esta actividad se han practicado las habilidades que son evaluadas por medio del Criterio C: Comunicación en respuesta a textos orales, escritos o visuales y del Criterio D: Uso de la lengua de forma oral o escrita.

EDUCACIÓN E INSTRUCCIÓN

Cuando hablamos del lugar donde vivimos, tenemos dos nombres: casa y hogar. Claramente, cada palabra tiene un significado especial, que transmite ideas del espacio de cada una, de las interacciones y de las relaciones que suceden en ellas. Cuando hablamos de la escuela, también debemos considerar la idea de que la escuela es el edificio, la institución y el lugar donde desarrollamos relaciones con profesores, compañeros, ideas, sentimientos; y donde interactuamos con conocimientos nuevos y anteriores, y con actitudes de la vida cotidiana.

ACTIVIDAD: Cambios en las instituciones de aprendizaje

Enfoques del aprendizaje

- Habilidades de alfabetización mediática: Localizan, organizan, analizan, evalúan, sintetizan y utilizan de manera ética información procedente de diversas fuentes y medios (incluidas las redes sociales y en línea)

Observa e investiga las palabras en la siguiente tabla. Escribe una definición con tus palabras, que incluya características de cada una.

Casos	Descripción y características específicas
Escuela tradicional	
Universidad Virtual	
Academia Khan	
Plataformas Mooc	

Analiza tus respuestas. Dibuja una cronología en la que describas con detalles el significado de cada ambiente o espacio para la sociedad en general, para los profesores y para los estudiantes. Utiliza las siguientes preguntas como guía:

1 ¿Cómo planean las clases los profesores?
2 ¿Qué tipo de actividades realizan los estudiantes?
3 ¿Cómo se **evalúan** los trabajos?
4 ¿Cuál es el costo de la educación?
5 ¿Qué beneficios tiene cada estilo?
6 ¿Cómo podemos aprender de los demás en este sistema específico?
7 ¿Cómo interactúan los estudiantes y los profesores en cada caso?

ACTIVIDAD: Describiendo el cambio

Enfoques del aprendizaje

- Habilidades de comunicación: Utilizan una variedad de técnicas de expresión oral para comunicarse con diversos destinatarios

Intercambia tu cronología con un compañero y léela con atención. Después, prepara una presentación oral de cuatro minutos sobre los cambios que han experimentado la vida de los profesores y los alumnos. Haz énfasis en la manera en que los profesores y alumnos socializan, se comunican y aprenden el uno del otro.

Después de las presentaciones, en parejas, debate las siguientes preguntas:

1 ¿Cuáles son los cambios más drásticos?
2 ¿Qué cambios trajeron beneficios a las relaciones entre los profesores y los alumnos?
3 ¿Qué cambios permiten que aprender en grupo sea más estimulante?

Oportunidades de evaluación

- En esta actividad se han practicado las habilidades que son evaluadas por medio del Criterio C: Comunicación en respuesta a textos orales, escritos o visuales y del Criterio D: Uso de la lengua de forma oral o escrita.

ACTIVIDAD: El laberinto del audio

■ Enfoques del aprendizaje

■ Habilidades de comunicación: Utilizan una variedad de técnicas de expresión oral para comunicarse con diversos destinatarios
■ Habilidades de organización: Emplean estrategias adecuadas para organizar información compleja

¿Alguna vez has visto o utilizado reproductores de audio portátiles conocidos como Walkman® y Discman®?

Considera las siguientes opciones: pregunta a tus profesores, a tus padres, a personas mayores que tú, preferiblemente que hayan crecido en los años ochenta y noventa. Realiza una entrevista para recolectar información sobre las preguntas en la siguiente tabla:

	Walkman®	Discman®
¿Cuáles características tenía el… ?		
¿Cuáles desventajas tenía el… ?		
¿Qué se tenía que prever cuando se utilizaba el… ?		
¿Cómo afectó o cambió el … la forma en que las personas se relacionaban?		
¿Cómo se manejaba la música que se deseaba escuchar en el… ?		

Utiliza la información que obtuviste para preparar una presentación en la que compares la manera en que el Walkman® y el Discman® son diferentes de los teléfonos móviles u otros aparatos que permiten escuchar música de manera portátil. Describe la manera en que cada uno provocó un cambio en la interacción de las personas; menciona los buenos o malos hábitos que aparecieron; narra la influencia que cada dispositivo tuvo en la manera de expresión y comunicación de los jóvenes.

ACTIVIDAD: Testimonio

■ Enfoques del aprendizaje

■ Habilidades de pensamiento crítico: Reconocen los sesgos y los supuestos no explícitos

Realiza una búsqueda en YouTube utilizando las palabras clave: El placer por la música, la comunicación, la socialización y el silencio.

Después de escuchar el testimonio, responde las siguientes preguntas:

1 **¿Quiénes hicieron comentarios sobre el hábito del narrador de escuchar música?**
2 **¿Cuál es la diferencia esencial que el narrador menciona sobre la manera de escuchar música en el presente y en el pasado?**
3 **¿Cómo describe el narrador la actitud que la sociedad mostraba hacia las personas que escuchaban música en sus Walkman® o Discman®, respecto a las interacciones sociales?**
4 **¿Cuál podría ser el título de este testimonio? Explica.**
5 **Menciona tres de las ideas de la narración que se mostraron en las imágenes.**
6 **Considerando los regalos que recibió de ellos, ¿qué opinas de la relación del narrador y sus hermanos?**
7 **¿Por qué el narrador mencionó la opinión de diferentes personas sobre las personas que escuchaban música en su Walkman®?**
8 **¿Por qué piensas que el narrador compartió este testimonio?**
9 **¿Cuál es la idea más impresionante acerca de la manera de escuchar música en el presente?**
10 **Considerando la forma en que escuchar música ha afectado las relaciones sociales, ¿en qué te hace pensar el testimonio del narrador?**
11 **¿Hasta qué punto piensas que esta experiencia se puede generalizar en varias culturas alrededor del mundo? Menciona ejemplos.**

◆ Oportunidades de evaluación

◆ En esta actividad se han practicado las habilidades que son evaluadas por medio del Criterio A: Comprensión de textos orales y visuales.

ACTIVIDAD: Formatos musicales

En la imagen a la derecha, podemos ver la evolución de los formatos de la música y las opciones que la gente tenía y tiene para escucharla. Debate las siguientes preguntas con tus compañeros y después prepara una pequeña presentación oral con tus conclusiones personales.

Tu presentación debe durar cuatro minutos.

1 ¿Cómo crees que cambió la forma de disfrutar la música de forma individual y en grupo con cada formato?
2 ¿Cómo crees que cada formato ayudó a las personas a crear conexiones con otros al poder compartir música favorita?
3 ¿Cómo crees que cada nuevo formato provocó la proliferación o expansión de la piratería?
4 ¿Piensas que la forma de consumir música ha cambiado con cada formato?
5 ¿Cómo se han modificado hábitos que se preservaron por muchos años, tales como escuchar la radio, comprar y escuchar un disco entero?
6 ¿Crees que las personas con tendencias artísticas y musicales tienen más oportunidades de vender su música ahora?

■ Enfoques del aprendizaje

■ Habilidades de comunicación: Utilizan una variedad de técnicas de expresión oral para comunicarse con diversos destinatarios

■ Existe un aparato reproductor de música para cada personalidad

ACTIVIDAD: PPP: práctico, portable y personal

■ Enfoques del aprendizaje

■ Habilidades de colaboración: Ejercen liderazgo y asumen diversos roles dentro de los grupos
■ Habilidades de comunicación: Escriben con diferentes propósitos

Trabaja en parejas. Analicen la foto en este enlace: **http://tinyurl.com/unit6t2bycon** y discutan las siguientes preguntas:

1 ¿Qué analogía se hace entre la evolución de los humanos y los reproductores de música presenta la imagen?
2 ¿Cómo han cambiado nuestras relaciones con los demás debido a los formatos de la música?
3 ¿Cómo se podían y se pueden crear relaciones con cada uno de los formatos de música?
4 ¿Qué conexiones puedes observar en las oportunidades que las innovaciones nos dan para involucrar a otros en diferentes interacciones en el presente y las innovaciones del pasado? ¿Cómo era diferente prestar un casete o un CD de compartir un MP3? ¿Cuál permitía crear una relación más personal? ¿Por qué?

5 ¿De qué forma los formatos de música en "la nube" nos permiten crear nexos con personas de otros lugares del mundo?
6 ¿De qué manera la música nos ayuda a crear, desarrollar y consolidar diferentes tipos de relaciones?

Después de compartir tus puntos de vista, escribirás una publicación para tu blog en la que describas los nuevos horizontes de la comunicación, las conexiones y las oportunidades de aprender de los demás que nos permiten lograr las nuevas formas de escuchar y compartir música. Toma como ejemplos las interacciones en *Soundcloud* o YouTube. Incluye detalles para ilustrar tus ideas y menciona diferentes puntos de vista sobre esta situación.

Escribe 250 palabras.

◆ Oportunidades de evaluación

◆ En esta actividad se han practicado las habilidades que son evaluadas por medio del Criterio C: Comunicación en respuesta a textos orales, escritos o visuales y del Criterio D: Uso de la lengua de forma oral o escrita.

ACTIVIDAD: Relaciones y competiciones virtuales

■ Enfoques del aprendizaje

■ Habilidades de comunicación: Escriben con diferentes propósitos

En el presente, los videojuegos se han convertido en un nuevo foro de interacción, aprendizaje y un instrumento para establecer relaciones con personas no sólo en nuestro país, sino en todo el mundo. Resulta interesante **analizar** la forma en que incluso juegos como "Hay Day" permiten que personas de culturas diferentes se comuniquen y colaboren en el mantenimiento, cuidado y creación de proyectos agrícolas en una comunidad de granjas virtuales. En el pasado, además de estar limitados a una sola pantalla con un número específico de jugadores, los videojuegos no permitían a los fanáticos crear comunidades.

Ahora es común incluso escuchar historias de personas que aprenden otro idioma jugando videojuegos.

Realiza una investigación breve en internet y escribe una publicación para tu blog en la que describas la manera en que juegos como "Hay Day", "Farmville", "Candy Crush", "Minecraft", entre otros, nos permiten colaborar, crear comunidades y aprender. Menciona las ventajas que esto puede tener en algunas asignaturas en la escuela.

Escribe 250 palabras.

◆ Oportunidades de evaluación

◆ En esta actividad se han practicado las habilidades que son evaluadas por medio del Criterio C: Comunicación en respuesta a textos orales, escritos o visuales y del Criterio D: Uso de la lengua de forma oral o escrita.

El mes del Padre

1 Todo este mes, en *Conexiones* continuaremos recibiendo artículos de nuestros alumnos del PAI en los que describan por qué sus papás son "La onda". Nuestro consejo de estudiantes y la Srta. Rodríguez tienen la gran responsabilidad de seleccionar los mejores ejemplos para compartir con la comunidad. En esta ocasión, tenemos el gusto de presentar la carta de Roberto Rosales.

Mi papá es mi amigo, mi cómplice y mi competencia

2　Mi papá no es muy diferente a los demás: le gusta que yo sea buen estudiante, que practique deportes, que sea buena persona y que cumpla con mis responsabilidades en casa. Sin embargo, a pesar de sus reglas, mi papá es genial, porque la mayor parte del tiempo se porta como mi hermano mayor y como mi amigo.

3　Pienso que heredé el gusto por la música de él, incluso me llevó a mi primer concierto en 2012, cuando fuimos a la Cumbre Tajín 2012 para ver a una de sus artistas favoritas: Björk. Yo apenas tenía 13 años, pero me gustó ver a mi papá divirtiéndose como adolescente, y eso lo hace especial.

4　Además, mi papá no me prohíbe jugar a los videojuegos, al contrario, le gusta compartir información que encuentra en internet y después vamos a las tiendas de videojuegos y escogemos nuevos juegos juntos; pero no solo me motiva a descubrir juegos originales, sino que también juega conmigo y es mi competencia. Ayer compramos un juego que se llama *Golden Axe* y mi papá me contó que cuando él iba a la secundaria, después de clases iba a un club de videojuegos con sus amigos. Ahí, además de participar en competiciones y retos, todos los asistentes intercambiaban ideas, estrategias y secretos de los juegos que jugaban. Lo más interesante de los videojuegos en la época de mi padre es que insertaban monedas en una máquina después de un tiempo determinado, porque se pausaba y, si querían continuar, era necesario seguir insertando dinero.

¡Era una gran inversión terminar un juego! Posiblemente por eso desarrollaban estrategias para concluir el juego rápidamente. Aunque tiene 40 años, mi papá es un as de los videojuegos modernos; incluso de los más difíciles y complejos. En pocas palabras, él es quien me motivó a comenzar a jugar videojuegos.

5　Mi padre cree que los videojuegos nos ayudan a pensar, a solucionar problemas y a reaccionar a situaciones difíciles. Cuando jugamos juntos y no podemos superar un nivel, pasamos mucho tiempo analizando la situación, intentamos buscar alternativas y tratamos de ponerlas a prueba en nuestro siguiente juego. Gracias a mi papá he aprendido sobre el diseño de los juegos, acerca de programación y sobre tecnología, la cual es mi pasión. El año pasado, mi escuela participó en un concurso de robótica, diseño y programación, y yo diseñé una aplicación que permite utilizar consolas viejas de videojuegos en las computadoras portátiles. Y lo más importante de esta experiencia es que, como mi papá sabe que me gusta la tecnología, me puso en contacto con uno de sus amigos, que tiene un blog con recomendaciones para desarrollar aplicaciones con software gratuito. Por eso digo que mi papá es mi cómplice.

6　Cuando discutimos el perfil de la comunidad de aprendizaje en la escuela, muchas veces pienso que mi papá tiene muchos atributos, especialmente el ser indagador, audaz e informado, porque en mi opinión él no está desconectado del presente y por eso tenemos buena relación. Cuando escucho a los adultos o a algunos maestros hablar de los efectos negativos de la tecnología y los videojuegos, me gustaría que pasaran un fin de semana con mi papá, para que aprendieran otra versión de la historia. Un día compartí esos comentarios con mi papá, y me dijo que cuando él era joven, los padres prohibían ver mucha televisión, entonces lo que yo puedo decir es que los videojuegos y la tecnología del presente son como la televisión en el pasado.

7　Mi papá y yo compartimos muchos gustos, y por eso podemos charlar, pasar tiempo juntos, reír, divertirnos y competir. Por estas y muchas razones más, mi papá es la onda.

ACTIVIDAD: Mi papá es mi amigo, mi cómplice y mi competencia

■ Enfoques del aprendizaje

- ■ Habilidades de pensamiento crítico: Extraen conclusiones y realizan generalizaciones razonables

Después de leer el artículo sobre el papá de Roberto, responde las siguientes preguntas:

1 ¿Cuáles pueden ser las tres razones principales por las que Roberto tiene una buena relación con su papá?

2 Considerando la información en el texto, ¿cómo piensas que era el papá de Roberto en su adolescencia?

3 ¿Qué aspectos de la relación que Roberto tiene con su padre hacen que Roberto esté orgulloso de él? Justifica tu respuesta.

4 Menciona dos ejemplos de comportamientos o hábitos que el papá de Roberto tenía cuando era joven y que continúa teniendo.

5 ¿Qué tipo de persona es Roberto? ¿Cómo lo describirías?

6 Considerando la introducción, ¿qué tipo de historia es esta? ¿Qué significa "mi papá es la onda"?

7 ¿Cuáles imágenes representan las ideas que Roberto menciona sobre la relación que tiene con su papá? Explica.

8 ¿Qué imágenes emulan las tres cualidades del título: Mi papá es mi amigo, mi cómplice y mi competencia? Explica.

9 Describe el contexto de la historia y la manera en que éste está conectado a la idea de cambio y relaciones.

10 ¿Hasta qué punto podrías o no ser amigo de Roberto? Justifica tu respuesta.

11 ¿Cuál es tu opinión sobre la manera en que sus pasiones ayudan a Roberto y a su papá a tener una buena relación? ¿Qué tan común es esto?

12 Considerando la información en el texto, ¿estás de acuerdo con la opinión de Roberto sobre su papá y el perfil de la comunidad de aprendizaje? ¿Por qué (no)?

13 ¿Qué opinión tiene Roberto acerca de la actitud de algunas personas respecto a la tecnología?

◆ Oportunidades de evaluación

- ◆ En esta actividad se han practicado las habilidades que son evaluadas por medio del Criterio B: Comprensión de textos escritos y visuales.

ACTIVIDAD: Tu papá y tú

■ Enfoques del aprendizaje

- ■ Habilidades de comunicación: Escriben con diferentes propósitos

Considerando el texto que leíste sobre Roberto y su papá, escribe una comparación entre su relación y la que tú tienes con tu papá o una persona que consideres un modelo a seguir. Toma en cuenta los momentos que compartes con tu papá/modelo a seguir, las actividades que hacen juntos y los permisos que te da. Si es necesario, pregúntale cómo era su relación con su padre cuando era joven, y si tenía los mismos permisos que tú tienes gracias a él.

Escribe una comparación y haz énfasis en la calidad de tu relación y la manera en que se comunican.

Escribe 250 palabras.

◆ Oportunidades de evaluación

- ◆ En esta actividad se han practicado las habilidades que son evaluadas por medio del Criterio C: Comunicación en respuesta a textos orales, escritos o visuales y del Criterio D: Uso de la lengua de forma oral o escrita.

LA FAMILIA

La interacción entre los miembros de la familia ha cambiado enormemente. Sin embargo, es difícil afirmar si los cambios son completamente negativos, porque cada nueva forma de interacción responde los cambios de la tecnología y diversos aspectos de la modernidad.

ACTIVIDAD: Cambios en el núcleo familiar

■ **Enfoques del aprendizaje**

- Habilidades de pensamiento crítico: Reconocen los sesgos y los supuestos no explícitos

Realiza una búsqueda en YouTube utilizando las palabras clave: **Cambio en la Comunicación Familiar**.

Estudia el vídeo y debate las siguientes preguntas con tus compañeros:

1 **¿Cómo interactuaban las familias cuando escuchaban la radio?**
2 **¿Cómo cambió la interacción familiar con la introducción de la televisión?**
3 **¿Cómo moderaban los padres el tiempo que sus hijos podían ver la televisión, escuchar la radio o leer?**
4 **¿Qué preferían los niños en el pasado: la radio o la televisión?**
5 **¿Qué malos hábitos aparecieron con la introducción de la radio, la televisión, internet?**
6 **¿Cómo cambió la atención que recibió la televisión con la aparición de YouTube?**
7 **Cuando pensamos en la convivencia con la familia, ¿en qué sentido son similares o no ver la televisión y navegar en internet?**
8 **¿Qué prefieren los jóvenes como tú: ver televisión o utilizar una computadora con internet?**

ACTIVIDAD: Tiempo de calidad con la familia

■ **Enfoques del aprendizaje**

- Habilidades de comunicación: Escriben con diferentes propósitos

Toma en cuenta las opiniones que compartiste con tus compañeros. Mira nuevamente el vídeo y explica de manera escrita cómo ha cambiado la manera en que las personas pasaban el tiempo en la familia. Menciona qué actividades hacían antes y no hacen ahora; incluye tu punto de vista sobre cada cambio: ¿fue positivo o negativo? Justifica tus opiniones.

Pon atención en el uso correcto de tiempos verbales como el pretérito imperfecto, el pretérito indefinido y el presente de indicativo.

Escribe 250 palabras.

◆ **Oportunidades de evaluación**

- En esta actividad se han practicado las habilidades que son evaluadas por medio del Criterio C: Comunicación en respuesta a textos orales, escritos o visuales y del Criterio D: Uso de la lengua de forma oral o escrita.

PUNTO DE INDAGACIÓN

Lee las siguientes preguntas y comparte tus ideas con tus compañeros.

1 **¿Cuándo cambia la forma de expresarse en las personas?**
2 **¿Cómo es la relación entre el cambio social y el cambio en las lenguas?**
3 **¿Hasta qué punto son benéficos todos los cambios culturales y lingüísticos?**

RELACIONES EN LÍNEA

ACTIVIDAD: Evolución de las relaciones

■ Enfoques del aprendizaje

- Habilidades de organización: Emplean estrategias adecuadas para organizar información compleja
- Habilidades de transferencia: Utilizan estrategias de aprendizaje eficaces en distintas disciplinas y grupos de asignaturas

La manera en que las personas se comunican para establecer relaciones también ha evolucionado gracias a los avances tecnológicos.

En esta actividad, vas a preparar una encuesta cuyas preguntas deberán ayudarte a recavar información sobre los puntos de vista que existen en tu escuela o tu comunidad sobre las relaciones en línea, en comparación con las relaciones que se establecen cuando las personas se conocen cara a cara.

Considera variables como el peligro, la privacidad, las preferencias, diferentes grupos sociales, etc.

Pasos

1 Prepara las preguntas para tu encuesta.
2 Realiza tu encuesta y toma notas de las respuestas que obtengas. Puedes utilizar diferentes medios para recolectar los datos.
3 **Analiza** los datos que conseguiste reunir.
4 Presenta los resultados a tu clase.

ACTIVIDAD: Las relaciones y el lenguaje virtual

■ Enfoques del aprendizaje

- Habilidades de pensamiento crítico: Extraen conclusiones y realizan generalizaciones razonables

Busca en YouTube el siguiente vídeo: El lenguaje virtual (Técnicas de comunicación) – El uso del lenguaje en internet, y responde a las preguntas:

1 ¿Cuáles son las dos ideas principales que se mencionan en el vídeo, considerando que el título es: *Aplicación de estrategias lingüísticas en la interacción educativa virtual*?
2 ¿Cuál es el rol del álter ego de Aldemar Gamba en este extracto en particular? ¿Cómo ayuda esto a transmitir el mensaje? Explica.
3 ¿De qué manera diferenció Aldemar los dos personajes en el vídeo? Explica con detalles.
4 Considerando la definición que Aldemar ofreció sobre la alfabetización electrónica, ¿por qué es importante para los profesores y estudiantes conocer información sobre la alfabetización electrónica?
5 ¿Cuáles son los tres aspectos importantes que Aldemar enfatiza cuando discute la interacción virtual? Selecciona uno y explica por qué es importante.
6 Considerando las máximas de la cortesía que Aldemar menciona, compara hasta qué punto son similares las interacciones virtuales a las interacciones en persona.
7 ¿Qué problemas podemos evitar si tenemos en cuenta "la aprobación"?
8 ¿Cuál es tu opinión sobre la importancia de escribir y colaborar correctamente en ambientes virtuales?
9 ¿Cuál es la actitud y opinión de Aldemar sobre los textos que publicamos con nuestro nombre? ¿Qué errores destaca? ¿Estás de acuerdo con él?
10 ¿Por qué piensas que Aldemar realizó este vídeo?
11 Después de ver este vídeo, ¿qué opinas sobre la importancia de los buenos modales y de ser cuidadosos con lo que escribimos en internet? ¿Tomas en cuenta estos puntos cuando interactúas virtualmente con otras personas?

◆ Oportunidades de evaluación

- ◆ En esta actividad se han practicado las habilidades que son evaluadas por medio del Criterio A: Comprensión de textos orales y visuales.

Lee el siguiente blog sobre las redes sociales:

Twitter, Facebook y los celulares versus el idioma

A veces mi mamá es una exagerada, pero a veces tiene razón.

Según ella, compró un teléfono inteligente porque quiere sentirse más conectada con nosotros, "las generaciones modernas" como ella nos llama, pero la verdad no entiende nada, le molesta todo y quiere cambiar las formas de funcionar del mundo; así que yo pienso que no fue tan buena idea comprar ese aparato.

Ayer le pedí permiso para ir a casa de un amigo para completar mis deberes escolares y le mandé este texto: **Ola mama, ke A-C? stoi n la Kasa de Krlos xq tngo dbres. Llego a las 8:30 pm.** Claramente yo le estaba informando, y la respuesta que yo esperaba era un "no hay problema". Sin embargo, me envió un mensaje kilométrico mencionando que mi español era una ofensa nacional. Su comentario más dramático y extremo fue cuando mencionó que Twitter, Facebook y todos esos sitios nefastos están arruinando la lengua española, y que esta destrucción es similar a la que Gengis Kan realizó hace 800 años.

Lo más interesante de esta situación es que los deberes que completábamos mi amigo Carlos y yo eran sobre la evolución de los medios de comunicación; así que, cuando llegué a casa, necesitaba explicarle ciertas cosas a mi madre para que recordara que no es la primera vez que el idioma tiene una amenaza. Uno de los puntos más interesantes que descubrí en mi investigación fue que cuando apareció el telégrafo, muchos lingüistas conservadores opinaron lo mismo que mi mamá opina de Twitter y de los mensajes de texto: que el telégrafo era enemigo de la lengua y que arruinaría el significado de la comunicación. Mi conclusión es: si el telégrafo no pudo, Facebook y los mensajes de texto tampoco.

De hecho, ustedes que leen mi blog pueden comprender lo que digo, porque no estoy utilizando abreviaciones que usamos en el móvil o en Facebook, ya que mi blog es un espacio diferente, y personalmente siento que debo escribir con más propiedad, aunque sé que muchos *bloggers* no piensan como yo. Lo que quiero decir es que comprendo muy bien las diferencias de las situaciones donde debo escribir de manera apropiada y donde tengo libertades.

Mi mamá tiene una amiga que es profesora de bachillerato y me comentó que su amiga le dijo que sus alumnos escribían en código Morse mezclado con jeroglíficos, y que pasaba mucho tiempo decodificando su lengua, que era una pena que los jóvenes no pudieran escribir correctamente. Al escuchar eso, comprendí que los comentarios de mi madre tienen cierta razón.

Estoy de acuerdo con mi madre en que debemos respetar las reglas de comunicación y del uso correcto de la lengua escrita, pero también creo que el tipo de lenguaje que utilizamos en los foros de charla o en los mensajes de texto instantáneos tiene su personalidad propia, y que en estos espacios podemos tener más independencia. Además a veces es más conveniente escribir "*xq?*" en lugar de "¿por qué?". Pienso que debemos escoger la opción que sea más práctica para el momento. En un trabajo escolar yo nunca utilizaría "$" para sustituir la palabra "dinero", ni tampoco escribiría "q t pgo" cuando debo decir "qué te pegó", porque no es el lugar para hacerlo.

Respecto a mis deberes, mi profesor escribió un comentario que me gustó mucho:

"Mencionaste información muy relevante para tus compañeros, porque lograste conectar la realidad de mi generación y la de tus padres, con la de ustedes, los jóvenes. Yo pienso que los celulares permiten expresar emociones e interactuar de una forma más libre, y que las tecnologías de comunicación han cambiado el uso del lenguaje dependiendo de la situación, así que mientras que tú y tus compañeros no olviden que existe una clase de lenguaje para cada espacio, situación y circunstancia, yo no veo objeción en que usen su lenguaje *feisbuquero* y *tuitero*".

¿Qué opinan de la retroalimentación de mi profe? Es agradable, ¿no?

ACTIVIDAD: Twitter, Facebook y los celulares versus el idioma

■ **Enfoques del aprendizaje**

■ Habilidades de pensamiento crítico: Evalúan las pruebas y los argumentos

Después de leer la publicación del blog, responde las siguientes preguntas:

1 ¿Cómo logró Penny, la autora del blog, comprender la respuesta de su mamá a su mensaje?
2 ¿Cuáles son las dos ideas principales que se comunican en esta publicación?
3 Considerando la información en el texto, explica por qué el profesor de Penny escribió ese comentario como retroalimentación.
4 Explica el contraste que hace Penny entre su estilo de escribir en el blog y las críticas que hace su mamá.
5 ¿Cómo es la imagen 1 diferente de las imágenes 2 y 3 respecto a la forma en que nos comunicamos en Facebook?
6 ¿Qué ideas del texto representa cada una de las imágenes? Incluye detalles en tu respuesta.
7 Considerando la información en el texto, ¿por qué piensas que el profesor dio estos deberes? ¿A qué asignatura piensas que corresponde esta tarea?
8 ¿Qué tipo de persona es Penny? ¿Cuáles de los atributos de la comunidad de aprendizaje utilizarías para describirla? Justifica tu respuesta.
9 Explica el contexto de la publicación.
10 ¿Cuál es la actitud de Penny sobre el tema que **analiza**?
11 ¿Hasta qué punto piensas que tus profesores de lengua están de acuerdo con:
    a la mamá de Penny
    b la amiga de su mamá
    c el profesor de Penny?
    Selecciona uno y justifica la comparación.
12 ¿Cómo describirías el estilo de escribir de Penny y los temas de su blog?
13 ¿Piensas que leerías el blog de Penny con frecuencia, tomando en cuenta sus ideas en esta publicación? Justifica tu idea.
14 ¿Cuál es tu opinión sobre el tema que **analiza** Penny?

◆ **Oportunidades de evaluación**

◆ En esta actividad se han practicado las habilidades que son evaluadas por medio del Criterio B: Comprensión de textos escritos y visuales.

ACTIVIDAD: Respuesta al blog de Penny

■ **Enfoques del aprendizaje**

■ Habilidades de comunicación: Escriben con diferentes propósitos

Imagina que eres uno de los lectores del blog anterior.

Escribe una respuesta al texto que leíste.

En tu respuesta, incluye tu opinión y menciona algunos ejemplos de tus experiencias personales. Incluye una comparación con tu cultura.

Escribe 200 palabras.

◆ **Oportunidades de evaluación**

◆ En esta actividad se han practicado las habilidades que son evaluadas por medio del Criterio C: Comunicación en respuesta a textos orales, escritos o visuales y del Criterio D: Uso de la lengua de forma oral o escrita.

CONECTA, EXTIENDE Y DESAFÍA

En esta actividad retomarás las ideas que leíste en el texto y que expresaste en la tarea anterior. Trabaja en parejas compartiendo ideas sobre la manera en que has creado conexiones con las ideas que has leído. Sigue estos pasos:

1 **Conecta la información que abordaste con lo que ya sabías al respecto.**
2 **Extiende las ideas agregando información que no se mencionó.**
3 **Desafía las ideas mencionadas con preguntas que tengas al respecto.**

Toma unos minutos para escribir tus ideas y después debátelas.

▼ Nexos: Arte; Diseño y tecnología

Además de permitir documentar nuestro entorno mediante imagines que capturamos con nuestro celular, Instagram también tiene impacto en las exposiciones de arte. En el presente, varias ciudades han auspiciado exposiciones de "Igers" (Instagramers).

Lee el siguiente blog sobre las cartas y los mensajes instantáneos:

Noticias desde "El Fin del Mundo"

■ Paisaje de las montañas en Ushuaia, Argentina

1   Esta mañana recibí una carta de mi amiga que se mudó a Ushuaia, una ciudad conocida como "El fin del mundo", en el extremo sur del continente americano. Recuerdo que cuando yo estaba en secundaria, mi maestra de francés organizó una comunicación vía correo postal con estudiantes de Quebec, Canadá, y así conocí a Mariela, mi amiga canadiense. Mariela y yo nos escribíamos cartas constantemente, y finalmente nos conocimos en un verano cuando viajé a Quebec para estudiar, cuando cumplí 16 años. Mariela y yo nos volvimos muy buenas amigas y seguimos en contacto por mucho tiempo vía correo electrónico; sin embargo, misteriosamente, perdimos la comunicación.

2   Abrí mi primera cuenta de correo en *Yahoo!*, después cambié a *Hotmail* porque me gustaba usar *messenger*, pero finalmente abrí una cuenta en *Google* y olvidé las otras. Mariela y yo no nos escribimos por mucho tiempo y ella no tenía mi dirección de *Google*, entonces no podíamos comunicarnos; así que esta mañana, cuando recibí su carta, me puse muy feliz. Estoy contenta de saber que ella no perdió la dirección de mi casa en México y que pensó en mí.

3   Estoy verdaderamente sorprendida, porque en el presente generalmente encontramos viejos amigos en Facebook y es muy raro restablecer comunicación con las personas por medio de una forma de comunicación que en el presente es prácticamente primitiva. Tener un papel en mis manos produce emociones diferentes que cuando recibo un mensaje de texto en mi teléfono móvil o un mensaje en Facebook; las curvas de las letras en el papel tienen una estética que no existe en los documentos digitales y no sé cómo explicar esto, pero cuando leí la carta prácticamente podía escuchar la voz de Mariela.

4   En el presente, la comunicación entre las personas puede ser inmediata aún cuando dos personas estén en dos continentes diferentes; incluso utilizar el teléfono y pagar por la llamada es irrelevante, porque es posible usar Skype o Viber para hablar gratuitamente. Entonces, pienso que es difícil comprender que es necesario esperar más de un día para tener información nueva de nuestros amigos. La velocidad de las comunicaciones en el presente cambió los hábitos de las personas, pues ahora es común observar a las personas revisar sus teléfonos constantemente sin lógica o razón verdadera, porque piensan que han recibido un mensaje. Así, es difícil entender la paciencia que las personas tenían en el pasado para esperar días o semanas hasta recibir una carta o una postal.

5   Mi abuela dijo que las tarjetas de Navidad eran algo especial, y yo nunca di importancia a su comentario, pero ahora que me reencontré con mi gran amiga por el medio que nos conocimos, reconozco que las cartas escritas a mano son realmente especiales. También es verdad que me pongo feliz cuando recibo un e-mail de mis amigos y que me gusta ver sus aventuras en las fotos que comparten en Facebook, pero tener una carta en mis manos hace que escuche la voz de mi amiga mientras leo.

6   No sé si la comunicación en el pasado era más genuina que ahora, pero sí pienso que el tiempo que las personas pasaban escribiendo una carta, o caminando a la oficina postal para enviar una postal en sus vacaciones agregaba un sentimiento especial. Esperar producía emociones que nos hacían felices y no producían interrupciones constantes cuando pasábamos tiempo con amigos, y ahora, esperar unos minutos para recibir una respuesta puede provocar desesperación o puede hacernos perder la paciencia… Definitivamente la forma en que nos comunicamos ha cambiado tanto como nuestra forma de comprender el significado de esperar.

7   No podía ir a dormir sin compartir con ustedes mi experiencia… ¡Qué ironía! Millones de personas pueden leer este texto que escribo, el cual es el resultado de la inspiración que provocó "la madre" de los blogs.

Nos "leemos" pronto.

Penny.

ACTIVIDAD: Noticias desde "El Fin del Mundo"

■ Enfoques del aprendizaje

■ Habilidades de pensamiento crítico: Extraen conclusiones y realizan generalizaciones razonables

Después de leer la publicación de Penny sobre las noticias desde Ushuaia, responde las siguientes preguntas:

1   ¿Por qué provocó tantas emociones en Penny recibir una carta? Menciona dos razones y explica.
2   Considerando la información del párrafo 2, ¿piensas que Penny pensó que nunca más tendría noticias de Mariela? ¿Por qué?
3   Escribe dos ideas del texto donde Penny expresa por qué recibir una carta es especial.
4   ¿Por qué Penny menciona que escribir un texto de blog sobre una carta es una ironía (párrafo 7)? Justifica tu respuesta.

5   Según la publicación, ¿qué malos hábitos ha provocado la comunicación inmediata y rápida del presente? ¿Cómo compara Penny esta actitud con las actitudes del pasado? Justifica tu opinión.
6   Considerando las ideas que escribió en su blog, ¿cómo es la personalidad de Penny? Incluye dos razones que justifiquen tu respuesta.
7   ¿De qué manera las imágenes representan las ideas en el texto? Selecciona un par de ellas y explica dos ejemplos.
8   **Analiza** las imágenes y explica de qué manera cuentan la historia de la amistad entre Penny y Mariela.
9   ¿Por qué podemos decir que la imagen 3 es el puente entre el principio y el presente de la comunicación entre Penny y Mariela? ¿Estás de acuerdo? Justifica tu idea.
10 En tu opinión, ¿Penny y Mariela eran realmente buenas amigas? Explica y justifica tu respuesta. Responde utilizando ejemplos del texto.

ACTIVIDAD: Cierre de unidad

■ Enfoques del aprendizaje

■ Habilidades de reflexión: Consideran los contenidos y se preguntan: ¿Sobre qué aprendí hoy? ¿Hay algo que aún no haya entendido? ¿Qué preguntas tengo ahora?

En esta unidad abordamos el concepto del cambio y exploramos la manera en que los nuevos conocimientos y oportunidades de aprendizaje están ligados a sucesos del pasado. Además, indagamos sobre la manera en que las personas se involucran con el proceso de transición entre un avance y otro.

Los aprendizajes e ideas que poseemos en el presente están ligados a múltiples manifestaciones y acontecimientos pasados que han definido momentos, ideas y estilos de vida.

Para concluir este capítulo, responde la siguiente pregunta y escribe tu opinión:

¿Es posible decir que la manera en que hablamos de los cambios de los que hemos sido testigos demuestra la manera en que asimilamos significados y aprendizajes y creamos conexiones entre las ideas y conocimientos que poseemos? ¿Por qué (no)?

Escribe 250 palabras y publica tu texto en un blog o en un cartel. Invita a tus compañeros a leerlo y a comentar.

11 **Considerando la publicación de Penny, ¿piensas que ella y tú podrían ser amigos? Explica.**

12 **¿En tu opinión, qué tipo de persona es la maestra de francés de Penny? Justifica tu respuesta.**

13 **¿Qué opinas del tema que analiza Penny en esta publicación?**

14 **En el párrafo 6, Penny menciona que "Esperar producía emociones que nos hacían felices… esperar unos minutos para recibir una respuesta puede provocar desesperación o puede hacernos perder la paciencia… la forma en que nos comunicamos ha cambiado tanto como nuestra forma de comprender el significado de esperar". ¿Estás de acuerdo con esta idea? ¿Por qué? Incluye razones en tu explicación.**

◆ Oportunidades de evaluación

◆ En esta actividad se han practicado las habilidades que son evaluadas por medio del Criterio B: Comprensión de textos escritos y visuales.

Reflexión

Reflexionemos sobre nuestro aprendizaje…
Usa esta tabla para reflexionar sobre tu aprendizaje personal en este capítulo.

Preguntas que hicimos	Respuestas que encontramos	Preguntas que podemos generar ahora			
Fácticas					
Conceptuales					
Debatibles					

Enfoques del aprendizaje en este capítulo	Descripción: ¿qué destrezas nuevas adquiriste?	¿Cuánto has consolidado estas destrezas?			
		Novato	En proceso de aprendizaje	Practicante	Experto
Destrezas de colaboración					
Manejo de la información					
Destrezas de pensamiento crítico					
Destrezas de pensamiento creativo					
Atributos de la comunidad de aprendizaje	*Reflexiona sobre la importancia del atributo de la comunidad de aprendizaje de este capítulo.*				
Audaz					

7 ¿Cómo será el futuro de las cosas que vemos?

○ Los avances e *interacciones tecnológicas* y sociales, y las nuevas necesidades que se generan con ellos, sirven de raíces para las *innovaciones* que gozaremos en el futuro.

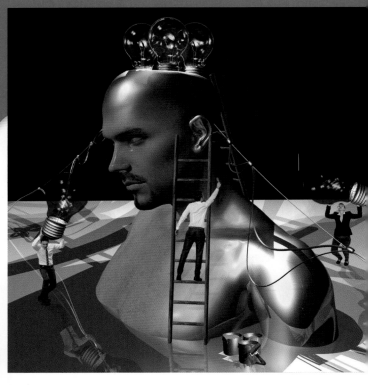

CONSIDERAR Y RESPONDER ESTAS PREGUNTAS:

Fácticas: ¿Qué cosas cambiarán en los próximos diez años? ¿Cuándo una cosa se vuelve "algo del pasado"? ¿Qué profesiones tendrán las personas del futuro? ¿Cuáles serán necesarias? ¿Qué elementos definirán el futuro? ¿Qué retos tendrán los niños del futuro?

Conceptuales: ¿Hasta qué punto la tecnología será el factor principal de cambio? ¿Hasta qué punto reemplazará el mundo virtual al mundo real y a las interacciones sociales y humanas? ¿Cómo afectarán los avances a las relaciones sociales? ¿Cómo se acoplarán las personas que no tienen suficientes recursos? ¿Qué problemas nuevos surgirán en el futuro?

Debatibles: ¿Es la idea del futuro específica de los humanos? ¿Habrá desarrollos benéficos en el futuro? ¿Cambiará la manera en que observamos y estudiamos la historia? ¿Tendrán todas las personas un mejor entendimiento del mundo? ¿Habrá oportunidades similares para todas las personas en el futuro? ¿Qué cambiará en la forma de comunicarnos y construir nuevos conocimientos?

Ahora **compara** y **comparte** tus opiniones con un compañero o con toda la clase.

■ Todos tenemos la capacidad de inspirar nuevas ideas

⟋○ EN ESTE CAPÍTULO VAMOS A:

■ **Descubrir:**
- ■ apreciaciones sobre los aspectos del presente que se perfilan para provocar cambios en nuestro futuro
- ■ ideas sobre la relatividad del concepto del futuro.

■ **Explorar:**
- ■ ideas sobre el futuro de las cosas que usamos y consumimos
- ■ los posibles avances, así como el futuro que podemos crear.

■ **Actuar y:**
- ■ reflexionar sobre qué tan preparados estamos para enfrentar los retos del futuro
- ■ evaluar la manera en que hemos aprendido de nuestras experiencias para contribuir al futuro.

■ **Las siguientes habilidades de los enfoques del aprendizaje serán útiles:**

- Habilidades de comunicación
- Habilidades de colaboración
- Habilidades de reflexión
- Habilidades de gestión de la información
- Habilidades de pensamiento crítico
- Habilidades de pensamiento creativo
- Habilidades de transferencia
- Habilidades de alfabetización mediática

● **Reflexiona sobre el siguiente atributo de la comunidad de aprendizaje:**

- Audaz: por medio de trabajo autónomo y colaborativo para explorar nuevas ideas y estrategias innovadoras.

◆ **Oportunidades de evaluación en este capítulo:**

- **Criterio A:** Comprensión de textos orales y visuales
- **Criterio B:** Comprensión de textos escritos y visuales
- **Criterio C:** Comunicación en respuesta a textos orales, escritos o visuales
- **Criterio D:** Uso de la lengua de forma oral o escrita

GRAMÁTICA

Tiempos verbales que se abordan en este capítulo:
- Presente (indicativo)
- Pretérito perfecto
- Futuro
- Condicional (en menor grado)
- Presente de modo subjuntivo (probable)

VOCABULARIO SUGERIDO

Vocabulario sugerido para mejorar la experiencia de aprendizaje.

Sustantivos	Adjetivos	Verbos
adelanto	adverso	adquirir
ámbito	antiguo	agravar
apuro	arcaico	alejar
circunstancia	benefactor	ampliar
conflicto	benéfico	aprovechar
destreza	catastrófico	cambiar
etapa	confiable	conseguir
impacto	crítico	construir
incidente	dañino	consumir
innovación	desastroso	corregir
mejora	desfavorable	dañar
pánico	devastador	desarrollar
prevención	excesivo	desechar
progreso	favorecedor	desgastar
prosperidad	impactante	desperdiciar
riesgo	innecesario	deteriorar
rubro	nocivo	disminuir
ruina	primitivo	empeorar
suceso	sustentable	generar
temor		lograr
utensilio		mejorar
vanguardia		optimizar
		posponer
		prosperar
		purificar
		reformar
		renovar
		reparar

Tema 1: ¿Seguiremos viendo las cosas que usamos y consumimos de la misma forma en el futuro?

PIENSA–COMPARA–COMPARTE

Lee las siguientes preguntas y respóndelas.

Después trabaja en parejas o grupos pequeños y comparte tus ideas con tus compañeros.

Preguntas	Tus respuestas
¿Qué cosas cambiarán en los próximos diez años?	
¿Qué cambios son urgentes y necesarios? ¿Cómo llegamos a esa conclusión?	
¿Cuándo es que una cosa se vuelve "algo del pasado"?	
¿Hasta qué punto la tecnología será el factor principal de cambio?	
¿Sería el mundo un sitio mejor si la tecnología dejara de avanzar?	

ACTIVIDAD: Curiosidad sobre lo que pasará

■ Enfoques del aprendizaje

■ Habilidades de pensamiento crítico: Formulan preguntas fácticas, de actualidad, conceptuales y debatibles

Ahora vas a pensar en una serie de preguntas esenciales sobre el futuro de las cosas que usamos y consumimos. Escribe las preguntas que harías a tus compañeros para indagar sobre sus ideas. Escribe por lo menos cinco preguntas, y prepárate para colaborar en parejas o grupos pequeños. Toma notas de ideas que consideres relevantes.

Tus preguntas	Notas

PUNTO DE INDAGACIÓN

Responde las siguientes preguntas y comparte tu punto de vista con tus compañeros.

1. ¿Qué cambios puedes mencionar entre el tipo de casas que se construían antes y las que se construyen ahora?
2. ¿Qué toman en cuenta las personas cuando compran una casa?
3. ¿Qué características tendrá la casa del futuro?
4. ¿Qué características tienen las casas sustentables o ecológicas?
5. ¿Qué diferencias puedes mencionar entre el futuro (imperfecto) y el futuro con "ir a..."?
6. ¿En qué se diferencian el futuro (imperfecto) y el condicional?
7. ¿Es posible utilizar los siguientes verbos para expresar ideas en el futuro: gustar, desear, querer, temer?

ACTIVIDAD: La casa del futuro

■ Enfoques del aprendizaje

- ■ Habilidades de pensamiento crítico: Extraen conclusiones y realizan generalizaciones razonables

En este vídeo escucharás la variedad argentina de la lengua española.

Realiza una búsqueda en YouTube utilizando las siguientes palabras clave: La casa del futuro Arnet. Selecciona el vídeo con una duración de 3 minutos 48 segundos.

Responde las siguientes preguntas considerando la información en el vídeo:

1 ¿Qué función tendrá cada uno de los siguientes artículos? Utiliza el futuro en tus respuestas.

Artículo, producto o función	¿Cómo nos ayudará?
El felpudo	
La heladera	
La alacena	
La tostadora	
El microondas	
La balanza	
El espejo	
La mesa táctil	
La pared digital (en el cuarto de los chicos)	
La bici	
El *tender* en la terraza	
La parrilla	
El *modo vacaciones*	

2 ¿Cómo resumirías la idea general del vídeo sobre las nuevas oportunidades que tendremos con la casa del futuro?

3 ¿Qué nos dicen los testimonios de la familia en el vídeo acerca de la casa del futuro?

4 ¿Qué intenta vender este anuncio? ¿Por qué utilizaron esta situación para promover tal producto?

5 ¿Es verdadero/realista este anuncio de publicidad? Justifica tu respuesta.

6 ¿Qué malos hábitos podrían desarrollar las personas que viven en esta casa? Explica por qué.

7 ¿Qué opinarían las personas de tu país sobre esta casa del futuro que se muestra en el vídeo? ¿Te gustaría vivir ahí? ¿Por qué (no)?

8 ¿Qué tan probable es la posibilidad de que esta casa exista en tu ciudad? ¿Por qué?

9 Considerando las imágenes que viste en el vídeo, ¿cuáles 2 avances te parecieron los más atractivos? Explica.

10 En 10 líneas, resume el significado del vídeo que viste. Refiérete a las imágenes que se presentaron.

◆ Oportunidades de evaluación

◆ En esta actividad se han practicado las habilidades que son evaluadas por medio del Criterio A: Comprensión de textos orales y visuales.

PIENSA–COMPARA–COMPARTE

Lee las siguientes preguntas y comparte tu punto de vista con tus compañeros.

1 ¿Qué momentos importantes puedes mencionar acerca de la historia del lenguaje escrito?
2 ¿Qué tan barato es comprar literatura?
3 ¿Crees que hay libros para diferentes ocasiones o solo para diferentes intereses?
4 ¿Qué características de los libros impresos echan de menos las personas cuando leen libros electrónicos o digitales?
5 ¿Qué tan similares son la evolución de los formatos de la música y la de los formatos de los libros?
6 ¿Qué te gusta más: leer libros impresos o libros electrónicos?

MEDIAS PREGUNTAS

Practica el futuro pensando en una serie de preguntas que te permitan indagar sobre el futuro de la casa y de tus hábitos cotidianos. Utiliza los siguientes fragmentos para escribir tus preguntas. Posteriormente, trabaja con un compañero. Utiliza tus preguntas para generar diálogo. Toma turnos para preguntar y responder.

1 ¿Por qué...
2 ¿Qué cambiará si...
3 ¿Cuáles son las razones por las que _____ cambiará(n)?
4 ¿Qué pasará si...
5 ¿Qué harás si _____ es posible / sucede?
6 ¿Cuál será el propósito de...?
7 ¿Cómo serás diferente si...?
8 ¿Cómo te adaptarás a...?
9 ¿Cómo enfrentarás los nuevos desafíos cuando...?
10 ¿Qué nuevas necesidades surgirán cuando...?

ACTIVIDAD: El futuro de los libros

■ Enfoques del aprendizaje

■ Habilidades de pensamiento crítico: Consideran ideas desde múltiples perspectivas

Realiza una búsqueda en YouTube utilizando las siguientes palabras clave: El futuro del libro impreso según Vargas Llosa.

Verás una entrevista con el escritor peruano, ganador del Premio Nobel de literatura.

1 ¿Cuáles son las dos ideas principales que Mario Vargas Llosa considera que las publicaciones digitales no serán capaces de producir?
2 ¿Por qué Vargas Llosa compara la literatura digital con la televisión? ¿Qué punto quiere probar?
3 Explica por qué Vargas Llosa piensa que si las publicaciones digitales reemplazan los libros, la literatura perderá su fuerza crítica.
4 Esencialmente, ¿cuál es la diferencia principal entre las producciones literarias digitales y las publicaciones impresas, es decir, los libros?
5 ¿Qué peligro menciona Vargas Llosa acerca del dominio de la literatura digital en la sociedad?
6 Observa el vídeo con atención: ¿dónde se filmó esta entrevista?
7 ¿Qué representa el fondo del set (de grabación) en el vídeo?
8 ¿Cuál es el tono con el que Vargas Llosa presenta sus puntos de vista?
9 ¿Cuál es el punto de vista que Vargas Llosa tiene sobre la literatura impresa?
10 Después de ver el vídeo, ¿qué aprendiste sobre Vargas Llosa y su aceptación de las innovaciones tecnológicas en la literatura?
11 ¿Hasta qué punto estás de acuerdo con Vargas Llosa cuando menciona que la literatura digital jamás producirá un clásico? ¿Estás de acuerdo con su justificación?

◆ Oportunidades de evaluación

◆ En esta actividad se han practicado las habilidades que son evaluadas por medio del Criterio A: Comprensión de textos orales y visuales.

ACTIVIDAD: El futuro de la comida

Enfoques del aprendizaje

- Habilidades de pensamiento crítico: Consideran ideas desde múltiples perspectivas
- Habilidades de transferencia: Comparan la comprensión conceptual en distintas disciplinas y grupos de asignaturas

Encuentra este vídeo en YouTube: El Futuro de la Comida presente cápsula y responde las siguientes preguntas:

1 Después de ver el vídeo, describe en diez líneas qué pudiste observar y el mensaje general. Escribe tu opinión.
2 Considera las imágenes en el vídeo. ¿Qué malos hábitos observaste en el presente? ¿Qué efecto tienen estos hábitos en la responsabilidad social respecto a la comida en el futuro?
3 ¿Qué diferencias se mencionan en el vídeo con respecto a las preferencias y alergias relacionadas con la comida? ¿Qué podemos suponer sobre el futuro?
4 En el vídeo se menciona que en el presente existen alergias que no existían antes. ¿Qué problemas pueden tener las personas con alergias específicas? ¿Qué puedes suponer sobre el futuro?
5 En el vídeo se muestran innovaciones en la agricultura. ¿Cómo afectarán positiva y negativamente estas prácticas a la producción de comida en el futuro? ¿Qué tipo de riesgos y problemas existirán?
6 Hacia el final del vídeo, una persona dice que "los jóvenes del presente son personas informadas y educadas y que piensan más en el futuro que en el pasado". ¿Estás de acuerdo con esta idea? ¿Por qué (no)?

◆ Oportunidades de evaluación

- En esta actividad se han practicado las habilidades que son evaluadas por medio del Criterio A: Comprensión de textos orales y visuales.

ACTIVIDAD: El futuro de la comida 2

Enfoques del aprendizaje

- Habilidades de comunicación: Escriben con diferentes propósitos

En el presente, las personas seleccionan la comida que consumen tomando en cuenta sus religiones, sus dietas específicas, sus estilos de vida, así como las alergias que pueden padecer.

Antes, las especificaciones alimentarias no eran tan extensas como ahora y, evidentemente, esto ha modificado la forma de apreciar la comida.

Imagina que participas en un debate en la clase de Seminario de Aprendizaje y Desarrollo. Considera la situación anterior y escribe una respuesta/comentario para la siguiente pregunta:

¿Por qué en el presente las aerolíneas, los operadores de tours, los hoteles y las conferencias necesitan tener precaución con la comida que ofrecen a las personas que usan sus servicios? ¿Qué cambios podemos predecir para el futuro?

Tu audiencia son tus compañeros de clase y tu profesor.

Escribe un comentario de 200 palabras que incluya justificaciones para tus ideas, ejemplos y una conclusión.

▼ Nexos: Individuos y sociedades; Geografía; Ciencias: Química

Las alteraciones genéticas en varios productos comestibles y agrícolas se han llevado a cabo con el fin de generar alimentos para ayudar a regiones del mundo que sufren de penurias. No obstante, muchos de estos productos tienen efectos secundarios y esto crea debates sobre la ética de la iniciativa. Muchas personas critican las grandes cantidades de dinero que se invierten en armamentos de guerra y lo que se podría lograr con ello para apoyar a personas que lo necesitan.

ACTIVIDAD: Las ciudades inteligentes del futuro

■ Enfoques del aprendizaje

■ Habilidades de pensamiento creativo: Consideran múltiples alternativas, incluidas aquellas que puedan parecer poco probables o imposibles

Lee con atención las etapas de este proyecto:

Etapa 1

Planea una charla con tu profesor(a) de geografía y conversen sobre el desarrollo de las ciudades para combatir la sobrepoblación del planeta y para mejorar la calidad de vida. Toma notas sobre tu conversación y escribe un resumen.

Etapa 2

Después de tu conversación con el/la profesor(a), realiza una búsqueda en YouTube utilizando las siguientes palabras clave: ¿Qué son las Ciudades inteligentes? Presente y futuro.

Considera los conflictos que existen en las ciudades con el tráfico, la contaminación, el número de personas, la cantidad de coches, la calidad del aire, la calidad de vida, la seguridad, el espacio disponible, la utilización y el precio de la energía, y la responsabilidad social.

Considera el resumen de tu charla con tu profesor(a) y la información en el vídeo y responde estas preguntas:

1 **¿Cómo serán las ciudades del futuro?**
2 **¿Cuáles serán los cambios más drásticos? ¿Por qué serán necesarios esos cambios?**
3 **¿Qué puede pasar si la situación no mejora?**
4 **¿Qué avances serán los más difíciles y complejos? ¿Por qué?**
5 **¿Qué opinas del software que promueve el vídeo?**

Etapa 3

Comparte tus respuestas con la clase, en parejas o grupos pequeños.

Etapa 4

Para culminar esta actividad, utiliza la información que obtuviste de tu conversación con tu profesor(a), del vídeo, y de la conversación sumativa con tus compañeros para preparar un sistema práctico que se podría implementar en tu ciudad para mejorar la calidad de vida. En esta etapa, es buena idea considerar el ciclo de diseño para organizar tus ideas. Presenta tu proyecto a tus compañeros. Algunos productos posibles son: vídeos, presentaciones de PowerPoint, podcasts, presentaciones en Flash, etc.

Consulta con tu coordinador(a) de Servicio y Acción sobre tu idea, incluye sus comentarios en tu producto final.

ACTIVIDAD: Los desechos del futuro

■ Enfoques del aprendizaje

■ Habilidades de comunicación: Estructuran la información en resúmenes, ensayos e informes

El crecimiento acelerado de nuestra sociedad, especialmente las industrias de tecnología, ha producido un nuevo problema ambiental, social e incluso moral: la contaminación tecnológica.

La basura electrónica (*e-waste*) incluye todos los ordenadores, teléfonos móviles y aparatos eléctricos y electrónicos que no se utilizan más. Estos objetos no son reciclados porque poseen metales y sustancias altamente tóxicas. Muchas personas compran tecnología pero no saben qué hacer con ella cuando ya no es necesaria. Realiza una búsqueda de imágenes en internet acerca

de los desechos electrónicos. Después responde a la siguiente pregunta:

¿Qué responsabilidades tienen las compañías que producen tecnologías y los consumidores?

Considera el texto y las imágenes que encontraste y escribe un artículo de 250 palabras para la revista de tu escuela. El objetivo de tu artículo es crear conciencia en los profesores, padres y estudiantes sobre la basura electrónica.

◆ Oportunidades de evaluación

◆ En esta actividad se han practicado las habilidades que son evaluadas por medio del Criterio C: Comunicación en respuesta a textos orales, escritos o visuales y del Criterio D: Uso de la lengua de forma oral o escrita.

Lee el siguiente blog sobre el punto de vista de una madre sobre la educación moderna:

¿Cuál será el límite de las posibilidades?

1 Después de asistir a una presentación en la escuela de mis hijos, donde observé la manera en que los estudiantes trabajan, comparé esos métodos con la forma en que yo aprendí, y me gustaría especular sobre el cambio futuro de la educación.

Todas nuestras acciones, sueños, valores, e interacciones con otras personas en el presente están influidas por la tecnología, y más concretamente, por las redes sociales. Esto tiene un efecto e impacto interesante en las escuelas, pues las necesidades educativas han cambiado.

2 En el presente, para comprender los problemas modernos, la forma de utilizar la memoria necesita ser diferente; el pensamiento crítico es necesario para buscar y seleccionar información, para completar proyectos y para colaborar. Los estudiantes ahora tienen espacios alternativos de trabajo aparte de la escuela; ahora pueden trabajar en grupos que existen en plataformas como Facebook; también pueden participar en las discusiones en los vídeos de YouTube, o incluso pueden debatir en el foro de un blog… Entonces, los cuadernos y los libros en ocasiones son elementos extra en su formación.

3 En la presentación, los estudiantes presentaron sus trabajos en formato digital y también exhibieron las herramientas que utilizan para trabajar. ¡Fue impresionante! Yo pude observar que la forma de enseñar es completamente diferente, que el profesor aún es importante, pero que ahora tiene instrumentos como las tablets, los mini-ordenadores, y una cantidad enorme de *apps*. Estos recursos son importantes, porque hacen posible el cambio; sin embargo, ellos solos no producen la innovación, el cambio lo hacen los docentes con la habilidad para combinar diferentes procesos y utensilios. Entonces, es evidente que el formato presente de las escuelas y los sistemas de educación será diferente en el futuro.

4 En la educación del futuro, la conexión a internet será la gran protagonista. Habrá reglas de seguridad para que los niños trabajen sin peligro. Los libros digitales se transformarán en redes sociales cerradas al grupo de la clase; las lecciones y clases aparecerán en las páginas de los libros electrónicos, posiblemente serán parecidas a ítems como *Crop it*, *Scoop it*, *Pinterest* o *Storify*. Las tablets de los alumnos serán de plástico flexible, serán resistentes al agua, y muy fáciles de transportar. Habrá actividades en las que los estudiantes trabajarán de modo colaborativo con otras escuelas y otros alumnos que no conocen. Los estudiantes seleccionarán el contenido y la estrategia de trabajo de una selección previamente organizada por el profesor o/y preparadas automáticamente en los libros digitales.

5 En el futuro, la educación será más personal. Existirán formas diferentes de completar objetivos y de utilizar los diferentes talentos de los profesores y los estudiantes. Los exámenes podrán tomarse en una plataforma o en un formato en línea y posiblemente serán juegos de estrategia o de diseño. Además posiblemente existirán sistemas que evaluarán el trabajo de los estudiantes.

6 Por esta razón, pienso que las familias experimentarán una evolución en el rol que juegan en la educación de sus hijos, y que las nuevas formas de trabajar provocarán adaptaciones a las diferentes modalidades de estudiar, porque es muy probable que la escuela no sea el único espacio de trabajo, dado que las instituciones ofrecerán clases en PLE (*Personal Learning Environments*) o MOOC (*Massive Open Online Courses*), clases y viajes virtuales, trabajos de investigación en medios sociales y conferencias remotas con personas de otros países. Entonces, esto significa que el profesor no será el centro de la información y su rol como guía, mediador, filtro de información y moderador será más inminente.

7   La creatividad y la originalidad serán igualmente importantes en la educación en el futuro; el tiempo y el formato de trabajo se flexibilizarán, y los profesores y estudiantes explorarán formas de aprender que posiblemente no podemos imaginar ahora. Sin embargo, pienso que el elemento que no cambiará es la importancia de la interacción entre personas, porque los humanos somos sociales y no podemos existir aislados.

8   Con este post, pregunto a mi audiencia ¿cómo te imaginas la educación del futuro con las tecnologías de la información, las *apps*? ¿Qué pasará con los profesores? ¿No existirán? ¿Los reemplazarán robots o computadoras? ¿Cómo cambiarán los roles y la interacción de los profesores y estudiantes?

Mamás y papás modernos, ¿qué opinan? Me gustaría leer su opinión.

ACTIVIDAD: ¿Cuál será el límite de las posibilidades?

■ Enfoques del aprendizaje

- ■ Habilidades de pensamiento crítico: Extraen conclusiones y realizan generalizaciones razonables
- ■ Habilidades de comunicación: Leen con actitud crítica y para comprender

Después de leer el blog anterior, responde las siguientes preguntas:

1   ¿Cuál será el elemento más importante en la educación del futuro? Menciona dos razones y explica.
2   Considerando la información del párrafo 3, ¿cuál es el elemento común entre la educación tradicional del pasado y la educación moderna? ¿Cuál es la mínima diferencia que este elemento presenta en las dos situaciones? (Responde las dos preguntas.)
3   Escribe tres elementos que serán importantes en la educación del futuro. Incluye razones.
4   ¿Quiénes forman la audiencia de esta autora? Menciona una idea del texto que funcione como conexión entre la audiencia y la experiencia de la autora. Explica.
5   ¿Qué motivó la autora a escribir este texto? ¿Piensas que la autora logró transmitir su mensaje correctamente? Responde las dos preguntas y justifica tu opinión.
6   Considerando las ideas que la autora escribió en su blog, ¿cómo es su personalidad? Incluye dos razones que justifiquen tu respuesta.

7   En el párrafo 8, la autora incluye estas preguntas: "¿Qué pasará con los/las profesores/as?" y "¿Cómo cambiarán los roles y la interacción de los profesores y estudiantes?". Considera el texto y tu experiencia personal y responde.
8   ¿Qué relaciones puedes mencionar entre las imágenes y las ideas principales del texto?
9   ¿Qué información del texto se representa en la tercera imagen? Menciona un ejemplo para justificar.
10 ¿Hasta qué punto resume el texto la imagen final? Explica.
11 Considera tu experiencia como estudiante en el presente. Considera el texto y responde: ¿Qué habilidades necesitarás para tener éxito en tu educación en el futuro? ¿Qué será fácil y qué será difícil? Explica y justifica tu respuesta. Responde utilizando ejemplos del texto.
12 Imagina que la autora es tu mamá. ¿Qué opinas de su texto? ¿Qué ideas consideras significativas? Explica y justifica tu respuesta. Responde utilizando ejemplos del texto.

◆ Oportunidades de evaluación

- ◆ En esta actividad se han practicado las habilidades que son evaluadas por medio del Criterio B: Comprensión de textos escritos y visuales.

■ Estos son los días para colaborar, cooperar, conectar y actuar

MAPA DE AMIGOS EN TU FACEBOOK

Si pusieras una ficha en los países de origen de donde son tus amigos en Facebook, ¿cuánto del mundo cubrirías?

Muchas personas piensan que en el presente es más fácil obtener información de otras partes del mundo gracias a las redes sociales y a cómo éstas nos acercan a lugares que posiblemente nunca hemos imaginado o que nunca visitaremos. Del mismo modo, muchas personas también piensan que gracias a la comunicación de diferentes países con las que interactuamos (a través de YouTube o Trip Advisor), ahora es posible entender las diferencias entre culturas y es más fácil sentirnos una gran nación. ¿Estás de acuerdo?

PIENSA–COMPARA–COMPARTE

Lee las siguientes preguntas y respóndelas.

Después trabaja en parejas o grupos pequeños y comparte tus ideas con tus compañeros.

1 ¿Qué rol tendrán las redes sociales en la manera en que las personas definan "qué es internacional y/o foráneo"?
2 ¿Cambiará la idea que tenemos de las diferentes nacionalidades en el futuro?
3 ¿Hasta qué punto la globalización y las redes sociales harán menos interesante la idea de viajar?
4 ¿Crees que será común, popular y frecuente tener relaciones multirraciales, multiculturales y multilingües en el futuro gracias a las tecnologías de comunicación? ¿Hasta qué punto ya es posible esto?
5 ¿Tendrán todas las personas un mejor entendimiento del mundo en el futuro?
6 ¿Qué problemas nuevos surgirán en el futuro respecto a la identidad de las personas y la idea de "ser internacional"?

ACTIVIDAD: YouTube mató la hermandad entre naciones y personas

■ Enfoques del aprendizaje

■ Habilidades de comunicación: Escriben con diferentes propósitos

Muchas personas piensan que antes de YouTube, las enemistades entre países eran menores en comparación con el presente. Ahora, algunas personas pueden compartir información sobre otros países en las redes y, cuando esta se vuelve viral, las personas del país que se critica pueden reaccionar negativamente y, entonces, surge fricción entre dos países. De igual forma, el alcance que tienen los comentarios destructivos entre personas es incontrolable en ocasiones, y las enemistades y conflictos son inevitables.

¿Tú piensas que la interacción en las redes nos acerca o nos separa más?

Piensa en un ejemplo en el que las plataformas cibernéticas o redes sociales hayan causado conflicto entre dos países o dos personas. Realiza una investigación breve y escribe un resumen en el que narres cómo comenzó el incidente, qué comentarios engrandecieron el conflicto, si se terminó el problema, y qué podemos aprender de casos como ese.

Escribe 250 palabras.

Comparte tu opinión con tus compañeros y pídeles que hagan comentarios.

◆ Oportunidades de evaluación

◆ En esta actividad se han practicado las habilidades que son evaluadas por medio del Criterio C: Comunicación en respuesta a textos orales, escritos o visuales y del Criterio D: Uso de la lengua de forma oral o escrita.

LA MISIÓN Y VISIÓN DE LAS ESCUELAS INTERNACIONALES

En la misión y visión de la mayoría de las escuelas internacionales se puede leer que las instituciones aspiran a que sus alumnos se conviertan en ciudadanos responsables, de mentalidad abierta y con un alto sentido de conciencia internacional. ¿Qué tan lejos están estos deseos de la realidad? ¿Hasta qué punto la filosofía de tu escuela tiene esas intenciones? ¿Simpatizas con ellas? ¿Por qué (no)?

PUNTO DE INDAGACIÓN

Lee las siguientes preguntas y debate to punto de vista con tus compañeros.

1 ¿Qué elementos definirán el futuro?
2 ¿Qué retos tendrán las personas que se resistan al cambio?
3 ¿Cómo se acoplarán las personas que no tienen suficientes recursos?
4 ¿Qué problemas nuevos surgirán en el futuro?
5 ¿Cómo contribuyen las escuelas internacionales a mejorar las condiciones del entendimiento global en su comunidad?
6 ¿Es la idea del futuro específica a los humanos?
7 ¿Habrá desarrollos benéficos en el futuro?
8 ¿Realmente contribuyen las escuelas internacionales a la mejora de la comunidad?

ACTIVIDAD: La contribución de las escuelas internacionales

■ Enfoques del aprendizaje

■ Habilidades de gestión de la información: Obtienen y analizan datos para identificar soluciones y tomar decisiones fundadas. Utilizan la capacidad crítica para analizar e interpretar los contenidos de los medios de comunicación

En esta actividad, realizarás una breve investigación sobre las ideologías en varias escuelas internacionales. Para esta actividad trabajarás en equipos.

En tu equipo, selecciona cinco países diferentes. Intenta que los países que selecciones sean diferentes de los que seleccionen otros equipos.

Después de seleccionar tus países, encuentra una escuela internacional en cada uno. Distribuye el trabajo entre los miembros de tu equipo.

Investiga sobre la misión de la escuela y su filosofía, y cómo, según esas ideas, serán los alumnos al graduarse. Utiliza el futuro en tus ideas.

Después de investigar, comparte con otros equipos. Es buena idea que los miembros de diferentes equipos se mezclen para compartir.

Posteriormente, regresa a tu equipo e informa a tus compañeros sobre las ideas que escuchaste y compartiste.

Escribe un resumen de la actividad que incluya tu opinión y reflexión personal.

Escribe 250 palabras.

◆ Oportunidades de evaluación

◆ En esta actividad se han practicado las habilidades que son evaluadas por medio del Criterio C: Comunicación en respuesta a textos orales, escritos o visuales y del Criterio D: Uso de la lengua de forma oral o escrita.

MODELO DE NACIONES UNIDAS (MNU)

En el Modelo de Naciones Unidas (MNU) se simula el funcionamiento del sistema de la Organización de las Naciones Unidas (ONU) y algunos de sus órganos multilaterales. Los clubes de MNU se han vuelto extremadamente populares en escuelas públicas, privadas e internacionales, porque las instituciones reconocen que en esta actividad se adquieren aptitudes para el debate, se desarrollan destrezas para formular acuerdos, se practican técnicas para la resolución de conflictos y la negociación, y se ejercitan las habilidades de socialización. Claramente, la idea también es desarrollar una visión más global del mundo.

¿En tu escuela hay un club de MNU? ¿Participas tú en él? Generalmente, ¿qué tipo de alumnos son fervientes participantes del MNU?

▼ Nexos: Lengua y literatura

El Modelo de las Naciones Unidas es una actividad tanto lúdica como académica que emplea los simulacros, el estudio de casos, el aprendizaje basado en problemas, y la investigación para fomentar el aprendizaje y ayudar a los estudiantes aprender, a colaborar y a negociar.

ACTIVIDAD: ¿Por qué es buena idea involucrarse en el MNU?

■ Enfoques del aprendizaje

■ Habilidades de comunicación: Utilizan una variedad de técnicas de expresión oral para comunicarse con diversos destinatarios

En esta actividad, practicarás tus habilidades de persuasión.

Si en tu escuela no hay un club del MNU, tu discurso se dirigirá a los directivos de la institución.

Si en tu escuela ya hay un club del MNU, tu discurso tendrá como destinatarios los directivos de una escuela donde aún no hay uno.

Si no conoces mucho sobre el club del MNU, realiza una investigación breve.

Tarea

Eres el representante oficial del Modelo de las Naciones Unidas en tu ciudad. Tu misión es convocar a las escuelas a crear Modelos de las Naciones Unidas, para que los alumnos participen en discusiones y debates donde discutirán situaciones de relevancia global. Prepara el discurso que dirás en tu presentación ante los directivos de las escuelas; menciona el objetivo del club, las ventajas de tenerlo en la escuela y la manera en que contribuye a la educación holística de los estudiantes.

Después de escribir tu discurso, ensáyalo, poniendo atención a la entonación y dicción de las palabras e ideas. Graba tu discurso y compártelo en clase.

Escucha los discursos de tus compañeros y **evalúa** lo persuasivos y convincentes que son.

Como reflexión final, responde la siguiente pregunta:

¿Piensas que programas como el MNU contribuirán a consolidar alumnos más conscientes de sus responsabilidades hacia la sociedad? ¿Cómo piensas que la proliferación de estos programas diversificará las ideas de entendimiento internacional en las escuelas de todo el mundo?

Escribe tu reflexión.

Lee el siguiente artículo sobre las nuevas tecnologías de comunicación:

¿Magnetismo o separación?
Por: Marco Enríquez

George Couros, apodado "el director del cambio" y uno de los nombres más influyentes en el área de la tecnología de la educación, dice que si uno se siente aislado es posiblemente porque uno no está conectado con el resto del mundo.

Muchas personas están de acuerdo con el señor Couros, pues las redes sociales nos acercan a las personas cuando habitan en lugares diferentes, o nos ayudan a encontrar personas con gustos afines en la ciudad donde vivimos. No obstante, algunos sociólogos han puntualizado que redes sociales como Facebook y YouTube contribuyen a los conflictos, o a muestras de indiferencia o apatía que se observan entre varios grupos sociales e incluso países. En pocas palabras, cierta información que se comparte en estos medios, particularmente aquella que enfatiza costumbres o conductas negativas de personas o grupos, crea un apartamiento que aleja a las personas de la idea del entendimiento común.

¿Qué tan verdadero es esto? Es difícil afirmarlo, así que analicemos algunos casos.

Tomemos como ejemplo un partido de fútbol. Independientemente de quien gane, algunas de las personas que estén inconformes con los resultados publicarán comentarios indecentes y desagradables en las redes sociales, y provocarán que los adversarios respondan de forma negativa, probablemente.

Otro ejemplo común es la asociación política de las personas. Cuando hay elecciones presidenciales, muchos grupos simpatizantes de partidos específicos encuentran información para difamar a sus oponentes y la revelan en las redes y medios más populares. Evidentemente, sus oponentes los atacarán, pues no pueden quedarse con los brazos cruzados.

Aunque estos son dos ejemplos demasiado específicos y un tanto aislados, podemos observar que si las personas muestran conductas inapropiadas en las redes sociales, desatarán una cadena de negatividad que será difícil de controlar. Así, si las personas no actúan o no se comportan con cautela y buenos modales en las redes, las fricciones entre diferentes grupos crecerán y se acentuarán.

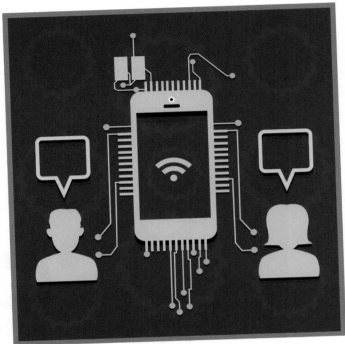

Hace unos días, en la clase de lengua discutíamos la manera en que las personas se relacionaban y se comunicaban. Yo me sorprendí muchísimo cuando la profesora mencionó que cuando ella era joven tenía amigos por correspondencia en varios países del mundo y que era necesario esperar hasta un mes para recibir una respuesta; también mencionó que las cartas tenían un valor especial, porque las llamadas de larga distancia eran carísimas y, por lo tanto, era necesario expresar ideas memorables para sentir que estaban con la persona a quien escribían. Todos reímos cuando la maestra mencionó que posiblemente por esa razón era difícil para muchos jóvenes del presente tener comunicación íntima por medio de mensajes digitales, pues incluso los correos electrónicos son poco comunes e incluso es más común pasar horas y horas intercambiando mensajes instantáneos acompañados de imágenes en lugar de llamar por teléfono, especialmente ahora que las llamadas son prácticamente gratis mientras se tenga internet, concluyó la profesora.

La profesora nos hizo reflexionar sobre la forma en que las innovaciones tecnológicas nos han dado oportunidades de comunicarnos con más frecuencia, pero también, en su opinión, han disminuido la calidad de la comunicación, la conexión que establecíamos con los mensajes y el valor sentimental que estos adquirían. "Estoy segura de que no conservan ninguno de los mensajes bonitos que sus amigos les envían y eso es triste, porque muchos de mis amigos y yo conservábamos las cartas que intercambiábamos, e incluso las releíamos", afirmó y nos arrancó un suspiro.

De esta clase aprendí que necesitamos aprender a aprovechar las oportunidades, medios y foros de comunicación de manera sana o, de lo contrario, no lograremos conocer y aprender más sobre otros y desperdiciaremos una gran oportunidad para conocer sobre los demás y promover la libertad de expresión.

Así, si las personas no regulan su conducta cuando interactúan en internet, siempre existirán problemas, y las preocupaciones de los padres sobre la seguridad en el uso de las redes no desaparecerá. De la misma manera, si estas conductas no se modifican, muchas escuelas que tienen políticas estrictas sobre el uso de la tecnología no cambiarán sus puntos de vista al respecto.

Entonces, claramente las redes sociales pueden acercarnos, pero también pueden separarnos, de tal forma que es importante tener buen comportamiento en ellas, pues son el nuevo patio de interacción; si no somos capaces de comprender las consecuencias de las malas conductas, demostrarnos que, posiblemente, no nos interesa tener un sentido de comunidad y unidad con los demás.

Así pues, ¿estar conectado soluciona o aumenta los problemas de aislamiento? ¿Cómo podemos estar conectados con los demás y mantener una actitud cordial?

¿Qué opinan? ¡Compartan su opinión en el blog de la sociedad de alumnos de la escuela!

ACTIVIDAD: ¿Magnetismo o separación?

■ Enfoques del aprendizaje

- Habilidades de pensamiento crítico: Obtienen y organizan información pertinente para formular un argumento. Extraen conclusiones y realizan generalizaciones razonables

Después de leer, responde las siguientes preguntas:

1 ¿Por qué piensas que George Couros menciona que estar conectado en internet es la solución a sentirse aislado?
2 ¿Por qué muchos sociólogos se han interesado en este fenómeno de comportamiento en internet? Justifica tu respuesta.
3 Considerando sus comentarios, ¿piensas que la conversación con la profesora de lengua tuvo un impacto positivo en Marco? Explica.
4 ¿Qué ideas del texto representan las imágenes que se incluyeron? Menciona dos ejemplos.
5 ¿Qué relación entre escribir cartas y la capacidad de expresión se menciona en el texto?
6 ¿Por qué crees que Marco escribió este texto en la revista de la escuela?
7 ¿Hasta qué punto el comportamiento que ciertos grupos sociales muestran en las redes es similar al que muestran en los medios?
8 ¿Qué papel juegan los padres y los amigos en nuestra conducta en internet?
9 ¿Hasta qué punto piensas que los directivos escolares deben tener reglas estrictas respecto al uso de redes sociales en la escuela, incluso si tienen propósitos educativos?
10 ¿Qué reglas existen en tu escuela y en tu familia sobre las ideas que se mencionan en el texto?
11 Considerando la manera en que escribe, ¿cómo describirías a Marco? ¿Qué tipo de persona es? Justifica con información del texto. ¿Podrías ser su amigo/a?

◆ Oportunidades de evaluación

- En esta actividad se han practicado las habilidades que son evaluadas por medio del Criterio B: Comprensión de textos escritos y visuales.

■ ¿Qué relaciones existen entre estos tres amigos?

¿SON GENUINAS LAS MUESTRAS DE APOYO?

Vivimos en tiempos en los que es posible crear tendencias, convocar participación o contribuir a una causa gracias al poder de un símbolo: #.

Comprender el uso del # (almohadilla/hashtag) es tan importante que incluso es necesario aprender a crearlos adecuadamente para que tengan resultado.

¿Te has preguntado cómo se agrupaban las opiniones e ideas en el pasado? ¿Cómo se participaba o apoyaba una causa? ¿Cómo se creaban tendencias antes de internet y el *hashtag*, conocido como *gato* en algunos países?

¿Recuerdas estos *hashtags* famosos: *#bringbackourgirls #jesuischarlie #yamecanse #lovewins*?

¿Has pensado si la canción "Gangnam Style" habría sido tan popular como lo fue en YouTube sin la idea del efecto viral?

Estos son solo algunos ejemplos de la manera en que la tecnología y las innovaciones crean plataformas que ayudan a construir nuevas experiencias.

ACTIVIDAD: Compartiendo opiniones

■ Enfoques del aprendizaje

■ Habilidades de comunicación: Utilizan una variedad de técnicas de expresión oral para comunicarse con diversos destinatarios

En esta actividad, participarás en una conversación con un compañero.

En la charla, discute qué tan verdaderas y/o genuinas son las diferentes participaciones de las personas en las redes cuando apoyan una causa con un # (*hashtag*). Menciona ejemplos de instancias en las que las personas se prestan a reacciones no reflexionadas y realmente no apoyan la causa. Incluye ideas sobre las oportunidades que puede tener el uso del hashtag para crear tendencias.

La charla debe durar cuatro minutos.

◆ Oportunidades de evaluación

◆ En esta actividad se han practicado las habilidades que son evaluadas por medio del Criterio C: Comunicación en respuesta a textos orales, escritos o visuales y del Criterio D: Uso de la lengua de forma oral o escrita.

ACTIVIDAD: Los pioneros de las interacciones del momento

■ Enfoques del aprendizaje

- Habilidades de alfabetización mediática: Localizan, organizan, analizan, evalúan, sintetizan y utilizan de manera ética información procedente de diversas fuentes y medios (incluidas las redes sociales y en línea)
- Habilidades de comunicación: Estructuran la información en resúmenes, ensayos e informes

¿Alguna vez has escuchado hablar de *ICQ, Yahoo Messenger* y *Windows live Messenger*?

Realiza una investigación breve y escribe un resumen en el que narres cómo aparecieron estos servicios, la manera en que se volvieron populares, las oportunidades de comunicación que permitieron y la manera en que sirvieron de cimiento y partida para las innovaciones del presente.

Culmina tu escrito especulando acerca de las nuevas maneras de comunicación a las que darán paso las comunicaciones del presente.

Escribe 250 palabras.

◆ Oportunidades de evaluación

- En esta actividad se han practicado las habilidades que son evaluadas por medio del Criterio C: Comunicación en respuesta a textos orales, escritos o visuales y del Criterio D: Uso de la lengua de forma oral o escrita.

ACTIVIDAD: Evaluando el enunciado de indagación

■ Enfoques del aprendizaje

- Habilidades de reflexión: Consideran los contenidos y se preguntan: ¿Sobre qué aprendí hoy? ¿Hay algo que aún no haya entendido? ¿Qué preguntas tengo ahora?
- Habilidades de comunicación: Escriben con diferentes propósitos

Nuestro enunciado de indagación en este capítulo es: "Los avances tecnológicos y sociales, y las nuevas necesidades que se generan con ellos sirven de raíces para las innovaciones que gozaremos en el futuro".

Considerando las opiniones y puntos de vista que has discutido en este segundo tema del capítulo, escribe un ensayo argumentativo en el que **evalúes** qué tan cierto es el enunciado. Compáralo y contrástalo con tu punto de vista personal, incluye ejemplos que ilustren y apoyen tus ideas.

Escribe 250 palabras.

◆ Oportunidades de evaluación

- En esta actividad se han practicado las habilidades que son evaluadas por medio del Criterio C: Comunicación en respuesta a textos orales, escritos o visuales y del Criterio D: Uso de la lengua de forma oral o escrita.

▼ Nexos: Lengua y literatura

De acuerdo con una investigación realizada por la Universidad de Leicester sobre el uso de las redes para el aprendizaje personal, se determinó que Twitter sirve como una sofisticada herramienta de análisis y recopilación de datos en línea y que ayuda evaluar y registrar las experiencias de los estudiantes.

Tema 3: ¿Es posible construir un mejor futuro?

¿CÓMO SE PERCIBÍA EL FUTURO EN EL PASADO?

Resulta interesante hablar del futuro si abordamos la idea ubicándonos en diferentes momentos de la historia.

¿Crees que el futuro que las personas imaginaban en 1940 es muy similar al futuro que tú imaginas ahora?

¿Cómo imaginas el futuro en 50 años?

¿De qué manera imaginaban el futuro hace 50 años?

La ciencia ficción siempre ha dado muestra de la creatividad, visión y sensibilidad de los humanos para imaginar nuevas formas de ser, de hacer y de operar. Frederick Brown, uno de los maestros de la ciencia ficción, por ejemplo, se hizo famoso por sus microcuentos, en los cuales habla de situaciones y circunstancias futuras, involucrando al lector de una manera poco habitual.

En 1948, Brown ya hablaba de comunicación por medio de relojes, videollamadas por medio de teléfonos móviles, entre otros aparatos.

Aquí tienes un ejemplo de la originalidad de sus micro cuentos.

PIENSA–COMPARA–COMPARTE

Colabora con uno de tus compañeros, y mediante la técnica de lluvia de ideas, responde las siguientes preguntas.

Escribe en futuro, como si en este momento fuera la década de los años setenta.

1 **¿Qué avances tecnológicos cambiarán nuestro estilo y la calidad de vida en los próximos 40 años?**
2 **¿Qué problemas con los recursos naturales encontraremos entonces?**
3 **¿Qué iniciativas crees que emprenderán algunos grupos para solucionar esos problemas?**
4 **Escribe una lista de las cosas que, en su opinión, pertenezcan a esta opinión: "lo pequeño es hermoso".**

Comparte tu respuesta y tu lista.

Escribe una reflexión personal sobre esta pregunta:

5 **¿Qué tan diferentes son las iniciativas que mencionaron tus compañeros y tú, imaginando que vivían en el pasado, en comparación con las necesidades del presente?**

EL FINAL

El profesor Jones había trabajado en la teoría del tiempo a lo largo de muchos años.

– Y he encontrado la ecuación clave – dijo un buen día a su hija.
– El tiempo es un campo. La máquina que he fabricado puede manipular, e incluso invertir, dicho campo.

Apretando un botón mientras hablaba, dijo:

– Esto hará retroceder el tiempo el retroceder hará esto – dijo, hablaba mientras botón un apretando.

– Campo dicho, invertir incluso e, manipular puede fabricado he que máquina la. Campo un es tiempo el. – Hija su a día buen un dijo. – Clave ecuación la encontrado he y.

Años muchos de largo lo a tiempo del teoría la en trabajado había Jones profesor el.

FINAL EL

¿Qué opinas de la historia?

Ahora explorarás otro trabajo visionario de la televisión de 1962.

ACTIVIDAD: Ciencia ficción que se volvió realidad

■ Enfoques del aprendizaje

■ Habilidades de pensamiento crítico: Extraen conclusiones y realizan generalizaciones razonables

Realiza una búsqueda en YouTube utilizando las palabras clave: **10 Cosas de Los Supersónicos Que Se Hicieron Realidad**.

Responde las siguientes preguntas:

1 **¿Cuál es la palabra que utiliza el narrador para hablar de las reacciones del pasado y del presente al considerar ideas futuristas?**

2 **¿Por qué cuando el chico mencionó el nombre de la caricatura dijo "dependiendo de qué país seas"?**

3 **¿Cómo se documentó este chico para preparar sus vídeos?**

4 **¿Por qué el chico califica a algunos elementos de la caricatura como "profecía"? Justifica tu idea.**

5 **¿Qué broma hizo el chico sobre la apariencia de los robots domésticos?**

6 **¿Por qué el chico indicó que la idea de las televisiones planas en la caricatura era vanguardista?**

7 **¿De qué manera presenta la información el chico?**

8 **Tomando este vídeo como ejemplo, ¿cómo describirías su canal de YouTube?**

9 **Tomando este vídeo como ejemplo, ¿qué tipo de persona forma el público de su canal de YouTube?**

10 **¿Qué elementos utilizó el presentador para agregar creatividad en su extracto? ¿Te parecieron creativos? Explica.**

11 **¿Qué opinas de la actitud del chico al presentar? ¿Te pareció amena?**

12 **¿Qué opinas de la imaginación de los creadores de esta caricatura? ¿Consideras que son visionarios?**

◆ Oportunidades de evaluación

◆ En esta actividad se han practicado las habilidades que son evaluadas por medio del Criterio A: Comprensión de textos orales y visuales.

LO PEQUEÑO ES HERMOSO

Akal Pensamiento crítico

LO PEQUEÑO ES HERMOSO

E. F. Schumacher

Apéndice de **G. McRobie**
«Lo pequeño es posible»

■ Lo pequeño es hermoso: Economía como si la gente importara

En 1973, Ernst Friedrich Schumacher publicó una colección de ensayos bajo el título "Lo pequeño es hermoso: Economía como si la gente importara". Schumacher utilizó el adjetivo *pequeño* para destacar la idea de que muchas acciones pequeñas tenían impactos enormes, y para enfatizar que cuando se entrenaba y facultaba a las personas con las destrezas idóneas para provocar cambios que consideraran el respeto por la comunidad, el progreso realmente dejaría huella. Este libro fue uno de los primeros trabajos y colección de ideas en el que las palabras "sustentabilidad" y "globalización" aparecieron por primera vez, aunque su popularidad no llegaría sino hasta el final de los años 90.

"Lo pequeño es hermoso" representó una fuerte crítica a los estilos de economía occidentales, al abuso de los recursos naturales y a la aparición del proceso de globalización, y anunciaba la influencia negativa que recibirían muchos países. De igual forma, Schumacher puede ser considerado uno de los autores importantes que han criticado el paradigma tecnológico moderno.

AMPLÍA LA PERSPECTIVA DE TU CONTEXTO

Lee las siguientes preguntas y respóndelas.

Después, trabaja en parejas o grupos pequeños y comparte tus ideas con tus compañeros.

Preguntas	Tus respuestas
¿Qué cosas cambiarán en los próximos diez años?	
¿Qué retos tendrán los niños del futuro?	
¿Qué retos tendrán las personas que se resistan al cambio?	
¿Hasta qué punto la tecnología será el factor principal de cambio?	
¿Cómo afectarán los avances a la educación?	
¿Cómo se acoplarán las personas que no tienen suficientes recursos?	
¿Qué problemas nuevos surgirán en el futuro?	
¿La tecnología y la ciencia, han tenido un impacto positivo en nuestras vidas?	
¿Habrá desarrollos benéficos en el futuro?	

Resume en un par de líneas las ideas que compartieron tus compañeros y tú.

ACTIVIDAD: Nuestra versión de "Lo pequeño es hermoso"

■ Enfoques del aprendizaje

- Habilidades de colaboración: Escuchan con atención otras perspectivas e ideas. Ofrecen y reciben comentarios pertinentes

A continuación, leerás una serie de ideas extraídas del libro de Ernst Friedrich Schumacher. Léelas con atención y después debate tus respuestas con un compañero o en grupos pequeños.

Utiliza las siguientes preguntas guía para tus respuestas:

1 ¿Qué fenómeno de aquella época critica?
2 ¿Qué ejemplos modernos representan esa idea?
3 ¿Cuánto ha cambiado la situación de aquellos días y en el presente?
4 ¿Por qué o por qué no hemos sido capaces de aprender al repecto?
a "Hay una tendencia al gigantismo, las cosas son cada vez más grandes y menos útiles".
b "El costo de las cosas es tan alto debido al precio tan elevado de la tecnología; ahora hay que ser rico y poderoso para poder tener acceso a los avances, para poder enfrentar nuevos desafíos, o incluso para estar al tanto de lo que sucede".
c "El primer objetivo de la educación debe ser enseñarnos a aprender la importancia de transmitir la idea de 'valor', y enseñarnos qué hacer con nuestras vidas utilizando las habilidades que poseemos".
d "Al hablar de la tierra, nos referimos a ella como una posesión, como algo que podemos vender y comprar, pero nunca la vemos como un espacio donde creamos relaciones y afinidades. Necesitamos aprender a considerar la tierra como una comunidad, para aprender a tratarla con respeto y así eliminar la idea de posesión y avaricia".
e "Las ciudades atraen a las personas que buscan una mejor calidad de vida, pero la migración excesiva del campo ha convertido a las ciudades en máquinas que devoran lo bueno de la vida y que pronto explotarán".

Resume en un par de líneas las ideas que compartieron tus compañeros y tú.

EL APRENDIZAJE ES CREACIÓN, NO CONSUMO

ACTIVIDAD: Punto de vista

Enfoques del aprendizaje

■ Habilidades de colaboración: Ejercen liderazgo y asumen diversos roles dentro de los grupos

Considera las opiniones de todo el grupo y tu reflexión personal sobre las ideas del libro "Lo pequeño es hermoso".

Debate las siguientes preguntas y prepara una presentación para tu clase. Distribuye las responsabilidades del equipo de la siguiente manera:

a **Regulador de tiempo** – alguien que administre el tiempo destinado a la actividad
b **Moderador y motivador** – alguien que distribuya la participación y motive la discusión
c **El abogado del diablo** – alguien que cuestione las ideas del grupo y ayude a considerar otras ideas
d **Secretario** – alguien que tome notas
e **El presentador** – el que presentará frente al grupo.
Nota: todos deben participar en la discusión.

1 ¿Qué opinas de las ideas que se presentaron en este libro en 1970?
2 ¿Consideras que el autor era un visionario?
3 ¿Por qué piensas que al autor le interesaba considerar un modelo económico diferente y defender el bien común?
4 ¿Por qué piensas que al autor le interesaba criticar las ideas del consumismo, del abuso de los recursos naturales y resaltar la importancia de considerar energías renovables?
5 ¿Consideras que sus ideas son relevantes en el presente?
6 ¿Por qué piensas que muchas personas en 1970 pensaban que las ideas de Schumacher eran una fantasía?
7 ¿Qué dirías a las personas de 1970, considerando la situación actual?

ACTIVIDAD: Tu versión de "Lo pequeño es hermoso"

Enfoques del aprendizaje

■ Habilidades de comunicación: Escriben con diferentes propósitos

Después de las presentaciones, escribe tu versión de "Lo pequeño es hermoso". Cambia los adjetivos según creas conveniente. Escribe un ensayo argumentativo donde incluyas una reflexión sobre los temas que consideres relevantes y significativos en tu versión. Piensa en las situaciones críticas del presente y en lo que es urgente cambiar. Tu texto debe inspirar a las personas a actuar y a cambiar su forma de utilizar los recursos en el presente.

Escribe 250 palabras.

◆ Oportunidades de evaluación

◆ En esta actividad se han practicado las habilidades que son evaluadas por medio del Criterio C: Comunicación en respuesta a textos orales, escritos o visuales y del Criterio D: Uso de la lengua de forma oral o escrita.

PUNTO DE INDAGACIÓN

Lee las siguientes preguntas y debátelas con toda la clase.

1 ¿Qué cosas cambiarán en los próximos diez años?
2 ¿Qué retos tendrán los niños del futuro?
3 ¿Qué problemas nuevos surgirán en el futuro?
4 ¿Cómo se acoplarán las personas que no tienen suficientes recursos?
5 ¿Es la idea del futuro específica a los humanos?
6 ¿Habrá oportunidades similares para todas las personas en el futuro?
7 ¿Cambiará la manera en que observamos y estudiamos la historia?
8 ¿Qué cambiará en la forma de comunicarnos y construir nuevos conocimientos?

▼ Nexos: Individuos y sociedades

¿Conoces las funciones del comité de la ONU llamado SPECPOL?

Investiga sobre él y reflexiona sobre la manera en que los temas que se discuten en Lo Pequeño es Hermoso son los ejes centrales de las resoluciones que se generan, discuten y evalúan en SPECPOL.

ACTIVIDAD: Diseñando soluciones

■ Enfoques del aprendizaje

■ Habilidades de pensamiento creativo: Crean soluciones novedosas para problemas auténticos

En esta actividad, vas a explorar una situación grave del presente; vas a **analizar** sus problemas, a investigar sobre sus causas, sobre los esfuerzos que se han hecho para solucionarla y, finalmente, vas a plantear una solución basada en tu investigación.

Para cumplir con los requisitos de esta actividad, debes considerar los siguientes pasos:

1 **Identifica** un problema que disminuye la calidad de vida en el presente.
2 **Considera** un rol profesional que tendrás (ingeniero, químico, arquitecto, etc.). Intentarás solucionar el problema considerando la perspectiva y habilidades de ese profesional.
3 **Especula** sobre las razones por las que el problema no se ha solucionado.
4 **Especula** sobre algunas maneras en que se puede solucionar y selecciona una.
5 **Diseña** una metodología de trabajo. Escribe cómo vas a organizarte para completar esta tarea.
6 **Menciona** los elementos originales y novedosos que tu método de trabajo tiene en comparación con los métodos tradicionales.
7 **Identifica** los retos que implicará encontrar una solución para este problema.
8 **Menciona** ejemplos de intentos para solucionar el problema que abordas.
9 **Enmarca** la línea de investigación que propones. Escríbela en forma de preguntas.
10 **Observa** tres casos donde se represente tu problema, toma notas e informa tus observaciones. Por ejemplo: Considera métodos etnográficos: *si quieres aprender sobre leones, ve a la jungla, no a los zoológicos.*
11 **Organiza** tus materiales para la presentación y narra la utilidad y funcionabilidad de cada uno.
12 **Presenta** tu innovación y **evalúa** su nivel de originalidad, invención y longevidad.
13 **Observa** las presentaciones de tus compañeros y ofréceles retroalimentación.

¿SEREMOS CAPACES DE CONSTRUIR UN FUTURO FUERA DEL PLANETA TIERRA?

Terra Nova

Se dice que en un futuro no muy cercano, gracias a los viajes espaciales, los humanos comenzaremos a poblar otros planetas. En preparación para ese momento, un grupo de científicos se ha reunido para preparar un proyecto experimental que les ayude a decidir quiénes son las personas indicadas para crear la primera comunidad humana en Terra Nova, el nuevo espacio habitable.

Por esta razón, han seleccionado un espacio en Uyuni, el salar/desierto blanco de Bolivia, para crear una comunidad cerrada en forma de invernadero o vivero, para investigar las cualidades y habilidades necesarias que se necesitarán en Terra Nova.

Así, han convocado a un número de personas con perfiles diferentes para definir quiénes podrían convivir más fácilmente, quiénes tienen destrezas esenciales y necesarias en la nueva comunidad, y quiénes son los individuos que podrían encargarse de la repoblación de la primera colonia humana en el espacio. Observa la lista de perfiles y considera el potencial y capacidades de cada uno para seleccionar el mejor equipo.

Hasta este momento, solo se ha seleccionado un grupo de agricultores: tres hombres y dos mujeres, todos entre 20 y 25 años, pero todavía necesitas seleccionar a diez personas clave para que el experimento tenga éxito.

Perfiles:

a Elías, sacerdote, 45 años, estudió lenguas y filosofía durante su formación.

b Rubí, exvoluntaria de Greenpeace, 35 años, estudió ecología y biología en la universidad.

c Jacobo, enfermero, 40 años, fue voluntario de Doctores Sin Fronteras en África durante cinco años. Es divorciado.

d Sofía, ingeniera especializada en tratamiento de residuos químicos, 30 años, embarazada.

e Esteban, policía, 40 años. Es el esposo de Sofía.

f Enrique, político, 50 años, experto en finanzas y economía. Se ha divorciado tres veces. Tiene tres hijos.

g Maya, artista visual, 27 años. Estudió psicología en la universidad, fue muchacha scout en la secundaria y el bachillerato.

h Miguel, 50 años, ingeniero agrónomo. Tiene mucha experiencia en reactivación de terrenos para cultivos.

i Alejandro, 43 años, astronauta.

j Mayte, 38 años, profesora de ciencias de bachillerato. Le gusta el yoga y está interesada en la sostenibilidad. Sufre de varias alergias.

k Cristina, 27 años, nutricionista e instructora de aerobics.

l Tristán, 60 años, ex general de las fuerzas armadas. Tiene experiencia en evacuación de expatriados y en asistencia en crisis ambientales.

m Patricio, químico farmacobiólogo, 24 años. Comprometido. Tiene un hijo con su prometida.

n Eva, trabajadora social, 33 años, especializada en trabajo con una ONG.

ñ Adalberto, ingeniero civil, 30 años, homosexual. Su proyecto de tesis de universidad fue reconocido, premiado y adoptado por la Organización para la Cooperación y el Desarrollo Económicos (OCDE) por sus ideas innovadoras sobre las ciudades sustentables.

o Andrés, 60 años, ingeniero civil, tiene estudios de física, química y mecánica.

ACTIVIDAD: ¿Quiénes son los candidatos perfectos?

■ Enfoques del aprendizaje

■ Habilidades de colaboración: Delegan y comparten responsabilidades a la hora de tomar decisiones

En esta actividad trabajarás en equipos pequeños. La misión del equipo es seleccionar a las diez personas que completen el grupo perfecto para poblar la nueva comunidad.

Presenta tus propuestas, explica y apoya tus opciones, menciona ejemplos, indaga sobre la opinión de los demás y trata de llegar a un consenso.

Prepara un informe que leerás frente al grupo.

ACTIVIDAD: Los científicos se volverán celebridades

Enfoques del aprendizaje

- Habilidades de comunicación: Escriben con diferentes propósitos
- Habilidades de transferencia: Comparan la comprensión conceptual en distintas disciplinas y grupos de asignaturas

Michio Kaku, un físico teórico estadounidense, dice que el contenido de la mente será descargable en el futuro. ¿Qué opinas sobre su idea?

Visita su página web: **http://mkaku.org**, estúdiala, obsérvala y **analízala**. Considerando la apariencia, contenido y publicidad de la página, ¿cuál será el futuro de los científicos? ¿Se convertirán en celebridades? ¿Significa esto que la ciencia será más accesible, menos compleja y de dominio público?

Escribe una entrada en tu blog en la que respondas a las preguntas en PIENSA–COMPARA–COMPARTE. Si tienes un blog personal, compártela ahí y pide a tus compañeros que comenten y te den retroalimentación. Si no tienes un blog, transcribe tu entrada en un cartel y compártela en el aula, e invita a tus compañeros a comentar.

Al final de la actividad, debate la siguiente idea:

¿Estás de acuerdo o en desacuerdo con la idea de que la imagen de Michio Kaku le resta respeto al perfil de lo científicos que no son tan célebres?

Escribe 250 palabras.

◆ Oportunidades de evaluación

- En esta actividad se han practicado las habilidades que son evaluadas por medio del Criterio C: Comunicación en respuesta a textos orales, escritos o visuales y del Criterio D: Uso de la lengua de forma oral o escrita.

Contemporánea

MICHIO KAKU

El futuro de nuestra mente

DEBOLSILLO

■ El contenido de la mente será descargable en el futuro

PIENSA–COMPARA–COMPARTE

Antes de la lectura siguiente, debate las siguientes preguntas con un compañero o en equipos pequeños. Toma notas y comparte tus observaciones con toda la clase.

1 **¿Cuál de estos posibles problemas futuros te parece más grave?**
   a **Esterilidad humana**
   b **Escasez de medicinas**
   c **El surgimiento de una nueva versión de esclavitud**
2 **¿Qué podría causar cada una de las situaciones anteriores?**
3 **¿Cuáles serían algunas de las reacciones de la sociedad sobre cada crisis?**

Lee el siguiente extracto de la novela de P.D. James titulada *Hijos de los hombres*:

Viernes 1º de enero, 2021

En la madrugada de hoy, 1.º de enero del año 2021, tres minutos después de las doce, murió en una pelea en un suburbio de Buenos Aires el último ser humano nacido sobre la faz de la tierra: tenía veinticinco años, dos meses y doce días. De acuerdo con las primeras noticias, José Ricardo murió de la misma forma en que había vivido. Siempre le había resultado algo difícil manejar el honor –si se lo puede llamar así– de haber sido el último en nacer, ya que eso no tenía nada que ver con una virtud o un mérito personal. Y ahora está muerto. Aquí en Gran Bretaña la noticia se difundió en el programa de las nueve del servicio nacional de noticias, y yo la escuché por casualidad. Me había sentado a escribir acerca de la segunda mitad de mi vida en este diario, y cuando vi la hora pensé que mientras lo hacía podía escuchar los titulares del noticiero de las nueve. Lo último que dijeron fue lo de la muerte de Ricardo, a lo que siguieron un par de frases tibias de un locutor con voz cuidadosamente austera. Me pareció que la noticia era una pequeña justificación extra para empezar mi diario hoy: el primer día del año y mi cumpleaños. Cuando era niño disfrutaba de ese privilegio, a pesar de que me hacían un solo regalo, porque unían el de Navidad y el de cumpleaños, sin que fuera el doble de grande por eso.

En realidad, casi no se justifica que empiece a ensuciar las hojas de este cuaderno por los tres hechos mencionados: el Año Nuevo, mis cincuenta años y la muerte de Ricardo; pero igual continuaré, será otra pequeña contribución para defenderme de la apatía. Si no hay nada que registrar, voy a registrar la nada y luego, cuando envejezca –como seguramente sucederá con la mayoría de todos nosotros, que nos hemos vuelto expertos en prolongar la vida–, voy a abrir una de las cajas de mi colección de fósforos y voy a encender mi propia hoguera de vanidades. No tengo ninguna intención de hacer de este diario un registro de los últimos años en la vida de un hombre. Ni siquiera en mis momentos de mayor egoísmo lo creo posible. ¿Qué interés puede encerrar el diario de Theodore Faron, doctor en Filosofía, profesor destacado del Merton College en la Universidad de Oxford, historiador de la época victoriana, divorciado, solitario y sin hijos, cuyo único merito es ser primo de Xan Lyppiatt, dictador y Custodio de Inglaterra? No es necesario agregar más información personal. Todas las naciones del mundo están preparando el testimonio que les dejarán a los que supuestamente –de vez en cuando, aún lo creemos– vendrán después de nosotros: esas criaturas de otro planeta que aterrizarán en este verde infinito y querrán saber algo acerca de la sensibilidad que alguna vez lo habitó. Estamos archivando los libros y manuscritos, las grandes pinturas, las partituras musicales y los instrumentos, y algunos otros objetos. Dentro de cuarenta años, la mayor parte de las mejores bibliotecas del mundo estará clausurada y a oscuras. Los edificios que sobrevivan lo dirán todo. Las endebles piedras de Oxford apenas subsistirán un par de siglos más. Ya se está discutiendo en la Universidad si se justifica refaccionar el Sheldonian, que se está desmoronando. Pero me gusta imaginarme a esos seres míticos aterrizando sobre St. Peter's Square y entrando a la enorme Basílica, con el único sonido de sus pasos bajo los siglos de polvo. ¿Se darán cuenta de que en una época fue uno de los templos más maravillosos, construido por el hombre para uno de sus muchos dioses? ¿Sentirán curiosidad por conocer la naturaleza de ese dios, al que se adoraba con tanta pompa y esplendor? ¿O intriga por el misterio de su símbolo, dos simples maderas en forma de cruz, ubicuo por naturaleza, y sin embargo gloriosamente adornado, cubierto de oro y joyas? ¿O es que sus valores y sus formas de pensar serán tan lejanas a las nuestras que nada relacionado con el temor y la magia los conmocionará?

Hace veinte años, cuando el mundo ya casi había asumido que nuestra especie había perdido para siempre el poder de reproducirse, el tema de descubrir cuál sería el último ser humano en nacer se convirtió en una obsesión mundial, en una cuestión de orgullo nacional, una competencia internacional que era tan feroz y cáustica como falta de sentido. Para que fuera válido, el nacimiento tenía que estar registrado en forma oficial, con la fecha y la hora de nacimiento exactas. Esto sin duda excluía a una alta proporción de la humanidad que conocía los días pero no la hora, y se aceptaba, sin hacer mucho énfasis en ello, que el resultado no sería nunca definitivo. Es muy probable que en alguna jungla remota, en una choza primitiva, el último ser humano haya llegado a un mundo indiferente, sin que nadie lo percibiera. Pero después de meses de buscar y revisar, se reconoció de forma oficial a José Ricardo, un mulato nacido ilegalmente en un hospital de Buenos Aires, dos minutos después de las tres del 19 de

octubre de 1995. Una vez que se hizo el anuncio, lo dejaron explotar su fama lo mejor que pudiera mientras el mundo, que parecía haber cobrado repentina conciencia de la futilidad del ejercicio, prestaba atención a otra cosa. Ahora está muerto, y dudo que algún país quiera rescatar a los demás candidatos del olvido.

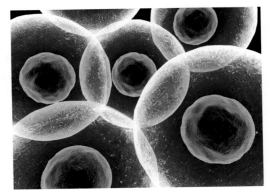

Nuestro tormento y nuestra impotencia provienen menos del inminente fin de nuestra especie y de la incapacidad de evitarlo que de nuestro fracaso en descubrir la causa del mismo. La ciencia y la medicina occidental no nos han preparado para la magnitud y la humillación de este último fracaso. Ha habido muchas enfermedades difíciles de diagnosticar o de curar, y una que casi extinguió la vida humana de dos continentes antes de desaparecer. Pero siempre hemos encontrado las razones que las explicaban. Les pusimos nombres a los virus y gérmenes que nos siguen atacando, y hoy vemos con pesar que ese ataque parece una afrenta personal, como si se tratara de viejos enemigos que no perdonan y derriban a su víctima cuando tienen la victoria asegurada. Nuestro dios ha sido la ciencia occidental.

El año 1995 se conoció como el año Omega y ahora el término se ha universalizado. El gran debate popular de fines de la década de los 90 giraba en torno de lo que haría el país que descubriera la cura para la infertilidad mundial: si la compartiría con los demás y en qué términos. Todos aceptaban que se trataba de un desastre que abarcaba el mundo entero y que había que estar unidos para combatirlo.

Esto comenzó a principios de la década del "90: la búsqueda de una medicina alternativa, los aceites perfumados, los masajes, los ungüentos, y la predicción del futuro. La pornografía y la violencia sexual se volvieron más explícitas y frecuentes en las películas, la televisión, los libros y la vida, pero en Occidente cada día nacían menos niños. En aquella época, parecía una solución apropiada para un mundo contaminado por la superpoblación. Como historiador, considero que ese fue el principio del fin.

Como pasaron los años y los esfuerzos comunes supervisados por las Naciones Unidas no llegaron a nada, esa actitud de total apertura desapareció. Los experimentos se convirtieron en un secreto, y los esfuerzos de todas las naciones se transformaron en causa de fascinación y sospecha.

Han pasado diez años y aún seguimos mirando, pero con menos ansiedad y sin esperanza. El espionaje sigue existiendo pero ya han pasado veinticinco años desde que nació el último ser humano y sinceramente son muy pocos los que confían en que alguna vez vuelva a oírse el llanto de un recién nacido sobre la tierra.

ACTIVIDAD: Hijos de los Hombres

■ Enfoques del aprendizaje

■ Habilidades de pensamiento crítico: Extraen conclusiones y realizan generalizaciones razonables

Después de leer el extracto de la novela, responde las siguientes preguntas:

1 Basándote en la forma en que habla de él, ¿cuál es la opinión de Theodore sobre Xan Lyppiatt?
2 Al principio del pasaje, la autora maneja una yuxtaposición de principio (año) y fin (muerte) y nos muestra una forma muy especial de medir el tiempo. ¿Por qué piensas que decidió comenzar la historia de esta manera?
3 La autora comenzó su narración hablando de una muerte antes de mencionar la posibilidad de vida. ¿Por qué crees que tomó esta decisión? Justifica tus ideas.
4 ¿Por qué crees que la autora decidió utilizar la técnica del diario en la narración de esta historia?
5 ¿De qué manera se relacionan las imágenes al extracto de la novela? Menciona dos ejemplos.
6 ¿De qué manera la primera imagen emula el ambiente de las condiciones del mundo que se describen en el texto? Explica.
7 La autora menciona que Theodore es un historiador. ¿Cómo revela la autora la vocación y pasión que Theodore tiene por la documentación de historia? Explica y menciona ejemplos utilizando información del texto.
8 ¿Qué quiere la autora que sintamos o pensemos cuando habla de los experimentos, las sospechas y los secretos entre los países? ¿Cómo ayuda esto a definir el estilo de su texto?
9 ¿Qué conclusiones puedes mencionar sobre la idea de la autora de mencionar la relación entre Theodore y Xan Lyppiatt? ¿Cómo ayudará esto en la trama?
10 ¿Conoces la historia de *Hijos de los Hombres*? Si no, ¿te gustaría leerla? ¿Por qué? ¿Qué ideas interesantes crees que encontrarás? O ¿por qué no?
11 ¿A quién le recomendarías esta historia? ¿Por qué?

◆ Oportunidades de evaluación

◆ En esta actividad se han practicado las habilidades que son evaluadas por medio del Criterio B: Comprensión de textos escritos y visuales.

ACTIVIDAD: Cierre de unidad

■ Enfoques del aprendizaje

■ Habilidades de reflexión: Consideran los contenidos y se preguntan: ¿Sobre qué aprendí hoy? ¿Hay algo que aún no haya entendido? ¿Qué preguntas tengo ahora?

En este capítulo, observaste la manera en que los diferentes tiempos verbales son extremadamente importantes para ubicar las acciones que realizamos en un tiempo y espacio específico.

También, gracias a los verbos que utilizaste en las diferentes tareas, lograste observar las relaciones de los cambios que han sucedido a lo largo de nuestra historia.

Las ideas que estudiaste en este capítulo son ejemplos que nos muestran cómo los aprendizajes e ideas que poseemos en el presente están ligados a múltiples manifestaciones y acontecimientos pasados que han definido momentos, ideas y estilos de vida.

Ahora, después de tu trabajo y tus interacciones, es tu deber **evaluar** el enunciado de indagación sobre el cual trabajamos. Responde la siguiente pregunta:

¿Cómo te ves a ti mismo en el futuro de tu entorno local y en el contexto global?

Escribe 300 palabras y publica tu texto en un blog o en un cartel. Invita a tus compañeros a leerlo y a comentar.

Actúa e involúcrate

! El calentamiento global tiene y tendrá un impacto drástico en el cambio climático en el mundo entero. Con altas temperaturas habrá más riesgos de salud y ocurrirán cambios adversos en el ciclo hidrológico; esto claramente amenaza la biodiversidad del mundo y aumenta el nivel del mar, provocando, de esta manera, cambios en los ecosistemas de los océanos. Así pues, parece que los seres vivientes en el futuro serán más vulnerables.

! Cuando se habla de la manera en que el calentamiento global afectará las zonas más frías del planeta debido al derretimiento de los glaciales, generalmente se habla de cómo afectará a muchas especies animales que viven en esos lugares, pero en rara ocasión se hace énfasis en las personas que viven ahí y que también están expuestos a tal catástrofe. ¿No te parece triste?

! Realiza una investigación sobre las labores que realiza la Organización de las Naciones Unidas (ONU) para combatir el cambio climático. Investiga sobre las tecnologías que se han desarrollado, la financiación de proyectos y los recursos disponibles para informar a la comunidad.

! Prepara un informe de los aspectos o iniciativas más relevantes o interesantes y compártelo con tu comunidad escolar. Discute con el coordinador de Servicio de tu escuela sobre las maneras en que tu comunidad se puede involucrar en estas iniciativas.

! Puedes utilizar la información en este enlace: **www.un.org/es/climatechange/consequences.shtml.**

Reflexión

Reflexionemos sobre nuestro aprendizaje…
Usa esta tabla para reflexionar sobre tu aprendizaje personal en este capítulo.

Preguntas que hicimos	Respuestas que encontramos	Preguntas que podemos generar ahora
Fácticas		
Conceptuales		
Debatibles		

Enfoques del aprendizaje en este capítulo	Descripción: ¿qué destrezas nuevas adquiriste?	¿Cuánto has consolidado estas destrezas?			
		Novato	En proceso de aprendizaje	Practicante	Experto
Destrezas de colaboración					
Manejo de la información					
Destrezas de pensamiento crítico					
Destrezas de pensamiento creativo					
Atributos de la comunidad de aprendizaje	*Reflexiona sobre la importancia del atributo de la comunidad de aprendizaje de este capítulo.*				
Audaz					

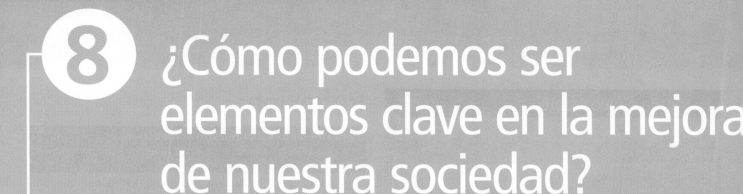

8 ¿Cómo podemos ser elementos clave en la mejora de nuestra sociedad?

La **cultura** de **equidad y el desarrollo** social tendrán éxito si nuestras acciones se enfocan en mejorar las relaciones con nuestros **contextos** intelectuales, éticos y naturales.

CONSIDERAR Y RESPONDER ESTAS PREGUNTAS:

Fácticas: ¿Cuáles son las características del servicio que se realiza genuinamente? ¿Qué situaciones provocan la necesidad de actuar para mejorar nuestro entorno? ¿Qué personas o instituciones se aprovechan de la idea del servicio a la comunidad? ¿Qué ejemplos de corrupción en el servicio a la comunidad tienen mala fama?

Conceptuales: ¿Por qué muchas personas optan por prestar servicio a la comunidad? ¿Por qué es el servicio a la comunidad una parte integral del Bachillerato Internacional (BI)? ¿Por qué las escuelas deben interesarse en contribuir a la comunidad? ¿Por qué el trabajo social y la colaboración con otras personas se ha convertido en una parte esencial de la educación del presente?

Debatibles: ¿Es el servicio que se realiza hoy en día llevado a cabo con un sentido genuino de responsabilidad y solidaridad? ¿Son todas las iniciativas responsables y confiables? ¿Logra el servicio a la comunidad hacer que las personas se vuelvan más empáticas y sensibles?

Ahora **compara** y **comparte** tus opiniones con un compañero o con toda la clase.

EN ESTE CAPÍTULO VAMOS A:

■ **Descubrir:**
- diferentes puntos de vista sobre el significado del servicio genuino y comprometido
- diferentes maneras en las que podemos utilizar nuestras destrezas y las habilidades que existen en nuestra escuela para contribuir a nuestra comunidad.

■ **Explorar:**
- la manera en la que podemos utilizar la lengua de manera efectiva para convocar a las personas a actuar
- diferentes métodos de involucrar a la sociedad en materia de servicio
- aspectos que facilitan una mayor comprensión de los rasgos culturales de las comunidades donde se habla la lengua.

■ **Actuar y:**
- reflexionar sobre las situaciones en que algunas organizaciones no gubernamentales (ONG) no logran cumplir con sus metas
- evaluar la ética de las iniciativas y organizaciones que promueven el servicio a la comunidad
- desarrollar las habilidades de comunicación necesarias para continuar aprendiendo la lengua.

● **Reflexiona sobre el siguiente atributo de la comunidad de aprendizaje:**

● Solidario: mediante muestras de respeto y entusiasmo para pensar en soluciones creativas con una actitud positiva.

◆ Oportunidades de evaluación en este capítulo:

- **Criterio A:** Comprensión de textos orales y visuales
- **Criterio B:** Comprensión de textos escritos y visuales
- **Criterio C:** Comunicación en respuesta a textos orales, escritos o visuales
- **Criterio D:** Uso de la lengua de forma oral o escrita

VOCABULARIO SUGERIDO

Vocabulario sugerido para mejorar la experiencia de aprendizaje.

Sustantivos	Adjetivos	Verbos
altruismo	altruista	abogar
ánimo	benefactor	aconsejar
apoyo	bienhechor	acusar
aumento	bondadoso	aportar
autoestima	caritativo	apoyar
beneficio	colaborativo	arrancar
bondad	corrupto	asistir
carencia	crítico	auxiliar
caridad	déspota	concientizar
compasión	determinado	contribuir
conducta	digno	convivir
corrupción	ejemplar	convocar
decisión	estimulante	cooperar
disciplina	filántropo	defender
don	franco	donar
donación	fructífero	entablar
escasez	generoso	estimar
evidencia	honesto	influir
falta	humanitario	invertir
filantropía	impune	involucrarse
humildad	inspirador	notificar
iniciativa	lucrativo	patrocinar
insuficiencia	malhechor	percatarse
mejora	piadoso	preservar
necesidad	productivo	prevenir
obsequio	recto	promover
orgullo	responsable	proteger
progreso	rotundo	rechazar
remuneración	samaritano	reflexionar
subvención	solidario	rescatar
superación	útil	sugerir

Las siguientes habilidades de los enfoques del aprendizaje serán útiles:

- Habilidades de comunicación
- Habilidades de colaboración
- Habilidades de reflexión
- Habilidades de gestión de la información
- Habilidades de pensamiento crítico
- Habilidades de alfabetización mediática
- Habilidades de transferencia

GRAMÁTICA

Tiempos verbales que se abordan en este capítulo:
- Presente simple (indicativo)
- Pretérito indefinido
- Pretérito imperfecto
- Futuro (indicativo)
- Condicional
- Los verbos "poder" y "deber" en su forma condicional para expresar modalidades de expresión: podría, debería
- Énfasis en los verbos "tener que", "deber" y "hay que"

Tema 1: ¿Utilizamos apropiadamente nuestras habilidades en los contextos adecuados?

ACTIVIDAD: ¿Qué habilidades se necesitan para ser un buen voluntario en los siguientes programas?

■ Enfoques del aprendizaje

■ Habilidades de comunicación: Utilizan una variedad de técnicas de expresión oral para comunicarse con diversos destinatarios

En esta actividad, colaborarás con un compañero.

Lee los siguientes escenarios y debate qué tipo de habilidades necesitan tener las personas a quienes les gustaría colaborar en tales programas. Menciona algunas de las actividades más comunes que harías y concluye hablando del aprendizaje que se puede obtener al participar en cada uno.

a   **Asistir a personas con enfermedades terminales en hospitales.**
b   **Colaborar con un asilo de ancianos.**
c   **Participar en una campaña de reforestación.**
d   **Proteger el desove de las tortugas marinas.**
e   **Participar en una organización que rescata perros de la calle.**
f   **Trabajar con orfanatos.**
g   **Participar como voluntario en un zoológico.**
Comparte tus ideas con toda la clase.

ACTIVIDAD: Cambiando la apariencia de la ciudad

■ Enfoques del aprendizaje

■ Habilidades de comunicación: Escriben con diferentes propósitos

Observa las siguientes fotos. Imagina que participas en un programa de voluntarios cuyo objetivo es cambiar la apariencia de la ciudad eliminando los grafitis y pintando las calles con diseños artísticos.

En esta actividad escribirás dos correos electrónicos: uno en el que invitarás a un amigo a colaborar limpiando los grafitis que no se conservarán y otro para un amigo artista que puede colaborar diseñando grafitis en diferentes áreas.

Explica el objetivo de la causa y motívalos a participar. Haz énfasis en las ventajas que esto traerá a la ciudad.

Cada correo debe tener una extensión de 150 palabras.

◆ Oportunidades de evaluación

◆ En esta actividad se han practicado las habilidades que son evaluadas por medio del Criterio C: Comunicación en respuesta a textos orales, escritos o visuales y del Criterio D: Uso de la lengua de forma oral o escrita.

Voluntario del mundo

El voluntario del mundo es alguien que participa en cualquier país africano, asiático, de las Américas o Europa de forma activa y positiva en la solución de problemas que afectan las condiciones de vida de las comunidades. El voluntario del mundo dedica su especial atención a la asistencia social en todo lo que se refiera a la salud grupal e individual de los miembros del sector implicado.

Para ser voluntario del mundo solo necesitas el deseo de ayudar, tener un espíritu emprendedor y ser amante de los retos. Como voluntario puedes aplicar tus conocimientos y aptitudes en el lugar donde decidas participar. Las comunidades con las que colaboramos son los territorios idóneos para poner tus habilidades y tu ingenio a prueba, pues trabajarás en zonas aisladas, de difícil acceso, pero con un deseo inmenso por mejorar. En estas zonas no existen todos los servicios ni la infraestructura esencial para que funcionen adecuadamente; por esto, trabajar en estas condiciones te permitirá reconocer tu potencial y mejorar tus habilidades de supervivencia.

En algunas comunidades, el acceso al agua potable es limitado, la energía eléctrica no es estable, el transporte a las comunidades no es fácil y tiene que ser planeado meticulosamente, y, similarmente, es necesario aprender a interactuar con las personas que no han visto turistas en su vida. Sin embargo, esto no debe causar terror, por el contrario, debe inspirarte a descubrir tus virtudes humanas y de colaboración.

¡Anímate! Participa con nosotros.

Si te interesa, escribe a **info@vdelmundo.org** y pide más información. Visita nuestro grupo en Facebook y nuestra comunidad en Google+.

Lee el siguiente anuncio sobre las oportunidades de trabajar como voluntario:

ACTIVIDAD: Voluntario del mundo

■ Enfoques del aprendizaje

■ Habilidades de comunicación: Estructuran la información en resúmenes, ensayos e informes

Después de leer la convocatoria sobre voluntarios del mundo, escribirás un correo electrónico. Selecciona una de las siguientes opciones:

a Eres un(a) chico/a entusiasmado/a y motivado/a que quiere participar en el programa. Escribe para pedir sugerencias sobre los programas en los que puedes participar. Menciona las habilidades especiales que tienes y en lo que eres bueno/a para que tengan una idea de cómo puedes contribuir. Explica que quieres un nuevo reto.

b Eres el/la padre/madre/tutor(a) de un(a) chico/(a) que quiere participar en el programa y escribes para preguntar sobre la seguridad del proyecto, sobre los riesgos, peligros y otras cosas que te preocupan. Pregunta cómo ayudará este programa a tu hijo/a y si vale la pena participar.

El correo electrónico deberá tener una extensión de 250 palabras.

◆ Oportunidades de evaluación

◆ En esta actividad se han practicado las habilidades que son evaluadas por medio del Criterio C: Comunicación en respuesta a textos orales, escritos o visuales y del Criterio D: Uso de la lengua de forma oral o escrita.

PIENSA–COMPARA–COMPARTE

Lee las preguntas y debate tus puntos de vista con tus compañeros.

1 ¿Qué palabras podemos utilizar para hacer preguntas con cortesía?

¿De cuántas maneras podemos expresar:
a una invitación
b permiso
c responsabilidad
d una sugerencia?

2 ¿Por qué las escuelas deben interesarse en contribuir a la comunidad?

8   ¿Cómo podemos ser elementos clave en la mejora de nuestra sociedad?

195

ACTIVIDAD: Voluntarios de Orquesta

■ Enfoques del aprendizaje

■ Habilidades de pensamiento crítico: Extraen conclusiones y realizan generalizaciones razonables

Realiza una búsqueda en YouTube utilizando las siguientes palabras clave: Voluntarios de Orquesta rtve en Hospital Clínico de Madrid.

Después de ver el vídeo, responde las siguientes preguntas:

1 ¿Cómo clasificarías o describirías la iniciativa de la orquesta de RTVE?

2 Considerando la época en que tomó lugar esta participación, ¿qué atributo del perfil de la comunidad de aprendizaje se manifiesta? Explica.

3 ¿Qué reacciones observaste en los pacientes? Menciona tres ejemplos.

4 ¿Qué opinó María Saíz sobre su participación? ¿Qué devela esto de su personalidad?

5 ¿Qué sucedería en el Teatro Monumental a las ocho de la noche?

6 ¿Qué piensas que los realizadores del extracto desean que sintamos al verla?

7 ¿Cómo se organizó la información en en el extracto? ¿Por qué piensas que los realizadores decidieron comenzar y concluir de esta manera?

ACTIVIDAD: No hay que desanimarse

■ Enfoques del aprendizaje

■ Habilidades de comunicación: Utilizan una variedad de técnicas de expresión oral para comunicarse con diversos destinatarios
■ Habilidades de colaboración: Ejercen liderazgo y asumen diversos roles dentro de los grupos

En esta actividad, colaborarás con otro compañero o en equipos pequeños.

Lee las siguientes ideas:

No hay receta perfecta para sentirse completamente satisfecho y feliz con las acciones que tomamos pero aquí van algunos consejos:

a No permitas que nada ni nadie te baje la moral.
b Mantén alto tu listón de expectativas y elévalo con cada nuevo reto.
c En las situaciones agobiantes, busca siempre salidas imaginativas, amplía el campo de visión, no te dejes atrapar.
d No culpes de todo lo malo al sistema, a los políticos, al mal tiempo.
e Cuando colabores con otros, exige que cada uno cumpla su tarea, pero tú toma la iniciativa.
f Apoya a los que tienen proyectos generosos, no a los mezquinos.
g Nunca pienses que tu aportación es irrelevante: los hormigas son más pequeñas y más tenaces que muchas fieras de la selva.
h Adáptate a los cambios, pero nunca pierdas de vista tus convicciones, ellas son tu brújula. Las personas cuyas actitudes son dinosaurios no resisten los cambios y carecen de norte.
i Exige tus derechos y los de los demás, pero también asume tus responsabilidades en la construcción de un mundo más humano. Nunca reclames para ti la satisfacción de un derecho que no estés dispuesto también a reclamar para otra persona.
j Jamás retrocedas cuando haya exigencias, ni te conformes con resultados escuetos.

Debate las ideas e indica por qué son importantes. Menciona un ejemplo cuando sea posible. Debate qué situaciones o personas pueden ser responsables de los elementos negativos de cada caso. Por ejemplo, de bajar la moral en el caso a, del agobio en la situación c o los proyectos mezquinos en el caso f.

Concluye expresando tu punto de vista sobre el conjunto de ideas y explica si tenerlas presentes nos puede ayudar a estar más enfocados cuando colaboramos con la comunidad y damos crédito a nuestros esfuerzos.

◆ Oportunidades de evaluación

◆ En esta actividad se han practicado las habilidades que son evaluadas por medio del Criterio C: Comunicación en respuesta a textos orales, escritos o visuales y del Criterio D: Uso de la lengua de forma oral o escrita.

8 ¿Qué muestras de positivismo, agradecimiento genuino y satisfacción pudiste notar en las personas que se muestran en el vídeo?

9 Considerando las opiniones de los pacientes, ¿a qué conclusión puedes llegar de esta acción samaritana?

10 ¿Te sientes identificado con las imágenes en el vídeo? ¿Alguna te resulta particularmente especial? ¿Por qué (no)?

◆ Oportunidades de evaluación

◆ En esta actividad se han practicado las habilidades que son evaluadas por medio del Criterio A: Comprensión de textos orales y visuales.

PIENSA–COMPARA–COMPARTE

Lee las siguientes preguntas, escribe tus respuestas y después compártelas con tus compañeros.

Cuando las ciudades se postulan como candidatas para ser sede de eventos internacionales como los Juegos Olímpicos, necesitan pasar por un periodo de transición en el que se modifican muchos aspectos de su estructura.

1 ¿Por qué piensas los gobiernos necesitan educar a los ciudadanos sobre la transición que se vivirá?

2 ¿Qué problemas pueden existir si la sociedad no se educa?

3 ¿Cuál es el objetivo de este proceso de educación durante la transición?

4 ¿Qué procesos son difíciles?

5 ¿Qué tipo de habilidades de adaptación son necesarias?

6 ¿Por qué es necesario involucrar a voluntarios en este proceso?

ACTIVIDAD: Manos a la obra

■ Enfoques del aprendizaje

■ Habilidades de colaboración: Ejercen liderazgo y asumen diversos roles dentro de los grupos. Escuchan con atención otras perspectivas e ideas

■ Habilidades de comunicación: Utilizan una variedad de técnicas de expresión oral para comunicarse con diversos destinatarios

En esta actividad, trabajarás individualmente, al principio, y después colaborarás con un compañero o en equipos pequeños.

Primero, lee las siguientes situaciones y selecciona aquella en la que tu participación realmente marcaría una gran diferencia. Para lograr expresar tus ideas, necesitarás apreciar y valorar tus mejores habilidades, así como las acciones que tomarías para alcanzar tu meta.

Escribe las razones por las que seleccionaste tal situación y menciona cómo sería el impacto que causaría tu participación.

a Promover esta campaña: en bici a la escuela para toda la comunidad escolar.

b Promover esta campaña: una semana sin fotocopias.

c Promover esta iniciativa: escuela libre de vasos (para las fuentes de agua).

d Ser líder de una campaña de rescate de animales abandonados.

e Enseñar a escuelas públicas a reciclar y reusar papel.

f Colaborar en un proyecto de rescate de una lengua.

g Ser líder en una campaña en contra de la intolerancia.

h Ser líder en un movimiento a favor de la diversidad (tú decides qué tipo de diversidad: religiosa, racial, sexual, etc.).

i Colaborar con un grupo de activistas que acompañan a las personas con enfermedades terminales en sus últimas etapas.

j Colaborar con hospitales como voluntario en las terapias de rehabilitación física de algunos pacientes.

Después de escribir tu justificación, compártela con tus compañeros.

Lee tu texto y, después de cada intervención, indaga sobre las ideas importantes. Expresa halagos cuando se mencionen buenas ideas. Pide ejemplos y complementa las ideas de otros.

◆ Oportunidades de evaluación

◆ En esta actividad se han practicado las habilidades que son evaluadas por medio del Criterio C: Comunicación en respuesta a textos orales, escritos o visuales y del Criterio D: Uso de la lengua de forma oral o escrita.

ACTIVIDAD: Almanaque escolar

■ Enfoques del aprendizaje

- ■ Habilidades de colaboración: Ejercen liderazgo y asumen diversos roles dentro de los grupos
- ■ Habilidades de alfabetización mediática: Localizan, organizan, analizan, evalúan, sintetizan y utilizan de manera ética información procedente de diversas fuentes y medios (incluidas las redes sociales y en línea)

Desde 1792, los agricultores comenzaron a hacer uso de almanaques impresos para consultar una amplia variedad de información sobre la agricultura, como por ejemplo, tablas comparativas sobre las salidas y puestas de sol en el año, patrones climatológicos, predicciones y sugerencias, dependiendo del terreno. De estas prácticas se concluye que es posible aprender mucho de los almanaques, y es por ello que muchas de las bibliotecas en el mundo continúan conservándolos.

Imagina que tu escuela quiere crear un almanaque para los agricultores locales de una comunidad cercana a tu ciudad. Tú eres parte del equipo de alumnos que preparará el almanaque que ayudará a los agricultores con problemas financieros a que cultiven las verduras y hortalizas orgánicas de manera económica y efectiva.

Investiga:

1 ¿Qué información necesitarías incluir en el almanaque?
2 ¿Qué productos se pueden cultivar en tu región?
3 ¿Qué métodos de plantación y cultivo se necesita conocer?
4 ¿Cómo se vería tu tabla cronológica de plantación y cultivo?
5 Considera el clima de tu región y prepara sugerencias sobre las mejores épocas para cultivar y cosechar.
6 ¿Qué información sobre pestes y plagas es necesario investigar, incluir y publicar? Incluye un presupuesto estimado de los gastos en semillas, fertilizantes, etc.
7 ¿Cómo se involucraría tu escuela en el proceso de capacitación de los agricultores?
8 ¿Qué seguimiento será necesario?

Realiza una investigación en equipo, arma un almanaque y presenta tu propuesta.

En clase, **evalúa** los almanaques de los otros equipos.

Prepara una rúbrica con los elementos a valorar.

◆ Oportunidades de evaluación

- ◆ En esta actividad se han practicado las habilidades que son evaluadas por medio del Criterio C: Comunicación en respuesta a textos orales, escritos o visuales y del Criterio D: Uso de la lengua de forma oral o escrita.

PIENSA–COMPARA–COMPARTE

Lee las siguientes preguntas, escribe tus respuestas y después comparte tus puntos de vista con tus compañeros.

1 ¿Por qué es importante que los estudiantes universitarios participen en programas de voluntarios relacionados con su futura profesión?
2 ¿Por qué el trabajo voluntario que las personas realizan demuestra el tipo de ciudadanos que son? ¿Pueden ser una buena referencia para futuros proyectos?
3 ¿Por qué las escuelas deben interesarse en tener nexos o enlaces con organizaciones no gubernamentales o diferentes tipos de fundaciones?
4 ¿De qué forma el trabajo voluntario que pueden proveer las escuelas puede fortalecer el espíritu de unidad en la comunidad?

"Estar informado es un requisito para que toda acción valga la pena y para ser líder".

Anónimo

Lee el siguiente guión para un vídeo promocional:

VOLUNTARIOS DEL MUNDO

(Toma aérea que desciende hacia el jardín de una escuela)

(Paneo hacia un chico –Román– que está sentado en el jardín)

(Paneo hacia una chica –Ely– que se aproxima)

(Román está sentado y Ely lo saluda)

ELY: ¡Hola, Román! ¿Cómo estás?

ROMÁN: ¡Muy bien, Ely! Gracias.

ELY: ¿Dónde has estado? Hace mucho tiempo que no te veo.

ROMÁN: Fui a Perú y trabajé allá todo el verano. Regresé el fin de semana pasado.

ELY: ¡Fantástico! ¿Cómo pasaste tus vacaciones?

ROMÁN: No tuve vacaciones; viajé a Perú, como te dije, porque participé en un programa de ayuda a la comunidad.

ELY: ¿De verdad? ¿Qué hiciste? ¡Cuéntamelo todo!

(Ely se sienta al lado de Román y le da un beso en la mejilla)

ROMÁN: De hecho, no fui solo, Javier y Elba me acompañaron.

ELY: Ahora entiendo por qué no los vi por tanto tiempo. Pensé que habían ido a estudiar al extranjero.

ROMÁN: No fue mi idea, honestamente. Elba nos invitó a Javier y a mí. Yo solamente acepté. El caso es que fuimos a Perú y estuvimos allá todo el verano. Trabajamos en un pueblo pequeño cerca de Cuzco, al norte del Lago Titicaca. En este pueblo no hay muchas casas ni muchos servicios.

ELY: Suena muy difícil.

ROMÁN: Bueno, tuvimos mucho trabajo. Muchas actividades no eran tan fáciles como suponíamos, pero también nos divertimos mucho y aprendimos cosas nuevas.

ELY: ¿Cómo ayudaron?

ROMÁN: Básicamente, limpiamos áreas inhabitadas y también ayudamos a construir casas; también viajamos a las ciudades cercanas para recolectar materiales reusables y después los utilizamos en la construcción. Javier sabe mucho de computadoras y electricidad, así que él ayudó en la instalación del sistema de electricidad.

ELY: ¿Cuál fue el día más difícil?

ROMÁN: El más difícil no fue un día, sino un fin de semana entero, cuando excavamos para instalar el sistema de agua potable. Esos dos días yo dormí como bebé porque nos despertamos a las 5 am y terminamos de trabajar a las 6 de la tarde; solamente tomamos dos horas de descanso para comer.

(Javier y Elba caminan hacia Ely y Román)

(Román y Ely los ven en la distancia y saludan)

ELBA: ¡Hola! ¿De qué están hablando?

ELY: Román me está contando sobre sus aventuras en Perú.

JAVIER: ¡Fue una experiencia fabulosa, Ely! Tienes que colaborar el próximo año, no te arrepentirás.

ELBA: Aunque es importante recordar que no hay que llevar ropa cara, porque trabajarás todo el día.

8 ¿Cómo podemos ser elementos clave en la mejora de nuestra sociedad?

199

(Elba se sienta al lado de Román)

ELY: ¿Por qué dices eso?

(Javier se sienta entre Román y Ely)

ROMÁN: Ely, tú siempre estás a la moda y te gusta vestir ropa elegante, zapatos caros y también usas perfumes de diseñadores. En el campamento usamos jeans y camisetas, nada elegante.

ELY: Comprendo perfectamente, Javier, no soy Paris Hilton.

ROMÁN: Ja, ja, ja, ja. Ely, recordé una conversación que tuvimos el primer día que construimos las casas para las familias de Puno. Ese día llovió mucho e hizo muy mal tiempo; cuando terminamos de trabajar, estábamos muy sucios. Elba me dijo: "A Ely no le gustaría que su ropa fina se arruinara y se volvería loca en esta situación".

JAVIER: Yo también le dije a Román y Elba que eran unos exagerados, y que tú eras menos superficial de lo que todos pensamos.

ELY: Gracias, Javier. Elba, dime, ¿qué fue lo que más te gustó de la experiencia?

ELBA: Personalmente, me gustó mucho ayudar a los niños. Yo les enseñaba a leer y a escribir. También les mostré cómo reciclar material y cómo ahorrar energía. Los niños eran muy amables: por las mañanas cocinábamos juntos y después limpiábamos el comedor; estudiaban conmigo desde las 9 de la mañana hasta las 2 de la tarde, después comían y participaban en actividades deportivas. Todos los niños son muy pobres, pero siempre sonríen y siempre dicen "gracias" y "con permiso", y siempre piden perdón cuando cometen un error. Tienen unos modales admirables.

ROMÁN: Javier, ¿te contó Elba que un día lloró?

JAVIER: No, jamás me lo dijo.

ELY: ¿Qué te dijo, Román?

ROMÁN: Bueno, Elba estaba muy emocionada, porque un niño le dijo que él no quería que Elba regresara a casa. El niño le dijo: "Tú eres como mi hermana mayor y te quiero mucho". Entonces Elba lloró toda la tarde de emoción.

ELY: ¿Y cómo viajaron a Perú? ¿Quién pagó sus boletos de avión?

ROMÁN: Primero nos registramos en la página de internet de Voluntarios del Mundo, y dos agentes nos entrevistaron por teléfono.

JAVIER: Después de las entrevistas, les enviamos un ensayo donde explicábamos por qué nosotros éramos los candidatos perfectos.

ELBA: Después de dos semanas nos enviaron un correo electrónico y nos dijeron que habíamos sido seleccionados para participar en el programa. Ellos nos dieron los boletos de avión. Nosotros no pagamos nada, incluso nos dieron un lugar para dormir y comida.

ROMÁN: Pero aprendimos mucho, y esa experiencia nos cambió la vida.

JAVIER: Estoy de acuerdo contigo, Román. Personalmente, me convencí de que soy capaz de hacer cosas que antes pensaba que no podía hacer. Siento que he descubierto muchas cosas sobre mí.

ELBA: ¡Ahora yo quiero más! Siento que esta experiencia me ha vuelto más exigente conmigo misma, pues me he percatado que necesito aprender más. Creo que antes de esta experiencia subestimaba muchas cosas, pero aprendí bien y esto será para siempre.

ROMÁN: Y, chicos, no olviden que nuestra experiencia es sólo un ejemplo pequeño de todas las formas en que se puede colaborar con Voluntarios del Mundo. Escuché que en algunos países de Europa es posible colaborar en hospitales que utilizan tecnología en sus formas de dar asistencia y consulta.

JAVIER: Eso a mí me interesa mucho, además creo que tendría muchas oportunidades para echar a volar mi imaginación y aprender de todos los expertos con los que colabore. Ya me imagino trabajando con robots…

ELY: Amigos, me han convencido, creo que el próximo año yo voy a ir con ustedes. Además quizás conozca a un chico guapo.

ELBA: Ely, solo tú puedes decir esas cosas.

ROMÁN: OK, vamos a comer, que tengo mucha hambre. Ely y yo los estuvimos esperando mucho tiempo. ¿Dónde estaban?

(Los cuatro amigos caminan juntos hacia un restaurante de comida rápida)

(Información de Voluntarios del Mundo aparece en el centro de la pantalla)

(Desvanecerse a negro)

ACTIVIDAD: Voluntarios del Mundo

■ Enfoques del aprendizaje

■ Habilidades de pensamiento crítico: Extraen conclusiones y realizan generalizaciones razonables

Después de leer el diálogo entre los chicos voluntarios y sus amigos, responde las siguientes preguntas:

1 Considerando los comentarios que Javier y Román hacen sobre Ely, ¿cómo puedes confirmar que no comparten la misma opinión?
2 Considerando las ideas que se mencionaron en el diálogo, ¿por qué es posible decir que Javier puede ser un candidato ideal para colaborar en los programas de *Voluntarios del Mundo* en Europa? Justifica tu respuesta.
3 ¿Quién podríamos decir que es la persona más entusiasmada por el servicio a la comunidad? Justifica tu respuesta.
4 ¿Cómo describirías la personalidad de Ely? Incluye dos ejemplos utilizando la información del texto para justificar tu respuesta.
5 Considerando los comentarios que Javier y Elba hicieron, ¿cómo eran ellos antes de participar en este proyecto? Justifica tu respuesta.

6 ¿Cuál es la intención del autor al incluir información en cursivas y entre paréntesis?
7 ¿Cuál es la relación entre las imágenes y el texto? Menciona dos ejemplos.
8 ¿Cuál de las imágenes no representa las experiencias del proyecto en el que participaron los chicos?
9 ¿Qué idea del texto ilustran la mayoría de las imágenes? Justifica tu respuesta.
   a Viajar
   b Aprender cosas sobre uno mismo
   c Trabajo en equipo
10 ¿A qué conclusión sobre el trabajo voluntario puedes llegar, considerando la opinión de los chicos?
11 Si tuvieras la oportunidad de convivir con uno de los chicos con el fin de aprender algo de él o ella, ¿quién sería y por qué? Establece una relación entre aprendizaje y destrezas.
12 Considerando la calidad y contenido de los diálogos, ¿piensas que este es un buen promocional para *Voluntarios del Mundo*? ¿Por qué (no)?

◆ Oportunidades de evaluación

◆ En esta actividad se han practicado las habilidades que son evaluadas por medio del Criterio B: Comprensión de textos escritos y visuales.

Tema 2: ¿Son los contextos en los que decidimos actuar los de mayor prioridad?

ℹ️ "No basta con tener voluntad. Es necesario saber con quién colaborar para utilizar la destreza más efectiva en la situación más adecuada, en la que más lo necesita".

Amitava Ghosh

PIENSA–COMPARA–COMPARTE

Lee las siguientes preguntas y comparte tus puntos de vista con tus compañeros.

1 ¿De qué forma pueden cambiar nuestras vidas cuando ayudamos a la comunidad?
2 ¿Cómo podemos decidir con qué iniciativas colaborar?
3 ¿Qué es necesario considerar para que nuestros esfuerzos en una iniciativa no sean en vano?
4 ¿Por qué algunas iniciativas no logran mejorar las condiciones del problema que atacan?
5 ¿Qué necesitan considerar los líderes de ONG y las iniciativas que quieren erradicar ciertos problemas?
6 ¿Por qué es necesario colaborar con iniciativas en las que nuestras mejores destrezas puedan ser instrumentos de cambio?
7 ¿Estás de acuerdo con la idea de Amitava Ghosh?

ACTIVIDAD: Proyecto – Inventario de talentos en tu escuela

■ Enfoques del aprendizaje

- Habilidades de transferencia: Utilizan estrategias de aprendizaje eficaces en distintas disciplinas y grupos de asignaturas
- Habilidades de comunicación: Estructuran la información en resúmenes, ensayos e informes

En esta actividad, trabajarás con toda la clase e individualmente.

Etapas

1 **Con toda la clase, realiza una encuesta en tu escuela para detectar las habilidades o talentos predominantes en la comunidad escolar. De forma individual o en equipos pequeños, toma responsabilidad de un grado/año escolar específico para realizar la encuesta. Puedes realizarla mediante Google Form utilizando esta pregunta: ¿Cuáles son 3 de las habilidades que te distinguen? Como alternativa, puedes hacer una lista de actividades.**
2 **Después de realizar la encuesta, se agruparán los resultados y los presentarán de manera gráfica en la clase.**
3 **Considerando los resultados obtenidos, ahora, individualmente, escribe una propuesta en la que indiques las diferentes maneras en que tu escuela podría contribuir a la comunidad. Haz referencia a los resultados que la eucuesta lanzó. Especula sobre qué puede suceder si se combinan diferentes habilidades para crear equipos, ¿qué súper equipos puedes hacer? Escribe 250 palabras.**

Publica los resultados en la revista de la escuela e informa a los coordinadores de Comunidad y Servicio de sus resultados. Pide su opinión.

◆ Oportunidades de evaluación

- En esta actividad se han practicado las habilidades que son evaluadas por medio del Criterio C: Comunicación en respuesta a textos orales, escritos o visuales y del Criterio D: Uso de la lengua de forma oral o escrita.

ACTIVIDAD: Diseña una campaña de apoyo

Enfoques del aprendizaje

- Habilidades de comunicación: Utilizan el entendimiento intercultural para interpretar la comunicación. Escriben con diferentes propósitos

Realiza una búsqueda en YouTube utilizando las palabras clave: **Campaña nueva casa para la escuela Paul Harris**.

Este vídeo es parte de una campaña de apoyo que ha lanzado una escuela en Chile para involucrar a la comunidad en la construcción de un nuevo plantel.

Mira el vídeo y considera el potencial de habilidades que existe en tu escuela. Después, en equipos pequeños, colabora para preparar una propuesta en la que expliques cómo podemos ayudar a la escuela Paul Harris. Justifica tus ideas y menciona ejemplos en los que resaltes de qué forma podrían contribuir.

Considera los siguientes pasos para tu propuesta:

1 **Investigar**
2 **Preparar**
3 **Planear**
4 **Tomar acción**

Graba tu respuesta con tu equipo y reprodúcela en clase.

Ofrece retroalimentación a la propuesta de los demás.

La grabación deberá durar cuatro minutos.

◆ Oportunidades de evaluación

- En esta actividad se han practicado las habilidades que son evaluadas por medio del Criterio C: Comunicación en respuesta a textos orales, escritos o visuales y del Criterio D: Uso de la lengua de forma oral o escrita.

ACTIVIDAD: La respuesta social frente a las tragedias

Enfoques del aprendizaje

- Habilidades de colaboración: Delegan y comparten responsabilidades a la hora de tomar decisiones
- Habilidades de gestión de la información: Obtienen y analizan datos para identificar soluciones y tomar decisiones fundadas

Forma equipos de cinco personas. Cada miembro deberá seleccionar uno de los siguientes incidentes:

a **Terremoto de Valdivia, Chile en 1960**
b **Terremoto de la Ciudad de México en 1985**
c **Terremoto y tsunami del Océano Índico en 2004**
d **Accidente nuclear de Fukushima en 2011**
e **Desastre del Huracán Katrina en 2005**

Cada miembro realizará una investigación breve y describirá la tragedia y la manera en que las comunidades locales e internacionales se involucraron. Se deberá hacer énfasis en las destrezas y estrategias que fueron necesarias para superar la tragedia, por ejemplo, las personas crearon centros de acopio para reunir comida para las zonas afectadas.

Después de la investigación, cada individuo presentará sus resultados a los miembros de su equipo.

Comparte los resultados de su investigación. Haz preguntas sobre la información que discutas. Indaga cuando sea necesario y contribuye a la interacción.

Finalmente, de forma individual, cada uno escribire un artículo para una revista de temas comunitarias y de servicio. El artículo tratará la manera en que la sociedad ha respondido a emergencias y tragedias a través del tiempo. Responde a este pregunta: **¿Cómo se han unido las comunidades para salir adelante?** Menciona ejemplos y justifiquen tus ideas.

Escribe 250 palabras.

Compartetus artículo con toda la clase. Se pueden crear una revista electrónica y pedir a sus compañeros del Programa de Diploma que comenten al respecto.

◆ Oportunidades de evaluación

- En esta actividad se han practicado las habilidades que son evaluadas por medio del Criterio C: Comunicación en respuesta a textos orales, escritos o visuales y del Criterio D: Uso de la lengua de forma oral o escrita.

PUNTO DE INDAGACIÓN

Lee las siguientes preguntas y comparte tus ideas con tus compañeros.

1 ¿Qué consideras servicio genuino a la comunidad?
2 ¿Qué situaciones provocan la necesidad de actuar para mejorar nuestro entorno?
3 ¿Por qué es el servicio a la comunidad una parte integral del BI?
4 ¿Por qué las escuelas deben interesarse en contribuir a la comunidad?
5 ¿Existe una conciencia real y válida sobre el servicio a la comunidad y su importancia?

ACTIVIDAD: Las redes y sus causas

■ Enfoques del aprendizaje

- Habilidades de comunicación: Escriben con diferentes propósitos

En el presente, las redes sociales representan una gran oportunidad para convocar e invitar a las personas a formar parte de un movimiento y a involucrarse en una gran variedad de iniciativas. Las redes sociales se han convertido en un medio muy práctico y efectivo para crear conciencia e intentar concientizar a las personas sobre una variedad de temas de relevancia global y local.

En esta actividad, escribirás un ensayo argumentativo. Discute qué las escuelas internacionales deberían utilizar las redes sociales para mostrar las causas que apoyan, para informar a toda la comunidad acerca de la participación de los alumnos en diferentes proyectos. Menciona la forma en que esto puede crear nexos con otras escuelas internacionales.

Escribe 250 palabras.

◆ Oportunidades de evaluación

- ◆ En esta actividad se han practicado las habilidades que son evaluadas por medio del Criterio C: Comunicación en respuesta a textos orales, escritos o visuales y del Criterio D: Uso de la lengua de forma oral o escrita.

ACTIVIDAD: Prioridades

■ Enfoques del aprendizaje

- Habilidades de pensamiento crítico: Evalúan las pruebas y los argumentos

En esta actividad, trabajarás en equipos pequeños.

El objetivo de esta actividad es **evaluar** la gravedad que tienen los siguientes problemas en tu ciudad y decidir cuáles deben atenderse con más prioridad. Utiliza la tabla abajo para organizar tus decisiones. Presenta tu conclusión a la clase.

a Hambre
b Pobreza
c Falta de vivienda
d Falta de acceso o precio de los servicios médicos
e Conservación de espacios naturales
f Promover y respetar los derechos de los animales
g Sanidad en las calles de la ciudad
h Resolver problemas de igualdad de género

Prioridad	Problema	Justificación
1		
2		
3		
4		
5		
6		
7		
8		

◆ Oportunidades de evaluación

- ◆ En esta actividad se han practicado las habilidades que son evaluadas por medio del Criterio C: Comunicación en respuesta a textos orales, escritos o visuales y del Criterio D: Uso de la lengua de forma oral o escrita.

PIENSA–COMPARA–COMPARTE

Realiza una búsqueda en YouTube utilizando las palabras clave: **Una campaña de educación vial "mata" a 28 niños.**

Después de ver el vídeo, discute las siguientes preguntas en grupos pequeños y, después, con toda la clase.

1 **¿Qué opinas del contenido y del mensaje del vídeo?**
2 **¿Hasta qué punto piensas que esta fue una forma apropiada de crear conciencia?**
3 **¿Piensas que esta campaña hirió los sentimientos de ciertas personas? Si es así, ¿cómo?**
4 **¿Cuándo y por qué es bueno provocar la reflexión de las personas con mensajes fuertes o agresivos?**
5 **¿Cómo te sentirías si esos niños fueran estudiantes de tu escuela?**
6 **¿Piensas que en casos como éste la comunidad debe unirse para encontrar soluciones o es solo el trabajo del gobierno?**

ACTIVIDAD: Provocando reflexiones

Enfoques del aprendizaje

- Habilidades de comunicación: Estructuran la información en resúmenes, ensayos e informes
- Habilidades de reflexión: Consideran las implicaciones éticas, culturales y ambientales

Realiza una búsqueda en YouTube utilizando las palabras clave: **Campaña de conciencia social antitabaco "niños fumadores".**

Después de ver el vídeo, escribe un texto de blog sobre el impacto de la campaña que viste; describe el vídeo y comenta sobre el mensaje que quiere transmitir. Menciona tu opinión sobre la iniciativa. Concluye discutiendo la moraleja del vídeo.

Escribe 250 palabras.

Oportunidades de evaluación

- En esta actividad se han practicado las habilidades que son evaluadas por medio del Criterio C: Comunicación en respuesta a textos orales, escritos o visuales y del Criterio D: Uso de la lengua de forma oral o escrita.

ACTIVIDAD: Demanda Ciudadana

Enfoques del aprendizaje

- Habilidades de comunicación: Estructuran la información en resúmenes, ensayos e informes

Después de ver el vídeo y de debatir las preguntas, en esta actividad expresarás tu punto de vista como ciudadano responsable.

Esta actividad consta de dos partes:

1 **En esta etapa, de forma individual, prepararás un mini discurso en el que expreses la falta de responsabilidad de las personas que no respetan las reglas de vialidad al conducir. También exigirás a la comunidad unir sus esfuerzos para evitar accidentes como este. Menciona un par de estrategias. Declama sus discursos en clase.**
2 **En la segunda etapa, imaginarás que los niños afectados por el accidente estudiaban en tu escuela y escribirás una publicación para tu blog en la que describas el accidente, y una iniciativa que la ciudad pudiera tomar para crear conciencia sobre los peligros de conducir de manera irresponsable. Escribe 250 palabras.**

Oportunidades de evaluación

- En esta actividad se han practicado las habilidades que son evaluadas por medio del Criterio C: Comunicación en respuesta a textos orales, escritos o visuales y del Criterio D: Uso de la lengua de forma oral o escrita.

PIENSA–COMPARA–COMPARTE

Responde las siguientes preguntas y comparte tus opiniones con tus compañeros.

1 ¿Por qué es más probable que las personas o naciones estén motivadas a ser voluntarios en momentos trágicos?
2 ¿Cómo sería diferente el mundo si todos estuviéramos dispuestos a colaborar con la comunidad incluso en la ausencia de tragedias?
3 ¿Por qué es posible decir que las personas hacen uso de sus mejores habilidades en momentos de crisis?
4 ¿Cuáles son algunas de las asociaciones o fundaciones que ayudan a restaurar o reconstruir zonas damnificadas por fenómenos naturales?
5 ¿Hasta qué punto el valor del servicio a la comunidad depende del riesgo que se corre al colaborar?

▼ Nexos: Diseño y tecnología; Individuos y sociedades

La herramienta "Google Crisis Response" se ha convertido en un excelente aliado para facilitar información sobre desastres naturales y crisis humanitarias. Con este instrumento, Google brinda imágenes actualizadas vía satélite de la zona del desastre, para asistir a las organizaciones en la planeación de donaciones y contribuciones que se necesitan en un determinado territorio y así mejorar las oportunidades para prestar servicios de ayuda humanitaria. La herramienta es ampliamente usada en Australia, Canadá, Estados Unidos, Japón, Taiwán, Chile, Colombia y México.

Lee el siguiente artículo sobre el terremoto de la Ciudad de México en 1985:

Cuando los ciudadanos tomaron la ciudad en sus manos

Por: Jesús Ramírez Cuevas

1 La destrucción que provocó el terremoto de 1985 cambió la fisonomía y la vida de la Ciudad de México. El caos que causó la incompetencia del gobierno para atender la emergencia no solo desesperó, entristeció y desilusionó a los habitantes, sino que dejó en claro que el gobierno era incapaz de responder en casos extremos. Ante la decepción provocada por el gobierno, la seriedad de la situación, el terror y el desmoronamiento de la paciencia, fue el esfuerzo comunitario lo que ultimó el acta de nacimiento de la sociedad civil.

2 La catástrofe natural destruyó inmuebles, eliminó miles de vidas y aceleró la pérdida de confianza y esperanza en el Gobierno de México. La unidad y la solidaridad de millones de personas que participaron en el rescate de víctimas y apoyaron a las familias afectadas se transformó en un despertar de conciencias, en un movimiento que logró la reconstrucción de la ciudad desde abajo. Después del temblor ya nada fue igual. Raúl Bautista, personaje emblemático de la lucha urbana, asegura que "frente a la dimensión de la tragedia, la gente tuvo que salir a tomar la ciudad. La gente desobedeció al gobierno porque no había tiempo de esperar, pues debían rescatar a los atrapados y ayudar".

3 Los temblores del 19 y 20 de septiembre de 1985 destruyeron la zona central del Distrito Federal. El gobierno de Miguel de la Madrid se paralizó ante la tragedia, cundió en terror y demostró su incapacidad para responder a situaciones de alto riesgo. En contraste, la respuesta masiva de los ciudadanos para ayudar a los afectados fue inmediata. Frente a la ineptitud del gobierno, sin un plan previo, la gente se organizó y respondió a la emergencia. Los ciudadanos tomaron el control de la ciudad, en lo que fue uno de los capítulos más hermosos y excepcionales de nuestra historia.

4 El 27 de septiembre, apenas una semana después del terremoto, se realizó la primera movilización de damnificados hacia Los Pinos, la residencia del Presidente. Más de 30 mil personas marcharon en silencio con tapabocas y cascos, símbolos de los rescatistas, y exigieron una respuesta rápida y digna para la solución del caos, para acelerar un programa de reconstrucción popular y la reinstalación de los servicios de agua y luz.

5 Después de muchos días de protesta ciudadana, el presidente de la Madrid recibió a los damnificados en Los Pinos. Ahí reconoció el papel de la sociedad civil en la emergencia. Pero en lugar de recibir agradecimientos de los afectados como esperaba, la gente le reclamó y lo abucheó. Como respuesta desesperada a la iniciativa ciudadana que ridiculizó al gobierno, se creó la campaña "México sigue en pie". El gobierno intentó normalizar los servicios públicos y el funcionamiento de escuelas, hospitales y edificios gubernamentales y así recuperar el control y la credibilidad ante la sociedad. Sin embargo, falló exponencialmente.

6 Todos los estados de la república y varios países latinos contribuyeron a la reconstrucción de la Ciudad de México. La recolección de comida y víveres comenzó a llegar a la Ciudad de México días después del terremoto y se concentró en el Zócalo de la ciudad. Entonces fue donde el gobierno

cometió su más grande error, al denominar personas corruptas para ocuparse de la administración de los víveres: las personas responsables de "distribuir" prudentemente los alimentos comenzaron a venderlos, y esto provocó la furia de la población, quienes desarrollaron un repudio por el gobierno y sus errores fatales.

7   El gobierno reconoció un error más y cada vez sentía más fuertemente la presión de la gente y la crítica internacional. Como medida desesperada, el Presidente comenzó a retirar de sus cargos a las personas que abusaron de su autoridad, a los arquitectos que construyeron los edificios que fueron destruidos, pero estas acciones no satisficieron a los ciudadanos.

8   Una de las consecuencias del temblor fue la pérdida del tradicional control del PRI (Partido Revolucionario Institucional, el partido político en el poder), pues "había una indignación auténtica contra el PRI porque sus mandatarios condicionaban la ayuda y lucraba con el apoyo", recuerda Leslíe Serna.

La generación del terremoto y las secuelas culturales

9   El movimiento de damnificados, además de las formas tradicionales de protesta, utilizó otras más imaginativas. "La movilización social fue muy fuerte, la sociedad no esperó a que el gobierno le resolviera sus problemas. Se logró una fraternidad entre gente distinta, de todas las generaciones. La fiesta también era una forma de luchar y la gente mejor se ponía a cantar para no llorar", recuerda Serna. El temblor de 1985 es un hito del resurgir de la conciencia cívica. Al actuar colectivamente ante los problemas de todos, miles abandonaron por un momento el individualismo e hicieron de la solidaridad y la autogestión comunitaria la carta de naturalización de la sociedad civil.

10 Después del terremoto de 1985, nos dice el doctor Valdés González, "hemos aprendido mucho sobre lo que debemos hacer en términos de construcción". Esto debe formar parte del desarrollo de una cultura contra los riesgos sísmicos. Sin embargo, la negligencia, la indiferencia y la corrupción pueden ser más dañinas que el mismo temblor. Los sismos son inevitables. La falta de prevención y de inteligencia para tratar de mitigar sus efectos no lo son.

El temblor en números

El 19 y 20 de septiembre de 1985, a las 7:19 de la mañana, se registraron terremotos de 8,1 en escala de Richter.

Muertos: *La Comisión Económica Para América Latina* registró 35 mil muertos.

Heridos: Más de 40 mil.

Rescatados con vida de los escombros: 4 mil 100.

Daños: Gran parte importante de la capital del país quedó pulverizada. Todos los servicios públicos se colapsaron: el agua potable, la luz, el transporte público, las principales vías de la zona centro. La ciudad quedó incomunicada del resto del país y del mundo por la caída del sistema telefónico.

Viviendas destruidas totalmente: 30 mil.

Viviendas con daños parciales: 70 mil.

Edificios destruidos: 400, incluidos hospitales como el Juárez, Hospital General y condominios como el Multifamiliar Juárez y el Nuevo Léon en Tlaltelolco, escuelas y algunos edificios como el emblemático Hotel Regis.

ACTIVIDAD: El terremoto de la Ciudad de México

◼ Enfoques del aprendizaje

■ Habilidades de pensamiento crítico: Extraen conclusiones y realizan generalizaciones razonables

Después de leer la semblanza sobre el terremoto en la Ciudad de México, responde las siguientes preguntas:

1 El autor nos presenta las estadísticas de los daños causados por el terremoto al final. ¿Por qué crees que decidió hacer esto? ¿Qué efecto hubiera tenido presentarlas al principio?

2 Considerando la información que se menciona sobre el pueblo y el gobierno, ¿qué tipo de orgullo adquirieron los mexicanos a raíz de esta experiencia?

3 ¿Qué ejemplos de acción y servicio a la comunidad puedes mencionar a partir de la información en el texto?

4 ¿Cómo describirías la actitud del gobierno mexicano en esta situación? Explica con detalles.

5 ¿A qué se refiere la frase "Acta de nacimiento de la sociedad civil" en el párrafo 1?

6 ¿Por qué el autor describe esta tragedia como "uno de los capítulos más hermosos y excepcionales de nuestra historia"? Justifica tu respuesta.

7 ¿En qué sentido es diferente la imagen 4 de las demás considerando la historia en el texto?

8 ¿Por qué crees que el autor comenzó el artículo enfatizando la incompetencia del gobierno?

9 ¿Cuáles son algunas de las ideas del texto que se representan en las imágenes? Menciona dos ejemplos.

10 ¿Qué reacción quiere provocar el autor en el párrafo 9 al hablar de la fraternidad entre las personas?

11 ¿A qué conclusiones puedes llegar con respecto a la manera en que los mexicanos de 1985 aprendieron a colaborar?

12 ¿Qué puedes inferir sobre las ideas de construcción y seguridad en la Ciudad de México, considerando lo que menciona Valdés González en el párrafo 10?

13 ¿De qué manera la imagen 1 agrega significado y emotividad a la historia? Explica.

14 ¿En qué detalles del texto se enfocan las imágenes? Menciona ejemplos con, por lo menos, dos. Justifica tus ideas.

◆ Oportunidades de evaluación

◆ En esta actividad se han practicado las habilidades que son evaluadas por medio del Criterio B: Comprensión de textos escritos y visuales.

ℹ️ "Le pregunto a las personas por qué exhiben cabezas de animales en los muros de sus salas, y siempre responden que porque son animales muy bonitos. Y bueno, yo reconozco que mi mamá es muy atractiva, y prefiero poner fotografías suyas".

Ellen DeGeneres

PUNTO DE INDAGACIÓN

Lee Las siguientes preguntas y comparte tus ideas con tus compañeros.

1 ¿Cuáles son las características del servicio que se realiza genuinamente?
2 ¿Cuáles instituciones o situaciones deben tener prioridad para recibir apoyo?
3 ¿Qué ejemplos sobre la corrupción en el servicio a la comunidad puedes mencionar?
4 ¿Por qué el trabajo social y con otras personas se ha convertido en una parte esencial de la educación del presente?
5 ¿Por qué muchas ONG no tienen un impacto positivo en la sociedad?
6 ¿Es el servicio que se realiza hoy en día llevado a cabo con un sentido genuino de responsabilidad y solidaridad?
7 ¿Son todas las iniciativas responsables y confiables?

▼ Nexos: Individuos y sociedades

Investiga sobre el trabajo que Project Potencial está llevando a cabo en las comunidades rurales de la India y la manera en que su líder Zubin Sharma se involucra con la comunidad, empoderándolos a ser líderes. Busca su página en Facebook.

ACTIVIDAD: Es delito ser bienhechor

■ Enfoques del aprendizaje

- Habilidades de pensamiento crítico: Consideran ideas desde múltiples perspectivas
- Habilidades de reflexión: Consideran las implicaciones éticas, culturales y ambientales
- Habilidades de comunicación: Escriben con diferentes propósitos

En esta actividad realizarás una investigación breve para documentar y enriquecer tu opinión. Realiza una búsqueda sobre el caso de Arnold Abbott, activista del grupo *Love Thy Neighbor Inc.*, quien tuvo problemas en noviembre de 2014 por alimentar a indigentes y desamparados en un estacionamiento público en Florida. Abbott tiene 90 años y, por intentar dar este servicio a la comunidad, pudo ir a la cárcel, porque es delito alimentar a la gente en espacios públicos.

Escribe una carta al Director de la Agencia de Derechos Humanos de Florida. Expresa tu opinión sobre el caso de Abbot. Cuestiona las razones por las que se penalizan las acciones de una persona que hace el bien a los demás. Incluye detalles que hayas encontrado en tu investigación y menciona ejemplos sobre la importancia del servicio a la comunidad en la sociedad moderna.

Escribe 250 palabras.

◆ Oportunidades de evaluación

- En esta actividad se han practicado las habilidades que son evaluadas por medio del Criterio C: Comunicación en respuesta a textos orales, escritos o visuales y del Criterio D: Uso de la lengua de forma oral o escrita.

8 ¿Cómo podemos ser elementos clave en la mejora de nuestra sociedad?

209

ACTIVIDAD: ¡Involúcrate y actúa!

■ Enfoques del aprendizaje

■ Habilidades de pensamiento crítico: Extraen conclusiones y realizan generalizaciones razonables

Realiza una búsqueda en YouTube utilizando las palabras clave: ONG Manos Unidas: proyectos de lucha contra la pobreza.

Después de ver el vídeo responde las siguientes preguntas:

1 El narrador del vídeo comenzó mencionando la hora en diferentes países, ¿cuál es el objetivo de esta decisión?
2 Después de ver el vídeo entero, explica la relevancia de la frase que se presenta de forma escrita cuando comienza.
3 ¿En qué valor insiste la campaña de este año? Menciona dos ejemplos, utilizando información del vídeo para justificar tu respuesta.
4 Menciona tres razones por las que los realizadores incluyeron testimonios de personas de diferentes partes del mundo.
5 ¿Cuál es la relación entre las palabras "personas", "instituciones" y "países", considerando el mensaje y objetivo del vídeo?
6 ¿Quiénes formarían el auditorio específico para este vídeo? Justifica tu respuesta.
7 ¿Qué impacto quieren provocar los realizadores del vídeo cuando mencionan que "un euro puede salvar vidas"?
8 ¿Cuáles son algunas similitudes de los espacios físicos en los diferentes países que se mostraron en el vídeo? Menciona dos.
9 ¿Qué evidencia se menciona sobre algunos de los logros que se han alcanzado en Manos Unidas para justificar su causa?
10 ¿Hasta qué punto puedes identificarte con lo que se menciona en el vídeo? ¿Te gustaría participar en sus proyectos? ¿Por qué o por qué no?

◆ Oportunidades de evaluación

◆ En esta actividad se han practicado las habilidades que son evaluadas por medio del Criterio A: Comprensión de textos orales y visuales.

ACTIVIDAD: La Oenegización del mundo

■ Enfoques del aprendizaje

■ Habilidades de comunicación: Utilizan una variedad de técnicas de expresión oral para comunicarse con diversos destinatarios

En un café de la ciudad, un grupo de amigos que han colaborado con una variedad de ONG discuten sobre la lealtad y el compromiso de las organizaciones. Uno de ellos menciona que la ayuda que muchas ONG ofrecen en Asia y África se basa en la imposición de la mentalidad de países desarrollados; otra persona enfatiza que hay personas comprometidas y otras a quienes no les importa nada si las ONG hacen su trabajo y prestan sus servicios como deben. Un tercer amigo comentó que él desea participar como voluntario y que tiene presente que todo depende de las personas, pues hay personas comprometidas y personas no comprometidas. Además, agrega que los comprometidos examinan con cuidado en qué y cómo pueden ayudar. Los no comprometidos quieren hacerse su autolavado de conciencia mientras pasan sus vacaciones ayudando a personas pobres. El cuarto y último amigo menciona que algunas ONG grandes comienzan negocios en los países que deben apoyar, por lo que, en lugar de mejorar, se convierten en una zancadilla más para el desarrollo del país.

En esta actividad, colaborarás con un compañero en un juego de roles donde uno de ustedes tendrá el rol del chico que quiere ser voluntario. La otra persona jugará el rol del amigo con quien debate y analiza cómo seleccionar la mejor iniciativa. Ustedes decidirán el curso que deberá tomar la charla, pero deberán tomar en cuenta el contexto mencionado.

Puedes visitar este enlace para tener otros ejemplos: http://tinyurl.com/unit8bycon.

Su interacción debe durar cuatro minutos.

◆ Oportunidades de evaluación

◆ En esta actividad se han practicado las habilidades que son evaluadas por medio del Criterio C: Comunicación en respuesta a textos orales, escritos o visuales y del Criterio D: Uso de la lengua de forma oral o escrita.

ACTIVIDAD: El negocio de las ONG

■ Enfoques del aprendizaje

■ Habilidades de colaboración: Ejercen liderazgo y asumen diversos roles dentro de los grupos
■ Habilidades de reflexión: Consideran las implicaciones éticas, culturales y ambientales

En esta actividad, colaborarás en equipos pequeños.

En tu equipo, realicen una búsqueda en YouTube utilizando las palabras clave: **Documental O.N.G El Negocio increíble 1 parte**.

Después de ver el vídeo, en equipo, escribe una serie de diez preguntas para crear diálogo, análisis y reflexión. Comparte tus preguntas con otro equipo. Responde a las preguntas que recibas de manera escrita.

Cuando termines de contestar las preguntas, regrésalas a sus autores. Finalmente, en sus equipos, lee las respuestas y debate hasta qué punto estás de acuerdo con las opiniones del otro equipo. Comparte tus reflexiones con toda la clase.

Finalmente, en sus equipos, lean las respuestas y debatan hasta qué punto están de acuerdo con ellas.

Compartan sus reflexiones con la clase.

ACTIVIDAD: Sentido de compromiso

■ Enfoques del aprendizaje

■ Habilidades de reflexión: Consideran las implicaciones éticas, culturales y ambientales
■ Habilidades de comunicación: Estructuran la información en resúmenes, ensayos e informes
■ Habilidades de colaboración: Escuchan con atención otras perspectivas e ideas

En esta actividad, participarás en grupos pequeños en una mesa redonda. Antes de comenzar, se deberá nominar un moderador. Discute la siguiente pregunta:

¿Hasta qué punto podemos decir que las monjas, sacerdotes u otras personas que renunciaron a sus vidas ordinarias tienen o demuestran mayor compromiso que los voluntarios eventuales?

Comparte tus puntos de vista. Cuestiona las opiniones de los demás. Recuerda la importancia de ser escuchas activos y de hablar respetuosamente.

Después de la mesa redonda, individualmente, escribe un ensayo argumentativo. Analiza la pregunta. Toma en cuenta las ideas a favor y en contra de tu opinión que mencionaron tus compañeros.

Escribe 300 palabras.

◆ Oportunidades de evaluación

◆ En esta actividad se han practicado las habilidades que son evaluadas por medio del Criterio C: Comunicación en respuesta a textos orales, escritos o visuales y del Criterio D: Uso de la lengua de forma oral o escrita.

▼ Nexos: Matemáticas

Un equipo de matemáticos de la Universidad Complutense de Madrid (UCM) ha desarrollado el Sistema Experto para el Diagnóstico en Desastres (SEDD), una aplicación informática que estima la magnitud de los desastres naturales y facilita a las ONG la toma de decisiones estratégicas. El SEDD utiliza la información disponible sobre el tipo de desastre considerando unidades cuantificables (escala Richter para terremotos, velocidad del viento para huracanes, etc.) y una medida de la vulnerabilidad de la zona. Para obtener ésta última, los científicos emplean el índice de desarrollo humano que facilita la ONU por país, y lo ajustan a la situación de la región afectada.

ACTIVIDAD: Comienza para no terminar

◼ Enfoques del aprendizaje

- ◼ Habilidades de reflexión: Consideran las implicaciones éticas, culturales y ambientales
- ◼ Habilidades de comunicación: Escriben con diferentes propósitos

Muchas escuelas internacionales establecen alianzas con algunas ONG o comienzan una serie de fundaciones o causas para contribuir a la mejora de la sociedad. Sin embargo, muchas de estas ideas comienzan con mucho entusiasmo, pero después se olvidan o no se les da seguimiento.

Escribe un artículo para la gaceta de tu escuela. Invita a la comunidad estudiantil a reflexionar sobre esta pregunta: ¿Hasta qué punto es justo, honesto y ético comenzar iniciativas para beneficiar a un grupo de personas y después no darles seguimiento u olvidarlas?

El título de tu artículo debe ser: **Asegúrate de que tus acciones vayan de la mano con tus palabras.**

Tu artículo debe invitar a la reflexión e incluir ejemplos contundentes de esta situación.

Escribe 300 palabras.

◆ Oportunidades de evaluación

- ◆ En esta actividad se han practicado las habilidades que son evaluadas por medio del Criterio C: Comunicación en respuesta a textos orales, escritos o visuales y del Criterio D: Uso de la lengua de forma oral o escrita.

ACTIVIDAD: ¿Vive la juventud un especie de hipocresía moral?

◼ Enfoques del aprendizaje

- ◼ Habilidades de comunicación: Escriben con diferentes propósitos
- ◼ Habilidades de reflexión: Consideran las implicaciones éticas, culturales y ambientales

En un artículo sobre la ética de la juventud publicado en **education.com**, se menciona que la mayoría de los jóvenes adolescentes confían en sus capacidades de toma de decisiones. No obstante, el artículo puntualiza que, a manera de yuxtaposición, muchos adolescentes piensan que mentir, hacer trampa, plagiar y comportarse violentamente es necesario de vez en cuando, cuando se aspira a tener éxito.

Lo más interesante, dice Cynthia Hoffmann, es notar la disposición que los adolescentes tienen para debatir racionalmente algunas decisiones poco éticas que toman. Sin embargo, subraya Hoffmann, los participantes en el estudio consideran que el concepto de lo que no es ético, lo que es inapropiado, incorrecto, inadecuado, idóneo, congruente y respetable varía dependiendo de la situación.

En las escuelas del BI, la reflexión es una parte fundamental de la formación de los estudiantes; particularmente la reflexión que se promueve en las tareas en las que los estudiantes deben actuar o emprender iniciativas para contribuir y ayudar a la comunidad. Evidentemente, para ello es necesario comprender el significado de la honestidad, el compromiso, la verdad y la empatía hacia los demás.

En esta actividad, escribirás una reacción al artículo publicado en **education.com**, titulado: **La hipocresía moral de los estudiantes**.

Presenta y **analiza** tu punto de vista, indica si estás de acuerdo o en desacuerdo. Enfoca tu texto en la importancia del compromiso genuino que se debe mostrar en las actividades de servicio a la comunidad. Utiliza ejemplos que has observado en tu comunidad para ilustrar y apoyar tu punto de vista.

Escribe 300 palabras.

◆ Oportunidades de evaluación

- ◆ En esta actividad se han practicado las habilidades que son evaluadas por medio del Criterio C: Comunicación en respuesta a textos orales, escritos o visuales y del Criterio D: Uso de la lengua de forma oral o escrita.

Lee el siguiente blog sobre las prácticas antiéticas de algunas ONG:

La impunidad de las ONG

Por: David Jiménez

(Autor de: El Lugar más Feliz del Mundo, El botones de Kabul, Hijos del Monzón)

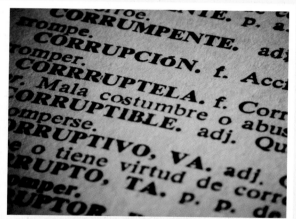

1   La última vez que critiqué el trabajo de "algunas" ONG recibí la protesta conjunta y por carta al director de 30 de las principales organizaciones españolas. Lo cuento porque refleja el primer problema de las ONG: su labor solidaria se ha convertido en la excusa para reclamar inmunidad ante la crítica, eludir el control independiente de sus cuentas o evitar exponer a sus miembros al mínimo escrutinio. Y debería ser al revés: precisamente porque muchas de ellas manejan dinero público y donaciones cuyo objetivo es ayudar a los más necesitados, su supervisión debería ser mayor.

2   Digo "algunas" ONG porque hay muchas que hacen una gran labor y merecen admiración, pero volver a Camboya y recordar a cada momento los defectos y excesos de un movimiento que necesita urgentemente preguntarse qué fue de su espíritu originario, hace que cuestione lo genuino de las intenciones de "esas" ONG.

3   Es difícil ver ese espíritu samaritano original en la monarquía de la solidaridad que han construido "las ONG" que critico en países como éste y muchos otros. Los líderes de estas pseudo-ONG se pasean por las calles como en lujosos coches, alquilan grandes mansiones pagando precios desorbitados que dejan fuera del mercado a los locales, viven una vida completamente desapegada de las personas a las que supuestamente han venido a ayudar, y eligen sus proyectos teniendo en cuenta si saldrán o no en la televisión. Pregúntome pues, ¿es que ahora hacer una buena acción nos convierte en celebridades?

4   Pero no vaya usted a decirle a una ONG que no basta con construir un colegio, que también hay que formar a los profesores y ofrecer un incentivo a las familias para que permitan a sus hijos dejar la fábrica o el campo de arroz e inscribirse a la escuela. No vaya usted a decirle que no basta presentarse en un burdel y colgarse la medalla por haber llevado a cabo un rescate de adolescentes explotadas, que también hay que ofrecer opciones laborales a las rescatadas. Y tampoco vaya usted a sugerir que tal vez la última moderna y millonaria máquina ultrasonido sea un desperdicio en una clínica rural donde no hay electricidad y lo realmente urgente son mosquiteras contra la malaria. No, no vaya usted a decir nada de todo esto, porque le responderán que es usted parte de la alianza de conspiradores que no desea ver al mal llamado Tercer Mundo levantarse.

5   Para ser justos, por ejemplo, hay que decir que "algunas" ONG en Camboya han contribuido a reducir drásticamente el tráfico sexual de la infancia, han llevado a cabo importantes proyectos de conservación forestal, han educado a poblaciones remotas y salvado miles de vidas ofreciendo una alternativa al inexistente sistema público de salud. Pero incluso las ONG que han demostrado su valía necesitan someterse a controles y exponerse a la crítica, porque detrás de ellas hay personas con los mismos defectos y virtudes que en cualquier sitio. Existe la posibilidad —más bien la certeza— de que tarde o temprano se arrimen a su orilla personas que buscan ayudarse a sí mismas y no a otros, jóvenes deseosos de pasar unas vacaciones pagadas en un destino tropical, o simplemente ineptos con buenas intenciones y ninguna preparación, a menudo los que más daño hacen.

6 Una confesión: todo lo que está leyendo lo escribí hace dos años. Pero ha sido venir a Mae Sot, Tailandia, otro de los destinos favoritos del mundo solidario, y volver a encontrarme con gente cuyo admirable trabajo se ve empañado por esa monarquía de la solidaridad que vive del cuento, que carece de un compromiso sincero y que aspira tener inmunidad frente a la crítica, lo que me hizo publicarlo ahora. Me dirán que dé nombres, pero hay más 40.000 ONG repartidas por el mundo que no tendría espacio para hacerlo; además no se trata de señalar a los malhechores, sino de denunciar conductas que se han generalizado lo suficiente para dejar de ser excepcionales.

7 En cuanto a las buenas ONG, en un próximo post les presentaré algunas. Porque, y esto es importante: no se trata de dejar de colaborar, sino de hacerlo con las que realmente merecen la pena.

Respuestas

Félix

En mi opinión, tu visión de las ONG es de lo mas acertado, creo que la mayor parte de ellas no son más que puntas de lanza del "SISTEMA" para irse introduciendo en la sociedad, implantando ideas para conseguir objetivos que no siempre son los que más protegen a las personas y a los pueblos a los que van dirigidos, sino que van enfocados a destruir de una manera despiadada sus principios y reglas de convivencia, que de una forma u otra los han protegido o tratan de protegerlos del espolio económico y cultural al que al final son sometidos por los llamados pueblos civilizados.

Elías

Es una pena que con el título "La impunidad de las ONG" se criminalice la labor humanitaria que hacen el conjunto de las ONGs. Si hay Organizaciones que actúan poco transparentemente critiquemos a esas pero no pongamos en el mismo saco a todas. ¿Conocéis el salario del personal del la mayoría de las ONG? Son profesionales que cobran mucho menos que lo que cobrarían en cualquier empresa, pero que por compromiso social optan por esa opción. Es una pena que no utilicéis el mismo énfasis que usáis para criticar a las ONG, para cuestionar las atrocidades que, en estos momentos, realizan las empresas multinacionales.

Beca

Será por eso que he intentando ponerme en contacto con varias ONG diciendo de ser voluntaria (me gusta mucho ser voluntaria cuando estoy en un nuevo país) y diciendo que quiero hacer un reporte sobre la situación de la población y NINGUNO me ha respondido.

ACTIVIDAD: La impunidad de las ONG

■ Enfoques del aprendizaje

- Habilidades de pensamiento crítico: Extraen conclusiones y realizan generalizaciones razonables

Después de leer el texto sobre la impunidad de las ONG, responde las siguientes preguntas:

1 Considerando el tema del texto, ¿por qué piensas que el autor incluyó la primera imagen del texto en ese lugar? ¿De qué manera apoya al tono del artículo? Justifica tu respuesta.
2 ¿Cuál es la actitud y la opinión del autor sobre el tema? ¿Por qué podemos decir que no es la primera vez que hace este tipo de críticas?
3 ¿Qué efecto quiere producir el autor con su texto al incluir un tono formal en el párrafo 4?
4 ¿En qué sentido es diferente el significado de la palabra "algunas" en el párrafo 2 y en el párrafo 5? Explica.
5 ¿Qué ideas del texto enfatizan o apoyan la segunda y última imagen en el texto? Explica.
6 ¿Qué crítica hace el autor al usar la frase "monarquía de la solidaridad" para describir algunas de las personas que trabajan en ONG?
7 ¿Sobre qué quiere el autor que reflexionemos con su conclusión en el párrafo 7?
8 ¿Qué ejemplos menciona el autor para describir el mal manejo de los bienes de las ONG? ¿Qué sentimientos te provoca leer eso? Explica.
9 Considerando los comentarios de Félix y Beca, ¿a qué conclusión puedes llegar sobre la efectividad del mensaje que quiere transmitir el autor? Explica.
10 ¿Estás de acuerdo con la opinión del autor al final del párrafo 1 sobre el escrutinio que deberían aceptar las ONG? Explica.
11 Si tú fueras el autor del texto, ¿cómo responderías el comentario que hizo Elías?
12 ¿Hasta qué punto crees que los coordinadores de los programas de Servicio en la Comunidad de las escuelas internacionales deberían interesarse en este artículo? Explica tu punto de vista.

◆ Oportunidades de evaluación

- En esta actividad se han practicado las habilidades que son evaluadas por medio del Criterio B: Comprensión de textos escritos y visuales.

! Actúa e Involúcrate

! En *Dynamic Learning*, localiza una serie de actividades relacionadas con esta unidad que brindan oportunidades para realizar servicio y actuar.

Reflexión

Reflexionemos sobre nuestro aprendizaje…
Usa esta tabla para reflexionar sobre tu aprendizaje personal en este capítulo.

Preguntas que hicimos	Respuestas que encontramos	Preguntas que podemos generar ahora
Fácticas		
Conceptuales		
Debatibles		

Enfoques del aprendizaje en este capítulo	Descripción: ¿qué destrezas nuevas adquiriste?	¿Cuánto has consolidado estas destrezas?			
		Novato	En proceso de aprendizaje	Practicante	Experto
Destrezas de colaboración					
Manejo de la información					
Destrezas de pensamiento crítico					
Destrezas de pensamiento creativo					

Atributos de la comunidad de aprendizaje	*Reflexiona sobre la importancia del atributo de la comunidad de aprendizaje de este capítulo.*	
Solidario		

8 ¿Cómo podemos ser elementos clave en la mejora de nuestra sociedad?

215

9 ¿Cómo afectan los procesos de migración a las personas y sus relaciones?

Las comunidades y **culturas alrededor del mundo** experimentan un enriquecimiento constante debido a las historias personales de los migrantes, el **significado** de sus tradiciones, ideas y conflictos que traen consigo.

CONSIDERAR Y RESPONDER ESTAS PREGUNTAS:

Fácticas: ¿Quiénes migran con más frecuencia? ¿Qué factores provocan los deseos de migración? ¿Qué pasa con la identidad de las personas al migrar? ¿Cuáles son las consecuencias de la migración? ¿Cuáles son algunos estereotipos de los migrantes? Aparte de los humanos, ¿en qué otras especies es común la migración?

Conceptuales: ¿Hasta qué punto han cambiado las razones por las que las personas migran? ¿Qué tan fácil resulta integrarse a una nueva cultura o sociedad? ¿Qué tan importante es retener nuestras tradiciones al migrar? ¿En qué sentido son diferentes los hijos de migrantes? ¿Hasta qué punto es la migración responsable de las crisis de identidad? ¿Cómo ha contribuido la migración a la globalización?

Debatibles: ¿Hasta qué punto la migración da pie a nuevas formas de aprendizaje? ¿Las tradiciones y rituales se deterioran por la migración? La migración, ¿debe prohibirse o regularse? ¿La migración cambia, afecta y desafía los sistemas de valores en las culturas? ¿Los viajes inspiran deseos de migración?

Ahora **compara** y **comparte** tus opiniones con un compañero o con toda la clase.

EN ESTE CAPÍTULO VAMOS A:

- **Descubrir:**
  - ejemplos de diferentes tipos de migración
  - puntos de vista sobre la migración expresados en artes populares.

- **Explorar:**
  - la manera en que los diferentes procesos de migración contribuyeron a darle forma al presente
  - las razones por las cuales las personas migran.

- **Actuar y:**
  - reflexionar sobre la manera en que la migración enriquece las percepciones de las personas y las culturas
  - evaluar nuestra comprensión de la cultura universal.

■ Las siguientes habilidades de los enfoques del aprendizaje serán útiles:

- Habilidades de comunicación
- Habilidades de colaboración
- Habilidades de reflexión
- Habilidades de gestión de la información
- Habilidades de pensamiento crítico
- Habilidades de transferencia
- Habilidades de pensamiento creativo

■ Por centenares de años, los procesos de migración de varias especies animales han agregado matices y personalidad a los lugares de y hacia donde migran

● **Reflexiona sobre el siguiente atributo de la comunidad de aprendizaje:**

● Indagador: para cultivar la curiosidad y desarrollar las destrezas necessarios para realizar investigaciones, y así demostrar autonomía en el aprendizaje.

◆ **Oportunidades de evaluación en este capítulo:**

◆ **Criterio A:** Comprensión de textos orales y visuales

◆ **Criterio B:** Comprensión de textos escritos y visuales

◆ **Criterio C:** Comunicación en respuesta a textos orales, escritos o visuales

◆ **Criterio D:** Uso de la lengua de forma oral o escrita

GRAMÁTICA

Tiempos verbales que se abordan en este capítulo:
• Presente simple (indicativo)
• Pretérito indefinido
• Pretérito imperfecto (en menor grado)
• Pretérito perfecto
• Los verbos "poder" y "deber" en su forma condicional para expresar modalidades de expresión: podría, debería
• Diferencias en los verbos "ser" y "estar"

VOCABULARIO SUGERIDO

Vocabulario sugerido para mejorar la experiencia de aprendizaje.

Sustantivos	Adjetivos, adverbios	Verbos
aduana	(a)dolorido	aconsejar
agonía	afectado	acoplarse
angustia	allá/allí	acordarse
ansia	amargo	apoyar
bulto	aquel	arreglar
ciudadano	acá/aquí	brindar
consejos	brutal	cargar
consternación	cuerdo	comprender
derechos	de vida o	dejar de ser
desdén	muerte	denigrar
desigualdad	desastroso	deportar
discriminación	desesperante	disfrazar
dolor	desfavorable	empacar
emigrantes	déspota	enfrentar
emociones	herido	establecerse
frontera	inhumano	evocar
identidad	insoportable	lograr
igualdad	juicioso	luchar
inmigrantes	lastimado	marcharse
lágrimas	maduro	mudarse
llanto	mortal	perseguir
nerviosismo	sanguinario	quedarse
parecido	sensato	rechazar
pena	sensible	rescatar
pérdida	tirano	secar
recuerdos	trágico	simpatizar
similitud	triste	soñar
tensión	vergonzoso	sufrir
tormento		suplicar
tristeza		tener ganas de

Tema 1: ¿Qué y quiénes emigran y por qué?

PIENSA–COMPARA–COMPARTE

Responde las siguientes preguntas. Utiliza información que hayas conseguido por medio de otras asignaturas al formular tus respuestas.

1   ¿Cómo y por qué las especies migrantes seleccionan los lugares de y hacia donde emigran?
2   ¿Hasta qué punto los procesos de migración son parte de esos hábitats y definen el medio ambiente de esas latitudes?
3   ¿Qué tan similares son los procesos de migración entre los animales y las personas?
4   ¿Cómo interactúan las especies migrantes con otros seres vivos y con las personas (en las regiones habitables) en los lugares de y hacia donde migran?
5   En tu opinión, ¿por qué deben importarnos los diferentes procesos de migración?

ACTIVIDAD: La mariposa monarca

■ Enfoques del aprendizaje

■ Habilidades de pensamiento crítico: Extraen conclusiones y realizan generalizaciones razonables

■ La migración de la mariposa monarca puede ser similar a viajar a la luna para los humanos

La mariposa es un insecto pequeño con una fuerza de voluntad gigantesca.

Realiza una búsqueda en YouTube utilizando las palabras clave: La migración de la mariposa Monarca Fuser Furibundo.

Mira el vídeo y responde las siguientes preguntas:

1   ¿Qué avisa a las mariposas sobre el momento de comenzar la migración?
2   ¿Qué efecto tiene el agua en las mariposas?
3   ¿Dónde se encuentra el mapa que guía a las mariposas en su trayecto migratorio?
4   ¿Cómo se orientan las mariposas monarca en su ruta migratoria? ¿De qué depende el mecanismo de orientación de las mariposas?
5   ¿Cuánto tiempo y cuántas generaciones toma a las mariposas llegar a Canadá?
6   ¿Qué sucede cuando las mariposas adultas prevén su fin? Menciona dos ideas.
7   ¿Cuál es la relación entre el látex y la mariposa recién nacida?
8   ¿Cuántos kilómetros viajan las mariposas en su regreso a México?
9   ¿Para qué se utilizó el mapa en el vídeo?
10 ¿Por qué se mostraron otras especies de animales al final del vídeo?
11 Cuando el narrador menciona que el viaje de la mariposa es como viajar a la luna, ¿qué sientes? ¿Por qué fue importante mencionar esto en el vídeo?
12 ¿Qué aprendiste acerca del proceso de migración de la mariposa que hace que desarrolles respeto por su especie?
13 ¿Qué ejemplo nos da este diminuto ser con su gran viaje migratorio desde Canadá hasta México y de regreso? Expresa tu punto de vista e ilustra tus ideas con ejemplos.

◆ Oportunidades de evaluación

◆ En esta actividad se han practicado las habilidades que son evaluadas por medio del Criterio A: Comprensión de textos orales y visuales.

ACTIVIDAD: El viaje del pingüino emperador

■ **Enfoques del aprendizaje**

■ Habilidades de pensamiento creativo: Utilizan la técnica de lluvia de ideas (*brainstorming*) y diagramas visuales para generar nuevas ideas e indagaciones

■ "La marcha de los pingüinos" es un documental francés del año 2005 dirigido por Luc Jacquet que muestra la jornada migratoria de los pingüinos emperador en Antártida

A partir del documental "La marcha de los pingüinos" de Luc Jacquet, realizarás una serie de actividades.

En YouTube puedes verlo haciendo una búsqueda con las palabras: La Marcha de los Pingüinos.

Toma notas mientras ves el documental.

En equipos, utiliza tus notas para preparar un mapa conceptual en gran formato. Demuestra las etapas y experiencias del proceso de migración de los pingüinos. Incluye momentos primordiales de su historia de migración.

ACTIVIDAD: La cigüeña

■ **Enfoques del aprendizaje**

■ Habilidades de comunicación: Escriben con diferentes propósitos
■ Habilidades de transferencia: Comparan la comprensión conceptual en distintas disciplinas y grupos de asignaturas

La aventura de migración de la mariposa monarca es similar al proceso de migración de la cigüeña.

Realiza una investigación sobre la migración de la cigüeña y, en un diagrama de Venn como el siguiente, haz una comparación entre su proceso de migración y el de la mariposa monarca.

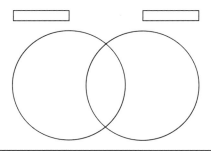

PUNTO DE INDAGACIÓN

Lee las siguientes preguntas y debate las respuestas con tus compañeros.

1 **¿Qué habilidades demuestran y qué relaciones desarrollan las diferentes especies de animales en el proceso de migración? ¿Qué podemos aprender de ellas?**
2 **¿Qué tan similares son los procesos migratorios de las mariposas, los animales en África, los pingüinos y los humanos?**
3 **¿En qué sentido son los procesos migratorios naturales una parte inherente de algunas especies?**

ACTIVIDAD: El viaje del pingüino emperador

■ Enfoques del aprendizaje

■ Habilidades de colaboración: Escuchan con atención otras perspectivas e ideas. Ofrecen y reciben comentarios pertinentes

Después de ver el documental, responde las siguientes preguntas con un compañero. Indaga sobre las opiniones de tus compañeros y utiliza tus ideas para complementar las suyas.

1 Considerando que el pingüino es un ave que vive en el mar, ¿qué es interesante sobre su marcha?
2 ¿Por qué siempre van al mismo lugar? ¿Cuáles son las características del punto que seleccionan para establecerse?
3 ¿Qué tipo de relaciones y responsabilidades desarrollan las parejas de pingüinos?
4 ¿Qué ejemplos de trabajo en equipo observaste tanto en los machos como en las hembras?
5 ¿Qué sacrificios puedes observar en las familias de los pingüinos?
6 ¿Qué tipo de pérdidas experimentan las familias de pingüinos? ¿Cómo se acoplan a ellas?
7 ¿Cómo utilizan sus sentidos como medios de comunicación?
8 ¿Por qué se dice que el documental es una historia de amor?
9 ¿Qué comparaciones puedes establecer entre el comportamiento humano y el de los pingüinos?

ACTIVIDAD: Diario desde el punto de vista de un pingüino

■ Enfoques del aprendizaje

■ Habilidades de comunicación: Escriben con diferentes propósitos

Selecciona una de las siguientes tareas:

a Escribe una entrada de diario. En esta situación, actuarás como una de las madres. Cuando las madres regresan del océano después de alimentarse, el pingüino macho ha muerto. Escribe lo que la madre piensa y siente. Incluye ideas y sentimientos sobre el sacrificio que representa su proceso migratorio.
b Escribe una entrada de diario. En esta situación, actuarás como el padre. Piensa en el momento cuando sabes que la madre no regresá del océano y el pingüino macho (tú) está a punto de morir y sabes que tu polluelo morirá. Escribe lo que el pingüino macho siente y piensa. Incluye ideas y sentimientos sobre el sacrificio que representa su proceso migratorio.

Escribe 250 palabras.

◆ Oportunidades de evaluación

◆ En esta actividad se han practicado las habilidades que son evaluadas por medio del Criterio C: Comunicación en respuesta a textos orales, escritos o visuales y del Criterio D: Uso de la lengua de forma oral o escrita.

ACTIVIDAD: Discurso

■ Enfoques del aprendizaje

■ Habilidades de pensamiento crítico: Consideran ideas desde múltiples perspectivas

Escribe el discurso que el pingüino líder declamaría en la siguiente situación:

Cuando pocas madres regresan y la comunidad de pingüinos macho claramente se da cuenta que muchos de ellos y sus polluelos no sobrevivirán. ¿Cuál es el sentimiento colectivo de la comunidad? ¿Qué diría el líder? ¿Cómo motivaría a la comunidad? ¿Cómo los mantendría unidos?

Lee tu discurso frente a tu grupo. Selecciona el tono y el tipo de lenguaje correcto. Haz énfasis en que la migración es un proceso histórico que es parte de tu especie y que de todos depende que siga existiendo.

◆ Oportunidades de evaluación

◆ En esta actividad se han practicado las habilidades que son evaluadas por medio del Criterio C: Comunicación en respuesta a textos orales, escritos o visuales y del Criterio D: Uso de la lengua de forma oral o escrita.

Lee el siguiente artículo sobre la mariposa monarca:

La brújula en la mariposa monarca

Por: Jorge Laborda

1 La Naturaleza está llena de maravillas. Sin duda, una de las más sorprendentes es la mariposa monarca (Danaus plexippus). Esta mariposa habita principalmente Norteamérica, aunque se encuentra también en otros continentes, incluido el lejano continente australiano.

2 La monarca es una bella mariposa, con grandes alas de hasta 10 cm de envergadura, pintadas de unas intensas bandas naranjas y negras. Sin embargo, la verdadera belleza de esta mariposa es invisible a los ojos y solo ha sido posible desvelarla gracias a la ciencia. Y es que la ciencia ha revelado que esta mariposa protagoniza una de las migraciones más impresionantes de la naturaleza, comparable a las de las cigüeñas, aunque, por ser un insecto, en realidad nada puede comparársele.

3 La migración conduce a las mariposas monarca a través de Norteamérica, desde el sur de Canadá y norte de los EEUU hasta el norte de México. Son miles de kilómetros que tardan meses en recorrer. De hecho, la migración dura tanto tiempo que ninguna de las mariposas la completa. Todas mueren en el camino, no sin antes haber dado lugar a nuevas generaciones de mariposas que son las que la completarán. En realidad, completar el ciclo migratorio de norte a sur y vuelta implica a cuatro generaciones de mariposas. La vida de estas mariposas es, ciertamente, un largo viaje.

4 La migración es realmente sobrecogedora para un insecto, incluso para un insecto volador. Para un ser humano sería comparable a migrar una distancia superior al perímetro de nuestro planeta en el ecuador, caminando, o corriendo, mientras nos alimentamos y tenemos hijos y nietos por el camino, los cuales supondrán la esperanza de completar un día la vuelta al planeta, y de volver a empezar. Las mariposas inician su migración hacia el norte desde México en primavera. A mitad de camino, en el centro del continente norteamericano, las mariposas se reproducen, tras lo que mueren. Son sus hijos los que alcanzan el destino de esta primera parte de la gran migración: los parajes situados al noreste de los EEUU y sureste de Canadá.

9   ¿Cómo afectan los procesos de migración a las personas y sus relaciones?

221

5 Esta segunda generación vuelve a reproducirse al alcanzar dichas zonas durante los meses de junio y julio. En este caso, pueden producirse hasta dos generaciones nuevas de mariposas. Durante el mes de agosto, las mariposas inician la migración de nuevo hacia el sur, hacia las zonas de las que partieron sus bisabuelos. Durante este viaje, las mariposas entran en una fase de su vida llamada *diapausa*, en la que no se reproducen, pero su longevidad se ve aumentada hasta los seis o siete meses de vida. Las mariposas en diapausa pasan el otoño viajando hacia el sur, hasta que alcanzan los parajes del norte de México, donde se reproducirán de nuevo, dando lugar a una nueva generación que iniciará otra vez el gigantesco ciclo migratorio.

Extrañas brújulas

6 Este comportamiento resulta, cuando menos, chocante para un insecto. Definitivamente, poderosas fuerzas evolutivas han debido operar en esta especie de mariposa para conformarlo. Además, las mismas fuerzas evolutivas han debido actuar para equipar a estos insectos con algún medio de orientarse en sus kilométricas migraciones, así como para saber qué debe hacer cada generación respecto a hacia donde dirigirse.

7 En estudios previos, los científicos habían descubierto que estas mariposas utilizan la posición del sol, corregida mediante un reloj interno, para orientarse adecuadamente. Sin embargo, las mariposas siguen viajando sin desorientarse durante los días nublados, cuando el sol no es visible. Esto hizo sospechar a los investigadores que tal vez las mariposas monarca pudieran orientarse también mediante el campo magnético de la tierra, como hacen otros animales, incluidas las palomas y ciertas especies de tortugas.

8 Investigadores del Departamento de Biología y Biotecnología del Instituto Politécnico de Worcester, en Massachusetts, EEUU, abordan el estudio de esta cuestión mediante el empleo de un simulador de vuelo para las mariposas: un recinto en el que pueden generar un campo magnético artificial y controlar su dirección de manera independiente al campo magnético terrestre. Los científicos capturaron varios ejemplares

de mariposa monarca y los introdujeron en su simulador de vuelo. Mediante variaciones del campo magnético al que sometían a los insectos, los investigadores confirman que las mariposas monarca poseen en sus antenas lo que podríamos considerar, una especie de brújula que responde la orientación del campo magnético de la tierra, la cual les permite viajar, en general, hacia el ecuador; es decir, ayuda sobre todo en la orientación durante la migración de norte a sur que sucede en otoño. Curiosamente, el funcionamiento de esta brújula depende de la presencia de luz de una longitud de onda propia de la luz azul a ultravioleta, típica de los días nublados, más frecuentes, en efecto, en otoño. Este tipo de mecanismo de orientación magnética dependiente de la luz no parece existir en otras especies de animales.

9 Este estudio, publicado en la prestigiosa revista *Nature Communications*, revela otro aspecto fascinante de la biología de tal vez la mariposa más sorprendente de nuestro planeta, y abre la puerta a mejorar las condiciones para conservar esta especie única que, cómo no, se encuentra amenazada por el masivo empleo de pesticidas en la agricultura. Esperemos que la sorprendente belleza que la ciencia nos desvela ayude a tomar medidas eficaces para proteger a este increíble insecto migratorio.

ACTIVIDAD: La brújula en la mariposa monarca

◼ Enfoques del aprendizaje

◼ Habilidades de pensamiento crítico: Obtienen y organizan información pertinente para formular un argumento

Después de leer el texto sobre la mariposa monarca, responde las siguientes preguntas:

1 Según el texto, ¿por qué es imposible comparar la migración de la mariposa con la de otras especies?
2 ¿Cuántas generaciones toma a la mariposa monarca completar su ciclo migratorio?
3 Durante su viaje, ¿para qué utilizan "las pausas" las mariposas?
4 Explica por qué el autor usó la palabra "sobrecogedora" en el párrafo 4 para describir la migración de la mariposa monarca.
5 ¿Qué características o aspectos del lenguaje en el texto pueden ayudarte a afirmar que este texto tiene un propósito académico?
6 ¿Qué relación existe entre el título del artículo y el párrafo 8? Explica.
7 ¿Cuáles son dos de las ideas principales que transmite el texto?
8 Considerando el último párrafo, ¿hasta qué punto piensas que el autor aprecia las mariposas monarca? Explica.
9 ¿De qué manera apoyan las imágenes 1 y 3 la introducción de este artículo? Menciona dos ideas.
10 ¿Qué relaciones puedes establecer entre la imagen 2, el título y las ideas del texto? Menciona dos puntos de información.
11 ¿Estás de acuerdo con la iniciativa que el autor propone al final de su texto? Explica.
12 Considerando los ejemplos en el texto, si tú quisieras hacer un viaje similar al de la mariposa monarca, ¿cuál sería el equivalente? ¿Qué habilidades tendrías que desarrollar para hacerlo? ¿Qué dificultades enfrentarías? Utiliza ejemplos para explicar tus ideas.

◆ Oportunidades de evaluación

◆ En esta actividad se han practicado las habilidades que son evaluadas por medio del Criterio B: Comprensión de textos escritos y visuales.

9   ¿Cómo afectan los procesos de migración a las personas y sus relaciones?

223

Tema 2: ¿Logran las personas migrantes retener su esencia e identidad?

PIENSA–COMPARA–COMPARTE

Lee y responde las siguientes preguntas. Comparte tus opiniones con tus compañeros.

1. ¿Qué factores provocan la necesidad de migración?
2. ¿Qué tan fácil resulta integrarse a una nueva cultura o sociedad?
3. ¿En qué sentido son diferentes los hijos de migrantes a otros?
4. ¿Qué tan importante es retener nuestras tradiciones al migrar?
5. ¿Hasta qué punto han cambiado las razones por las que las personas migran?

¿QUÉ HISTORIAS CONTARÍAN LOS PIES DE LOS MIGRANTES SI PUDIERAN HABLAR?

Las migraciones humanas prehistóricas e históricas son los procesos por los cuales el hombre se ha extendido para establecerse en las regiones habitables de la tierra. Se dice que el primer gran proceso de expansión sucedió cuando el hombre primitivo, de origen africano, migró desde África hacia Europa y Asia hace casi 2 millones de años. Posteriormente, en la época de las grandes civilizaciones, el comercio fue una actividad que dio paso a procesos migratorios que favorecieron el comercio, el intercambio de ideas, tradiciones y bienes, así como la creación de nuevas formas de concebir el mundo, el conocimiento y otras grandes ideas.

Después, países exploradores como Inglaterra, España, Portugal, Holanda, y en menor grado Alemania y Bélgica, colonizaron el mundo, y así comenzó el movimiento de personas de una latitud a otra. La colonización europea de América comenzó a finales del siglo XV, cuando el imperio español y el portugués comenzaron sus exploraciones.

España fue la potencia colonial que se apoderó de la mayor cantidad de territorio, que comprendía Norteamérica, el Caribe, Centroamérica y Sudamérica.

Los portugueses se asentaron principalmente en el territorio que hoy ocupa Brasil; los holandeses ocuparon Curazao y Surinam; los franceses, por su parte, se instalaron en los territorios de Haití, la llamada Guayana Francesa y en una región que actualmente ocupa Louisiana en los Estados Unidos y la provincia de Quebec en Canadá. Finalmente, cuando el Mayflower llegó a las costas de Norteamérica, los ingleses formaron las 13 colonias originales de los futuros Estados Unidos.

Estos procesos de colonización explican la diversidad y cultura de las Américas.

■ Los exploradores y colonizadores tienen un papel importante en la historia de la migración humana

La colonización de las regiones asiáticas, africanas y americanas tuvo consecuencias que podemos observar en el presente. Por ejemplo, el francés se habla en muchos países de África, porque estos países fueron colonias francesas; el español se expandió rápidamente por el continente americano por la cantidad de colonias españolas que existían; también los portugueses expandieron el uso de su idioma en sus colonias como Brasil, Angola y Goa, en la India.

ACTIVIDAD: Mesa redonda

Enfoques del aprendizaje

- Habilidades de colaboración: Escuchan con atención otras perspectivas e ideas. Ofrecen y reciben comentarios pertinentes. Ejercen liderazgo y asumen diversos roles dentro de los grupos

Trabaja en equipos pequeños. Tu equipo necesitará un moderador del debate.

Responde las siguientes preguntas considerando ejemplos y contraejemplos, así como diferentes puntos de vista. Indaga sobre las ideas de los compañeros y expresa acuerdo y desacuerdo.

1 ¿Cómo construimos los estereotipos de otros países? ¿Qué tan verdaderos y/o peligrosos pueden ser los estereotipos?
2 ¿Qué motiva a muchas personas a emigrar a pesar de los posibles estereotipos negativos y de la mala imagen de un país?
3 ¿Qué riesgos pueden tener las personas que no se informan sobre la realidad del país al cual quieren emigrar?
4 ¿En qué sentido son los procesos migratorios naturales una parte inherente de algunas naciones?

Oportunidades de evaluación

- En esta actividad se han practicado las habilidades que son evaluadas por medio del Criterio C: Comunicación en respuesta a textos orales, escritos o visuales y del Criterio D: Uso de la lengua de forma oral o escrita.

ACTIVIDAD: Diferentes razones para migrar

Enfoques del aprendizaje

- Habilidades de comunicación: Utilizan una variedad de técnicas de expresión oral para comunicarse con diversos destinatarios

En esta actividad, verás un extracto que describe las razones por las que las personas migran.

Antes de ver el vídeo, responde estas preguntas:

1 ¿Cuáles son algunas de las razones por las que las personas emigran?
2 Las razones, ¿son todas negativas?
3 ¿Pueden los procesos de migración ser positivos?
4 ¿Qué sorpresas podemos encontrar cuando migramos o cuando viajamos?

Después de compartir tus opiniones, ve a YouTube y realiza una búsqueda utilizando las palabras: Emigración tendencias y cambios.

Después de ver el vídeo, responde estas preguntas:

5 ¿Por qué los estudiantes consideraron importante estudiar en otro país a pesar de los comentarios negativos? Explica.
6 ¿Qué les enseñó a los estudiantes su experiencia de intercambio?
7 Si viajamos y nuestras experiencias son positivas, ¿cómo nos ayudan estas experiencias a crear una mejor comunidad internacional?

PUNTO DE INDAGACIÓN

Lee las siguientes preguntas y comparte tus ideas con tus compañeros.

1 ¿Qué pasa con la identidad de las personas al migrar?
2 ¿Qué tan fácil resulta integrarse a una nueva cultura o sociedad?
3 ¿Hasta qué punto han cambiado las razones por las que las personas migran?
4 ¿Cómo ha contribuido la migración a la globalización?
5 ¿Cómo son diferentes los hijos de migrantes a otros?
6 ¿Qué tan importante es retener nuestras tradiciones al migrar?

ACTIVIDAD: Los zapatos de los migrantes

■ **Enfoques del aprendizaje**

■ Habilidades de comunicación: Escriben con diferentes propósitos

El objetivo de esta actividad es realizar una colección de historias cortas sobre migrantes. El título de la colección es: **Los zapatos de los migrantes**.

Trabaja individualmente. Escribe una historia corta sobre un migrante que evoque empatía en tus lectores. Presenta ejemplos sobre la migración legal o ilegal. Diseña una personalidad y un árbol genealógico para tu personaje principal. Piensa en las razones por las que debió migrar, algunos problemas y obstáculos, así como la manera en

que los sobrepasó. Tu historia debe invitar a los lectores a reflexionar. Pon atención al título de la colección.

Escribe 300 palabras.

Después de terminar tu historia, compílala con la de tus compañeros para formar la colección de historias.

◆ **Oportunidades de evaluación**

◆ En esta actividad se han practicado las habilidades que son evaluadas por medio del Criterio C: Comunicación en respuesta a textos orales, escritos o visuales y del Criterio D: Uso de la lengua de forma oral o escrita.

CANCIONES SOBRE LA MIGRACIÓN

Los *corridos* son un estilo de canciones mexicanas populares, originalmente de autores anónimos, aunque en la actualidad los autores son reconocidos. Los corridos en su mayoría se cantan acompañados de un acordeón y un bajo, y la voz del cantante principal tiene tonos de melancolía, nostalgia y tristeza.

Los temas de los corridos generalmente incluyen problemas relacionados con el amor y las diferencias sociales, relatos históricos y, particularmente, historias y testimonios de

migrantes que abandonan su país de origen y buscan un mejor futuro en otro país.

Los corridos se volvieron populares en los años 70 y 80, cuando los migrantes mexicanos en los Estados Unidos sentían nostalgia por México, y tenían conflictos de identidad con respecto a su nueva vida en los Estados Unidos.

Con los corridos, el pueblo recoge, difunde y perpetúa las noticias que afectan las concepciones del mundo. A pesar de su valor social, los corridos son un estilo de música que es generalmente más popular en las clases sociales bajas de México, aunque en realidad el valor literario que muchos corridos tienen es sumamente intelectual.

ACTIVIDAD: La jaula de oro

■ **Enfoques del aprendizaje**

■ Habilidades de comunicación: Utilizan una variedad de técnicas de expresión oral para comunicarse con diversos destinatarios

Ve a YouTube y realiza una búsqueda con las palabras: **Los Tigres Del Norte La Jaula De Oro**. Escucha la canción. Después, responde las siguientes preguntas. Interactúa con un compañero. Expresa tu punto de vista al debatir la canción e incluy más detalles e información adicional cuando sea conveniente.

1 **¿Cómo habla la canción sobre la migración?**
2 **¿Qué problemas expone la canción?**
3 **¿Qué conflictos puedes identificar en la canción?**
4 **Esta canción inspiró un filme. ¿De qué manera inspiró la canción al director de la película?**

La interacción deberá durar cuatro minutos.

◆ **Oportunidades de evaluación**

◆ En esta actividad se han practicado las habilidades que son evaluadas por medio del Criterio C: Comunicación en respuesta a textos orales, escritos o visuales y del Criterio D: Uso de la lengua de forma oral o escrita.

PIENSA–COMPARA–COMPARTE

Lee las siguientes preguntas y comparte tus opiniones con toda la clase.

1 ¿Cuál es el significado de la palabra "clandestino"?
2 ¿En qué relaciones puedes pensar entre la palabra "clandestino" y "migración"?

ACTIVIDAD: Clandestino

■ Enfoques del aprendizaje

■ Habilidades de comunicación: Estructuran la información en resúmenes, ensayos e informes

Manu Chao es un cantante francés que canta en español y que es popular por los temas que aborda en su música.

Ve a YouTube y realiza una búsqueda con las siguientes palabras: Manu Chao Clandestino letra. Escucha la canción y pon atención a la letra.

Escribe una entrada para tu blog en la que abordes la manera en que muchos cantantes han utilizado su música para narrar su historia. Considera las siguientes preguntas como guía:

1 ¿Qué tipo de migración se describe en la canción?
2 Describe por lo menos dos situaciones que viven los migrantes en el contexto de la canción.
3 Describe cómo se sienten los migrantes, según la canción. Menciona ejemplos.
4 ¿Por qué Manu Chao insiste en utilizar la palabra "clandestino" con todas las nacionalidades?
5 Selecciona dos estrofas interesantes de la canción y explica el significado que tienen para ti.

Escribe 250 palabras.

◆ Oportunidades de evaluación

◆ En esta actividad se han practicado las habilidades que son evaluadas por medio del Criterio C: Comunicación en respuesta a textos orales, escritos o visuales y del Criterio D: Uso de la lengua de forma oral o escrita.

PUNTO DE INDAGACIÓN

Lee las siguientes preguntas y debátelas con toda la clase.

1 ¿Cuáles son algunas de las dificultades que enfrentamos cuando nos mudamos a un lugar diferente?
2 ¿Cómo afectan emocionalmente las mudanzas a las personas?
3 ¿Qué retos encontramos cuando llegamos a un lugar nuevo?
4 ¿Qué pasa por la mente de las personas cuando se están preparando para mudarse?
5 ¿Qué es más difícil: mudarse constantemente o mudarse después de mucho tiempo de vivir en un lugar específico?

Lee el siguiente cuento titulado "Cajas de cartón":

Cajas de cartón

1   Era a fines de agosto. Al abrir la puerta de
nuestra chocita me detuve. Vi que todo
lo que nos pertenecía estaba empacado
en cajas de cartón. De repente sentí aún
más el peso de las horas, los días, las
semanas, los meses de trabajo. Me senté
sobre una caja, y se me llenaron los ojos
de lágrimas al pensar que teníamos que
mudarnos a Fresno.

2   [...] Al ponerse el sol llegamos a un
campo de trabajo cerca de Fresno. Ya
que Papá no hablaba inglés, Mamá le
preguntó al capataz si necesitaba más
trabajadores. Mamá se dirigió a la casa
del señor Sullivan. Cruzó la cerca, pasando
entre filas de rosales hasta llegar a la
puerta. Tocó el timbre. Luces del portal se
encendieron y un hombre alto y fornido
salió. Hablaron brevemente. Cuando
él entró en la casa, Mamá se apresuró
hacia el carro. "¡Tenemos trabajo! El
señor nos permitió quedarnos allí toda

la temporada", dijo un poco sofocada de gusto y apuntando hacia un garaje viejo que estaba
cerca de los establos. El garaje estaba gastado por los años. El lugar no tenía ventanas y el
piso de tierra soltaba polvo. Esa noche, a la luz de una lámpara de petróleo, desempacamos las
cosas y empezamos a preparar la habitación para vivir. Roberto, enérgicamente se puso a barrer
el suelo; Papá llenó los agujeros de las paredes con periódicos viejos y hojas de lata. Mamá les
dio a comer a mis hermanitos. Papá y Roberto entonces trajeron el colchón y lo pusieron en una
de las esquinas del garaje. "Viejita", dijo Papá, dirigiéndose a Mamá, "tú y los niños duerman
en el colchón, Roberto, Panchito, y yo dormiremos bajo los árboles".

3   [...] Era lunes, la primera semana de noviembre. La temporada de uvas había terminado y
yo podía ir a la escuela. Me desperté temprano esa mañana y me quedé acostado mirando
las estrellas y saboreando el pensamiento de no ir a trabajar y de empezar el sexto grado
por primera vez ese año. Como no podía dormir, decidí levantarme y desayunar con Papá y
Roberto. Me senté cabizbajo frente a mi hermano. No quería mirarlo porque sabía que estaba
triste. Él no asistiría a la escuela hoy, ni mañana, ni la próxima semana. No iría hasta que se
acabara la temporada del algodón, y eso sería en febrero. Me froté las manos y miré la piel
seca y manchada de ácido enrollarse y caer al suelo. Cuando Papá y Roberto se fueron a
trabajar, sentí un gran alivio. Fui a la cima de una pendiente cerca de la choza y contemplé
la "Carcachita" en su camino hasta que desapareció en una nube de polvo. Dos horas más
tarde, a eso de las ocho, esperaba el camión de la escuela. Por fin llegó. Subí y me senté en un
asiento desocupado.

4   Estaba nerviosísimo cuando el camión se paró delante de la escuela. Miré por la ventana y vi una muchedumbre de niños. Algunos llevaban libros, otros juguetes. Me bajé del camión, metí las manos en los bolsillos, y fui a la oficina del director. Cuando entré oí la voz de una mujer diciéndome: "*May I help you*"? Me sobresalté. Nadie me había hablado en inglés desde hacía meses. Por varios segundos me quedé sin poder contestar. Al fin, después de mucho esfuerzo, conseguí decirle en inglés que me quería matricular en el sexto grado. La señora entonces me hizo una serie de preguntas que me parecieron impertinentes.

5   Luego me llevó a la sala de clase. El señor Lema, el maestro de sexto grado, me saludó cordialmente, me asignó un pupitre, y me presentó a la clase. Estaba tan nervioso y asustado en ese momento cuando todos me miraban que deseé estar con Papá y Roberto pizcando algodón. Después de pasar lista, el señor Lema le dio a la clase la asignatura de la primera hora. "Lo primero que haremos esta mañana es terminar de leer el cuento que comenzamos ayer", dijo con entusiasmo. Se acercó a mí, me dio su libro y me pidió que leyera. "Estamos en la página 125", me dijo. Cuando lo oí, sentí que toda la sangre me subía a la cabeza, me sentí mareado. "¿Quisieras leer?", me preguntó en un tono indeciso. Abrí el libro a la página 125. Sentí boca seca. Los ojos se me comenzaron a aguar. El señor Lema entonces le pidió a otro niño que leyera. Durante el resto de la hora me empecé a enojar más y más conmigo mismo. Debí haber leído, pensaba yo.

6   Durante el recreo me llevé el libro al baño y lo abrí a la página 125. Empecé a leer en voz baja, pretendiendo que estaba en clase. Había muchas palabras que no sabía. Cerré el libro y volví a la sala de clase. El señor Lema estaba sentado en su escritorio. Cuando entré me miró sonriendo. Me sentí mucho mejor. Me acerqué a él y le pregunté si me podía ayudar con las palabras desconocidas. "Con mucho gusto", me contestó.

7   El resto del mes pasé mis horas de almuerzo estudiando inglés con la ayuda del buen señor Lema.

8   Un viernes durante la hora del almuerzo, el señor Lema me invitó a que lo acompañara a la sala de música. "¿Te gusta la música?", me preguntó. "Sí, muchísimo", le contesté entusiasmado, "me gustan *los corridos mexicanos*". Él entonces cogió una trompeta, la tocó y me la pasó. El sonido me hizo estremecer. Era un sonido de corridos que me encantaba. "¿Te gustaría aprender a tocar este instrumento?", me preguntó. Debió haber comprendido la expresión en mi cara porque antes que yo respondiera, añadió: "Te voy a enseñar a tocar esta trompeta durante las horas del almuerzo".

9   Ese día casi no podía esperar el momento de llegar a casa y contarles las nuevas a mi familia. Al bajar del camión me encontré con mis hermanitos que gritaban y brincaban de alegría. Pensé que era porque yo había llegado, pero al abrir la puerta de la chocita, vi que todo estaba empacado en cajas de cartón…

ACTIVIDAD: Cajas de cartón

■ Enfoques del aprendizaje

■ Habilidades de pensamiento crítico: Reconocen los sesgos y los supuestos no explícitos

Después de leer el cuento, responde estas preguntas:

1 Considerando la reacción del señor Lema en el párrafo 5, ¿por qué crees que decidió pedir a otro estudiante que leyera? Justifica tu respuesta.

2 El título del cuento aparece en el párrafo 1 y en el párrafo 9. Explica con detalles las razones para mencionarlo al principio y al final de la historia.

3 En el párrafo 2 encontramos información sobre la familia. ¿Quién es mayor, el narrador o Roberto? Menciona ejemplos que te ayuden a llegar a esta conclusión.

4 El autor menciona la palabra "temporada" (la temporada de las uvas y la temporada del algodón) para indicar las etapas de la historia. ¿Qué emociones piensas que el autor desea evocar? ¿De qué manera son los cultivos y las temporadas relevantes en la historia, metafóricamente y/o literalmente?

5 Considerando el nombre del cuento, el principio y el final de la historia, ¿qué sentimientos o afectos desea el autor provocar con las palabras "cajas" y "empacar"? Menciona por lo menos tres ideas.

6 ¿De qué manera la primera y la última imagen representan la idea general del cuento? ¿Qué sentimiento agrega el niño en la última foto? Explica.

7 ¿Cómo cambiaría tu impresión de la historia si las dos fotos se ubicaran en lugares opuestos? ¿Qué otro significado agregaría a la historia? Explica.

8 ¿Por qué piensa que el autor decidió no revelar el nombre del narrador en el cuento? Explica con detalles, mencionando el impacto de su decisión y cómo hubiera sido diferente la historia si conociéramos el nombre.

9 Considerando el principio y el final del cuento, ¿a qué conclusiones podemos llegar sobre la vida del narrador? Explica con detalles y utiliza por lo menos dos ejemplos en tu respuesta.

10 ¿Recomendarías este cuento a alguien? ¿Por qué? ¿Por qué no? ¿Para qué tipo de personas puede significar algo la historia? ¿Por qué?

◆ Oportunidades de evaluación

◆ En esta actividad se han practicado las habilidades que son evaluadas por medio del Criterio B: Comprensión de textos escritos y visuales.

ACTIVIDAD: Conversaciones y explicaciones

■ Enfoques del aprendizaje

■ Habilidades de comunicación: Utilizan una variedad de técnicas de expresión oral para comunicarse con diversos destinatarios

Para realizar esta actividad, considerarás el contexto de "Cajas de cartón".

Selecciona una de las siguientes situaciones y colabora con otro compañero.

Situación 1

Conversación entre Francisco (el narrador) y su papá. En la interacción, Francisco preguntará a su padre las razones por las que es necesario mudarse constantemente. Su papá explicará que el trabajo dicta adónde hay que ir. Será necesario debatir los problemas y dificultades de adaptación y los sentimientos que provoca dejar atrás a los amigos.

Situación 2

Conversación entre Francisco y el profesor. En la interacción, el profesor hablará con Francisco acerca de su familia, sus orígenes y la facilidad o dificultad que está experimentando para adaptarse. El profesor intentará motivar a Francisco y le ofrecerá ayuda para lo que pueda ser necesario.

La interacción debe durar cuatro minutos.

◆ Oportunidades de evaluación

◆ En esta actividad se han practicado las habilidades que son evaluadas por medio del Criterio C: Comunicación en respuesta a textos orales, escritos o visuales y del Criterio D: Uso de la lengua de forma oral o escrita.

ACTIVIDAD: Una carta de agradecimiento

■ Enfoques del aprendizaje

■ Habilidades de comunicación: Escriben con diferentes propósitos

En esta actividad, actuarás como Francisco. Ahora que sabes que te mudarás, quieres agradecer a tu profesor por la atención que tuvo contigo, por su amabilidad, por compartir su música y por ser tu amigo. Escribe una carta en la que expreses lo anterior. Indica que te gustaría verlo en el futuro y que nunca olvidarás de lo que aprendiste de él.

Escribe 250 palabras.

◆ Oportunidades de evaluación

◆ En esta actividad se han practicado las habilidades que son evaluadas por medio del Criterio C: Comunicación en respuesta a textos orales, escritos o visuales y del Criterio D: Uso de la lengua de forma oral o escrita.

Tema 3: ¿Qué nos han heredado los procesos de migración?

LA HERENCIA DE LA MIGRACIÓN

Además de la lengua, la colonización también provocó el intercambio de productos de un país a otro. Por ejemplo, los europeos no tenían patatas, ni tomates, ni maíz antes de colonizar las Américas. Los colonizadores llevaron a Europa cacao, maíz y calabacita de México; también comenzaron el comercio de patatas y tomates de México, y conocieron la vainilla de Brasil, el tabaco y los cacahuetes. En otras palabras, la colonización de las Américas transformó la agricultura de Europa.

Por su parte, los europeos introdujeron los cultivos de cereales, legumbres, diversas hortalizas y algunas especias de origen asiático. Entonces, si los europeos llevaron especias asiáticas a América, ¿qué podemos inferir sobre la relación entre los países europeos y Asia?

Reflexiona

1 ¿Cómo piensas que la migración moderna afectará la lengua que hablamos?
2 ¿Qué tipo de personas piensas que eran los colonizadores: emprendedores, personas educadas?
3 ¿Por qué pasaban los europeos una crisis alimenticia en los tiempos de la colonia (década de 1490)?
4 ¿Cómo piensas que era la agricultura antes de los productos de origen americano?
5 ¿Qué relación existe entre la migración y la globalización?
6 ¿Piensas que la migración en el presente es diferente a la migración del pasado? Explica por qué.

PUNTO DE INDAGACIÓN

Lee las siguientes preguntas y comparte tus ideas con tus compañeros.

1 **¿Cuáles son algunos ámbitos donde se puede observar el legado de los procesos de migración?**
2 **¿Hasta qué punto la migración crea conexiones o relaciones entre lugares y épocas?**
3 **¿Hasta qué punto es la migración responsable del crisol de razas, identidades y culturas?**
4 **La migración, ¿cambia, afecta y desafía los sistemas de valores en las culturas?**
5 **Los viajes, ¿inspiran deseos de migración?**
6 **Las tradiciones y rituales, ¿se deterioran por la migración?**

■ Aunque el maíz tiene su origen en México y es donde se consume más, la gastronomía peruana ha encontrado formas originales de utilizarlo; la colonización de América es la razón por la que el maíz llegó a Europa

PIENSA–COMPARA–COMPARTE

Lee las siguientes preguntas y debate tu punto de vista con toda la clase.

1 **¿Qué relación existe entre la gastronomía y la migración?**
2 **¿De qué manera favorecieron los viajes comerciales del pasado a la gastronomía de diferentes países?**
3 **¿Cuál es uno de los principios básicos de la moda de fusión gastronómica?**
4 **¿Qué influencias han tenido ciertas gastronomías en otras?**
5 **¿Crees que es posible apreciar la historia de un país por medio de su gastronomía?**
6 **¿Qué podemos aprender de una cultura gracias a sus tradiciones culinarias?**

■ ¿Qué tan fácil es decir de dónde son las personas hoy en día?

ACTIVIDAD: Historia de la comida peruana

■ Enfoques del aprendizaje

■ Habilidades de transferencia: Comparan la comprensión conceptual en distintas disciplinas y grupos de asignaturas. Indagan en diferentes contextos para obtener una perspectiva distinta

Realiza una búsqueda en YouTube utilizando las siguientes palabras clave: Migración: Historia de la cocina peruana.

Después de ver el vídeo responde las siguientes preguntas:

1 ¿La gastronomía española es la fusión de qué cocinas? (Selecciona tres.)

      mexicana   romana   árabe
    italiana   griega   japonesa   inglesa

2 Menciona dos aportes de cada cocina a la gastronomía peruana. Es necesario mencionar dos aportes en cada caso para obtener el punto.

Cocina	Aporte
Española	
Africana	
Italiana	
China	
Japonesa	
Pueblos peruanos	

3 ¿A qué se refieren los siguientes números?

3.000	
1840	
8	
1850	

4 ¿Por qué se utilizaron las siguientes imágenes en el vídeo:
  a el mapa de Perú
  b imagen 1 (riqueza de la gastronomía peruana)
  c imagen final (la comida exponente de la cultura de un pueblo)?

5 En tu opinión, ¿las fotos son representativas de la narración? ¿Por qué (no)? En tu respuesta, **evalúa** la relevancia de la información presentada y menciona tu punto de vista.

6 ¿Piensas que la información en este vídeo es suficientemente clara sobre el impacto de la migración en la gastronomía de Perú? ¿Por qué? Explica y justifica tus respuestas. Menciona una idea interesante que hayas aprendido. Debes responder los tres puntos.

7 En tu opinión personal, ¿qué opinas de la historia de la comida peruana? ¿Qué opinas de la comida peruana? ¿Te gustaría probarla? ¿Por qué? ¿Por qué no? Justifica tu respuesta.

8 En tu opinión, ¿qué tan similar o diferente es la historia y variedad de la comida peruana a la de tu país/región?

◆ Oportunidades de evaluación

◆ En esta actividad se han practicado las habilidades que son evaluadas por medio del Criterio A: Comprensión de textos orales y visuales.

PIENSA–COMPARA–COMPARTE

Lee las siguientes preguntas y debate tus opiniones con tus compañeros.

1 ¿Crees que existan países sin inmigrantes?

2 ¿Qué rol tuvieron los inmigrantes en países como Australia, Argentina, Nueva Zelanda y Estados Unidos?

3 ¿Qué tan importante es hablar de nuestra cultura de origen si somos parte de una segunda, tercera o quinta generación en un país extranjero?

4 ¿Es un pasaporte suficiente para adquirir el espíritu e identidad del país donde nacimos?

5 ¿Qué diferencias culturales en cuestión de actitud puedes nombrar en casos cuando las personas se naturalizan o adquieren una nueva nacionalidad legalmente? ¿Y cuando migraron ilegalmente y adquirieron la nacionalidad? ¿Y cuando tienen doble nacionalidad por cuestión familiar?

Lee el siguiente blog sobre la diversidad racial y cultural:

¿Tiene lógica ser racista?

1 Es difícil imaginar un país que no tiene migrantes; incluso es imposible negar que muchos países se construyeron gracias a la migración masiva que sucedió en el pasado y, aún más interesante, que existen países que logran funcionar gracias a los migrantes. Quizás Estados Unidos, Inglaterra, Canadá y algunos países de Europa son los primeros países que imaginamos cuando pensamos en los mosaicos multiculturales y en comunidades internacionales mezcladas en una ciudad; sin embargo, en el presente países como Singapur, los Emiratos Árabes Unidos y Qatar han recibido una ola de migrantes que permiten que sus economías funcionen y que su sociedad se diversifique.

2 Así, a pesar de que el internet nos permite familiarizarnos con información de otros países, a pesar de que los vecinos de muchas personas pueden ser de otros países, y a pesar de que las películas internacionales abren las puertas a las oportunidades de conocer otros lugares; muchas personas aún tienen problemas con la idea de la migración y los migrantes. Muy interesantemente, yo me pregunté si las personas que manifiestan esos problemas creen que las condiciones del mundo siempre han sido las mismas.

3 Hace un par de días me topé con dos fotos en Facebook y me gustó mucho su mensaje. En las fotos, se ofrecen ejemplos de los orígenes de muchos productos, ideas y conceptos que consumimos, discutimos o vivimos todos los días y, quiero pensar, que muchos individuos no saben de dónde vienen.

I

Querido racista:

Te gustan los coches alemanes.

Te gustan los cortes argentinos.

Compras productos hechos en China.

Comes en restaurantes de sushi claramente japoneses.

Te gustan los chocolates belgas.

Intentas bailar salsa cubana…

Y yo no comprendo por qué te quejas de que tu vecino sea inmigrante.

II.

Tu pizza es italiana.

Tu cerveza es alemana.

Tu vino es chileno.

Tu democracia es griega.

Tu café es de Colombia.

Tu té es chino.

Tu reloj es suizo.

Tu moda es francesa.

Tu camiseta es india.

Tus zapatos se fabricaron en Tailandia.

Tu teléfono móvil es coreano.

Y ¿tienes problemas porque tu vecino es inmigrante?

4 Aunque el tono de las fotos es evidentemente cómico y de burla para las personas que muestran actitudes negativas contra los migrantes, el mensaje es claro y expresan la verdad. Sería difícil imaginar el mundo ordinario del presente sin muchos de estos productos que son de origen extranjero y que se han convertido en un elemento muy común en las vidas de muchas personas.

9 ¿Cómo afectan los procesos de migración a las personas y sus relaciones?

235

5 Si los productos sólo existieran en su lugar de origen, ¿sería la pizza tan popular? ¿Las personas que les gusta pasar tiempos con amigos bebiendo café podrían hacerlo? ¿Qué harían muchos países del mundo sin maíz, tomates, patatas y especias? ¿Cómo conoceríamos diferentes tipos de comida? ¿Cómo tendríamos acceso a música, literatura y cine de otros países? Honestamente, creo que sería imposible y que nuestras vidas serían muy aburridas sin todos los sabores de las comidas internacionales que podemos disfrutar y sin el acceso a las tradiciones que comparten los migrantes en algunas comunidades. ¿Podrías imaginar a San Francisco sin China Town? ¿Cómo sería Londres sin todos los migrantes de la India? ¿Cómo cambiaría el estilo de vida de Texas y su comida Tex-Mex sin la influencia mexicana?

6 Después de pinchar "*me gusta*", continué navegando en Facebook y encontré un vídeo que se llama *What Kind of Asian are you?* El vídeo me hizo reír mucho, pero noté que también muestra ideas de los estereotipos que tenemos y la manera en que estos pueden ser negativos. El vídeo sucede en algún lugar de California, y presenta a un chico y una chica que conversaban en un parque. Cuando el chico notó que el inglés de la chica era perfecto, le preguntó de dónde era y la chica respondió que era de San Diego. La respuesta no fue la que el chico esperaba y le pidió que fuera más precisa ; la chica respondió que nació en Orange County pero que nunca había vivido allí. El chico insistió nuevamente preguntándole de dónde era originalmente su gente, y fue así como la chica dijo que su familia era de Corea del Sur. El chico exclamó: "¡Lo sabía! Pensé que eras japonesa o coreana". A continuación sucede lo más interesante del vídeo, pues la chica le preguntó de dónde era él, y él respondió que era de San Francisco. La chica también insistió y volvió a preguntar de dónde era exactamente, y el chico dijo que "era un *americano* regular". La chica no perdió la oportunidad para indicar, sarcásticamente, que no parecía un nativo americano. La cara que puso el chico y su reacción no tienen precio.

7 En mi opinión este vídeo demuestra la realidad de muchos países donde la migración que sucedió hace mucho tiempo ha producido muchas generaciones de personas que son nacionales del país donde nacieron, aún cuando tienen características diferentes. Así terminó mi día en Facebook y decidí escribir esto. ¿Qué opinan?

Escena del vídeo mencionado, representada por dos modelos.

ACTIVIDAD: ¿Es lógico ser racista?

■ Enfoques del aprendizaje

■ Habilidades de pensamiento crítico: Extraen conclusiones y realizan generalizaciones razonables

Después de leer el texto, responde las siguientes preguntas:

1 ¿Cuáles son tres de las ideas esenciales que el autor comunica en el texto?
2 ¿Dónde vio el autor la información que lo inspiró a escribir? Menciona una acción común en el medio que se menciona en el texto.
3 Menciona dos ideas importantes del texto que se presentan en las fotos que el autor vio en Facebook.
4 ¿Qué información utiliza el autor, en el texto y en las imágenes, para justificar su idea del párrafo 4: "*Sería difícil imaginar el mundo ordinario del presente sin muchos de estos productos que son de origen extranjero y que se han convertido en un elemento muy común en las vidas de muchas personas*"? Menciona dos ejemplos.
5 El blog se llama "Aquí y Ahora". ¿Qué intereses tiene el autor? ¿Cómo es este texto representativo del título de su blog y de sus intereses? Justifica tus respuestas.

6 **Analiza** el texto y su mensaje. ¿Qué tipo de persona es el autor? ¿Por qué piensas eso? Explica.
7 ¿Por qué crees que él utilizó las fotos y el vídeo como ejemplos para expresar su opinión? Justifica tu respuesta.
8 ¿Qué punto de vista sobre el mundo del presente como resultado de la migración transmite y presenta el autor? Explica y justifica.
9 Después de leer el texto, responde la pregunta en el título del texto. Expresa tu punto de vista personal. Haz referencia a la información del blog. Menciona dos ejemplos.
10 En el párrafo 5, el autor hace varias preguntas. Considera tu contexto local. Responde las preguntas pensando cómo sería tu vida. ¿Por qué piensas que el autor considera que es importante reflexionar sobre estas preguntas?

◆ Oportunidades de evaluación

◆ En esta actividad se han practicado las habilidades que son evaluadas por medio del Criterio B: Comprensión de textos escritos y visuales.

ACTIVIDAD: Evaluación del enunciado de indagación

Enfoques del aprendizaje

■ Habilidades de reflexión: Consideran las implicaciones éticas, culturales y ambientales

En este capítulo, abordaste una variedad de ideas sobre el concepto de migración humana y de otros seres vivos.

El enunciado de indagación de la unidad es:

Las comunidades alrededor del mundo experimentan un enriquecimiento constante debido a los efectos de la migración, las historias personales de los migrantes y las destrezas, tradiciones, ideas y conflictos que traen consigo.

En esta actividad vas a **evaluar** qué tan cierto es el enunciado para ti, considerando la información que **analizaste** en este capítulo, tus puntos de vista personales y cualquier otra información que consideres prudente.

Considera las siguientes preguntas guía:

1 ¿Qué información del capítulo hace referencia directa a ciertos aspectos del enunciado?
2 ¿Qué ejemplos del capítulo son los más representativos y relevantes?
3 ¿Qué idea tuya o de tus compañeros marcó tu experiencia en el capítulo?
4 ¿Qué cambiarías en el enunciado? Escribe tu reflexión.

! Actúa e involúcrate

! Planea y realiza una visita a las oficinas de gobierno que se ocupen de los asuntos migratorios en tu ciudad e investiga sobre los diferentes apoyos que reciben los migrantes. Investiga sobre la manera en que tu escuela se puede involucrar y ofrecer apoyo.

Reflexión

Reflexionemos sobre nuestro aprendizaje…
Usa esta tabla para reflexionar sobre tu aprendizaje personal en este capítulo.

Preguntas que hicimos	Respuestas que encontramos	Preguntas que podemos generar ahora			
Fácticas					
Conceptuales					
Debatibles					
Enfoques del aprendizaje en este capítulo	Descripción: ¿qué destrezas nuevas adquiriste?	¿Cuánto has consolidado estas destrezas?			
		Novato	En proceso de aprendizaje	Practicante	Experto
Destrezas de colaboración					
Manejo de la información					
Destrezas de pensamiento crítico					
Destrezas de pensamiento creativo					
Atributos de la comunidad de aprendizaje	*Reflexiona sobre la importancia del atributo de la comunidad de aprendizaje de este capítulo.*				
Indagador					

10 ¿Cómo, cuándo, dónde, de quién y con quién aprendemos?

El significado de la **cultura** de educación para la vida va más allá de los muros de los **contextos** institucionales y comprenderlo ayuda a dar forma a **expresar** nuevos **paradigmas** de pensamiento y a crear nuevas oportunidades de aprendizaje.

CONSIDERAR Y RESPONDER ESTAS PREGUNTAS:

Fácticas: ¿Cuál es la diferencia entre educación y aprendizaje? ¿Qué características muestran las personas que tienen educación? En el proceso de educación, ¿qué responsabilidades tienen las personas que educan y las que son educadas?

Conceptuales: ¿Por qué necesitamos educación formal? ¿Qué tan importante es la experiencia personal en la educación? ¿Cómo y por qué cambia la educación con el tiempo? ¿En qué sentido es diferente la educación del Bachillerato Internacional (BI)? ¿Hasta qué punto los avances tecnológicos propician cambios en la educación?

Debatibles: ¿Qué tipo de educación realmente nos prepara para la vida? ¿Es la escuela el único medio para obtener educación? ¿Hasta qué punto la educación nos ayuda a tener una mentalidad abierta? ¿Son las destrezas y habilidades más importantes que los títulos? ¿Debe la educación ser universal y gratuita? ¿Es el conocimiento teórico más importante que el conocimiento práctico y empírico?

Ahora **compara y comparte** tus opiniones con un compañero o con toda la clase.

■ Cada oportunidad de aprender nos da la oportunidad de enseñar, contribuir, crecer y descubrir más

EN ESTE CAPÍTULO VAMOS A:

■ **Descubrir:**
  ■ ideas sobre la manera en que diferentes sociedades tratan el conocimiento
  ■ información que podrá ayudarte a consolidar tus convicciones sobre las diferentes formas en que podemos aprender.

■ **Explorar:**
  ■ filosofías de algunos modelos de educación antiguos y lo que podemos aprender de ellos
  ■ el poder de la lengua para transmitir mensajes a diferentes audiencias.

■ **Actuar y:**
  ■ valorar los modelos de educación alternativa que pueden ser útiles o que son necesarios en tu comunidad
  ■ reflexionar sobre tu rol en el proceso de aprendizaje.

Las siguientes habilidades de los enfoques del aprendizaje serán útiles:

- Habilidades de comunicación
- Habilidades de colaboración
- Habilidades de reflexión
- Habilidades de gestión de la información
- Habilidades de pensamiento crítico
- Habilidades de organización
- Habilidades de pensamiento creativo
- Habilidades de transferencia

Reflexiona sobre el siguiente atributo de la comunidad de aprendizaje:

- Pensador: para cultivar y promover el pensamiento crítico y constructivo y así proceder de manera responsable ante problemas complejos.

GRAMÁTICA

Tiempos verbales que se abordan en este capítulo:
- Presente simple
- Pretérito indefinido
- Pretérito imperfecto
- Pretérito perfecto
- Futuro
- Condicional
- Presente y pretérito del modo subjuntivo

Oportunidades de evaluación en este capítulo:

- **Criterio A:** Comprensión de textos orales y visuales
- **Criterio B:** Comprensión de textos escritos y visuales
- **Criterio C:** Comunicación en respuesta a textos orales, escritos o visuales
- **Criterio D:** Uso de la lengua de forma oral o escrita

VOCABULARIO SUGERIDO

Vocabulario sugerido para mejorar la experiencia de aprendizaje.

Sustantivos	Adjetivos	Verbos
apreciación	amable	aconsejar
aprovechamiento	anticuado	adoctrinar
aspiración	arriesgado	adquirir
beneficio	austero	advertir
búsqueda	colaborador	aprender
calificación	colaborativo	aprovechar
ciudadano	cumplidor	colaborar
compromiso	decidido	conseguir
constancia	dedicado	conservar
convivencia	diligente	cuidar
cualidad	dispuesto	desafiar
deber	educado	emprender
derecho	equitativo	enfatizar
desafío	estricto	enseñar
desarrollo	firme	épocas
deseo	hábil	establecer
destreza	informado	generar
empeño	instruido	hacer hincapié en
garantía	intrépido	implantar
ideales	inútil	informar
lucro	justo	instruir
notas	laborioso	lograr
obligación	moderno	mantener
oportunidad	objetivo	orientar
pasión	persistente	perseguir
paso	puntual	preparar
patrocinio	razonable	prevenir
perfil	realista	promover
perseverancia	respetuoso	proteger
responsabilidades	responsable	recuperar
reto	sensato	transmitir
sueños	severo	vincular
sustentabilidad		

■ El objetivo de la educación siempre es avanzar, retroceder no es una opción

ACTIVIDAD: Roles en la educación

■ Enfoques del aprendizaje

■ Habilidades de pensamiento crítico: Formulan preguntas fácticas, de actualidad, conceptuales y debatibles

En la tabla de abajo, observa las ocupaciones en la columna de la derecha. Considera el rol que estas personas tienen en las diferentes formas de aprender en el presente. Escribe un par de preguntas que le harías a cada una. Escribe tus preguntas en la columna de la izquierda.

Después, trabaja en parejas y responde las preguntas que tu compañero te hará asumiendo el rol correspondiente.

Preguntas	Persona
	Un desarrollador de *apps*
	Un padre de familia
	Un activista que aboga por la educación inclusiva
	El director de una ONG que trabaja con minorías indígenas
	Salman Khan (Director Ejecutivo de Khan Academy)

ACTIVIDAD: Amplía tu contexto

■ Enfoques del aprendizaje

■ Habilidades de pensamiento crítico: Extraen conclusiones y realizan generalizaciones razonables. Formulan preguntas fácticas, de actualidad, conceptuales y debatibles

¿En qué otras preguntas relevantes sobre "el cambio" puedes pensar? Escribe por lo menos cinco preguntas que te interese hacer a tu profesor(a) o a tus compañeros. Colabora en parejas o grupos pequeños y debate las preguntas que escribieron. Toma notas de ideas que consideres relevantes.

Resumen de las ideas que mencionó tu compañero de acuerdo al rol	¿Por qué crees que mencionó estas ideas?
Un desarrollador de *apps*:	
Un padre de familia:	
Un activista que aboga por la educación inclusiva:	
El director de una ONG que trabaja con minorías indígenas:	
Salman Khan (Director Ejecutivo de Khan Academy):	

Tema 1: ¿Qué crea la necesidad de educar?

ACTIVIDAD: Indagando para descubrir más: ¿Qué encontraste?

■ Enfoques del aprendizaje

- Habilidades de gestión de la información: Utilizan la capacidad crítica para analizar e interpretar los contenidos de los medios de comunicación. Localizan, organizan, analizan, evalúan, sintetizan y utilizan de manera ética información procedente de diversas fuentes y medios (incluidas las redes sociales y en línea)

En esta actividad, vas a jugar con los operadores de búsqueda avanzada de Google y verás cómo se pueden usar cuando hacemos una investigación.

Sigue los siguientes pasos y escribe comentarios en cada uno. Menciona qué aspectos, prácticas, herramientas o ejemplos de experiencias sobre la educación puedes ver. Al final, compara tus ideas con las de tus compañeros y escribe una reflexión al respecto.

- **Ve a Imágenes de Google y escribe** educación **en la barra de búsquedas. ¿Qué ves en los resultados?**
- **Ahora agrega** site:edu **después de la palabra** educación (educación site:edu). **¿Qué encontraste?**
- **Ahora cambia** edu **por** org (educación site:org). **¿Qué encontraste?**
- **Ahora reemplaza** org **por** gov (educación site:gov). **¿Qué encontraste?**
- **Ahora sustituye** site **y** gov **por** type:ppt (educación type:ppt). **¿Qué encontraste?**
- **Ahora cambia** ppt **por** jpeg (educación type:jpeg). **¿Qué encontraste?**
- **Ahora cambia** jpeg **por** gif (educación type:gif). **¿Qué encontraste?**

¿Conocías estas funciones?

Si no las conocías, ¿qué puedes encontrar si cambias las palabras site y type?

¿Cómo pueden estas funciones ayudarte cuando haces una investigación?

PUNTO DE INDAGACIÓN

Lee las siguientes preguntas y comparte tus ideas con tus compañeros.

1. ¿En dónde y de quién podemos aprender?
2. ¿Qué constituye la educación formal/informal?
3. ¿Hasta qué punto la educación nos brinda más conocimientos?
4. ¿Por qué necesitamos la educación formal?
5. ¿Hasta qué punto nos hace más cultos la educación?
6. ¿Qué tan importante es la experiencia personal en la educación?
7. ¿En qué sentido es diferente la educación del BI?
8. ¿Hasta qué punto la educación nos brinda más conocimientos?
9. La escuela, ¿es el único medio para obtener educación?

ACTIVIDAD: ¿Qué es la educación?

■ Enfoques del aprendizaje

- Habilidades de comunicación: Estructuran la información en resúmenes, ensayos e informes

Considera las ideas que escribiste en la actividad anterior.

Ahora vas a escribir un ensayo expositivo en el que analices el concepto de educación, presentando tus ideas para provocar el diálogo. Menciona ideas sobre los diferentes ambientes donde podemos aprender, sobre las diferentes enseñanzas que podemos adquirir y sobre la manera en que podemos educar. Concluye con una serie de preguntas que inviten al debate.

Escribe 250 palabras.

Después de terminar tu ensayo, intercámbialo con un compañero y haz las preguntas que planeaste. Debate el tema.

Analiza el ensayo de tu compañero con tu profesor.

◆ Oportunidades de evaluación

- En esta actividad se han practicado las habilidades que son evaluadas por medio del Criterio C: Comunicación en respuesta a textos orales, escritos o visuales y del Criterio D: Uso de la lengua de forma oral o escrita.

ACTIVIDAD: Panoramas de la educación

Enfoques del aprendizaje

■ Habilidades de pensamiento creativo: Crean soluciones novedosas para problemas auténticos. Crean obras e ideas originales; utilizan obras e ideas existentes de formas nuevas

En esta actividad, vas a emplear tus habilidades de pensamiento creativo y de comunicación para crear un estímulo visual (vídeo) o de audio (podcast) donde hables del escenario y/o panorama de la educación. Trabaja en parejas e interactúa en un vídeo o podcast. El objetivo de tu estímulo es invitar a las personas a la reflexión y a motivarlas a involucrarse en iniciativas similares. Puedes adoptar el rol de una de las personas en la actividad "Roles en la educación" para darle un propósito más concreto a tu producto.

Toma en cuenta las siguientes especificaciones:

Vídeo	Podcast
1 Debe durar cuatro minutos	1 Debe durar cuatro minutos
2 Utilicen imágenes que representen sus ideas	2 Incluyan efectos de sonido que les ayuden a crear el ambiente que deseen
3 Pongan atención a su pronunciación y a su dicción	3 Pongan atención a su pronunciación y a su dicción
4 Incluyan preguntas que involucren a su audiencia	4 Incluyan preguntas que involucren a su audiencia
5 Compartan su vídeo en una plataforma y pidan a sus compañeros que comenten	5 Compartan su podcast en una plataforma y pidan a sus compañeros que comenten

◆ Oportunidades de evaluación

◆ En esta actividad se han practicado las habilidades que son evaluadas por medio del Criterio C: Comunicación en respuesta a textos orales, escritos o visuales y del Criterio D: Uso de la lengua de forma oral o escrita.

ACTIVIDAD: Los niños siempre dicen la verdad

Enfoques del aprendizaje

■ Habilidades de comunicación: Utilizan el entendimiento intercultural para interpretar la comunicación. Escriben con diferentes propósitos

Ve a YouTube y realiza una búsqueda utilizando las palabras: Los niños siempre dicen la verdad.

Después de ver el vídeo redacta un ensayo acerca de la educación familiar y las responsabilidades que tienen los adultos en la educación de sus hijos. Explica tu argumento claramente, incluyendo ejemplos de causa–efecto con información del vídeo. Da ejemplos concretos, respaldando tus ideas con pruebas para poder convencer a tus lectores de la tesis central de tu ensayo.

Escribe entre 300 y 400 palabras.

◆ Oportunidades de evaluación

◆ En esta actividad se han practicado las habilidades que son evaluadas por medio del Criterio C: Comunicación en respuesta a textos orales, escritos o visuales y del Criterio D: Uso de la lengua de forma oral o escrita.

ACTIVIDAD: Una campaña educativa

■ Enfoques del aprendizaje

■ Habilidades de comunicación: Utilizan una variedad de técnicas de expresión oral para comunicarse con diversos destinatarios. Utilizan el entendimiento intercultural para interpretar la comunicación

Diferentes organismos educativos en diferentes países realizan campañas de promoción de la educación. ¿Conoces una campaña de estas en tu país? ¿Cuál es tu opinión sobre ella?

Realiza una búsqueda en YouTube utilizando las siguientes palabras clave: Fanny Lu Ni Uno Menos.

Responde las siguientes preguntas después de ver este vídeo:

1 ¿Qué problema intenta combatir esta campaña? Explica con ideas del vídeo.
2 ¿A qué se refiere el título de la canción: "Ni Uno Menos"? ¿Cuáles pueden ser algunas de las razones por las que este problema existe?
3 ¿Qué tan efectiva crees que ha sido esta campaña al utilizar esta canción y este vídeo? Explica tus respuestas.
4 ¿Cuál es la razón por la que la canción incluye estas ideas:
   a "Es tu mejor apuesta"
   b "Yo cuento mis historias"
   c "Resuelvo casos que me enseñan"
   d "Aquí me dan la mano"?
5 ¿Qué aspectos de los atributos de la comunidad de aprendizaje se enfatizan en las citas anteriores? Justifica tu respuesta.
6 ¿Cuáles pueden ser unas de las razones por las que el director seleccionó a esta cantante?
7 ¿Qué tan apropiado es este vídeo para tu cultura? ¿En qué culturas puede ser inapropiado? ¿Por qué?
8 Si tú fueras el director de la campaña/iniciativa, ¿qué elementos cambiarias respecto a la música, las imágenes que se muestran, la letra de la canción? Justifica tus ideas.

Debate tus respuestas en equipos o en parejas y después con toda la clase.

La interacción en equipos deberá durar cuatro minutos.

◆ Oportunidades de evaluación

◆ En esta actividad se han practicado las habilidades que son evaluadas por medio del Criterio C: Comunicación en respuesta a textos orales, escritos o visuales y del Criterio D: Uso de la lengua de forma oral o escrita.

PIENSA–COMPARA –COMPARTE

A continuación, leerás un extracto de la novela *El Camino*, escrita por el autor Miguel Delibes en 1950. Lee con atención las siguientes preguntas y debátelas en parejas o en grupos pequeños.

1 ¿Qué viene a tu mente cuando piensas en la palabra "camino"?
2 Si pensamos en las historias personales de los padres y sus hijos, ¿qué significados puede tener la palabra "camino"?
3 ¿Estás de acuerdo con la idea de que "todos somos los arquitectos de nuestros propios caminos"? ¿Por qué o por qué no? ¿Hasta qué punto?
4 ¿Qué tan importante es saber tomar decisiones cuando uno decide comenzar una aventura? ¿Por qué?
5 ¿Qué características deben tener las personas que consideramos "modelos a seguir"? Explica cómo pueden ser diferentes en cada caso.
6 ¿Qué tan importante es tener personas que nos inspiren progreso? Explica.
7 ¿Cómo han cambiado las ideas del progreso en los últimos años?

Lee el siguiente extracto de la novela *El Camino*:

El Camino

Contexto

En *El Camino*, Daniel *"El Mochuelo"* intuye a sus once años que su camino está en la aldea, junto a sus amigos, sus gentes y sus pájaros. Pero su padre quiere que vaya a la ciudad a estudiar el Bachillerato. A continuación, leerás parte del primer capítulo.

1   Las cosas podían haber sucedido de cualquier otra manera y, sin embargo, sucedieron así. Daniel, desde el fondo de sus once años, lamentaba el curso de los acontecimientos, aunque lo obedeciera como una realidad inevitable y fatal. Después de todo, que su padre aspirara a que Daniel se convirtiera en algo más que un quesero era un hecho que honraba a su padre, pero que a él, Daniel, *"El Mochuelo"* le afectaba.

2   Su padre entendía qué era progresar; Daniel, no lo sabía exactamente. Estudiar el Bachillerato en la ciudad podía ser, a la larga, efectivamente, un progreso, pues, Ramón, el hijo del boticario, estudiaba ya para abogado en la ciudad, y cuando les visitaba, durante las vacaciones, regresaba engreído como un pavo real y los miraba a todos por encima del hombro; incluso al salir de misa los domingos y fiestas de guardar, se permitía corregir las palabras que don José, el cura, que era un gran santo, pronunciara desde el púlpito. Si esto era progresar, marcharse a la ciudad a iniciar el Bachillerato, constituía, sin duda, la base de este progreso.

3   Pero a Daniel, *"El Mochuelo"*, le bullían muchas dudas en la cabeza. Él creía saber cuánto puede saber un hombre. Leía de corrido, escribía para entenderse y conocía y sabía aplicar las cuatro reglas. Bien mirado, pocas cosas más cabían en un cerebro normalmente desarrollado. No obstante, en la ciudad, los estudios de Bachillerato constaban, según decían, de siete años y, después, los estudios superiores, en la Universidad, de otros tantos años, por lo menos. ¿Podría existir algo en el mundo cuyo conocimiento exigiera catorce años de esfuerzo, tres más de los que ahora contaba Daniel?

4   Seguramente, en la ciudad se pierde mucho el tiempo —pensaba el Mochuelo— y, a fin de cuentas, habrá quien, al cabo de catorce años de estudio, no acierte a distinguir un rendajo de un jilguero o una boñiga de un cagajón. Parecía que lo importante era trabajar y afanarse en las cosas inútiles o poco prácticas.

5   Daniel, no se cansaba nunca de ver a Paco, el herrero, dominando el hierro en la fragua. Se sorprendía al ver aquellos antebrazos gruesos como troncos de árboles, erizados de músculos y de nervios. Seguramente Paco, el herrero, levantaría la cómoda de su habitación con uno solo de sus imponentes brazos y sin resentirse. Y de su tórax, ¿qué? Con frecuencia el herrero trabajaba en camiseta y su pecho hercúleo subía y bajaba, al respirar, como si fuera el de un

elefante herido. Esto era un hombre. Y no Ramón, el hijo del boticario, emperejilado y tieso y pálido como una muchacha mórbida y presumida. Si esto era progreso, él, decididamente, no quería progresar.

6   Por su parte, se conformaba con tener una pareja de vacas, una pequeña quesería y el insignificante huerto de la trasera de su casa. No pedía más. Los días laborables fabricaría quesos, como su padre, y los domingos se entretendría con la escopeta, o se iría al río a pescar truchas o a echar una partida al corro de bolos.

7   La idea de la marcha irritaba a Daniel. Habrían de pasar tres meses sin ver los amaneceres fosforescentes y respirar aquella atmósfera densa, que se adentraba ahora por la ventana abierta, hecha de aromas de heno recién segado y de estiércoles resecos. Su madre lloriqueaba unas horas antes al hacer, junto a él, el inventario de sus ropas.

8   —Mira, Danielín, hijo, éstas son las sábanas tuyas. Van marcadas con tus iniciales. Y éstas tus camisetas. Y éstos tus calzoncillos. Y tus calcetines. Todo va marcado con tus letras. En el colegio seréis muchos chicos y de otro modo es posible que se extraviaran.

9   Daniel, el Mochuelo, notaba en la garganta un volumen inusitado, como si se tratara de un cuerpo extraño. Su madre se pasó el envés de la mano por la punta de la nariz remangada y sorbió una moquita. "El momento debe de ser muy especial cuando la madre hace eso que otras veces me prohíbe hacer a mí", pensó el Mochuelo. Y sintió unos sinceros y apremiantes deseos de llorar.

10   La madre prosiguió:

—Cuídate y cuida la ropa, hijo. Bien sabes lo que a tu padre le ha costado todo esto. Somos pobres. Pero tu padre quiere que seas algo en la vida. No quiere que trabajes y padezcas como él. Tú —le miró un momento como enajenada— puedes ser algo grande, algo muy grande en la vida, Danielín; tu padre y yo hemos querido que por nosotros no quede.

11   El Mochuelo se repitió: "Algo muy grande en la vida, Danielín", y movió convulsivamente la cabeza. No acertaba a comprender cómo podría llegar a ser algo muy grande en la vida. Y se esforzaba, tesoneramente, en comprenderlo. Para él, algo muy grande era Paco, el herrero, con su tórax inabarcable, con sus espaldas macizas y su pelo híspido y rojo; con su aspecto salvaje y duro de dios primitivo. Y algo grande era también su padre, que tres veranos atrás abatió un milano de dos metros de envergadura… Pero su madre no se refería a esta clase de grandeza cuando le hablaba.

12   Quizá su madre deseaba una grandeza al estilo de la de don Moisés, el maestro, o tal vez como la de don Ramón, el boticario, a quien hacía unos meses habían hecho alcalde. Seguramente a algo de esto aspiraban sus padres para él. Mas, a Daniel, el Mochuelo, no le fascinaban estas grandezas.

En todo caso, prefería no ser grande, ni progresar.

ACTIVIDAD: El camino

■ **Enfoques del aprendizaje**

■ Habilidades de pensamiento crítico: Extraen conclusiones y realizan generalizaciones razonables

Después de leer el texto anterior, responde las siguientes preguntas:

1 De acuerdo al texto, ¿cuáles son las ideas sobre el progreso que tienen Daniel, su padre y su madre? Clasifícalas en una tabla y escribe una oración final que resuma las ideas.

2 Examina los ejemplos que se presentan sobre Ramón y Paco. ¿Por qué eran estos los parámetros que Daniel consideraba al pensar en el progreso?

3 ¿Qué puedes deducir sobre la opinión que Daniel tenía sobre su madre, considerando las ideas que él menciona sobre ella en el párrafo 12?

4 En el párrafo 1 se utiliza el pretérito imperfecto del subjuntivo en los verbos "obedeciera" y "aspirara". ¿Cuál es el significado que estas ideas transmiten? ¿Por qué es necesario usar estos tiempos?

5 ¿Por qué el autor decidió utilizar "*El Mochuelo*" para referirse a Daniel en repetidas ocasiones y por qué la mamá de Daniel lo llamaba "*Danielín*"? ¿Qué emociones deposita el autor en estas palabras? Responde las tres preguntas.

6 ¿Qué recursos literarios utilizó el autor para comunicar ideas o mensajes específicos? Menciona el párrafo y explica el recurso que observas.

7 ¿Cuál es la reflexión que el autor quiere provocar con el párrafo 4? Explica. Utiliza ejemplos del texto.

8 ¿De qué manera la foto 3 refleja y ejemplifica la relación de Daniel y su mamá?

9 ¿De qué manera la foto 4 refleja la actitud de Daniel respecto a su educación?

10 ¿Cuál de las fotos puede representar el ideal de futuro que los padres de Daniel desean para él? Justifica tu respuesta.

11 Con tres ideas del texto, indica cómo sabemos que Daniel es una persona que está contenta con su idea personal de progreso.

12 Si tú te comparas con Daniel, ¿compartirías su opinión sobre la actitud de Ramón, considerando cómo actúa en la iglesia? Si es así, explica hasta qué punto.

13 ¿Qué opinas de la situación de la educación y el progreso que se describe en este pasaje de la novela? Incluye ejemplos de experiencias personales, respaldadas con ideas del texto en tu respuesta.

◆ **Oportunidades de evaluación**

◆ En esta actividad se han practicado las habilidades que son evaluadas por medio del Criterio B: Comprensión de textos escritos y visuales.

ACTIVIDAD: Una charla con tu profesor(a)

■ **Enfoques del aprendizaje**

■ Habilidades de comunicación: Utilizan una variedad de técnicas de expresión oral para comunicarse con diversos destinatarios

En esta actividad, utilizarás el contexto de la novela *El Camino* mientras interactúas con tu profesor.

Piensa que han pasado tres meses desde que llegaste al bachillerato en la ciudad, y en este momento te preparas para regresar a tu casa en temporada de vacaciones.

Interactúa con tu profesor(a), imaginando una llamada de teléfono. Tu profesor(a) será tu padre o tu madre.

Charlen sobre algunas de tus experiencias, sobre algunos de los puntos de vista que han cambiado, sobre las ideas que siguen firmemente presentes en tu forma de ver la vida. Utiliza el presente del subjuntivo para hablar de lo que deseas ver, vivir y probar cuando regreses a casa.

La interacción debe durar de cuatro a cinco minutos.

◆ **Oportunidades de evaluación**

◆ En esta actividad se han practicado las habilidades que son evaluadas por medio del Criterio C: Comunicación en respuesta a textos orales, escritos o visuales y del Criterio D: Uso de la lengua de forma oral o escrita.

Tema 2: ¿Qué valores se incluyen en el legado de las filosofías antiguas de la educación?

PIENSA–COMPARA–COMPARTE

Lee con atención las siguientes preguntas y debátelas en parejas o en grupos pequeños.

1 **Considerando algunas de las grandes civilizaciones como la china, india, egipcia, inca, maya, etc. ¿cómo han cambiado las ideas sobre la manera de transmitir conocimientos en comparación con el presente?**
2 **¿Cómo han evolucionado los roles de los profesores y los alumnos a lo largo del tiempo? Menciona ejemplos.**
3 **¿Cómo se han transformado los espacios donde se imparte educación?**
4 **¿Qué ideas o filosofías importantes de las prácticas de transmisión de conocimientos en el pasado podemos rescatar o es valioso considerar?**

LA MUJER VIKINGA

En el presente, utilizamos la palabra "vikingo" para denominar a los individuos de los pueblos nórdicos originarios de Escandinavia, los cuales son famosos por sus pillajes en los mares alrededor del continente europeo. Gracias a las Eddas* podemos aprender que los vikingos practicaban el politeísmo, que organizaban su sociedad en clanes, que tenían un sistema económico basado en la autarquía, es decir la autosuficiencia, pues rechazaban toda ayuda externa y luchaban por ser autónomos.

De igual modo, los vikingos eran expertos navegantes y hábiles constructores de embarcaciones resistentes.

Debido a que la ausencia de los hombres vikingos navegantes era prolongada, las mujeres se encargaban de la recolección, organización, conservación y almacenamiento de provisiones, para prepararse para el invierno. Además, el rol de la mujer vikinga era importante, pues en la sociedad tenía grandes consideraciones morales. Por ejemplo, metafóricamente, la mujer era el alma de la sociedad, mientras que el marido era el brazo; ella era la autoridad moral de la familia y el marido la fuerza.

La mujer vikinga era la guardiana de las tradiciones familiares y sociales, inculcaba a sus hijos los valores sociales y morales de forma oral. Las mujeres estaban encargadas de enseñar la religión mediante la narración y reflexión de las leyendas y la historia de los grandes vikingos y sus antepasados. En otras palabras, las mujeres fungían como las guardianas del legado vikingo, pues era su responsabilidad educar a los futuros vikingos y vikingas. Una lección imprescindible en este estilo de educación era la idea de que era necesario aprender para el día de mañana ser realmente buenos vikingos y vikingas.

Para lograr tal cometido, a los varones se les enseñaban las artes de la guerra o las tareas masculinas de la granja, así como los conceptos de honor y valor. Por su parte, las mujeres aprendían habilidades de supervivencia y liderazgo, pues existía la posibilidad de que sus maridos no regresaran de un viaje. Por lo tanto, era importante para las mujeres contar con las destrezas necesarias para cuidar de sus hijos y, al mismo tiempo, apoyar en la crianza de huérfanos. Además, otra responsabilidad común en las comunidades vikingas, de la cual también se encargaban las mujeres, era dar acogida a infantes provenientes de otros clanes.

* Colección de historias de la mitología nórdica

ACTIVIDAD: La educación en la sociedad vikinga

■ **Enfoques del aprendizaje**

■ Habilidades de colaboración: Ejercen liderazgo y asumen diversos roles dentro de los grupos

Después de leer el texto anterior, trabaja en parejas o en grupos pequeños y comparte tus ideas sobre las habilidades o actitudes que se promovían en la sociedad vikinga. Debate por qué eran importantes y relevantes,

si tales actitudes y habilidades continúan siendo útiles y apreciadas en el presente. En las columnas 2 y 3 escribe un resumen del debate y en la columna 4 escribe una reflexión personal al respecto.

Hay un espacio para incluir otra habilidad que tú hayas podido **identificar**.

Después de su interacción, comparte tus puntos de vista con toda la clase.

1 Habilidad o actitud que se necesitaba aprender	2 Detalles	3 ¿Qué tan relevante es este aprendizaje en el presente?	4 Reflexión personal sobre la habilidad o actitud
Destrezas para cultivar la tierra			
Habilidades de administración			
Espíritu de colaboración			
Idea de patriotismo o respeto por el legado cultural			
Fortaleza emocional			
Otra:			

ACTIVIDAD: Un nuevo miembro en la familia

■ **Enfoques del aprendizaje**

■ Habilidades de comunicación: Escriben con diferentes propósitos

En el texto sobre las mujeres vikingas, se menciona que una de sus responsabilidades era dar educación a los huérfanos o a aquellos que estaban en régimen de intercambio o acogida procedentes de otras familias.

En esta actividad, imaginarás que eres un huérfano que ha llegado a una familia vikinga en la cual la líder es una mujer viuda.

Escribe tres entradas de diario en las que describas las enseñanzas que estás recibiendo, algunas observaciones

que podrías hacer al comparar esa familia con la tuya, los aspectos más admirables de tu "nueva madre" y una breve reflexión en cada entrada. Tu primera entrada debe describir tu llegada a la nueva familia.

Escribe 100 palabras en cada entrada, 300 en total. El máximo de palabras de las tres entradas puede ser 400.

◆ **Oportunidades de evaluación**

◆ En esta actividad se han practicado las habilidades que son evaluadas por medio del Criterio C: Comunicación en respuesta a textos orales, escritos o visuales y del Criterio D: Uso de la lengua de forma oral o escrita.

ACTIVIDAD: La educación inuit: una guía para la vida

■ Enfoques del aprendizaje

■ Habilidades de pensamiento crítico: Extraen conclusiones y realizan generalizaciones razonables

Encuentra el vídeo "La Educación Inuit: una Guía para la vida" en YouTube y después responde las siguientes preguntas:

1 Menciona cuatro razones por las que, según el extracto, solo "las personas seguras, ingeniosas y de buen humor son capaces de sobrevivir durante un largo tiempo en ese ambiente". Utiliza información del extracto en tu respuesta.

2 Resume la idea general del extracto haciendo hincapié en las razones por las que la sociedad inuit continúa enseñando sus ocho principios esenciales.

3 Basando tu opinión en la información en el extracto, ¿consideras que la manera en que los padres educan a sus hijos los prepara para enfrentar las dificultades y demandas de la vida? Menciona dos ejemplos con información del vídeo en tu respuesta.

4 ¿Qué se menciona en el vídeo sobre la importancia de la independencia y la importancia de las opiniones de los niños?

5 En el extracto se ha utilizado material de otros documentales al principio y al final. ¿Cuál crees que es el propósito de esto? ¿Cómo ayuda esta decisión a abrir y concluir el extracto? Explica tu respuesta.

6 ¿Qué efecto o reacción piensas que se intentó crear al comenzar el extracto con una frase? Explica y justifica tu respuesta.

7 ¿De qué manera se organizaron las imágenes y la información en el extracto? ¿Por qué piensas que se tomó la decisión de presentar la información de esta manera? Menciona tu opinión personal al respecto.

8 "Nanuk el esquimal", el documental de Robert J. Flaherty, fue filmado en 1922. Según el extracto, ¿cuál fue la intención de Flaherty al filmar ese documental? ¿De qué manera los avances tecnológicos y la modernidad amenazan esos valores que Flaherty quiso rescatar? Explica tus ideas.

9 El extracto se titula: "La Educación Inuit: una Guía para la vida". ¿Qué información se menciona en ella para justificar el título? Incluye dos justificaciones. Incluye detalles en tus respuestas.

10 ¿Es posible para ti crear una relación personal con las imágenes mostradas en el extracto? ¿Con cuáles? ¿Por qué? Explica. Menciona dos ejemplos.

◆ Oportunidades de evaluación

◆ En esta actividad se han practicado las habilidades que son evaluadas por medio del Criterio A: Comprensión de textos orales y visuales.

ACTIVIDAD: Piensa como inuit

■ Enfoques del aprendizaje

■ Habilidades de comunicación: Escriben con diferentes propósitos

Un estudiante quiere hacer su proyecto personal sobre la vida de una familia de inuits y decide viajar a un pueblo de Alaska para hacer un estudio.

En esta actividad, representarás el rol de un profesor inuit de Alaska que enseñará al joven estudiante a integrarse en la comunidad.

Considera la información que desconoce sobre tu sociedad y sus costumbres, y otra información que consideres necesaria. Recuerda que tú eres su principal apoyo.

Escribe un artículo para tu blog en el que describas la experiencia que estás a punto de vivir. Menciona tus planes, las ideas ancestrales que ayudarás a comprender al estudiante y lo que esperas aprender de él. Incluye algunos problemas y soluciones que puedes prever.

Escribe entre 300 y 400 palabras.

◆ Oportunidades de evaluación

◆ En esta actividad se han practicado las habilidades que son evaluadas por medio del Criterio C: Comunicación en respuesta a textos orales, escritos o visuales y del Criterio D: Uso de la lengua de forma oral o escrita.

PIENSA–COMPARA–COMPARTE

Debate las siguientes preguntas en grupos pequeños y después con toda la clase.

1 ¿Cuál es la relación entre educación y poder?
2 ¿Cómo y por qué cambia la educación con el tiempo?
3 ¿Hasta qué punto la educación nos brinda más conocimientos?
4 ¿Es el conocimiento teórico más importante que el conocimiento práctico y empírico?

LA TRANSMISIÓN DEL CONOCIMIENTO DE GENERACIÓN A GENERACIÓN

El habla siempre ha sido un instrumento primordial para transmitir ideas, para comunicar sentimientos y para expresar puntos de vista personales sobre los aconteceres cotidianos. Es bien sabido que la escuela no ha sido el único espacio donde las personas pueden aprender. Mientras que en esta institución es posible adquirir conocimientos, explorar información en diferentes asignaturas y aprender sobre múltiples ramas del conocimiento, el núcleo familiar también ha sido una gran fuente de educación cívica y sobre los valores.

Antes de que el concepto de escuela existiera, había una serie de tradiciones que permitían a los individuos en un determinado grupo social aprender y enseñar de tal forma que los conocimientos de su grupo se transmitieran de generación en generación. Esta tradición se conoce como "la tradición oral" y esencialmente se encargó de transmitir conocimientos sin utilizar libros o cualquier forma de lenguaje escrito.

Así, la tradición oral recurría a relatos, oraciones, fábulas, conjuros, mitos, cuentos, cantos, leyendas, anécdotas y parábolas para transmitir los conocimientos y creencias que se consideraban primordiales en su cultura. Grupos indígenas como los mayas y los incas practicaban esta tradición e inculcaban la importancia de que los padres transmitieran su conocimiento a sus hijos.

Mientras que se puede pensar que esta tradición es cosa del pasado, los chéroqui en Estados Unidos y los mapuche en Chile y Argentina son ejemplos de grupos sociales que aún veneran esta tradición con la finalidad fundamental de conservar los conocimientos ancestrales a través de los tiempos. Por ello, no resulta difícil creer que es gracias a esta tradición que en el presente conocemos historias que no se habían documentado sino hasta ahora.

ACTIVIDAD: La tradición oral

■ Enfoques del aprendizaje

- ■ Habilidades de colaboración: Escuchan con atención otras perspectivas e ideas. Ofrecen y reciben comentarios pertinentes
- ■ Habilidades de pensamiento creativo: Utilizan la técnica de lluvia de ideas (*brainstorming*) y diagramas visuales para generar nuevas ideas e indagaciones

Después de leer el texto introductorio sobre la tradición oral, trabaja en grupos pequeños. Debate las siguientes preguntas. Después de debatir cada una, escribe en tus propias palabras un resumen de la conversación.

Al final del debate crear un cartel que represente las ideas centrales de su debate:

1 ¿Qué importancia ha tenido esta tradición para los historiadores? Explica.
2 ¿Qué tipo de relaciones debe existir entre padres e hijos para que la tradición oral tenga el impacto que se describió en la introducción? ¿Qué tan fácil o difícil es lograrlo?
3 ¿Qué elementos, actitudes o comportamientos comunes en el presente dificultan la práctica de esta tradición?
4 ¿Cuáles pueden ser los inconvenientes de transmitir conocimientos o información de manera oral?
5 ¿De qué manera la percepción personal puede afectar el significado de la información?
6 ¿De qué forma la idea de relevancia personal (lo que es relevante para cada quien) puede influir en las ideas que se transmiten?
7 ¿Qué puede suceder a las comunidades donde se practica esta tradición si una cierta generación decide no continuarla? ¿Qué significaría esto en cuestión de pérdida de conocimientos y legado histórico?
8 ¿Qué podemos aprender de estas comunidades?

En tu equipo, utiliza la información que reunieron y represéntala en un cartel en forma de un cuadro sinóptico, una tabla o un mapa conceptual. Exhibe tus trabajos en el aula creando un museo de ideas. Escribe comentarios en etiquetas al lado de los carteles de los demás.

Al final, reflexiona sobre todas las ideas que conjuntaron.

La Ley

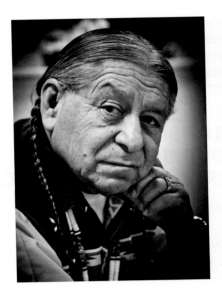

Contexto

En la novela *La estrella de los chéroqui*, escrita por Forrest Carter, Árbol Pequeño, un niño de cinco años de descendencia chéroqui, se queda huérfano y se muda a las montañas con sus abuelos que aún conservan las tradiciones de su tribu. Árbol Pequeño jamás había escuchado hablar de las prácticas o creencias de sus ancestros, por lo que además de aprender y leer con su abuela, aprendió sobre la ley chéroqui con su abuelo.

En la escena que leerás a continuación, Árbol Pequeño y su abuelo van juntos hacia la cima de la montaña y es entonces cuando Árbol Pequeño se percata de las grandes diferencias en la manera de ver la vida de los chéroqui y las personas "normales".

*   *   *

Abuelo había dicho que podía acompañarlo al sendero alto, siempre y cuando me levantara, y advirtió que él no me despertaría.

—Por la mañana, el hombre se levanta por propia voluntad— comentó el abuelo sin sonreír.

Era temprano por la madrugada, y Abuelo y yo caminamos hacia la cima del valle, cerca de la montaña.

La parte más alta de la montaña, allá donde había nieve, era nuestro punto de atención. Abuelo la contempló, igual que yo, y estuvimos atentos a medida que los sonidos aumentaban con el viento matinal, que provocó un suave susurro en la arboleda.

—Está cobrando vida— comentó el abuelo, con voz baja y suave, sin apartar la mirada de la montaña.

—Es verdad, abuelo, está cobrando vida— coincidí.

En ese mismo instante supe que Abuelo y yo comprendíamos algo que la mayoría de las personas desconocen.

Las sombras nocturnas retrocedieron montaña abajo, a través de un pequeño prado cargado de hierba e iluminado ahora por el baño de luz. El prado estaba en la ladera de la montaña. Abuelo señaló con la mano: varias codornices batían las alas, saltaban entre la hierba y se alimentaban de semillas. Luego Abuelo señaló el cielo azul. Un ave descendía como un proyectil marrón… cada vez más rápido, en dirección a las codornices.

—Es Tal-con, el halcón— dijo Abuelo, entre dientes.

Las codornices enloquecieron y se apresuraron a refugiarse en la arboleda… pero una no fue lo bastante rápida. El halcón la alcanzó. Segundos después, el halcón emprendió el vuelo con la codorniz muerta entre las garras.

Aunque no lloré, sé que mi cara se tornó triste de pena, porque Abuelo dijo:

—Pequeño Árbol, no te entristezcas. Es La Ley. Tal-con atrapó a la lenta y así la lenta no criará polluelos que también se muevan despacio. Tal-con come un millar de ratas de campo que devoran huevos de codorniz, huevos que se convertirían en aves rápidas y lentas, de modo que Tal-con vive de acuerdo con La Ley. Ayuda a las codornices.

—Es La Ley— insistió apacible.— Coge sólo lo que necesites. Cuando caces venados, no elijas los mejores. Escoge los más pequeños y los más lentos, y de esta manera los venados se harán fuertes y siempre te darán carne. Pakoh, la pantera, lo sabe y tú debes aprenderlo.

No es necesario acumular y vivir en exceso. Frecuentemente ocurre que la gente acumula y atesora más de lo que necesita, y por eso tenemos conflictos, guerras y envidias. Muchas personas dirán que su estatus social, su nación y su bandera les dan derecho a tener y acumular… y muchos hombres incluso morirán por intentar defender los derechos materialistas que les da su bandera… pero nunca podrán cambiar las reglas de La Ley. Árbol Pequeño, necesitas aprender que la muerte en vida aparece cuando rompe el día, que una no existe sin la otra; observa la sabiduría de la montaña, y así conocerás La Ley y comprenderás el alma de todos los chéroqui.

ACTIVIDAD: La ley

■ Enfoques del aprendizaje

■ Habilidades de pensamiento crítico: Extraen conclusiones y realizan generalizaciones razonables

Después de leer el pasaje, responde las siguientes preguntas:

Escribe tus respuestas de manera individual y después debátelas en grupos pequeños y con toda la clase.

1 **Explica qué quiere decir Árbol Pequeño cuando menciona que él y su abuelo comprendían algo que la mayoría de las personas desconocen.**
2 **¿Qué lección sobre la vida natural le dio el abuelo a Árbol Pequeño en la escena en la que el halcón atrapa una codorniz? ¿Por qué es útil reconocer esto?**
3 **¿Qué aspecto de las sociedades modernas se critica en la parte donde el abuelo habla sobre los excesos? Menciona tres ejemplos.**
4 **¿Cómo definirías La Ley de los chéroqui considerando la idea que el abuelo menciona: "Muchos hombres incluso morirán por intentar defender los derechos materialistas que les da su bandera… pero nunca podrán cambiar las reglas de La Ley"?**
5 **¿Cuál de las imágenes podría representar una de las lecciones que el abuelo da a Árbol Pequeño? Justifica tu respuesta.**
6 **¿Qué frase del texto utilizarías para describir la foto 2? Justifica tu respuesta.**
7 **¿Hasta qué punto encuentras valor en la conversación que el abuelo tuvo con Árbol Pequeño?**
8 **Considerando el nombre del niño, ¿cómo piensas que los chéroqui nombran a sus hijos? ¿Qué filosofía siguen? ¿Qué bendición intentan depositar en el nombre que dan a sus hijos?**
9 **¿Qué significado piensas que puede tener "Árbol Pequeño" para sus padres y en la cultura chéroqui?**
10 **¿Cómo podrías resumir el tipo de educación que los líderes chéroqui imparten a los jóvenes de su cultura?**

◆ Oportunidades de evaluación

◆ En esta actividad se han practicado las habilidades que son evaluadas por medio del Criterio B: Comprensión de textos escritos y visuales.

ACTIVIDAD: Aprendiendo de la ley

■ Enfoques del aprendizaje

■ Habilidades de comunicación: Estructuran la información en resúmenes, ensayos e informes

Considera el final de la escena en el texto extraído de *La estrella de los chéroqui*.

En 400 palabras escribe la siguiente escena en la que presentes la manera en que Árbol Pequeño asimiló la información que su abuelo compartió. Utiliza tu creatividad e incluye preguntas que un niño de su edad se puede hacer sobre las diferencias en las maneras de apreciar la vida. Considera que Árbol Pequeño se mudó de la ciudad a las montañas y que su estilo de vida cambió completamente.

◆ Oportunidades de evaluación

◆ En esta actividad se han practicado las habilidades que son evaluadas por medio del Criterio C: Comunicación en respuesta a textos orales, escritos o visuales y del Criterio D: Uso de la lengua de forma oral o escrita.

Lee el siguiente artículo sobre el sistema antiguo de la educación India tradicional:

La cultivación del espíritu de compasión y bondad

1 El sistema antiguo de educación de la India se basaba en la idea de formar un hombre cuya razón de vivir fuera más allá de la supervivencia. Para los antiguos indios, la educación de los hombres se consideraba como un propósito artístico que buscaba la realización personal para así llegar a comprender los aspectos más profundos de la vida, es decir, el *Mukti* o la emancipación. Por sus cualidades espirituales y trascendentales, tal sistema debe comprenderse como un resultado de la teoría del conocimiento como parte de la vida y los valores.

2 El modelo antiguo indio consistía en tres procesos esenciales: *Shravana, Manana, Niddhyaasana.* El primero se refiere al arte de escuchar la verdad que se pronuncia mediante las palabras del gurú. Este tipo de conocimiento se conocía como *sruti*, puesto que se escuchaba, pero nunca se veía de forma escrita, dado que el valor de la palabra se consideraba superior al de las formas escritas, las cuales carecían de inflexiones, emociones e historia personal.

3   El segundo proceso abordaba la interpretación que el estudiante realizaba por sí mismo sobre el significado de las lecciones impartidas por el gurú, para poder asimilar las ideas al máximo y así reflexionar sobre lo que se ha escuchado (Shravana) y para eliminar dudas sobre el conocimiento que se ha recibido.

4   El tercer y último proceso indica la comprensión entera y completa de la verdad que se enseña y se vive y que deja de estar encapsulada en las palabras. Así, el conocimiento en este proceso se convierte en la esencia de lo que ha sido intelectualmente comprendido, asimilado, internalizado y es convicción total.

5   También conocido en hindi como *Guru Shishya Prampara*, este modelo de educación antigua fue considerado como uno de los más efectivos por mucho tiempo. Los estudiantes, mientras eran instruidos, vivían en un *Gurukul* bajo sistemas de disciplina estrictos, disfrutando de una vida austera, practicando la meditación y aprendiendo de memoria los conocimientos que finalmente les correspondería transmitir.

6   Además de aspirar a la realización plena, este antiguo modelo de educación también reconocía que todos los individuos tienen inclinaciones y capacidades naturales diferentes. De esta forma, más que una forma de aprender, también era una filosofía de vida, que convertía a la literatura y la ciencia en instrumentos que permitían a las personas encontrarse a sí mismos.

7   Para lograr lo anterior, el Estado y la sociedad no interferían de ninguna forma en las enseñanzas que se decidían enseñar, ni en la regulación de pagos, las horas de instrucción o el espacio de enseñanza/aprendizaje. Así, la esencia de esta experiencia yacía en que los pupilos vivían permanentemente con sus gurús durante toda la duración de sus estudios y no sólo adquirían conocimientos, sino que aprendían a observar cómo reaccionar ante diferentes situaciones que surgen en la vida diaria, y cómo aprender de ellas.

8   Evidentemente, el enfoque en la comprensión y respeto hacia las relaciones personales eran parte inseparable de la guía que los futuros gurús

recibían y, puesto que la educación carecía de costo alguno, el gurú velaba por el bienestar de sus discípulos, así como por la satisfacción de sus necesidades primarias, como los alimentos y su vestimenta. De esta forma, se dignificaba la idea del compromiso, de la devoción, la apreciación de las virtudes, el silencio y la contemplación. Esto no significa que las ideas nunca se debatían o se cuestionaban, simplemente se intentaba que sucedieran por medio de un diálogo que enriqueciera el carácter personal, la cultivación del espíritu de compasión y bondad.

9 Tales metas se lograban teniendo diferentes tipos de maestros:

a El *acharya* era el tipo de maestro que enseñaba los Vedas (textos sagrados) completos sin costo alguno.

b El *upadhyana* era aquella persona que optaba por ser maestro para ganarse la vida y solamente tenía permiso de enseñar los vedas parcialmente.

c Los *charakas* eran los maestros ambulantes que vagaban por el país entero en busca de conocimientos elevados y, aunque no eran completamente competentes como maestros, se les consideraba como fuente de conocimiento.

d Los *sikshakas* eran los maestros que ofrecían instrucción en artes tales como la danza.

10 Aunque para muchos educadores modernos y liberales el sistema antiguo indio puede parecer más un proceso de adoctrinamiento o un sistema lleno de matices espirituales y religiosos, es necesario apreciar la estructura de la instrucción y la manera en que el conocimiento se construía. Igual que en el presente, las relaciones eran de suma importancia y la aspiración principal era, finalmente, contar con conocimientos que nos ayuden a comprender el mundo.

11 Así, independientemente de si se lo considera eficaz o no eficaz, no se puede negar que podemos aprender mucho de la manera en que en el sistema antiguo de gurús indios los seres humanos somos fuente de conocimiento.

ACTIVIDAD: La cultivación del espíritu de compasión y bondad

■ **Enfoques del aprendizaje**

■ Habilidades de pensamiento crítico: Extraen conclusiones y realizan generalizaciones razonables

Después de leer el texto anterior, responde las siguientes preguntas:

1 En el párrafo 1 se menciona la idea de "vivir más allá de la supervivencia". ¿En qué no se interesaba la tradición antigua de la educación india?

2 ¿A qué se renunciaba cuando uno decidía ser educado en un Gurukul? ¿Qué tipo de adaptaciones tendrías que hacer tú, si fueses educado en este sistema?

3 ¿Por qué crees que el autor menciona en el párrafo 10 que "para muchos educadores modernos y liberales el sistema antiguo indio puede parecer más un proceso de adoctrinamiento"? ¿Estás de acuerdo? Explica.

4 ¿Por qué crees que el autor concluyó el texto mencionando que "los seres humanos somos fuente de conocimiento"? ¿A qué conclusión quiere que lleguemos los lectores? Explica.

5 ¿Cuáles ideas del artículo se ven representadas en la imagen 1? Justifica tu respuesta.

6 ¿Cuáles metas de la educación india antigua se representan en la imagen 3?

7 ¿Qué relevancia tiene la información en el párrafo 7, donde se habla del rol del Estado, si comparamos esas ideas con la educación moderna de muchos países? Explica.

8 ¿Por qué piensas que algunas personas interesadas en impartir clases optaban por convertirse en *charakas*? Utiliza ejemplos para ilustrar tu explicación.

9 En el párrafo 8 se habla del valor de las relaciones personales y sociales en este modelo de educación. ¿Por qué piensas que estas eran esenciales? ¿Qué tan diferentes o similares son el tipo de relaciones sociales que se necesitan en el presente y aquellas a las que se hace alusión en el texto? Explica.

10 Observa el objetivo que se menciona en el párrafo 10, ¿piensas que en el presente la educación persigue el mismo objetivo? ¿Qué tan diferente es? ¿Por qué?

11 ¿Piensas que este sistema de educación aún tiene elementos que pueden ser relevantes para las necesidades del presente? Explica.

◆ **Oportunidades de evaluación**

◆ En esta actividad se han practicado las habilidades que son evaluadas por medio del Criterio B: Comprensión de textos escritos y visuales.

ACTIVIDAD: Entrevista con un gurú

■ **Enfoques del aprendizaje**

■ Habilidades de comunicación: Utilizan una variedad de técnicas de expresión oral para comunicarse con diversos destinatarios

En esta actividad, vas a simular un diálogo sobre la educación con un gurú que continúa impartiendo instrucción según el modelo descrito en el texto.

Escribe una serie de preguntas y respuestas en las que abordes el tipo de vida y aprendizaje que se vive en el Gurukul de donde viene el gurú, el tipo de experiencias que se observan y las dificultades que se pueden apreciar. Incluye preguntas que contrasten ese sistema con la manera en que se debe de aprender en el siglo XXI.

La interacción deberá durar cuatro minutos.

◆ **Oportunidades de evaluación**

◆ En esta actividad se han practicado las habilidades que son evaluadas por medio del Criterio C: Comunicación en respuesta a textos orales, escritos o visuales y del Criterio D: Uso de la lengua de forma oral o escrita.

Nexos: Individuos y sociedades

La educación está tan difundida que está presente en toda sociedad y en todo momento de la historia. En toda sociedad por primitiva que sea, encontramos que el hombre se educa.

ACTIVIDAD: Una charla

Enfoques del aprendizaje

- Habilidades de comunicación: Utilizan una variedad de técnicas de expresión oral para comunicarse con diversos destinatarios

Después de escribir tu entrevista con el gurú, en la actividad anterior, trabaja en parejas con un compañero. Intercambien tus diálogos y **evalúa** el contenido de la charla, así como la sustancia y la riqueza del debate de las preguntas y las respuestas.

Con tu compañero, seleccionen el mejor y actúenlo.

Utiliza disfraces para representar a los personajes adecuadamente. Preséntenlo en vivo en clase o graben un vídeo y compártanlo en una plataforma.

Ten en cuenta que es necesario ser respetuosos hacia otras culturas.

La interacción debe durar de cinco a ocho minutos.

◆ Oportunidades de evaluación

- ◆ En esta actividad se han practicado las habilidades que son evaluadas por medio del Criterio C: Comunicación en respuesta a textos orales, escritos o visuales y del Criterio D: Uso de la lengua de forma oral o escrita.

ACTIVIDAD: Mesa redonda de líderes

Enfoques del aprendizaje

- Habilidades de colaboración: Ejercen liderazgo y asumen diversos roles dentro de los grupos

En este tema has abordado brevemente aspectos sobre los ambientes educativos de civilizaciones antiguas como la maya, la india, los chéroqui y la vikinga.

En esta actividad, trabajarás en grupos pequeños. Primero haz una lista de las sociedades que se debatieron en clase. Cada miembro del equipo seleccionará una sociedad y asumirá el rol de líder.

El equipo deberá nombrar a un moderador de la mesa redonda.

La actividad comenzará cuando todos los líderes y el moderador estén listos.

En esta mesa redonda, considerando los principios, creencias y tradiciones de tu sociedad, debatirás los siguientes puntos de la educación. Atención: este debate toma lugar en el presente.

Puntos a debatir:

a **Igualdad de derechos en la educación para hombres y mujeres**
b **Igualdad para obtener puestos de liderazgo para hombres y mujeres**
c **Rol del servicio a la comunidad para ayudar a los menos privilegiados**
d **Respeto al medio ambiente**
e **Apreciación de nuevas ideas de origen extranjero.**

◆ Oportunidades de evaluación

- ◆ En esta actividad se han practicado las habilidades que son evaluadas por medio del Criterio C: Comunicación en respuesta a textos orales, escritos o visuales y del Criterio D: Uso de la lengua de forma oral o escrita.

Tema 3: ¿Hacia dónde vamos?

PIENSA–COMPARA –COMPARTE

Responde las siguientes preguntas en equipos pequeños. Después comparte tus respuestas con toda la clase.

1 **¿Cuáles son las cosas más importantes que debemos aprender en el presente?**
2 **¿Cómo y por qué cambia la educación con el tiempo?**
3 **¿Por qué es importante aprender a aprender en diferentes situaciones, ambientes y condiciones en el presente?**
4 **¿Por qué muchas personas creen que la educación formal no es tan importante?**
5 **¿Qué mensaje han dado personas como Steve Jobs sobre la educación?**
6 **¿Qué tipo de educación realmente nos prepara para la vida?**

ACTIVIDAD: La escuela

◼ Enfoques del aprendizaje

■ Habilidades de transferencia: Utilizan estrategias de aprendizaje eficaces en distintas disciplinas y grupos de asignaturas

Esta actividad incluye varios pasos y vas a colaborar en grupos y con toda la clase.

El objetivo de la actividad es realizar un sondeo sobre las opiniones de tu clase sobre una variedad de temas, y **analizar** y representar la información.

Primero, en grupos de tres, responde las siguientes preguntas. Toma notas de sus respuestas.

Utiliza una tabla como la siguiente para guardar tu información.

Idea: Puedes generar una hoja de cálculo en una plataforma (como Googledocs) para facilitar la recolección de opiniones.

Pregunta	Estudiante 1	Estudiante 2	Estudiante 3
¿Cuál es la actividad que menos te gusta realizar en la escuela?			
¿Cuál es la actividad que más te gusta realizar en la escuela?			
¿Qué rutina escolar te gustaría cambiar?			
¿Qué tipo de actividades te motivan más?			
¿Qué tipo de proyectos te implican un reto?			
¿Qué prefieres: trabajar en equipo o individualmente?			
¿Qué actividades te gustaría que incorporaran tus profesores?			
Menciona dos características de proyectos que te hacen ser creativo/a.			
Menciona dos características de proyectos que te hacen ser reflexivo/a.			
¿Piensas que socializar con amigos en la escuela es importante?			

ACTIVIDAD: Mafalda va a la escuela

Enfoques del aprendizaje

■ Habilidades de pensamiento crítico: Reconocen los sesgos y los supuestos no explícitos

En esta actividad, observarás unas escenas de la serie animada Mafalda, en las que se presentan críticas a la educación del presente.

Realiza una búsqueda en YouTube utilizando las palabras clave: Mafalda va a la escuela y selecciona el vídeo con una duración de 4 minutos 48 segundos.

Responde las siguientes preguntas:

1 ¿Qué cuatro aspectos de ir a la escuela se discuten en las escenas del vídeo? ¿Cuál es la crítica que estas interacciones hacen sobre la educación?

2 ¿Qué actividad propone la profesora en la escena 3? ¿Cuáles son los roles de la profesora y de los estudiantes en esta actividad? ¿Por qué Mafalda se muestra furiosa? Justifica tu respuesta.

3 ¿Qué exige Mafalda a la profesora en la escena 3? ¿Cómo puedes describir la personalidad de Mafalda considerando esta escena del vídeo? Justifica tu idea.

4 ¿Qué explica la profesora a la directora sobre el arte en la escena 4? ¿Qué mensaje tiene la escena cuando la profesora y la directora están al lado de Manolito?

5 ¿Qué tipo de caricatura/animación es Mafalda: caricatura política, social, simbólica, festiva, fantástica o personal? Selecciona una y menciona elementos que te ayudan a llegar a tu conclusión. Explica tu respuesta.

6 ¿Piensas que la caricatura en este vídeo es para niños o para adultos? Explica y justifica tu respuesta sobre la audiencia adecuada para este programa.

7 ¿Por qué es posible decir que los creadores de este vídeo no están felices con el sistema educativo de su país? ¿Cómo utilizan los creadores los elementos de la educación para expresar su opinión o crítica? Incluye ejemplos donde sea necesario.

8 Mafalda es una caricatura que fue creada por Quino, en Argentina, entre 1964 y 1973. ¿Qué te dice el vídeo sobre la situación histórica de la educación? ¿Consideras que es importante continuar haciendo énfasis en este problema? ¿Por qué (no)? Explica tus ideas.

9 ¿Qué te permite aprender este vídeo sobre el autor de Mafalda? ¿Por qué piensas que decidió utilizar la caricatura como medio para expresar sus ideas? Menciona dos razones.

10 ¿Cuáles son los temas centrales de discusión en el vídeo? ¿En tu país, tiene relevancia la discusión de estos temas? ¿Por qué? Menciona dos ejemplos.

◆ Oportunidades de evaluación

◆ En esta actividad se han practicado las habilidades que son evaluadas por medio del Criterio A: Comprensión de textos orales y visuales.

Distribuye las siguientes tareas en equipos pequeños y prepara una representación gráfica.

Observa:

a **La moda (valor con más frecuencia)**

b **Los porcentajes**

Comparte las representaciones con toda la clase en forma de gráficas o tablas.

Individualmente, **interpreta** los resultados y escribe un resumen de todos los pasos de la actividad, terminando con tus conclusiones de los resultados obtenidos y lo que indican de la actitud que tus compañeros y tú tienen sobre tu escuela.

◆ Oportunidades de evaluación

◆ En esta actividad se han practicado las habilidades que son evaluadas por medio del Criterio C: Comunicación en respuesta a textos orales, escritos o visuales y del Criterio D: Uso de la lengua de forma oral o escrita.

Lee una parte del diario del proyecto personal de un estudiante del BI:

¿Para qué vamos a la escuela?

1. Esta es la cuarta entrada en mi diario de reflexión del proyecto personal. Como comenté anteriormente, estoy interesado en hacer un documental sobre la manera en que las relaciones entre los profesores y los alumnos han cambiado, considerando las experiencias de mis profesores cuando eran estudiantes.

2. El día de ayer tuve una charla muy interesante con mi profesora de diseño y tecnología, y creo que es buena idea escribir sobre ello. En nuestra charla, discutimos la variedad de formatos en los que es posible presentar los trabajos. Para la asignatura de mi profesora, la creatividad es muy importante, entonces a ella le gusta ser testigo de los diferentes métodos que los estudiantes utilizan para completar sus proyectos.

3. Cuando le pregunté a mi maestra qué recordaba sobre su experiencia como estudiante cuando tenía muchos proyectos que completar, no vaciló en responder que algo que le fascina en el presente es que no hay límites, pues cuando ella era estudiante los proyectos eran generalmente escritos, o los alumnos tenían que preparar una presentación en clase, o hacer un póster o una maqueta, y ahora con solo un teléfono inteligente es posible hacer collages de fotografías, vídeos, blogs y sitios web donde se pueden demostrar ideas por medio de diferentes recursos. En pocas palabras, a la profesora le emociona que los alumnos experimenten y busquen nuevas formas de presentar información, porque de esta forma desarrollan su originalidad y dejan huella con su trabajo.

4. Cuando pregunté si ella pensaba que la creatividad era algo particular de su asignatura, la maestra respondió que no, que todas las asignaturas tienen oportunidades para trabajar en proyectos en los que estudiemos de diferentes maneras, y en los que diseñemos cosas que otras personas en otra parte del mundo puedan utilizar pues, ahora, gracias a internet, la información que se presenta de manera efectiva y atractiva puede ayudar a otras personas.

5. Me parece curioso que cuando hablamos de la educación del presente y de la educación del futuro, siempre discutimos sobre la tecnología, y hablamos poco de las relaciones entre las personas, pues incluso si la interacción no sucede cara a cara, la relación que las personas tienen es determinante para aprender bien. Por ejemplo, si alguien no inspira confianza o no le gusta compartir, será muy difícil colaborar y aprender el uno del otro. También si no somos completamente honestos cuando trabajamos en equipo en un *Googledoc*, por ejemplo, perderemos la oportunidad de observar qué tan fuertes e inspiradoras son nuestras ideas.

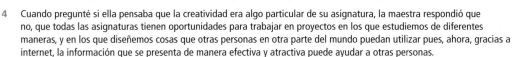

6. Por eso, yo creo que algo muy importante en el futuro son las relaciones. Yo creo que es necesario aprender a hablar y a compartir puntos de vista, porque el cambio rápido de las cosas afecta a todo el mundo; entonces, en pocas palabras, de cierto modo, todos estamos expuestos a las mismas oportunidades y complicaciones.

7. Mi supervisor del proyecto personal, por ejemplo, ha hecho comentarios muy interesantes en el blog que uso como diario para guardar mis reflexiones, y pienso que esta conversación que estamos desarrollando me ayuda a aprender más de él, porque en cada punto de vista él hace referencia a ejemplos personales o comparte historias, y eso me gusta mucho. Yo también he tomado la oportunidad para hacerle más preguntas sobre sus comentarios, pues yo pienso que cuando una persona expresa una opinión, siempre hay cosas invisibles que no se pueden apreciar fácilmente, y por eso es necesario preguntar.

8. En la clase de lengua vimos un documental en el que un científico intentaba enseñar a un chimpancé a comunicarse, y aprendí que es muy importante ser buen observador y tomar nota de todos los detalles que son interesantes y que nos provocan más preguntas. Entonces, como yo quiero estudiar psicología en el futuro,

pienso que en este momento mi trabajo me está ayudando a darme cuenta de que la carrera de mis sueños puede ser realidad y de que yo tengo la vocación para ser un buen psicólogo, porque además de que me gusta analizar a las personas, también me gusta conocer más sobre ellas y preguntarme por qué son como son o por qué hacen lo que hacen.

9 Creo que esta fue una de las razones que me inspiraron a hacer este proyecto.

Además, yo creo que la oportunidad que tengo de hablar con muchos de los profesores en la escuela es excelente para aprender de ellos, para conocer historias y para aprender por medio de sus experiencias, porque es imposible aprender todo en el aula, y hablar con ellos de manera informal también sirve para que ellos vean otros aspectos de mi personalidad.

10 A mí me gusta mucho ir a la escuela porque me gusta pasar mucho tiempo con mis amigos y porque puedo interactuar con muchas personas en cada una de las actividades en las que participo. Yo creo que aunque es posible estudiar con vídeos en YouTube o con MOOCs, ir a la escuela es importante porque podemos ver cómo cambiamos día con día y podemos ver las ideas que algunas personas comparten. Yo no creo que sea buena idea estar aislado completamente, porque necesitamos de otras personas para conectar, y saber que hay muchos trabajos o proyectos en los que podemos colaborar para tener una meta común. Como decía mi abuelo, la unión hace la fuerza y tres cabezas piensan mejor que una.

11 El próximo viernes voy a entrevistar a mi maestro de matemáticas, y estoy entusiasmado porque el tema que he decidido discutir es ¿por qué los maestros de matemáticas tienen fama de ser estrictos y aterradores?

– Ulises

ACTIVIDAD: ¿Para qué vamos a la escuela?

■ Enfoques del aprendizaje

■ Habilidades de pensamiento crítico: Extraen conclusiones y realizan generalizaciones razonables

Después de leer el texto de Ulises, responde las siguientes preguntas, considerando la información en el blog:

1 Ulises es un chico que está interesado en lo que podemos aprender en la escuela. Apoya o contradice esta idea. Utiliza tres ejemplos con información del texto en tu respuesta.
2 Ulises piensa que la experiencia de su proyecto personal le ayudará en su futuro. ¿Por qué? Responde utilizando dos ideas del texto.
3 En el párrafo 5, Ulises habla en primera persona de plural (nosotros). ¿A quién se refiere? Explica.
4 Escribe el número del párrafo donde se describe la idea que se menciona:
   a el formato y objetivo de sus textos
   b las razones por las que le gusta ir a la escuela
   c una reflexión sobre una idea que le sorprende al debatir la educación
   d una actividad que sirvió como ejemplo y le ayudó a validar sus esfuerzos en su proyecto, considerando su futuro.
5 ¿Por qué piensas que Ulises enumeró las entradas en su blog al principio y al final? Justifica tu respuesta.
6 ¿Qué puntos importantes del texto se representan en la foto 3?
7 ¿Qué característica de la profesora de diseño se representa en la foto 1?
8 ¿Qué podemos aprender acerca de la vida estudiantil de Ulises en el párrafo 9?
9 ¿Por qué piensas que Ulises decidió mencionar los dichos de su abuelo? Justifica tu respuesta.
10 ¿Qué ejemplos utiliza Ulises para reafirmar su idea sobre la importancia de las relaciones?
11 En tu opinión, ¿a qué conclusión llegó Ulises en esta entrada en su blog? Explica.
12 ¿Qué evidencia puedes encontrar en el texto sobre el interés que Ulises tiene en su proyecto personal y en el tema que discute? Menciona tres ejemplos.
13 ¿Te gustaría ver el documental que Ulises planea producir para su proyecto personal? ¿Por qué? ¿Por qué no?

◆ Oportunidades de evaluación

◆ En esta actividad se han practicado las habilidades que son evaluadas por medio del Criterio B: Comprensión de textos escritos y visuales.

ACTIVIDAD: Mesa redonda

■ Enfoques del aprendizaje

■ Habilidades de colaboración: Escuchan con atención otras perspectivas e ideas. Ofrecen y reciben comentarios pertinentes. Ejercen liderazgo y asumen diversos roles dentro de los grupos

En esta actividad, colaborarás en equipos pequeños.

Lee las siguientes preguntas y participa en una mesa redonda. Responde las preguntas. **Evalúa** los puntos de vista que se compartan, indaga sobre las ideas que presenten tus compañeros, menciona ejemplos cuando sea necesario y contribuye al debate cuando sea posible.

Será necesario nominar a un moderador:

1 ¿Qué aprendes de tus padres que no aprendes de tus maestros?
2 ¿Qué aprendes de tus amigos que no aprendes de tus padres?
3 ¿Qué aprendes de los errores que no aprendes de los éxitos?
4 ¿Prefieres profesores hombres o mujeres?
5 ¿Cuál es la diferencia entre los maestros jóvenes y los que tienen mucha experiencia? ¿Es la edad directamente proporcional al conocimiento?
6 ¿Deberían los profesores expresar puntos de vista políticos en clase? ¿Por qué (no)?
7 ¿Qué es lo más importante de la educación en la escuela: obtener nuevos conocimientos, vivir una variedad de experiencias, desarrollar nuevas ideas o hacer amigos?
8 ¿Qué tan respetados son los maestros en diferentes sociedades?

ACTIVIDAD: Frases célebres sobre la educación

■ Enfoques del aprendizaje

■ Habilidades de comunicación: Escriben con diferentes propósitos

Lee las siguientes frases célebres sobre la educación:

a *"El principio de la educación es predicar con el ejemplo".* – Anne-Robert-Jacques Turgot
b *"La educación es, tal vez, la forma más alta de buscar a Dios".* – Gabriela Mistral
c *"La biblioteca destinada a la educación universal, es más poderosa que nuestros ejércitos".* – José de San Martín
d *"La educación, como la luz del sol, puede y debe llegar a todos".* – José Pedro Valera
e *"La educación es el arma más poderosa que puedes usar para cambiar el mundo".* – Nelson Mandela
f *"Es imposible educar niños al por mayor; la escuela no puede ser el sustitutivo de la educación individual".* – Alexis Carrel

Selecciona una y escribe un artículo para el periódico de tu escuela en el que menciones el aspecto de la educación al que hace alusión la frase que seleccionaste. Menciona los valores que se promueven en el proceso de enseñanza–aprendizaje en esa idea. Incluye ejemplos que ilustren tus ideas, menciona tu opinión personal e incluye tres preguntas que inviten a tus compañeros y amigos a reflexionar.

Escribe 400 palabras.

◆ Oportunidades de evaluación

◆ En esta actividad se han practicado las habilidades que son evaluadas por medio del Criterio C: Comunicación en respuesta a textos orales, escritos o visuales y del Criterio D: Uso de la lengua de forma oral o escrita.

ACTIVIDAD: El respeto y los valores familiares

■ Enfoques del aprendizaje

■ Habilidades de comunicación: Estructuran la información en resúmenes, ensayos e informes

Escribe un ensayo de opinión personal sobre la importancia del respeto y los valores familiares y civiles en una escuela internacional donde estudian alumnos de diferentes nacionalidades. Incluye tres ejemplos que demuestren qué conflictos pueden ocurrir si no tomamos en cuenta estos elementos; menciona detalles sobre ellos e incluye una reflexión sobre la importancia de estos conceptos en la educación del presente.

Puedes utilizar ideas de los debates que hemos tenido en clase.

Publica tu ensayo e invita a tus compañeros a comentar sobre él.

Escribe 400 palabras.

◆ Oportunidades de evaluación

◆ En esta actividad se han practicado las habilidades que son evaluadas por medio del Criterio C: Comunicación en respuesta a textos orales, escritos o visuales y del Criterio D: Uso de la lengua de forma oral o escrita.

ACTIVIDAD: Educación sostenible

■ Enfoques del aprendizaje

■ Habilidades de pensamiento crítico: Extraen conclusiones y realizan generalizaciones razonables

Realiza una búsqueda en YouTube utilizando las siguientes palabras clave: Entrevista pregunta: ¿Qué es Educación para el Desarrollo Sostenible?

Después de ver el vídeo, responde las siguientes preguntas:

1 Menciona tres aspectos de los ámbitos que los expertos piensan que debe incluir un modelo de educación sustentable. Incluye el aspecto que María Novo considera como el más importante. ¿Por qué deposita María tanta importancia en ese aspecto?

2 Según Moacir Gadotti, ¿qué tipo de personas han formado los sistemas de educación actuales? ¿Cuál es su propuesta sobre este problema?

3 ¿Qué elementos incluye Edgar González en su idea de educación sustentable? ¿Por qué piensas que él considera que todas estas características son importantes? Justifica tu idea.

4 ¿Qué tipo de crisis menciona María Novo? En su opinión, ¿qué actitud debemos tener para enfrentar esta crisis? Explica.

5 ¿Cómo se explica en el vídeo la información que podríamos aprender en la escuela sobre la responsabilidad que todos tenemos hacia el medio ambiente? Menciona un ejemplo con una justificación del vídeo.

6 ¿Cómo se puede utilizar en tu escuela la información presentada en este vídeo? ¿Para quién puede ser más útil? Explica y justifica tu respuesta.

7 ¿Por qué decidieron los directores de este vídeo incluir personas de diferentes nacionalidades? ¿Cómo se utilizaron las opiniones de los expertos en vídeo para enriquecer la idea central que los realizadores querían transmitir? Incluye ejemplos para justificar tu respuesta donde sea necesario.

8 Los expertos mencionan que la educación necesita un énfasis más fuerte en el medio ambiente, los derechos humanos, la multiculturalidad y la diversidad. ¿Por qué piensas que los expertos dan mucha importancia a esos temas? ¿Qué problemas intentan resolver con esa nueva propuesta? Explica tus ideas.

9 ¿Qué te permite aprender este vídeo sobre el evento en el cual participaron estos expertos: **Encuentro Latinoamericano 2006: Construyendo la educación para el desarrollo sostenible en América Latina**? ¿Qué tipo de ideas se debatieron en este evento? Menciona dos razones.

10 ¿Cuáles son los temas centrales de discusión en el vídeo? En tu país, ¿tiene relevancia el debate de estos temas? ¿Por qué? Menciona dos ejemplos.

◆ Oportunidades de evaluación

◆ En esta actividad se han practicado las habilidades que son evaluadas por medio del Criterio A: Comprensión de textos orales y visuales.

PUNTO DE INDAGACIÓN

Lee las siguientes preguntas y comparte tus ideas con tus compañeros.

1 **En el proceso de educación, ¿qué responsabilidades tienen las personas que educan y las que son educadas?**
2 **¿Hasta qué punto la educación nos hace más cultos?**
3 **¿En qué sentido es diferente la educación del BI?**
4 **¿Por qué necesitamos o no necesitamos educación formal?**
5 **¿Hasta qué punto los avances tecnológicos propician cambios en la educación?**
6 **¿Son las más importantes destrezas y habilidades que los títulos?**
7 **¿Son esenciales los profesores en el proceso de educación?**
8 **¿Hasta qué punto la educación nos ayuda a tener una mentalidad abierta?**
9 **¿Las personas con altos grados de educación, realmente contribuyen al progreso social?**
10 **¿Debe la educación ser universal y gratuita?**
11 **¿Hasta qué punto la educación inspira progreso y viceversa?**

ACTIVIDAD: Mi escuela y su misión

■ Enfoques del aprendizaje

- ■ Habilidades de comunicación: Utilizan una variedad de técnicas de expresión oral para comunicarse con diversos destinatarios. Estructuran la información en resúmenes, ensayos e informes

En parejas, reflexiona sobre las siguientes preguntas:

1 **¿Conoces la misión de tu escuela?**
2 **¿Hasta qué punto crees que la vida en tu escuela es una representación de las ideas en su misión?**
3 **¿Qué ejemplos representativos puedes mencionar sobre la manera en que se vive la misión de la escuela a diario?**

Comparte tus ideas con tus compañeros.

Después de tu debate, realiza una búsqueda en YouTube utilizando las palabras clave: La Educación Académica, Social y Emocional, y su futuro.

Escribe un resumen del vídeo. Escribe 250 palabras.

◆ Oportunidades de evaluación

- ◆ En esta actividad se han practicado las habilidades que son evaluadas por medio del Criterio C: Comunicación en respuesta a textos orales, escritos o visuales y del Criterio D: Uso de la lengua de forma oral o escrita.

ACTIVIDAD: Aprendiendo en mi escuela

■ Enfoques del aprendizaje

- ■ Habilidades de pensamiento creativo: Establecen conexiones inesperadas o inusuales entre objetos o ideas; Hacen conjeturas, formulan preguntas hipotéticas ("¿qué pasaría si...?") y generan hipótesis comprobables

En esta actividad, trabajarás en equipos pequeños para preparar un vídeo.

En tu equipo, utilizarás la información que todos los miembros escribieron en sus resúmenes y prepararán un guión sobre la manera en que se aprende en tu escuela, sobre la forma en que los diferentes atributos del perfil de la comunidad de aprendizaje cobran vida; y sobre los modos en que el ambiente escolar les permite aprender.

ACTIVIDAD: Cierre de unidad

■ Enfoques del aprendizaje

■ Habilidades de reflexión: Consideran los contenidos y se preguntan: ¿Sobre qué aprendí hoy? ¿Hay algo que aún no haya entendido? ¿Qué preguntas tengo ahora?

En esta unidad abordamos las diferentes maneras en que podemos aprender, así como las oportunidades que los diferentes ambientes y circunstancias nos ofrecen para reflexionar y aumentar nuestros conocimientos.

Para concluir este capítulo, responde la siguiente pregunta y escribe tu opinión:

¿De qué manera ayudan nuestras interacciones y el contacto con nuevos escenarios de aprendizaje a mejorar y enriquecer nuestras capacidades de comunicación, nuestras habilidades sociales y nuestra capacidad de reflexionar?

Escribe 250 palabras y publica tu texto en un blog o en un cartel. Invita a tus compañeros a leerlo y a comentar.

Después de preparar el guión escrito, es buena idea hacer un guión gráfico (*storyboard*) que permita organizar las ideas.

Consulta a tu profesor(a) para obtener ayuda en las expresiones y la coherencia.

Después de terminar el vídeo, preséntalo en clase y participa en un debate sobre los vídeos.

◆ Oportunidades de evaluación

◆ En esta actividad se han practicado las habilidades que son evaluadas por medio del Criterio C: Comunicación en respuesta a textos orales, escritos o visuales y del Criterio D: Uso de la lengua de forma oral o escrita.

! Actúa e involúcrate

! Realiza una investigación sobre el trabajo que Sergio Fajardo realizó como alcalde de Medellín, Colombia con su proyecto sobre bibliotecas para transformar el rostro adusto de la ciudad por un lugar donde la gente busca oportunidades para ser mejor. Comenta sus iniciativas, evalúa sus decisiones y expresa tu opinión al respecto. Menciona hasta qué punto las iniciativas que involucran la promoción de la lectura y el acceso y manejo de información pueden ayudar a generar oportunidades de progreso en las ciudades.

Reflexión

Reflexionemos sobre nuestro aprendizaje…
Usa esta tabla para reflexionar sobre tu aprendizaje personal en este capítulo.

Preguntas que hicimos	Respuestas que encontramos	Preguntas que podemos generar ahora			
Fácticas					
Conceptuales					
Debatibles					
Enfoques del aprendizaje en este capítulo	Descripción: ¿qué destrezas nuevas adquiriste?	¿Cuánto has consolidado estas destrezas?			
		Novato	En proceso de aprendizaje	Practicante	Experto
Destrezas de colaboración					
Manejo de la información					
Destrezas de pensamiento crítico					
Destrezas de pensamiento creativo					
Atributos de la comunidad de aprendizaje	*Reflexiona sobre la importancia del atributo de la comunidad de aprendizaje de este capítulo.*				
Pensador					

11 ¿Qué elementos nos hacen ser parte de una comunidad?

Las personas logran desarrollar el sentido de pertenencia en varias **culturas** cuando sus **relaciones** sociales y personales les permiten **compartir** valores e ideas similares sobre su lugar de **origen** o donde crecieron.

CONSIDERAR Y RESPONDER ESTAS PREGUNTAS:

Fácticas: ¿Qué actitudes ponen en riesgo la integración social? ¿Cuándo adquiere una comunidad cualidades inclusivas? ¿Cuáles son los valores particulares que las diferencias culturales aportan a una sociedad? ¿Qué elementos determinan el sentido de pertenencia a una comunidad?

Conceptuales: ¿Por qué muchos ciudadanos de un país no se sienten una parte integral de su nación? ¿Hasta qué punto la inclusión es un deber en el presente? ¿Cómo se modifican las actitudes respecto a las minorías en un país cuando se aprueban y respetan sus diferencias culturales?

Debatibles: ¿Por qué es difícil para muchos países desarrollar el sentimiento de nación? ¿Deben las comunidades aisladas permanecer privadas del progreso y la innovación? ¿Hasta qué punto es necesario dejar intactas a las comunidades para las cuales el progreso moderno no importa? ¿Llegará un momento cuando el mundo tenga un aspecto completamente homologado? ¿Qué países son ejemplos del crisol de razas?

Ahora **compara y comparte** tus opiniones con un compañero o con toda la clase.

■ En este mundo no hay extraños, solo personas que aún no hemos conocido

EN ESTE CAPÍTULO VAMOS A:

■ **Descubrir:**
  ■ las diferentes concepciones que existen del término "comunidad"
  ■ la manera en que diferentes comunidades se definen a sí mismas y cómo las definimos quienes no pertenecemos a ellas.

■ **Explorar:**
  ■ diferentes circunstancias que condicionan la continuidad, existencia e integración de diferentes comunidades
  ■ la manera en que cada comunidad individual contribuye a la diversidad del mundo.

■ **Actuar y:**
  ■ reflexionar sobre la manera en que los elementos que definen las comunidades nos alejan, nos acercan y crean oportunidades de colaboración y aprendizaje
  ■ evaluar la manera en que hemos sido capaces de utilizar el conocimiento que proviene de comunidades ajenas a las nuestras.

● Reflexiona sobre el siguiente atributo de la comunidad de aprendizaje:

● De mente abierta: por medio del desarrollo de una apreciación crítica de nuestras propias culturas e historias personales, así como de los valores y tradiciones de los demás.

■ Las siguientes habilidades de los enfoques del aprendizaje serán útiles:

■ Habilidades de comunicación

■ Habilidades de colaboración

■ Habilidades de gestión de la información

■ Habilidades de pensamiento crítico

■ Habilidades de alfabetización

◆ Oportunidades de evaluación en este capítulo:

◆ **Criterio A:** Comprensión de textos orales y visuales

◆ **Criterio B:** Comprensión de textos escritos y visuales

◆ **Criterio C:** Comunicación en respuesta a textos orales, escritos o visuales

◆ **Criterio D:** Uso de la lengua de forma oral o escrita

GRAMÁTICA

Tiempos verbales y verbos modales que se abordan en este capítulo:
• Presente simple (indicativo)
• Pretérito indefinido
• Pretérito imperfecto
• Pretérito perfecto
• Futuro
• El condicional
• Presente en modo subjuntivo
• Los verbos "poder" y "deber" en su forma condicional para expresar modalidades de expresión: podría, debería

VOCABULARIO SUGERIDO

Vocabulario sugerido para mejorar la experiencia de aprendizaje.

Sustantivos	Adjetivos	Verbos
alianza	aborigen	aceptar
apoyo	aislado	animar
casta	autóctono	apreciar
complejidad	característico	aprender
contexto	creyente	aprovechar
crisol	distintivo	compartir
cultura	especial	comprender
descendencia	fiel	convivir
diversidad	global	cultivar
experiencia	humilde	depender
habitantes	indígena	desperdiciar
hábitos	legal	despreciar
legado	limitado	difundir
miembro	local	divulgar
mosaico	originario	enseñar
nación	oriundo de	fomentar
orgullo	particular	gobernar
patria	personal	inculcar
percepción	unido	inspirar
pluralidad	único	insultar
prácticas	vernáculo	negar
protección	virtual	ofender
pueblo		organizar
sabiduría		pertenecer
sistemas		promover
solidaridad		protestar
tradiciones		rechazar
tribu		relacionarse
unidad		rescatar
unión		transmitir
		trascender
		valorar

Introducción

PUNTO DE INDAGACIÓN

Lee las siguientes preguntas y comparte tus ideas con tus compañeros.

1 ¿Cuáles son los valores específicos que las diferencias culturales aportan a una sociedad?
2 ¿Cómo se comparte o no la idea de identidad nacional en un país multicultural?
3 ¿Cómo se modifican las actitudes respecto a las minorías en un país cuando se aprueban y respetan sus diferencias culturales?
4 ¿Deben las comunidades aisladas permanecer privadas de la innovación?

COMUNIDADES VAN Y COMUNIDADES VIENEN

En el presente, cuando se habla de las diferentes comunidades y sociedades que habitan las ciudades del planeta, generalmente hablamos de ellas tomando en cuenta el idioma que comparten, la religión que practican, la nacionalidad que tienen, su ascendencia, o incluso su apariencia. No obstante, ¿alguna vez hemos reflexionado sobre la posible concepción o percepción que las comunidades indígenas antiguas tenían acerca de los demás?

Por medio de la historia, sabemos que como resultado del comercio, grandes civilizaciones como la china, la india, la egipcia y la persa pudieron conocer diferentes costumbres, sapiencias e ideologías de otras culturas; incluso sabemos que gracias a estas migraciones muchos individuos decidieron asentarse en otro país y recomenzaron su vida como extranjeros. Entonces, ¿piensas que el concepto de ser extranjero que se tenía en aquellos tiempos es similar al del presente? ¿Cómo consideraban los habitantes de cierta comunidad al foráneo que decidió establecerse allí?

Echémosle un vistazo a la historia. Hace ya casi un milenio, los normandos invadieron Inglaterra, se asentaron en el territorio inglés e intentaron integrarse con los lugareños; no obstante, sus intenciones fracasaron. En los tiempos de la colonización del continente americano, los conquistadores españoles no solo impusieron su lengua y religión, sino que también se mezclaron exitosamente con los indígenas, dando lugar a una nueva generación de individuos que pasaron a llamarse "mestizos". Por otro lado, los británicos que llegaron al territorio que ahora ocupa Jamestown, Virginia, en los Estados Unidos de América en 1607, fundaron 13 colonias y tuvieron conflictos con los indios americanos debido a las grandes diferencias culturales, cuestiones sobre la propiedad y el control de la tierra, y las actitudes separatistas de los colonizadores. Estos fueron algunos de los factores de la separación de los europeos y los nativos americanos en Estados Unidos.

Reflexionemos

1 ¿Por qué crees que algunos pueblos han intentado integrarse con otros?
2 ¿Por qué en ciertos casos sí fue posible una combinación de comunidades, mientras que en otros no?
3 ¿Qué podemos suponer a partir de los tres ejemplos en el texto?
4 ¿Cómo cambia el significado de "extranjero" una vez que se da la integración entre dos o más comunidades?
5 En el presente, considerando que muchos países han logrado construirse gracias a sus inmigrantes, ¿por qué podríamos decir que no está justificado el odio hacia "lo extranjero"?

Tema 1: ¿Qué conecta y acerca a las comunidades que pueblan el mundo?

COMUNIDADES EN LATINOAMÉRICA

América Latina es un mosaico de comunidades y culturas que hacen de esta parte del continente americano una de las regiones más ricas en historia, cultura y tradiciones en el mundo. Antes de la conquista española, portuguesa y francesa en los territorios que ahora ocupan los países hispanoamericanos ya existía una gran diversidad de sociedades, cada una con sus particularidades, y con una personalidad singular que la distinguía de las demás.

Aunque es posible observar las diferencias entre cada una de las comunidades, también se pueden apreciar ciertos vínculos entre ellas, lo que demuestra de cierta forma la conexión entre los pueblos.

La Organización de las Naciones Unidas estima que hay alrededor de 5.000 comunidades indígenas asentadas en el mundo, las cuales preservan sus culturas y tradiciones. Algunas de estas comunidades son los huli de Nueva Guinea, los saami en Europa, los inuit en Alaska y Canadá, entre otros. Es importante distinguir que el término "indígena" no es común al hablar de los pueblos que pertenecen a una civilización con fuertes pautas culturales que se conocían antes de la expansión europea, como los hindúes, los chinos, los árabes, judíos o egipcios.

En esta primera parte de la unidad, tendrás la oportunidad de interactuar con información sobre diferentes comunidades por medio de ensayos, poemas, cuentos, etc. que te permitirán ampliar el concepto de comunidades en el mundo.

ACTIVIDAD: El pueblo que busca perfeccionar sus almas

■ Enfoques del aprendizaje

■ Habilidades de pensamiento crítico: Extraen conclusiones y realizan generalizaciones razonables

En esta actividad, aprenderás sobre la cultura mapuche.

Realiza una búsqueda en YouTube utilizando las palabras clave: Nación Mapuche Donde se cultiva la palabra profunda.

Mira los primeros 13 minutos del vídeo y después responde las siguientes preguntas:

1. ¿Cuál es la primera idea que se menciona en el documental?
2. ¿Por qué el director del documental comenzó con esta idea?
3. ¿Cuál es la conexión entre esta idea y el nombre del documental?
4. Según el nativo, ¿qué significa ser un mapuche?
5. ¿Qué ideas sobre la paz y la ausencia de la violencia lograste escuchar en el vídeo?
6. ¿Qué efecto intentó crear el director al mostrar paisajes naturales al principio, sin voz alguna?
7. En el documental se menciona que los mapuche "conversan con la tierra, le hablan a la naturaleza … anhelan su merced". ¿Qué aprendemos sobre los mapuche con estas palabras? ¿Qué opinas al respecto?
8. ¿Qué opinas sobre la idea de la educación universal para la vida y la importancia de la individualidad en la cultura mapuche? ¿En qué sentido es esta visión diferente de las ideas modernas sobre la educación?
9. ¿Qué opinas sobre la razón por la que los mapuche adoptaron el bautismo y el cristianismo como una resistencia cultural?
10. ¿Qué tipo de conocimientos piensas que tienen más relevancia en la educación mapuche? ¿Qué asignaturas imparten en sus escuelas?
11. ¿Qué has aprendido sobre el respeto y otros valores sociales después de ver el vídeo?

◆ Oportunidades de evaluación

◆ En esta actividad se han practicado las habilidades que son evaluadas por medio del Criterio A: Comprensión de textos orales y visuales.

ACTIVIDAD: Cruce de culturas

■ Enfoques del aprendizaje

■ Habilidades de comunicación: Utilizan una variedad de técnicas de expresión oral para comunicarse con diversos destinatarios

Trabaja en parejas.

Prepara una charla en la que uno de ustedes represente el rol de un nativo mapuche y el otro el de una persona que viene de otra cultura.

En la interacción, incluye preguntas y respuestas en las que abordes tus puntos de vista sobre algunas ideas importantes en sus comunidades, por ejemplo la naturaleza, los buenos modales, la paz, el respeto y otros conceptos relevantes.

Intenta contrastar tantos puntos como sea posible.

La conversación debe durar entre cuatro y cinco minutos.

Si es posible, graba el diálogo y compártelo con toda la clase, de tal forma que todos puedan comentar sobre ella.

◆ Oportunidades de evaluación

◆ En esta actividad se han practicado las habilidades que son evaluadas por medio del Criterio C: Comunicación en respuesta a textos orales, escritos o visuales y del Criterio D: Uso de la lengua de forma oral o escrita.

ACTIVIDAD: La chilenización

■ Enfoques del aprendizaje

■ Habilidades de alfabetización mediática: Localizan, organizan, analizan, evalúan, sintetizan y utilizan de manera ética información procedente de diversas fuentes y medios (incluidas las redes sociales y en línea)
■ Habilidades de comunicación: Estructuran la información en resúmenes, ensayos e informes

En esta actividad, realizarás una investigación sobre la influencia que el pueblo mapuche tuvo en la *chilenización* de la República de Chile después del gobierno de Augusto Pinochet. Primero, intenta definir qué significa "chilenizarse" y después explica la manera en que este movimiento sensibilizó a los chilenos y al mundo sobre la importancia de la diversidad y la riqueza de las comunidades y sus culturas.

Revisa varias fuentes de información para producir un texto. No olvides incluir la bibliografía.

Presenta los resultados de tu investigación en un ensayo expositivo que incluya introducción, exposición de la información y conclusión.

Incluye cinco preguntas que te gustaría debatir con tus compañeros sobre la idea central de tu ensayo.

Escribe 400 palabras.

Después de redactar tu ensayo, compártelo con un compañero, lean los ensayos y, posteriormente, respondan las preguntas que prepararon.

◆ Oportunidades de evaluación

◆ En esta actividad se han practicado las habilidades que son evaluadas por medio del Criterio C: Comunicación en respuesta a textos orales, escritos o visuales y del Criterio D: Uso de la lengua de forma oral o escrita.

ACTIVIDAD: La extensión de un pueblo que buscaba comprender el origen de la vida

■ Enfoques del aprendizaje

■ Habilidades de pensamiento crítico: Extraen conclusiones y realizan generalizaciones razonables

En esta actividad aprenderás sobre la cultura selk'nam, también conocida como los onas.

Realiza una búsqueda en YouTube utilizando las palabras clave: Los onas Vida y muerte en Tierra del Fuego.

Mira los primeros 10 minutos del vídeo y después responde las siguientes preguntas:

1 ¿Cuáles son los dos nombres de la última selk'nam originaria?
2 ¿Cuándo murió y qué perdió el mundo con su muerte?
3 ¿Cómo eran los hábitos de la última mujer selk'nam cuando era joven?
4 ¿En qué lugar viven los últimos descendientes de los selk'nam?
5 ¿Qué dice la narradora sobre el modo de vida de los selk'nam?

6 ¿Por qué Luis Garibaldi Honte se ríe cuando dice que adoptó el sistema de los europeos creyendo que iba a ser civilizado?
7 ¿Cómo afectó a Alfredo Rupatini salir de su ambiente selk'nam?
8 ¿Cuál fue el rol de Angela Loij en la investigación para este documental?
9 ¿Cuál fue la intención del cineasta al comenzar el documental hablando de Kiepja?
10 Si tomamos la opinión de Enriqueta Varela como un elemento clave de la filosofía selk'nam, ¿cómo podríamos describir su filosofía de vida?
11 ¿Conoció la narradora a Kiepja? ¿Qué frase utiliza para indicarlo?
12 ¿Cómo te sentirías tú si conocieras al último representante original de una cultura?

◆ Oportunidades de evaluación

◆ En esta actividad se han practicado las habilidades que son evaluadas por medio del Criterio A: Comprensión de textos orales y visuales.

ACTIVIDAD: ¿La tribu más aislada del mundo?

■ Enfoques del aprendizaje

■ Habilidades de comunicación: Escriben con diferentes propósitos

Es posible que ningún pueblo del planeta permanezca tan completamente aislado como la tribu de los sentineleses de las Islas Andamán, en el Océano Índico. Varios antropólogos han estipulado que los sentineleses descienden directamente de las primeras poblaciones humanas que salieron de África, y que probablemente se asentaron en las Islas Andamán hace sesenta mil años. La lengua sentinelesa es sumamente diferente incluso a la de otros isleños de las Andamán, algo que sugiere que han tenido un contacto casi nulo con otros.

Como muchos indígenas aislados, los sentineleses tienen una reputación aterradora, e incluso en ocasiones se los describe incorrectamente como "salvajes" o "atrasados". No obstante, la curiosidad malintencionada y descuido de algunos turistas pueden afectar el ambiente de los sentineleses.

Realiza una breve investigación sobre las Islas Andamán y las tribus sentineleses, y después escribe un artículo para una revista de viajes donde debatas las responsabilidades de los viajeros y el respeto que los turistas deben mostrar cuando entran en contacto con las comunidades aisladas de las Islas Andamán. El objetivo de tu artículo debe ser provocar la reflexión sobre la idea de la conservación del estado original de las comunidades.

Escribe 300 palabras.

Compartan las ideas que plasmaron en sus artículos

◆ Oportunidades de evaluación

◆ En esta actividad se han practicado las habilidades que son evaluadas por medio del Criterio C: Comunicación en respuesta a textos orales, escritos o visuales y del Criterio D: Uso de la lengua de forma oral o escrita.

ACTIVIDAD: Conservación de las comunidades indígenas

■ Enfoques del aprendizaje

- ■ Habilidades de comunicación: Escriben con diferentes propósitos

Según el Fondo Internacional para el Desarrollo Agrícola (FIDA), una de las agencias especializadas de la ONU, los pueblos indígenas poseen grandes y antiguos patrimonios culturales, y consideran que hay una profunda interdependencia entre sus sistemas sociales, económicos ambientales y espirituales. Sus conocimientos tradicionales y su comprensión del manejo de los ecosistemas son contribuciones valiosas para el acervo mundial. A pesar de ello, los pueblos indígenas figuran al mismo tiempo entre los grupos más vulnerables, marginados y desfavorecidos del mundo. Por ello, es nuestro deber lograr que se escuchen sus voces, se respeten sus derechos y se mejore su bienestar.

En esta actividad, vas a realizar una búsqueda en YouTube utilizando las siguientes palabras clave: **Los conocimientos tradicionales de los chamanes jaguares de Yuruparí.**

Después de ver el vídeo escribe un ensayo comparativo en el que analices las prácticas de los chamanes con las que tu comunidad o sociedad no esté de acuerdo. Menciona por qué e incluye ejemplos. Escribe elementos relevantes que ayuden a comprender la cultura de los chamanes y concluye con una reflexión personal, considerando las ideas de la FIDA.

Escribe 300 palabras.

◆ Oportunidades de evaluación

- ◆ En esta actividad se han practicado las habilidades que son evaluadas por medio del Criterio C: Comunicación en respuesta a textos orales, escritos o visuales y del Criterio D: Uso de la lengua de forma oral o escrita.

ACTIVIDAD: Defensa de los derechos y las aspiraciones de los pueblos indígenas

■ Enfoques del aprendizaje

- ■ Habilidades de colaboración: Ejercen liderazgo y asumen diversos roles dentro de los grupos

En muchos países, existen instituciones para proteger y velar por los derechos de las comunidades. En muchos lugares, los miembros de sociedades autóctonas no se percatan de que tienen los mismos derechos que sus connacionales y, como consecuencia, no pueden contar con aspiraciones que les permitan recibir educación o mejorar su calidad de vida. Se suele decir que las comunidades indígenas "no tienen interés en las prácticas modernas o civilizadas", y que "prefieren seguir viviendo en condiciones inferiores".

¿Tú qué opinas?

En esta actividad, participarás en una mesa redonda. Debate los puntos mencionados.

Nomina a un moderador y toma turnos para expresar tus puntos de vista.

Escucha con atención y examina las ideas, comenta sobre ellas, haz deducciones, cuestiona los puntos que no suenen convincentes y colabora para llegar a un consenso como conclusión.

◆ Oportunidades de evaluación

- ◆ En esta actividad se han practicado las habilidades que son evaluadas por medio del Criterio C: Comunicación en respuesta a textos orales, escritos o visuales y del Criterio D: Uso de la lengua de forma oral o escrita.

PIENSA–COMPARA–COMPARTE

Debate las siguientes preguntas con tus compañeros.

1 **¿A cuántas categorías se otorga el Premio Nobel?**
2 **¿Quiénes son algunas de las personas que han ganado el Premio Nobel de la Paz?**
3 **¿Sabes quién es Rigoberta Menchú?**
4 **¿Qué luchas enfrentan algunas comunidades indígenas de las Américas?**

Lee el siguiente extracto de la novela *Me llamo Rigoberta Menchú y así me nació la conciencia*, la cual narra la vida la guatemalteca ganadora del Premio Nobel de la Paz, Rigoberta Menchú:

Reflexiones de una ganadora del Premio Nobel de la Paz

La naturaleza.

La tierra, madre del hombre.

El sol, el copal, el fuego, el agua.

Tenemos que respetar al único dios, al corazón del cielo que es el sol.

Rigoberta Menchú

Tojil, en la oscuridad que le era propicia, con una piedra golpeó el cuero de su sandalia, y de ella, al instante, brotó una chispa, luego un brillo y en seguida una llama, y el nuevo fuego lució esplendoroso.

Popol Vuh

1   Desde niños, recibimos una educación diferente a la que tienen los blancos, los ladinos. Nosotros los indígenas tenemos más contacto con la naturaleza; por esos nos dicen politeístas, pero no somos eso, o si lo somos, es bueno pues es nuestra cultura y nuestras costumbres. De lo que nosotros adoramos, no es que adoremos sino que respetamos una serie de cosas de la naturaleza.

2   Por ejemplo, el agua es algo sagrado. La explicación que nos dan nuestros padres desde pequeños es que no hay que desperdiciar el agua aunque sobre. El agua es algo puro, limpio, da vida al hombre. Tenemos también la tierra. Nuestros padres nos dicen: hijos, la tierra es la madre del hombre, porque es la que da de comer al hombre, y más a nosotros que nos basamos en el cultivo, que dependemos del maíz para vivir, frijol, hierbas del campo.

3   Los indígenas no sabemos comer jamón o alimentos compuestos con máquinas. Entonces se considera que la tierra es la madre del hombre. Y de hecho, nuestros padres nos enseñan a respetar esa tierra. Solo se puede herir la tierra cuando hay necesidad. Esta concepción hace que antes

de sembrar nuestra milpa, tenemos que pedirle permiso a la tierra. Existe el pom y el copal, que es el elemento sagrado para el indígena, para expresar el sentimiento hacia la tierra, para que la tierra se pueda cultivar. El copal es una goma que da un árbol, y esa goma tiene un olor como incienso. Entonces se quema y da un olor bastante fuerte. Un humo con un olor muy sabroso, muy rico.

4   Cuando se pide permiso a la tierra para cultivarla, se hace una ceremonia. Nosotros nos basamos mucho en la candela, el agua y la cal. En primer lugar se le pone una candela al representante de la tierra, del agua, del maíz que es la comida del hombre. Se considera, según nuestros antepasados, que nosotros estamos hechos de maíz. Estamos hechos de maíz blanco y de maíz amarillo. Entonces eso se toma en cuenta, y después la candela, que representa al hombre como un hijo de la naturaleza, del universo. Entonces se ponen esas candelas y se unen todos los miembros de la familia, más que todo pidiéndole permiso a la tierra para que dé una buena cosecha…

5   Con más razón si buscamos de la tierra las plantas que nos devolverán la salud. Pongamos pues atención en la forma de colectarlas, de almacenarlas, y sobre todo de prepararlas.

La Fe

6   Empecé a viajar por diferentes lados. Consultando todas las cosas, una de las cosas, no es tanto para desestimar, porque también los curas hicieron mucho por nosotros. No es para desvalorizar lo bueno que también nos enseñaron, pero hay muchas cosas que nos enseñaron, a acomodarnos, a adormecernos como pueblo. Por ejemplo, la religión nos decía que era pecado matar. Pero, sin embargo, a nosotros nos están matando. Y nos decían que Dios está allá arriba y que Dios tenía un reino para sus pobres. Eso a mí me había confundido porque yo veía que todos mis amigos y yo éramos pobres, y no sentíamos que iríamos al cielo y frecuentemente escuchábamos que le habían dado un tiro a este o aquel.

7   En mi comunidad, nosotros empezamos a estudiar la Biblia como a estudiar un libro académico. La Biblia tiene muchas relaciones, como las relaciones que tenemos nosotros con nuestros antepasados, y con los antepasados que también vivieron una vida que es parecida a la nuestra. Lo importante es que nosotros empezamos a integrar esa realidad como nuestra realidad. Yo siempre fui buena lectora y rápido comprendí que la Biblia, como todo libro sagrado, era algo que no necesitaba memorizar, o recitar. Había que entender lo bueno de éste. Incluso, quitando un poco la imagen que teníamos de que Dios está allá arriba y Dios tiene un reino grande para nosotros los pobres; no estábamos pensando en nuestra realidad como en una realidad que estamos sirviendo. Así es cuando empecé a estudiar textos principales de la Biblia, por ejemplo, el Éxodo, vi que se trataba mucho de la vida de Moisés, que trató de sacar a su pueblo de la opresión, trató de hacer todo intento para que ese pueblo fuera liberado. Nosotros comparábamos al Moisés de aquellos tiempos con los "Moiseses" de ahora, que somos nosotros.

8   Y a medida que interactuaba con más personas, especialmente con aquellos que tenían creencias diferentes a las mías, descubrí que Dios no está de acuerdo con el sufrimiento que vivimos; que no es el destino que Dios nos ha dado, sino que son los mismos hombres de la tierra quienes nos han dado ese destino de sufrimiento, de pobreza, de miseria, de discriminación.

9   Por eso, me es fácil concluir diciendo que el trabajo de los revolucionarios responsables y de buen corazón es, más que todo, la condena, la denuncia de las injusticias que se cometen con cualquier pueblo. El movimiento no es clandestino. Es secreto porque somos masas y no podemos escondernos completamente.

ACTIVIDAD: Reflexiones de una ganadora del Premio Nobel de la Paz

■ Enfoques del aprendizaje

■ Habilidades de pensamiento crítico: Extraen conclusiones y realizan generalizaciones razonables

Después de leer los dos extractos del libro de Rigoberta Menchú, responde las siguientes preguntas:

1 **Interpreta** la información que se menciona en los párrafos 1 y 2 y menciona la crítica que Rigoberta hace sobre los ladinos.

2 ¿Qué puedes deducir sobre otras comunidades en el mundo a partir del comentario que hace Rigoberta en el párrafo 1: "recibimos una educación diferente a la que tienen los blancos"? ¿Qué tipo de "alianza" podemos suponer que intenta comunicar?

3 En el párrafo 7, cuando Rigoberta habla de los "Moiseses" del presente, ¿a quiénes se refiere? Comenta sobre la importancia de este punto en su causa como activista de los derechos indígenas.

4 Haz una inferencia sobre la confusión que Rigoberta expresa en el párrafo 6. ¿Qué provocó que ella comenzar a cuestionarse?

5 Selecciona la idea que, en tu opinión, resume cómo la comunidad de Rigoberta compara a la tierra con una madre.

6 Considera los dos extractos, ¿cuál es el punto de vista de Rigoberta sobre la idea que las personas ajenas a su comunidad tienen de personas como ella?

7 Rigoberta utiliza la palabra "blancos" para hacer una distinción en su narración. ¿Qué emociones intenta provocar?

8 En el párrafo 8, Rigoberta menciona cómo a medida que interactuaba con más personas, especialmente con aquellos que tenían creencias diferentes a las suyas, descubrió que las personas son responsables de las crisis que vivimos. ¿Qué ideas pudo haber compartido en su interacción con otras personas que afectaran positivamente su punto de vista? Explica cómo sucede esto.

9 Compárate con Rigoberta en el párrafo 7, y describe la manera en que algunos libros provocan que cuestiones ciertos aspectos de la vida. Incluye un ejemplo.

10 ¿Qué es lo que quiere Rigoberta que comprendamos sobre su comunidad en los párrafos 1, 3 y 7? Resume la información en una idea e incluye tu punto de vista.

11 ¿De qué manera representan las ideas de Rigoberta las imágenes? Selecciona tres imágenes y menciona las ideas del texto que cada una ilustra. Agrega la idea de Rigoberta.

12 ¿Cuál es tu opinión sobre la conclusión de Rigoberta? ¿Estás de acuerdo? Explica.

◆ Oportunidades de evaluación

◆ En esta actividad se han practicado las habilidades que son evaluadas por medio del Criterio B: Comprensión de textos escritos y visuales.

Tema 2: ¿Qué forma la esencia de las comunidades?

LOS NOMBRES

Muchas personas creen que el primer paso para conseguir la felicidad y el éxito es tener un nombre que emule y haga referencia a todo lo que implique cosas buenas. En algunos casos, cuando las personas tienen dos nombres se tiene la oportunidad de escoger el que uno prefiera. En algunos lugares, es más fácil identificar a las personas por sus apellidos que por sus nombres de pila. Además, es común también identificar a personas más fácilmente por medio de apodos.

¿Hasta qué punto deben ser los nombres un elemento de orgullo? ¿Cómo nos ayudan los nombres y/o los apodos a crear relaciones y a hacernos de nuestro rol o lugar en una comunidad? ¿Qué vínculos se pueden establecer en una comunidad gracias al apellido o a los nombres?

A continuación, abordarás un caso particularmente interesante sobre una de las comunidades de la India.

El buen nombre

Jhumpa Lahiri, escritora india–estadounidense, ganadora del premio Pulitzer por su novela *El intérprete de emociones*, en su novela *El buen nombre*, narra la historia de un hombre cuya vida se ve definida por el nombre que le dan sus padres.

En bengalí, el concepto de apodo es *darknam*, que significa, literalmente, el nombre con el que los familiares y amigos llaman a alguien, en casa y en momentos privados, íntimos. A todo apodo le corresponde un nombre oficial, un *bhalonam*, que identifica a la persona en el mundo exterior. Para la comunidad bengalí, los nombres oficiales tienden a adornar la dignidad de su portador.

Cuando el bebé de Ashima y Ashoke nació en Estados Unidos, le llamaron Gógol; pero habían decidido que fuera la abuela de Ashima, que tenía más de ochenta años, y que ha escogido el nombre de sus otros seis bisnietos, la que lo bautizara. Pero la carta de la abuela con el nombre no

PIENSA–COMPARA–COMPARTE

Lee las siguientes preguntas y debátelas en grupos pequeños. Después, comparte tus observaciones y conclusiones con toda la clase.

1 **¿Te gusta tu nombre?**
2 **¿Qué significan tu nombre y tu apellido?**
3 **¿De qué manera los apellidos pueden ayudar a crear comunidades?**
4 **¿Qué tan importante es el nombre para poder entrar y pertenecer a ciertas comunidades?**
5 **¿Por qué cambian su nombre muchas celebridades?**
6 **¿Qué tradiciones conoces sobre la manera de asignar nombres a las personas en otras culturas?**

llegó nunca, así que el nombre familiar Gógol se convirtió en el nombre oficial, a pesar de que sus padres deseaban mantener la tradición de dos nombres.

Cuando llegó el momento de que Gógol asistiera a la escuela, sus padres ya habían decidido el nombre de verdad para él, Nikhil, que en bengalí significa "el que está entero, el que todo lo abarca", y que se parece a Nikolai, el nombre de Gógol, el autor ruso. En la escuela, como Nikhil no era el nombre que se mostraba en el certificado de nacimiento, le llamaban Gógol, y no tardó en volverse popular por la peculiaridad de su nombre, siendo esta fama era algo que en ocasiones le incomodaba demasiado.

Cuando cumplió catorce años, Gógol recibió un regalo de su padre: los cuentos de Gógol. Así, al enterarse del tipo de vida que tuvo el escritor, de la manera en que murió y del carácter y desgracias de su vida, no comprendió por qué sus padres decidieron darle un nombre tan oscuro y, por lo tanto, la relación con su nombre empezó a serle problemática. No le gustaba la rareza de su nombre, que no fuera ni bengalí ni estadounidense. Así, por la amargura y decepción que sufrió, comenzó a desarrollar la intención de adoptar Nikhil como su nombre oficial, y lo hizo a la hora en que entra a la universidad, afirmando que odiaba su nombre, que siempre lo había odiado.

ACTIVIDAD: El diario de Gógol

■ Enfoques del aprendizaje

■ Habilidades de comunicación: Escriben con diferentes propósitos

En esta actividad, encarnarás a Nikhil, un día después de que dejó de ser Gógol.

Escribe tres entradas consecutivas en tu diario en las que abordes los conflictos que tu nombre te provocó hacia el sentido de pertenencia en tu grupo social, lo poco representativo que es considerando tu comunidad de origen.

Sé creativo y menciona detalles que demuestren tus sentimientos, opiniones y actitudes contra tus padres, su decisión de nombrarte Gógol, y tu decisión final de cambiarlo.

Explica tu profundo deseo por querer pertenecer a una comunidad.

Cada entrada debe tener una extensión mínima de 100 palabras. El total de palabras de las tres entradas no debe exceder las 400.

◆ Oportunidades de evaluación

◆ En esta actividad se han practicado las habilidades que son evaluadas por medio del Criterio C: Comunicación en respuesta a textos orales, escritos o visuales y del Criterio D: Uso de la lengua de forma oral o escrita.

ACTIVIDAD: Pidiendo explicaciones

■ Enfoques del aprendizaje

■ Habilidades de comunicación: Utilizan una variedad de técnicas de expresión oral para comunicarse con diversos destinatarios

En esta actividad oral, trabajarás en grupos de tres.

Una persona encarnará a Gógol/Nikhil, otra a Ashima y otra a Ashoke.

En esta ocasión, Gógol visita a sus padres para pedir explicaciones sobre las razones por las cuales le dieron ese nombre, y para confesarles que ha cambiado su nombre a Nikhil. Nikhil deberá explicar la tortura que representaba ser llamado Gógol, como nunca tener afinidad o conexión con ninguna comunidad: bengalí, india o estadounidense. Ashima y Ashoke deberán dar explicaciones.

Puedes consultar internet para conocer más sobre la historia.

La interacción debe durar cinco minutos.

◆ Oportunidades de evaluación

◆ En esta actividad se han practicado las habilidades que son evaluadas por medio del Criterio C: Comunicación en respuesta a textos orales, escritos o visuales y del Criterio D: Uso de la lengua de forma oral o escrita.

PIENSA–COMPARA–COMPARTE

Lee las siguientes preguntas y debátelas con tus compañeros.

1 ¿Cuántas comunidades o grupos sociales puedes **identificar** en tu escuela?
2 ¿Cuáles son algunas de las características que tienes en común con las personas que son parte de tu comunidad en la escuela?
3 ¿Por qué para muchos grupos es necesario tener una especie de membresía?
4 ¿De qué manera enriquecen la vida escolar los diferentes grupos sociales y de amigos?
5 ¿Es posible pertenecer a varios grupos al mismo tiempo?

Lee las siguientes preguntas y debátelas con toda la clase:

1 ¿Con quién te es más fácil crear amistades: con personas de tu edad o con personas mayores?

2 ¿Cuáles son los factores que hacen que un joven comience a pensar como adulto?

3 ¿Podemos decir que la edad define las comunidades a las que pertenecemos?

4 ¿Para quiénes es más fácil integrarse en una nueva comunidad: para los jóvenes o para los adultos?

5 ¿Por qué existen fricciones entre personas de diferentes generaciones?

6 ¿Hasta qué punto crees que todas las culturas comparten estas ideas sobre las diferencias generacionales?

Lee el siguiente artículo sobre las comunidades a las que intentan pertenecer los jóvenes:

Los jóvenes del presente no comprenden el concepto de diversidad

Por: Giovanni Altamirano

1 Hablar de diversidad en el presente es discutir algo que podría resultar demasiado obvio para todos aquellos que tienen presencia activa en las redes sociales. A diferencia de la manera en que socializamos con nuestros amigos y conocidos, la nueva forma de conectar en la red nos permite ser parte de una comunidad que es una amalgama de personalidades, creencias, tendencias e ideales. Así, para los individuos cuya red social va más allá de la presencia física, hablar de diversidad es hablar del mundo en el que viven, en el que se enfrentan a ideas que causan fricción, empatía, disgusto y que pueden incluso fomentar la consolidación de su identidad.

2 Por eso, yo creo que los jóvenes del presente no comprenden el concepto de diversidad. En realidad, la diversidad es una parte inherente de ellos, parte de su ADN social, su pan de cada día, de tal forma que cuando los adultos intentan hablar de globalización, de los cambios que han experimentado las diferentes comunidades y de la forma en que la sociedad se ha vuelto más incluyente, hasta cierto punto, los adolescentes bien podrían responder en silencio: ¡Pues sí!

3 Actualmente, los jóvenes no pertenecen a una comunidad, sino a una variedad de comunidades, cada una de las cuales les brindan estímulos que, en conjunto, contribuyen a satisfacer sus curiosidades y les ayudan a consolidar su identidad. Las comunidades que les llaman la atención a los jóvenes del presente son tan heterogéneas como los jóvenes mismos. Aunque a primera vista podríamos generalizar que una comunidad atrae a cierto grupo de personas, si observamos meticulosamente, nos percataremos de que en su interior existe una gran cantidad de círculos internos que convierten a la comunidad en un universo al que los jóvenes acuden cuando necesitan algo específico. Por ello, les gusta ser parte de varias a la vez, y hasta pareciera que les gusta habitar en diferentes universos. Sin embargo, es eso precisamente lo que les permite tener una gran sensibilidad por las diferencias. Así, su mundo diverso y complejo les permite tener contacto con una variedad de ideas, sensaciones, creencias, opiniones y juicios que los sensibilizan para enfrentar todo lo desigual sin prejuicios.

4 Para los jóvenes del presente, la interacción y amistad entre personas de diferentes religiones, estatus social, interés social o académico e incluso preferencia sexual suele ser más común que para muchos adultos. Y esto no significa que los adultos sean incapaces de comprender la manera en que la diversidad define lo que se observa en las redes sociales, sino que posiblemente les es más difícil digerir la información con rapidez.

5 A los adolescentes del presente les interesa descubrir novedades, apropiarse de ellas, adaptarlas a su forma de ser, gestionarlas y compartirlas. Uno de mis familiares critica fuertemente a los adolescentes, mencionando que sufren de un alto grado de hipocresía porque son activistas de todo, tienen opinión sobre todo, quieren probar de todo, pero en realidad no logran concentrar sus intereses y pasiones en algo concreto. Y entonces yo me pregunto si los adultos del presente alguna vez fuimos capaces de hacer eso.

6 La diversidad que se nos facilita en la información que nos invade cuando navegamos nuestras comunidades virtuales para buscar un vídeo, o cuando damos "me gusta" a las fotos o publicaciones de nuestros contactos en las redes a las que pertenecemos nos expone al crisol cultural. Uno bien podría estar en Chile y estar leyendo información sobre la situación de las tribus en Brasil, de la manera en que la UNESCO está trabajando con las tribus sentineleses de las Islas Andamán, de las críticas que el gobierno de Tonga ha presentado ante la ONU por el excesivo abuso de los recursos naturales en su isla por parte de países como Australia, de los problemas que surgen debido al roce y fricción de religiones y creencias en África; y yo me pregunto si las personas que se rehúsan a admitir que las redes sociales ayudan a echarle un vistazo rápido al mundo pueden contradecir este punto, pues para mí esto es lo que hace que los adolescentes desarrollen una actitud más generosa ante las diferencias, siempre y cuando estén informados.

7 Así, creo que este último punto es la coyuntura entre la forma de vivir la diversidad en la comunidad que viven los adultos y los adolescentes: mientras estemos informados, podemos comprender mejor, podemos ser parte activa y efectiva de los procesos de cambio, podemos evolucionar con las nuevas ideas que siguen, y así dejaremos de perseguirlas. Creo que sería interesante analizar la manera en que los jóvenes procesan las diferencias cuando éstas llegan a sus ojos, cuando su información lucha por hacerse de un lugar en su mente, cuando estas representan un reto y un desafío para sus convicciones; cuando sus ideas se ponen en duelo gracias a los cuestionamientos que ellos mismos se plantean al analizar críticamente aquello de lo que son testigos. Pienso que así podríamos ver como navegan en las olas de la diversidad de esta comunidad global tan conectada y desconectada a la vez, cuánto frustra a muchos adultos.

ACTIVIDAD: Los jóvenes no comprenden el concepto de diversidad

■ **Enfoques del aprendizaje**

■ Habilidades de pensamiento crítico: Extraen conclusiones y realizan generalizaciones razonables

Después de leer el artículo, responde las siguientes preguntas:

1 ¿Qué comparación hace el autor entre los adultos y los jóvenes?
2 **Interpreta** qué quiere decir el autor cuando menciona los "círculos dentro de una comunidad" y que "las comunidades pueden ser universos". Justifica tu respuesta.
3 Infiere las razones por las que el autor escribió este texto. Justifica tus respuestas.
4 Menciona dos ejemplos de técnicas que el autor utilizó para presentar la información y transmitir sus ideas. Describe de qué manera cada ejemplo ayuda a crear una experiencia diferente para los lectores.
5 ¿Qué emociones presenta el autor en el párrafo 5? ¿Cómo son éstas importantes en el mensaje del artículo?
6 Deduce la edad del autor considerando el registro, el estilo del artículo y el tipo de lenguaje que utilizó. Justifica tu respuesta.
7 ¿Qué significado agregan las imágenes al artículo? ¿Por qué el autor decidió utilizar ilustraciones y no fotografías? Haz una inferencia.
8 ¿Qué relaciones puedes establecer entre los párrafos 5 y 6, y la imagen en esa página?
9 Resume el punto de vista del autor sobre el tema que **analiza**.
10 Tú eres uno de los jóvenes que el autor describe: ¿hasta qué punto estás de acuerdo o en desacuerdo con lo que menciona? Explica tu punto de vista.
11 ¿Cuál es tu perspectiva sobre el caso que presenta el autor?
12 ¿Qué rol juega el nombre del artículo en las impresiones que construimos mientras continuamos leyendo? ¿Cómo **evaluarías** esta decisión?

◆ **Oportunidades de evaluación**

◆ En esta actividad se han practicado las habilidades que son evaluadas por medio del Criterio B: Comprensión de textos escritos y visuales.

PUNTO DE INDAGACIÓN

Lee las siguientes preguntas y comparte tus ideas con tus compañeros.

1 ¿Qué elementos determinan el sentido de pertenencia en una comunidad?
2 ¿Qué actitudes ponen en riesgo la integración social?
3 ¿Por qué muchos ciudadanos de un país no se sienten una parte integral de su nación?
4 ¿Qué países son ejemplos del crisol de razas?

ACTIVIDAD: La comunidad virtual

■ **Enfoques del aprendizaje**

■ Habilidades de comunicación: Escriben con diferentes propósitos

En el presente, es común que muchas personas pertenezcan a una serie de comunidades virtuales que sirven de complemento a sus intereses e indagaciones. Algunas, como las comunidades en Google o los grupos en Facebook son ejemplos de la manera en que las personas han decidido pertenecer a ciertas comunidades virtuales mediante las que pueden enriquecer su experiencia y establecer relaciones y conexiones con personas con perfiles similares.

En esta actividad, escribirás una publicación para tu blog en la que describas cómo decidimos a qué comunidad virtual pertenecer o por qué a muchas personas no les gusta unirse a ninguna. Menciona las ventajas, desventajas y oportunidades, e incluye ejemplos que te ayuden a justificar la idea de que es posible "habitar y operar" en estas comunidades de un modo similar al de la vida real.

Escribe entre 300 y 400 palabras.

◆ **Oportunidades de evaluación**

◆ En esta actividad se han practicado las habilidades que son evaluadas por medio del Criterio C: Comunicación en respuesta a textos orales, escritos o visuales y del Criterio D: Uso de la lengua de forma oral o escrita.

Lee el siguiente extracto de la novela *En el país de la nube blanca* de Sarah Lark:

En el país de la nube blanca

En el país de la nube blanca, de Sarah Lark, se narra la historia de dos chicas que emprenden una travesía en barco hacia Nueva Zelanda en 1852. Para ellas significa el comienzo de una nueva vida como futuras esposas de unos hombres a quienes no conocen. Gwyneira, de origen noble, está comprometida con el hijo de un magnate de la lana, mientras que Helen, institutriz de profesión, ha respondido a la solicitud de matrimonio de un granjero.

En este extracto, leerás la interacción entre Helen Davenport, el señor y la señora Greenwood y sus hijos George y William Greenwood.

1   "La iglesia anglicana de Christchurch, Nueva Zelanda, busca mujeres jóvenes y respetables, versadas en las tareas domésticas y la educación infantil, que estén interesadas en contraer matrimonio cristiano con miembros de buena reputación y posición acomodada de nuestra comunidad".

2   La mirada de Helen se detuvo brevemente en el discreto anuncio de la última página de la hoja parroquial. La maestra había hojeado unos momentos el cuadernillo. En realidad quería tirarla, pero luego se lo pensó mejor. Casi con disimulo se la metió en un bolsillo y se la llevó a la habitación. Esa noche el señor Greenwood estaría presente en la cena y seguramente querría discutir la educación de sus hijos, con quienes Helen tenía la fortuna de tener una gran relación, puesto que, a pesar de ser tan diferentes, compartían sus ideas sobre el valor de la vida. En varias ocasiones ya, George había notado la manera tan profunda en la que Helen leía la hoja parroquial, posiblemente adivinando sus intenciones.

3   Robert Greenwood no disponía de mucho tiempo para su familia, sin embargo, la cena con la esposa y los hijos era para él sagrada. La presencia de la joven institutriz no le incomodaba. Al contrario, solía encontrar estimulante incluir a Miss Davenport en la conversación y conocer sus opiniones sobre los acontecimientos mundiales, la literatura y la música. Era obvio que Miss Davenport entendía más de esos asuntos que su esposa, cuya educación clásica dejaba que desear.

Los intereses de Lucinda se limitaban al cuidado del hogar, a idolatrar a su hijo menor y a colaborar con el comité femenino de diversas organizaciones benéficas.

4 —Sus conocimientos del mundo han hecho de mis hijos unos aventureros, Miss Davenport.— Mencionó Robert con un tono de agradecimiento que provocó que Helen se sonrojara un poco.

5 En tanto, William charlaba con Lucinda sobre la influencia de los eventos organizados por su madre, y George observa detenidamente a Helen, tan atentamente que casi podía leer los pensamientos de su institutriz. Como si la conversación con William y su madre no hubiera existido, retomó la última observación de su padre. Helen ya se había percatado varias veces de este artificio en padre e hijo y solía admirar la elegante transición. En esta ocasión, sin embargo, el comentario de George la hizo enrojecer.

6 —Miss Davenport se interesa por Nueva Zelanda, padre.— Helen tragó saliva con esfuerzo cuando todas las miradas se dirigieron a ella.
—¿En serio?— preguntó Robert Greenwood, con calma.
—¿Está pensando usted en emigrar?— Soltó una risa.
—En tal caso, Nueva Zelanda constituye una buena elección. No hace un calor desmedido ni hay pantanos donde se dé la malaria como en la India. Nada de indígenas sanguinarios como en América. Nada de colonos descendientes de criminales como en Australia.

7 —¿De verdad?— preguntó Helen, alegrándose de reconducir la conversación a un terreno neutral. —¿Nueva Zelanda no se colonizó con presidiarios?
El señor Greenwood movió la cabeza.
—Ni hablar. Las comunidades que hay allí fueron fundadas casi sin excepción por cristianos británicos de gran tenacidad y así sigue siendo todavía hoy. Es obvio que con ello no quiero decir que no se encuentren allí individuos dignos de desconfianza. Sobre todo en los campos de balleneros de la costa oeste debieron de perderse algunos timadores, y las colonias de esquiladores tampoco están formadas por muchos hombres honrados. Pero Nueva Zelanda no es, con toda seguridad, ningún depósito de escoria social. La colonia todavía es joven. Hace sólo unos pocos años que se independizó…

8 —¡Pero los nativos son peligrosos!— intervino George. Era evidente que también él quería ahora alardear de sus conocimientos y, Helen ya lo sabía por sus clases, tenía por los conflictos bélicos una debilidad y una memoria notables. —Hace algún tiempo todavía había altercados, ¿no es verdad, papá? ¿No contaste que a uno de tus socios comerciales le habían quemado toda la lana?

9   El señor Greenwood respondió complaciente con un gesto afirmativo a su hijo.
    —Así es, George. Pero ya pasó… , pensándolo bien, hace diez años de eso, incluso si todavía rebrotan escaramuzas de manera ocasional, no se deben, en principio, a la presencia de los colonos. A este respecto, los nativos siempre fueron dóciles. Más bien se cuestionó la venta de tierras… , y ¿quién niega que en tales casos nuestros compradores de tierras no perjudicaran a algún que otro jefe tribal de linaje? No obstante, desde que la reina envió allí a nuestro buen capitán Hobson como Teniente Gobernador, tales conflictos no existen. Ese hombre es un estratega genial. En 1840 hizo firmar a cuarenta y seis jefes de tribu un contrato por el cual se declaraban súbditos de la reina. La Corona tiene desde entonces derecho de retracto en todas las ventas de tierra. Desafortunadamente, no todos tomaron parte y no todos los colonos son pacíficos. Esta es la razón de que a veces se produzcan pequeños tumultos. Pero, esencialmente, el país es seguro… Así que ¡no hay nada que temer, Miss Davenport!— El señor Greenwood le guiñó el ojo a Helen.

10 La señora Greenwood frunció el entrecejo.
    —¿No estará considerando realmente la idea de abandonar Inglaterra, Miss Davenport?
    —preguntó molesta. —¿No pensará en serio contestar a ese anuncio indescriptible que ha publicado el párroco en la hoja de la comunidad? Contra la recomendación expresa de nuestro comité de damas, debo subrayar.
    Helen luchaba de nuevo contra el rubor.
    —¿Qué anuncio?— Quiso saber Robert, y se dirigió directamente a Helen, que solo respondía con evasivas.
    —Yo… , yo no sé muy bien de qué se trata. Era solo una nota…

11 —Una comunidad de Nueva Zelanda busca muchachas que deseen casarse— explicó George a su padre. —Al parecer, en ese paraíso de los mares del Sur escasean las mujeres.
    —¡George!— lo reprendió la señora Greenwood escandalizada.
    El señor Greenwood se echó a reír.
    —¿Paraíso de los mares del Sur? No, el clima es más bien comparable al de Inglaterra— corrigió a su hijo. —Pero no es ningún secreto que en ultramar hay más hombres que mujeres. Exceptuando tal vez Australia, donde ha caído la escoria femenina de la sociedad: estafadoras, ladronas, prost… , bueno, chicas de costumbres ligeras. Pero si se trata de una emigración voluntaria, nuestras damas son menos amantes de la aventura que los señores. O bien van allí con sus esposos o no van. Un rasgo típico del carácter del sexo débil.

ACTIVIDAD: En el País de la Nube Blanca

■ Enfoques del aprendizaje

- ■ Habilidades de pensamiento crítico: Extraen conclusiones y realizan generalizaciones razonables

Después de leer el extracto de la novela, responde las siguientes preguntas:

1 ¿Qué parámetros utilizó el señor Greenwood para concluir que Nueva Zelanda era una buena opción para emigrar? Explica.
2 En el párrafo 10, ¿qué puedes inferir sobre la personalidad de la señora Greenwood, considerando el comentario que hace sobre el anuncio? ¿A qué tipo de comunidad pertenece? Incluye detalles en tu definición/ explicación.
3 Considerando los comentarios en los párrafos 6 y 11, ¿qué podrías concluir sobre el carácter y la personalidad del señor Greenwood? Justifica tu respuesta.
4 Deduce por qué es posible decir que Helen tiene una mejor relación con George que con William. Selecciona dos ideas del texto que hagan referencia a ello. ¿Cómo logras establecer esa relación?
5 El autor comenzó la historia mencionando el anuncio que fue objeto de discusión durante la cena. ¿Por qué crees que el autor decidió empezar de esta manera?
6 ¿Qué tipo de novela piensas que es *En el país de la nube blanca*? Utiliza algunos detalles del texto para justificar tu respuesta.
7 ¿Qué relación puedes establecer entre las imágenes que se muestran y la información en el texto? Menciona tres ejemplos y justifica la relación que puedes observar.
8 Con la última línea del texto, ¿qué intenta el autor que pensemos acerca del señor Greenwood? Explica.
9 Compárate con dos de los personajes. ¿A quién te asemejas y con quién te diferencias más? Explica.
10 ¿Cómo sabemos que la señora Greenwood es un tanto conservadora y que tiene ciertas actitudes burguesas? Utiliza ejemplos del texto para ilustrar tu respuesta.
11 Considera la época en la que toma lugar la historia: ¿Qué opinas sobre el anuncio que Helen leyó? ¿Cómo han cambiado las perspectivas sobre esas invitaciones en el presente? Explica.
12 Si tú fueras el hermano o hermana de Helen, ¿qué le sugerirías? ¿Por qué?

◆ Oportunidades de evaluación

- ◆ En esta actividad se han practicado las habilidades que son evaluadas por medio del Criterio B: Comprensión de textos escritos y visuales.

PIENSA–COMPARA–COMPARTE

Debate las siguientes preguntas con toda la clase.

1 ¿Qué tipo de comunidades existían en los países colonizados?
2 ¿Qué tipo de comunidades se crearon cuando los conquistadores se mezclaron con los nativos?
3 ¿Por qué muchos conquistadores llevaban a sus esposas al optar no mezclarse con las mujeres locales?
4 ¿Qué tipo de clasismo crees que existía en los tiempos de las colonias, cuando España y el Reino Unido poseían una gran parte de territorio en otros continentes?

▼ Nexos: Individuos y sociedades

Cuando los españoles llegaron a América, se asombraron de la cantidad de aborígenes y diversidad de ellos que existían. Al conquistar diferentes territorios en el continente, imponer su dominio, comenzaron a mezclarse con las tribus locales, comenzando así el mestizaje: la unión con otros grupos étnicos que llegaron al continente, y, debido a las combinaciones raciales surgieron nuevos grupos, entre los que se pueden mencionar: mestizos: hijos de españoles e indígenas; mulatos: hijos de españoles y africanos; zambos: hijos de indígenas y africanos. A este momento histórico se le conoce como la época de las castas.

Tema 3: ¿Existe la comunidad global en realidad?

MÁS ALLÁ DEL CRISOL DE RAZAS

Si cada nación, cada idioma, cada religión, cada grupo indígena, cada clan social, cada género y cada profesión es básicamente un denominador que ayuda a las personas a formar grupos, es obvio que asociemos las nociones básicas de identidad y comunidades con ellos. Sin embargo, el sentido de pertenencia, a una familia, a una tribu, a una cultura o un país muchas veces dependerá de las circunstancias, los ambientes, y otros factores que pudieran condicionar las decisiones que toman las personas o las reacciones que experimenten.

¿Existen factores que puedan debilitar nuestro sentido de pertenencia, a una familia, a una tribu, a una cultura o un país? ¿Es posible perder la conexión con nuestra comunidad permanente o momentáneamente? ¿O voluntaria e involuntariamente?

A continuación, abordarás una serie de situaciones referidas a estos temas.

PUNTO DE INDAGACIÓN

Lee las siguientes preguntas y comparte tus ideas con tus compañeros.

1 **¿Cuáles son los beneficios o ventajas de vivir en una sociedad integrada?**
2 **¿Cuándo adquiere una comunidad cualidades inclusivas?**
3 **¿Cuáles son las ventajas de dar espacio a las diferencias?**
4 **¿Hasta qué punto la inclusión es un deber en el presente?**
5 **¿Por qué es difícil para muchos países desarrollar el sentimiento de nación?**
6 **¿Llegará un momento cuando el mundo tenga un aspecto completamente homologado?**

■ Ser aborigen es todo para mí. Siempre llevo a mi gente en el corazón. Muchos de mis amigos tienen el talento, pero carecen de la oportunidad. – Cathy Freeman, 1994

ACTIVIDAD: Entrevista con Cathy Freeman

■ Enfoques del aprendizaje

■ Habilidades de comunicación: Utilizan una variedad de técnicas de expresión oral para comunicarse con diversos destinatarios

En los Juegos de la Mancomunidad (llamados "Commonwealth Games" en inglés) de 1994, después de su triunfo, Cathy Freeman elevó la bandera aborigen, y no la australiana, para celebrar su victoria y honrar a su comunidad. Esta imagen se ha vuelto un ícono de nuestros tiempos e incluso puede considerarse arte documental, pues no sólo logró capturar un momento de la historia australiana, sino que también muestra el vigor y motivación de una atleta excepcional. Evidentemente, Freeman fue objeto de críticas por parte de los directivos del equipo australiano de los Juegos de la Mancomunidad e incluso en el parlamento australiano.

En esta actividad, con un compañero, simularás una entrevista entre un periodista imparcial y Cathy Freeman. Uno de ustedes será Cathy Freeman y otro el periodista. El periodista debe preparar una serie de preguntas para debatir el suceso. Cathy Freeman hablará de sus sentimientos como australiana y de diferentes aspectos de su comunidad aborigen.

El concepto de comunidad debe ser el eje central de tu diálogo.

La interacción debe durar cinco minutos.

◆ Oportunidades de evaluación

◆ En esta actividad se han practicado las habilidades que son evaluadas por medio del Criterio C: Comunicación en respuesta a textos orales, escritos o visuales y del Criterio D: Uso de la lengua de forma oral o escrita.

ACTIVIDAD: El 12 de octubre

■ Enfoques del aprendizaje

■ Habilidades de comunicación: Escriben con diferentes propósitos

Cristóbal Colón llegó al territorio que hoy se denomina América el 12 de octubre de 1492. Hasta la década de los años 60, esta fecha pasó a conocerse como *Día de la Raza*, sin embargo, cada nación hispanohablante se refiere a este día de diferente manera. Así, esta fecha pasó a conocerse con una variedad de nombres: en España se le conoce como *Día de la Hispanidad*; en Argentina ahora se lo llama el *Día del Respeto a la Diversidad Cultural*; en Chile lo nombran *Día del Descubrimiento de Dos Mundos*; en Costa Rica es *Día de las Culturas*; en los Estados Unidos se tomó el nombre *Día de Cristóbal Colón*; en México aún se conserva el nombre *Día de la Raza*; en Uruguay se lo llama *Día de las Américas*; y, finalmente, en Venezuela es *Día de la Resistencia Indígena*.

En 2014, la Organización de las Naciones Unidas declaró el 12 de octubre como *Día de la Lengua Hispana*, para honrar a la lengua que une a sus hablantes a ambos lados del Océano Atlántico.

En esta actividad, escribirás un ensayo de opinión en el incluyas tu opinión sobre la decisión de la ONU de denominar al 12 de octubre *Día de la Lengua Hispana*. **¿De qué forma crees que la ONU considera que este nombre puede unificar a una comunidad tan grande? ¿Piensas que es mejor que cada país le asigne el nombre que mejor vaya con la identidad de su cultura? ¿Consideras que una celebración como este día es suficiente para unificar una comunidad?** Inicia tu ensayo **analizando** qué tan importante es para una comunidad tener similitudes que unifiquen a sus miembros. Menciona ejemplos y reflexiones en el cuerpo de tu texto y concluye con ideas firmes.

Escribe 300 palabras.

◆ Oportunidades de evaluación

◆ En esta actividad se han practicado las habilidades que son evaluadas por medio del Criterio C: Comunicación en respuesta a textos orales, escritos o visuales y del Criterio D: Uso de la lengua de forma oral o escrita.

ACTIVIDAD: En defensa del espíritu deportivo y de la esencia de una comunidad

■ **Enfoques del aprendizaje**

■ Habilidades de comunicación: Escriben con diferentes propósitos

Haka es un término que sirve para definir cualquier danza tribal maorí, una etnia polinesia que se estableció en Nueva Zelanda y que era conocida por su ferocidad en el combate. Su danza de guerra es realmente impactante, y tenía como finalidad intimidar a sus enemigos. Actualmente, es mundialmente conocida gracias al equipo de rugby All Blacks, que se presenta a sus rivales con este baile.

Mientras que para muchas personas el Haka es una muestra de la cultura maorí, y provoca que los espectadores se paren a mirar y apreciarlo como si fuera un himno nacional, en septiembre de 2011, en el periódico digital Informe21.com, Peter de Villiers, el entrenador de la selección de rugby sudafricana, causó polémica al declarar que el Haka era una distracción y debería ser prohibido y penalizado, porque ya había perdido su dimensión sagrada, pues todo el mundo interpreta la danza por simple gusto, sin mostrar respeto hacia las tradiciones maoríes.

Según Villiers, "la gente se habitúa. Ya no es una novedad y no lo respetan", y por esa razón solicitó su omisión de los juegos de rugby.

En esta actividad, imaginarás que estamos en el 2011 y tú actuarás como un ciudadano de Nueva Zelanda.

Escribe una carta al Comité Internacional de Rugby para condenar la petición de Peter de Villiers y enfatizar la calidad del Haka como muestra de la cultura maorí. Defiende la idea de libertad que las diferentes comunidades del mundo tienen para mostrar aspectos de su cultura. Haz hincapié en la manera en que estas muestras culturales permiten apreciar aspectos de otras culturas. Concluye tu carta haciendo una crítica a la percepción del entrenador.

Escribe 300 palabras.

◆ **Oportunidades de evaluación**

◆ En esta actividad se han practicado las habilidades que son evaluadas por medio del Criterio C: Comunicación en respuesta a textos orales, escritos o visuales y del Criterio D: Uso de la lengua de forma oral o escrita.

ACTIVIDAD: "Sabiéndose de los descalzos"

■ **Enfoques del aprendizaje**

■ Habilidades de pensamiento crítico: Extraen conclusiones y realizan generalizaciones razonables

En esta actividad, vas a **analizar** la letra de una canción que aborda los sentimientos de una comunidad indígena.

Realiza una búsqueda en YouTube utilizando las palabras: Julieta Venegas Sabiéndose de los descalzos 1997. Escucha la canción, lee la letra y después responde las siguientes preguntas:

1 **¿A qué se refieren las siguientes ideas en la canción?**
   a **Estoy cansado de la lluvia que no cae**
   b **Mi sangre, caliente como el sol**
   c **Estoy cansado de este color pesa más que yo**
   d **Mi corazón está desprendido de mi cuerpo**
   e **No tengo perdón por haber encontrado a carapálida**
   f **Mis brazos, cortados por la misma mano, se abrazan**
2 **¿Qué imagen intenta la autora crear con estas palabras: "Mi sangre, después de haberse vaciado, mi corazón sigue latiendo igual, mis brazos se abrazan desamparados"? Explica.**
3 **¿En qué sentido sería diferente la canción si tuviera música?**
4 **¿Qué ambiente crean los lamentos y los aplausos?**
5 **¿Qué efecto provoca escuchar el piano al final de la canción? ¿Por qué crees que la autora decidió crear este efecto?**
6 **¿Qué significado deposita la autora en la palabra "descalzos"? Explora y explica varias posibilidades sobre su significado.**

Después de responder las preguntas, debate tus respuestas en equipos pequeños y, luego, con toda la clase.

ACTIVIDAD: Ni de aquí ni de allá

Enfoques del aprendizaje

■ Habilidades de comunicación: Estructuran la información en resúmenes, ensayos e informes

En muchas ocasiones, cuando preguntamos a alguien sobre su origen podemos toparnos con sorpresas. Algunas personas del Reino Unido, por ejemplo, podrían decir que son de Escocia; algunas personas de España podrían decir que son vascos; algunos belgas podrían enfatizar que son de Flandes; y algunos canadienses podrían enfatizar que son de Quebec. ¿Por qué crees que muchas personas poseen un orgullo por su comunidad sobre el orgullo que deberían de sentir por su país?

Escribe un ensayo argumentativo en el que presentes y debatas tus ideas sobre el tema. Incluye una amplia variedad de ideas e ilustra tus opiniones con ejemplos. Concluye haciendo un comentario sobre la manera en que tú hablarías de tu origen.

Escribe 300 palabras.

ACTIVIDAD: Los parsis: una comunidad que enfrenta la desaparición

Enfoques del aprendizaje

■ Habilidades de pensamiento crítico: Extraen conclusiones y realizan generalizaciones razonables

Después de leer el texto sobre la situación de la comunidad parsi en las páginas 292–293, responde las siguientes preguntas:

1 Considerando la historia de la comunidad parsi que se narra en el texto, ¿por qué podríamos decir que la comunidad ha sufrido dos amenazas? Justifica tu respuesta.
2 Selecciona dos ideas del texto que, según tú, podrían describir la razón por la que la comunidad parsi es muy selectiva. Justifica tu respuesta.
3 Deduce la personalidad y el carácter del presidente de la Asociación de Jóvenes Parsis de Mumbai, considerando la información que se menciona. ¿Por qué piensas eso?
4 Realiza una inferencia sobre la leyenda que se menciona al principio. ¿Qué reacción tuvo Jadi ante la respuesta del líder parsi? Utiliza algunos detalles del texto para ilustrar por qué permitió que se establecieran.
5 El autor del blog decidió comenzar su entrada con una leyenda. ¿Por qué crees que decidió hacer esto? Explica.
6 ¿Por qué crees que el autor decidió incluir las imágenes que mostró?
7 ¿Qué aspectos del texto podemos observar en las imágenes? Menciona dos ejemplos y explícalos.
8 Si tomamos como ejemplo esta entrada de blog, ¿qué tipo de blog crees que escribe el autor? ¿Qué tipo de personas crees que son sus lectores más frecuentes? Incluye detalles en tu respuesta.
9 ¿Qué opinas de las ideas que se mencionan en el párrafo 10? ¿Compartes tú ese mismo pensamiento? ¿Hasta qué punto? Explica.
10 ¿Cómo logra el autor explicar su preocupación, inquietud y alarma sobre la situación de la comunidad parsi? Menciona al menos dos párrafos donde haga mención de ello. Explica.
11 Compara a tu familia y los valores de tu comunidad con los de la comunidad parsi. ¿De qué forma son similares y diferentes? Menciona un ejemplo.
12 ¿Cuál es el punto central que el autor intenta enfatizar? Explica.
13 ¿Cuál es tu punto de vista sobre el caso que se describe en el blog? Escribe el comentario que incluirías en el blog.

◆ Oportunidades de evaluación

◆ En esta actividad se han practicado las habilidades que son evaluadas por medio del Criterio B: Comprensión de textos escritos y visuales.

Lee el siguiente blog sobre la comunidad parsi:

Los parsis: una comunidad que enfrenta la desaparición

1 Mis lectores estimados, ahora que casi nos aproximamos al fin de año, he estado pensando mucho en las cosas que tienen fin. Por ello, hoy quisiera hablar de una comunidad que se podría decir que está en peligro de extinción.

2 Existen muchas leyendas sobre la manera en que los parsis se asentaron en la India. Una de ellas afirma que los sacerdotes que fungían como líderes se presentaron ante Jadi, uno de los líderes locales, quien les mostró un barril lleno de leche para, de manera metafórica, indicarles que las tierras ya no podían mantener a más habitantes. El sacerdote parsi, ante el acontecimiento, agregó azúcar a la leche, dándole a entender que los recién llegados enriquecerían la comunidad sin sofocarla o alterarla; metafóricamente, pues, se incorporarían como el azúcar a la leche.

3 Así, siendo una comunidad que logró sobrevivir el desplazamiento del Imperio Persa a la India cuando su religión, el zoroastrismo, se vio amenazada, esta pequeña pero vibrante e increíblemente exitosa comunidad se encuentra en un punto crítico de su existencia, pues son cada vez menos sus integrantes. Los parsis son ampliamente conocidos por su espíritu emprendedor, por su buen humor, por su actitud positiva ante la vida, por su selectiva forma de escoger amigos y parejas sentimentales, y por la riqueza de sabores de su comida.

4 En cierto momento, la comunidad no permitía el matrimonio entre familias de origen pastoral y aquellas que no pertenecían al clero. Así, con este tipo de restricciones, y considerando el tamaño de la comunidad, no era raro encontrarse con matrimonios entre consanguíneos y parientes. Con tal historial como antecedente, el problema más grande que la comunidad parsi enfrenta en el presente es la disminución de matrimonios, en un grupo social con una población adulta mayor que la población de jóvenes.

5 Siglos después de su llegada al territorio ahora denominado Mumbai, anteriormente conocida como Bombay, los parsis transformaron esta ciudad en el centro de sus comercios y, como resultado, la comunidad construyó sus propias viviendas, hospitales e incluso sistemas bancarios. Muchas veces, incluso, los parsis son llamados "los judíos de la India" por sus destrezas administrativas.

6 En el presente, la comunidad parsi cuenta con un poco más de 60.000 miembros en la India, siendo Mumbai la ciudad donde se localizan tres cuartas partes de la población. El editor de la revista de la comunidad parsi llamada *Parsiana* menciona que los parsis prefieren casarse a una edad tardía o simplemente no lo hacen. Además, a pesar de tener fama por ser una comunidad progresista, ampliamente interesada en el conocimiento y en el cultivo del intelecto, los infantes que nacen fuera de un matrimonio parsi enfrentan dificultades para ser aceptados. Si a esto le sumamos que muchos otros han emigrado al Occidente y, considerando que la naturaleza selectiva de la comunidad, esto se ha convertido en una amenaza para retener el legado y para propiciar que la comunidad subsista.

7 Por ello, el activismo para revivir la comunidad se ha vuelto frecuente. Por ejemplo, la Asociación de Jóvenes Parsis de Mumbai, la cual se fundó en 2009, para contribuir a la preservación de la comunidad, organiza fiestas por las tardes para socializar y para permitir que los solteros y solteras tengan la oportunidad de conocer a su media naranja. Esta iniciativa ha recibido fuertes críticas,

! Un grupo de periodistas y antropólogos impulsan el proyecto llamado "Ruta del Venado", el cual tiene el objetivo de rescatar algunas de las lenguas originarias de este país. Como resultado de este esfuerzo, expertos en tecnología y redes han creado una plataforma para rescatar el legado de la lengua y cultura. Puedes leer un artículo al respecto en este enlace: **http://tinyurl.com/nl2bszn**. ¿Cómo se está utilizando la tecnología para la conservación de las culturas originarias de varias partes del mundo y para ahorrar su legado histórico. ¿Cómo puede Wikipedia ser una gran herramienta para lograr estos objetivos?

pues algunas personas la han etiquetado de "centro de citas en serie" o "la casa de Don Juan Parsi", a lo que la asociación ha respondido de manera simple, afirmando que es imposible para los que no son parsis comprender lo crítico de la situación.

8 Lo que sí es cierto es que la riqueza cultural que esta comunidad ha aportado a la sociedad india y al mundo es innegable, y que considerar el fin de un grupo de personas que ha contribuido al conocimiento y a la diversidad del mundo debería de preocuparnos a todos.

¿Qué pasará con la lengua de una comunidad cuando ya no haya personas que la hablen?

¿Qué valor adquirirán o perderán las artes y la literatura de una comunidad cuando no exista un representante de ella que las promueva?

¿Cómo hablaremos de una cultura que es una pieza clave en el mosaico cultural de la India cuando ya no exista?

9 Evidentemente, sin embargo, esta es una de esas situaciones en las que las personas ajenas no podemos contribuir a encontrar una solución, puesto que las tradiciones de la comunidad previenen todo intento de sugerencia.

Personalmente, no sé si finalmente la comunidad parsi cederá, cambiará de parecer y considerará mezclarse con otras comunidades para por lo menos contar con personas que se encarguen de pasar el legado de su cultura a sus descendientes. Claro, una vez que las comunidades se mezclan, surge una nueva generación con características particulares y únicas.

10 Y posiblemente lo que diré a continuación será un atrevimiento para muchos, pero si yo fuera parsi, buscaría formas de hacer que el legado de mi cultura ni siquiera oliera el fin, sino que se expandiera y tuviera un efecto positivo en los demás. Me gustaría despertar o crear más interés en los demás, para que la apreciación de los valores que consideran importantes no se pierdan en un callejón sin salida, pues para mí esa sería una manera de honrar a mis antepasados y de hacer un tributo a todas las personas que han dejado sus ideas plasmadas en las historias y tradiciones de la comunidad, porque gracias a ellas yo soy lo que soy y tengo el orgullo que tengo por mi comunidad. Claro, esta es mi idea, un poco utópica, porque, como lo dije, no soy parsi, pero no puedo negar que la idea de la extinción de esta comunidad sí me pone triste.

Y ustedes, ¿qué opinan?

Reflexión

Reflexionemos sobre nuestro aprendizaje…
Usa esta tabla para reflexionar sobre tu aprendizaje personal en este capítulo.

Preguntas que hicimos	Respuestas que encontramos	Preguntas que podemos generar ahora			
Fácticas					
Conceptuales					
Debatibles					
Enfoques del aprendizaje en este capítulo	Descripción: ¿qué destrezas nuevas adquiriste?	¿Cuánto has consolidado estas destrezas?			
		Novato	En proceso de aprendizaje	Practicante	Experto
Destrezas de colaboración					
Manejo de la información					
Destrezas de pensamiento crítico					
Destrezas de pensamiento creativo					
Atributos de la comunidad de aprendizaje	*Reflexiona sobre la importancia del atributo de la comunidad de aprendizaje de este capítulo.*				
De mente abierta					

12 ¿Qué cambios despiertan las revoluciones y cómo son los revolucionarios?

○ Las revoluciones representan la ***voz*** y sueños de un grupo de personas que, con sus acciones e ***ideologías***, desean reformar la ***cultura*** y la ***manifestación*** del conocimiento, los derechos y el significado de la vida.

■ Todos podemos ser parte de una revolución, todos merecemos una revolución

CONSIDERAR Y RESPONDER ESTAS PREGUNTAS:

Fácticas: ¿Qué elementos definen a las revoluciones? ¿Qué personas o movimientos provocan revoluciones? ¿Qué hemos heredado de las revoluciones? ¿Cuántas y qué tipo de revoluciones has experimentado en tu vida? ¿Qué elementos o aspectos de una revolución es necesario documentar?

Conceptuales: ¿Hasta qué punto cambian la percepción de la realidad las revoluciones? ¿Hasta qué grado deben tener una conciencia social las revoluciones? ¿Cómo puede una ideología personal provocar una revolución social?

Debatibles: ¿Hasta qué punto deben las revoluciones incluir actos de violencia o alterar la paz social? ¿Hasta qué punto las revoluciones han elevado la calidad de vida y del conocimiento? ¿Qué revolución ha sido la más trascendental? ¿Hasta qué punto las revoluciones deben ser masivas para ser importantes? ¿Quiénes han tenido un papel más destacado en las revoluciones: los hombres o las mujeres?

Ahora **compara y comparte** tus opiniones con un compañero o con toda la clase.

○ EN ESTE CAPÍTULO VAMOS A:

■ **Descubrir:**
- ■ los diferentes significados del concepto de revolución
- ■ la manera en que los nuevos avances crean retos y oportunidades de innovar, reformar y enriquecer nuestras perspectivas.

■ **Explorar:**
- ■ la manera en que diferentes revoluciones a lo largo de la historia han tenido un impacto en el desarrollo de ideales y nuevas revoluciones
- ■ el impacto de los avances y las ideas revolucionarias en diferentes momentos de la historia.

■ **Actuar y:**
- ■ reflexionar sobre las oportunidades que surgen con cada nuevo movimiento
- ■ evaluar la manera en que las revoluciones enriquecen la cultura y los valores de la sociedad.

■ Las siguientes habilidades de los enfoques del aprendizaje serán útiles:

■ Habilidades de comunicación

■ Habilidades de colaboración

■ Habilidades de gestión de la información

■ Habilidades de pensamiento crítico

■ Habilidades de pensamiento creativo

■ Habilidades de transferencia

● Reflexiona sobre el siguiente atributo de la comunidad de aprendizaje:

● Buen comunicador: mediante la exploración de diferentes formas de transmitir mensajes con confianza y creatividad, por medio de colaboración y comunicación eficaz que atiendan las perspectivas de nuestros compañeros.

◆ Oportunidades de evaluación en este capítulo:

◆ **Criterio A:** Comprensión de textos orales y visuales

◆ **Criterio B:** Comprensión de textos escritos y visuales

◆ **Criterio C:** Comunicación en respuesta a textos orales, escritos o visuales

◆ **Criterio D:** Uso de la lengua de forma oral o escrita

GRAMÁTICA

Tiempos verbales que se abordan en este capítulo:
• Presente simple (indicativo)
• Pretérito indefinido
• Pretérito imperfecto
• Futuro (indicativo)
• Presente y pretérito en modo subjuntivo
• Los verbos "poder" y "deber" en su forma condicional para expresar modalidades de expresión: podría, debería

VOCABULARIO SUGERIDO

Vocabulario sugerido para mejorar la experiencia de aprendizaje.

Sustantivos	Adjetivos	Verbos
anhelo	absoluto	apoyar
apatía	abstracto	auspiciar
aspiraciones	adelantado	brindar
compromiso	anticuado	cambiar
conflicto	atrasado	causar
contribución	autoritario	concluir
crisis	concreto	contribuir
derecho	despótico	desarrollar
(des)engaño	emergente	despertar
ejemplo	factible	diseñar
esfuerzos	ignorado	empeorar
fantasía	imaginario	enfocar
filosofía	innovador	expandir
fines	insignificante	extender
ideales	meticuloso	favorecer
ilusión	observador	iniciar
invento	olvidado	innovar
matiz	ordinario	inventar
misión	pionero	mejorar
objetivo	poderoso	modificar
paradigma	poético	otorgar
patrón	precursor	permitir
perspectiva	resuelto	planear
propósito	revolucionario	plantear
prototipo	soberano	presumir (de)
reforma	supremo	proponer
representación	transformador	reformar
revolución	urgente	revolucionar
tributo		solucionar
urgencia		
visión		

12 ¿Qué cambios despiertan las revoluciones y cómo son los revolucionarios?

295

ACTIVIDAD: Los matices de las revoluciones

■ Enfoques del aprendizaje

- Habilidades de comunicación: Utilizan una variedad de técnicas de expresión oral para comunicarse con diversos destinatarios

Colabora en equipos pequeños.

Observa las siguientes imágenes y explica qué relación encuentras entre cada una y el concepto de revolución. Debate con tus compañeros qué pudo haber provocado cada incidente, especula sobre el resultado de cada uno y habla sobre las partes involucradas en el suceso (gobierno, sociedad, personas, etc.). Incluye detalles en sus explicaciones cuando sea necesario. Indaga sobre las opiniones que compartan.

PIENSA–COMPARA–COMPARTE

Responde las siguientes preguntas y comparte tus opiniones con tus compañeros.

1 ¿Cómo defines la palabra "revolución"?
2 ¿Existe solo un tipo de revolución? ¿Cuáles son algunas características de las revoluciones?
3 ¿Cuáles son algunas de las metas de las revoluciones?
4 ¿Son todas las revoluciones positivas? ¿Son violentas?
5 ¿Cómo cambian las revoluciones a la sociedad?
6 ¿Sientes que has sido parte de una revolución? ¿Hasta qué punto?

ACTIVIDAD: Génesis

■ Enfoques del aprendizaje

- Habilidades de colaboración: Ejercen liderazgo y asumen diversos roles dentro de los grupos
- Habilidades de transferencia: Utilizan estrategias de aprendizaje eficaces en distintas disciplinas y grupos de asignaturas
- Habilidades de pensamiento creativo: Hacen conjeturas, formulan preguntas hipotéticas ("¿qué pasaría si...?") y generan hipótesis comprobables

En la siguiente actividad, colaborarás en equipos pequeños y debatirás qué avances permitieron los siguientes eventos, qué repercusiones tuvieron en la sociedad, de qué forma abrieron nuevos rumbos en la exploración y de qué forma cambiaron la manera de ver el mundo y el conocimiento. Crea hipótesis sobre los escenarios que motivaron a los visionaros a realizar sus creaciones, especula sobre la manera en que la sociedad reaccionó a tales sucesos, y menciona qué cosas no existirían si estos sucesos no hubieran ocurrido.

Presta atención al uso del pretérito pluscuamperfecto del modo subjuntivo y el condicional.

PIENSA–COMPARA–COMPARTE

Lee las siguientes preguntas y debate tus puntos de vista con tus compañeros.

1 ¿Hasta qué punto podemos decir que las tendencias de moda pueden causar revoluciones? ¿Puedes mencionar algunos ejemplos?
2 ¿Podemos decir que algo es revolucionario cuando trasciende la función primaria para la que fue creado?
3 ¿Hasta qué punto podemos diferenciar la moda de lo revolucionario?

Invento	¿Qué fue posible hacer tras su invención?	¿Qué cosas o ideas no serían posibles si no se hubiera inventado?
La rueda		
La imprenta		
El ábaco		
El lápiz		
El papel		
La máquina de coser		
Los billetes		
Los botones (de la ropa)		
Las cerraduras		
Los calendarios		

ACTIVIDAD: Los vaqueros llegaron para quedarse

■ Enfoques del aprendizaje

■ Habilidades de comunicación: Escriben con diferentes propósitos

Los pantalones de mezclilla, vaqueros o *jeans* comenzaron a usarse a principios de 1950. A pesar de que originalmente se diseñaron como prendas para vaqueros o mineros, se volvieron populares súbitamente, particularmente entre los adolescentes que pertenecían al clan social que, en Estados Unidos, eran apodados *greasers*.

El nacimiento oficial de los pantalones de mezclilla es el 20 de mayo de 1873, día en que Levi Strauss, un comerciante alemán, y Jacob Davis, un cliente de Strauss originario de Letonia, obtuvieron la patente. En el presente, los vaqueros son una prenda básica de los atuendos informales para todas las edades en muchos países occidentales. No obstante, sería buena idea hacer la siguiente reflexión:

¿Cómo es que una prenda que originalmente se diseñó para trabajadores se convirtió en un elemento básico e incluso esencial que existe en el armario de muchas personas?

En esta actividad, escribirás un ensayo argumentativo en el que debatas hasta qué punto podemos considerar que los jeans son un objeto revolucionario. Realiza una breve investigación para documentar tus opiniones y menciona ejemplos que ilustren tu punto de vista.

Escribe 300 palabras.

◆ Oportunidades de evaluación

◆ En esta actividad se han practicado las habilidades que son evaluadas por medio del Criterio C: Comunicación en respuesta a textos orales, escritos o visuales y del Criterio D: Uso de la lengua de forma oral o escrita.

12 ¿Qué cambios despiertan las revoluciones y cómo son los revolucionarios?

297

PUNTO DE INDAGACIÓN

Lee las siguientes preguntas y comparte tus opiniones con toda la clase.

1 ¿Qué diferencias existen entre los tipos de revolución?
2 ¿Qué elementos definen las revoluciones?
3 ¿Qué personas o movimientos provocan revoluciones?
4 ¿Qué elementos o aspectos de una revolución es necesario documentar?
5 ¿Por qué es necesario para comprender el significado de las revoluciones?
6 ¿Hasta qué grado deben tener una conciencia social las revoluciones?
7 ¿Cómo puede una ideología personal provocar una revolución social?
8 ¿Hasta qué punto deben las revoluciones incluir actos de violencia o alterar la paz social?
9 ¿Qué revolución ha sido la más trascendental?

PIENSA–COMPARA–COMPARTE

Responde las siguientes preguntas y comparte tu punto de vista con tus compañeros.

1 ¿Por qué las mujeres occidentales tenían prohibido usar pantalones en el pasado?
2 ¿Por qué las mujeres occidentales lucharon por tener la libertad de usar pantalones cuando quisieran?
3 ¿Hasta qué punto crees que las mujeres occidentales defendieron su derecho a usar pantalones para intentar ser como los hombres?
4 ¿Cómo surgió la idea "él es un hombre con los pantalones bien puestos"?
5 ¿Qué podemos imaginar cuando decimos que conocemos "una mujer con los pantalones bien puestos"?
6 ¿Por qué los pantalones para mujeres han sido comunes y permitidos en algunas culturas desde siempre, mientras que en algunas culturas se ha tenido que luchar por este derecho?

ACTIVIDAD: La lucha por los pantalones

■ Enfoques del aprendizaje

■ Habilidades de comunicación: Escriben con diferentes propósitos

Aunque hoy muchas mujeres en el mundo visten el pantalón con naturalidad, durante siglos esta prenda estuvo prohibida para las mujeres, pues se creía que era exclusiva de los hombres, dado que simbolizaba el poder y la virilidad. Por esta razón, Christine Bard, en su libro *Historia Política del Pantalón*, menciona que el pantalón ha sido el símbolo que ha acompañado la emancipación de la mujer.

Bard menciona que, durante la Revolución Francesa, usar pantalones expresaba los valores republicanos y que se convirtió en un elemento clave de nuevo orden político; no obstante, la socióloga también menciona que, antes de que las mujeres "recibieran permiso" para usar pantalones, si una mujer salía a la calle con pantalones, la tachaban de travesti. Así, continúa Bard, gracias a que lo prohibido siempre se desea más, y porque lo que está más prohibido es por lo que más luchamos, medio siglo después, por iniciativa de las mujeres feministas, el pantalón se convirtió en un arma política para desafiar el dominio masculino.

En esta actividad, escribirás un ensayo argumentativo en el que debatas las ideas que se mencionaron sobre el libro de Christine Bard. ¿Piensas que cuando comenzaron a utilizar pantalones las mujeres se pusieron al nivel de los hombres? ¿Por qué se considera este momento como un punto clave en la defensa de los derechos de la mujer? ¿Lo consideras como algo revolucionario? Justifica tus ideas y utiliza ejemplos para apoyarlas.

Escribe 300 palabras.

◆ Oportunidades de evaluación

◆ En esta actividad se han practicado las habilidades que son evaluadas por medio del Criterio C: Comunicación en respuesta a textos orales, escritos o visuales y del Criterio D: Uso de la lengua de forma oral o escrita.

ACTIVIDAD: Ejemplos de revoluciones

■ Enfoques del aprendizaje

■ Habilidades de pensamiento crítico: Extraen conclusiones y realizan generalizaciones razonables

Realiza una búsqueda en YouTube utilizando las siguientes palabras clave: Viviendo al Ritmo y de la Mano de las Revoluciones.

1 ¿De qué manera define el narrador el concepto de "revolución"?

2 Considerando la información presentada en este extracto, ¿cuál es el mensaje principal para el auditorio? Explica utilizando ideas del vídeo.

3 Tomando en cuenta la información en el extracto, ¿cuál piensas que es el rol de las opiniones de ciertas personas que se incluyeron en el vídeo? Explica.

4 Categoriza la información presentada. ¿En cuántas secciones podrías dividirla? Justifica tu decisión.

5 ¿Qué efecto tienen las preguntas que se hacen cuando se habla de algunos desarrollos? Explica su impacto en el auditorio.

6 El productor de este extracto deliberadamente anuncia cada una de las revoluciones que trata con diapositivas que muestran sus nombres, ¿por qué? Explica.

7 Menciona tres ejemplos de imágenes que hagan alusión a las siguientes ideas: aprendizaje, pensamiento, expresión. Explica la relevancia que estas imágenes tienen en el mensaje general del vídeo.

8 ¿Qué reacción piensas que el creador del extracto tuvo en mente crear con la pregunta que menciona al final? ¿De qué manera está la pregunta relacionada a con la información en el vídeo y/o las imágenes?

9 ¿De qué manera intenta el narrador involucrar al auditorio en su extracto? Evalúa la eficacia de su método y propón alternativas.

10 ¿Qué tan conectadas están las imágenes con la narración? ¿Cuál de estos dos elementos te parece más efectivo en la presentación? Explica.

11 ¿Cómo respondes el cuestionamiento que se hace al final del vídeo?

◆ Oportunidades de evaluación

◆ En esta actividad se han practicado las habilidades que son evaluadas por medio del Criterio A: Comprensión de textos orales y visuales.

ACTIVIDAD: Familias de revoluciones

■ Enfoques del aprendizaje

■ Habilidades de comunicación: Utilizan una variedad de técnicas de expresión oral para comunicarse con diversos destinatarios

Según la Real Academia Española, un ser "revolucionario" es aquel que ha producido cambios profundos.

Trabaja en equipos pequeños y debate de qué manera los siguientes avances han dado paso a revoluciones en diferentes aspectos de nuestras vidas; y qué ámbitos de la sociedad cambiaron cuando estos adelantos aparecieron, y qué nuevos panoramas permitieron concebir.

Simula que estás en un programa de actualidad en el que los miembros del equipo son presentadores.

Avances:

La cámara fotográfica	La bicicleta	El GPS
El reloj	La brújula	El láser
Código de barras	El disco compacto	La fibra óptica
Baterías/Pilas	El casete	

La interacción deberá durar cinco minutos.

◆ Oportunidades de evaluación

◆ En esta actividad se han practicado las habilidades que son evaluadas por medio del Criterio C: Comunicación en respuesta a textos orales, escritos o visuales y del Criterio D: Uso de la lengua de forma oral o escrita.

12 ¿Qué cambios despiertan las revoluciones y cómo son los revolucionarios?

299

ACTIVIDAD: ¿Líderes, revolucionarios o ambos?

■ Enfoques del aprendizaje

■ Habilidades de colaboración: Escuchan con atención otras perspectivas e ideas. Ofrecen y reciben comentarios pertinentes. Ejercen liderazgo y asumen diversos roles dentro de los grupos

En esta actividad, colaborarás en equipos pequeños para simular una ceremonia de premiación en las que se celebrarán las actitudes y aptitudes revolucionarias de los siguientes individuos.

Realiza una breve investigación sobre cada uno para documentar tus ideas y, en equipo, debate por qué o por qué no podemos decir que estas personas son revolucionarios. Si algunos de ellos tienen cualidades similares, selecciona el que tu equipo considere más revolucionario. Podrás agregar otros nombres que no se encuentren en la lista.

Después de llegar a un consenso sobre las personas, comparte sus decisiones con toda la clase.

a   Mark Zuckerberg
b   Steve Jobs
c   Dennis Ritchie
d   Ernesto "Ché" Guevara
e   Larry Page y Sergey Brin
f   Simón Bolívar
g   Richard S. Wurman
h   Julian Assange
i   Salman Khan de Khan Academy
j   Benito Juárez

PIENSA–COMPARA–COMPARTE

Lee las siguientes preguntas y debate tus puntos de vista con tus compañeros.

1   ¿De qué manera han cambiado las redes sociales la manera en que se difunden las ideas?
2   ¿Qué papel ha tenido Twitter en las "revoluciones juveniles" del presente?
3   ¿Qué países han bloqueado las redes sociales? ¿Por qué?
4   ¿Por qué las redes sociales reciben críticas negativas de algunos lingüistas?
5   ¿De qué manera las redes sociales han revolucionado y enriquecido la manera en que compartimos, acumulamos y guardamos información?
6   ¿Cómo ha revolucionado Twitter la manera en que las personas en la sociedad se involucran en la solución de problemas?

Twitter nos cambió la vida

Por: Prof. Carlos Zavala

1 Gabriel García Márquez se imaginó Twitter antes de su existencia. Twitter es como Macondo, ese pueblo imaginario que García Márquez describió en *Cien años de soledad* y otros libros. Esta comparación entre Macondo y Twitter como lugares ortográficos se hace porque todo está permitido, nada es imposible ni está prohibido; si lo imaginas, existe. La importancia del fenómeno Twitter es que todas las personas tienen acceso a un medio de comunicación masivo y nadie se queda callado.

2 Si no estás de acuerdo con una situación, si piensas diferente, si tienes una idea interesante, puedes entrar en Twitter y muchas personas van a escuchar tu voz, y tú solo necesitas 140 letras, símbolos o espacios.

3 En el presente hay más de 200 millones de cuentas registradas en Twitter, entonces es muy probable que una persona, en algún lugar, lea el mensaje. Políticos, actores, cantantes y periodistas ya no pueden decir que ignoran lo que la gente piensa. Ahora solo es necesario entrar a Facebook o Twitter y uno se encontrará con halagos, señales, insultos y reacciones en cadena acerca de eventos que están en boga.

4 El impacto de Twitter se compara con el de la televisión en muchas ocasiones: ambos medios se utilizan para hacer promoción y publicidad, para informar, para opinar y para convocar a participar en diferentes causas. No obstante, Twitter incluso favorece a la televisión. Muchas personas piensan que Twitter ha afectado más que la televisión, pero Twitter ha traído beneficios a la televisión, porque ya no es necesario esperar horas para descubrir los *ratings*; ahora es posible hacer encuestas en tiempo real, al instante, con respuestas igualmente rápidas. Similarmente, los estudios de mercado, las protestas, demandas y movimientos sociales, invitaciones a fiestas exclusivas o convocatorias a eventos, ahora tienen más fuerza que nunca gracias a Twitter. Antes era necesario publicar pósters, hacer anuncios en la televisión o en la radio, y esperar respuesta; ahora el poder del *hashtag* es incomparable.

5 ¿Recuerdas la *selfie* que Barak Obama se tomó con el Primer Ministro del Reino Unido y la Primera Ministra de Dinamarca?

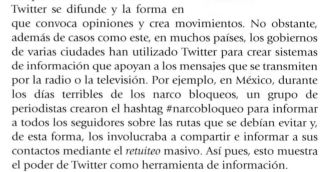

¿Recuerdas la velocidad con la que los usuarios la *retuitearon* y compartieron su punto de vista sobre la falta de respeto que el Presidente de los Estados Unidos mostraba? Este es un ejemplo de la manera en que la información en Twitter se difunde y la forma en que convoca opiniones y crea movimientos. No obstante, además de casos como este, en muchos países, los gobiernos de varias ciudades han utilizado Twitter para crear sistemas de información que apoyan a los mensajes que se transmiten por la radio o la televisión. Por ejemplo, en México, durante los días terribles de los narco bloqueos, un grupo de periodistas crearon el hashtag #narcobloqueo para informar a todos los seguidores sobre las rutas que se debían evitar y, de esta forma, los involucraba a compartir e informar a sus contactos mediante el *retuiteo* masivo. Así pues, esto muestra el poder de Twitter como herramienta de información.

6 Pero lo importante es que Twitter permite que la información circule y se disperse simultáneamente en diferentes direcciones. Siento esto una indicación de las razones por las que algunos gobiernos autoritarios bloquean Twitter, para establecer un cierto control sobre las opiniones del país que se pudieran filtrar al mundo entero. Así, podemos ver cómo Twitter modificó la manera en que las personas interactúan, cómo comparten información y cómo crean movimientos para exigir sus derechos o para reivindicar ideales o gobiernos. Otro ejemplo que no podemos pasar por alto es la Primavera Árabe y el gran papel que Twitter tuvo para informar al mundo de lo que sucedía, pues el bloqueo que los medios de comunicación sufrieron limitó las posibilidades para que los periodistas participaran en la divulgación de información. Por ello, queda claro cómo el alcance de Twitter incluso puede superar el de los medios de comunicación como la televisión. Por lo tanto, no debe sorprendernos que tanto celebridades como políticos sean cada vez más precavidos con lo que dicen o hacen, pues cualquier crítica que alguien pueda hacer puede convertirse

12 ¿Qué cambios despiertan las revoluciones y cómo son los revolucionarios?

301

en un virus para su reputación. Otros ejemplos dignos de mencionar son los hashtags que desafiaron al gobierno de Enrique Peña Nieto, Presidente de México: #fueraEPN #renunciaEPN #Yamecanse.

7 La revolución que Twitter ha causado parece una yuxtaposición, pues la dimensión y volumen de la información que se guarda en cada hashtag puede no tener fin. Y algo sumamente interesante es la manera en que ha sido necesario aprender a redactar ideas en Twitter, pues 140 caracteres definitivamente limitan las posibilidades de expresar una idea ampliamente. Como consecuencia, la creatividad de los usuarios se ha dejado ver en la manera en que transforman las reglas gramaticales y de sintaxis, y cómo se apoyan en enlaces cortos para abreviar pensamientos de magnitud expansiva.

8 En el mundo Twitter, los acentos prácticamente han desaparecido y existe una incontable cantidad de abreviaciones que permiten economizar el lenguaje, pero no las ideas. En otras palabras, podría decirse que Twitter ha logrado lo que propuso el escritor colombiano Gabriel García Márquez en un polémico discurso en Zacatecas en 1997, mucho antes de que existiera siquiera el concepto de las redes sociales. García Márquez, visionario, se imaginó un mundo sin haches, un espacio donde las letras con sonidos similares pueden ser intercambiables y donde todos podamos inventar palabras nuevas.

9 Entonces, a manera de conclusión, hay que tirar el fax, el *beeper*, la grabadora de mensajes, la copiadora, las estampillas postales y las máquinas de escribir. Twitter nos cambió la vida y no hay vuelta atrás, incluso la Real Academia Española ha confirmado que en la edición de 2015 de su diccionario oficial incluirá las palabras "tuit"

y "tuitear", como resultado del uso frecuente de estos términos, así como del significado particular que cada uno conlleva, dado que la acción de *tuitear* es muy particular, pues un *tuit* se distingue de un mensaje de texto o un estado de Facebook por sus elementos característicos, tales como la extensión, el contenido y la manera en que los hashtags sirven de túneles que nos conducen a repositorios de información de una forma única.

ACTIVIDAD: Twitter nos cambió la vida

Enfoques del aprendizaje

■ Habilidades de pensamiento crítico: Extraen conclusiones y realizan generalizaciones razonables

Después de leer el texto sobre la manera en que Twitter nos cambió la vida, responde las siguientes preguntas:

1 Considerando el tipo de texto que es, ¿qué inferencia puedes hacer sobre la razón por la cual el profesor utilizó las palabras "tuitear" y "tuit" en su artículo?
2 Examina la razón por la que el autor concluye mencionando que los *hashtags* son "túneles que nos conducen a repositorios de información".
3 **Interpreta** lo que el autor quiere decir con la palabra "yuxtaposición" en el párrafo 7. Explica.
4 Comenta sobre las razones por las que las celebridades y los políticos toman precauciones en lo que hacen y dicen. ¿De qué forma puede Twitter afectar nuestra reputación? ¿Qué opinas al respecto?
5 ¿Cómo está relacionada la segunda imagen y el concepto de *hashtag* que se define en el texto?
6 ¿Cuál es la relación entre los párrafos 6 y 7 respecto al manejo de la información en Twitter? **Analiza** un ejemplo del texto.
7 El autor decidió mencionar a García Márquez al principio y al final de su texto. ¿De qué manera le permitió esta decisión construir el mensaje que transmitió?
8 ¿De qué manera resume la idea general del texto la cuarta fotografía?
9 ¿Qué efecto quiere provocar el autor al mencionar las personas en los párrafos 5 y 6?
10 ¿Por qué es posible decir que el Profesor Zavala es una persona interesada en la revolución tecnológica y de información? Justifica tu respuesta.
11 ¿Cuál es tu punto de vista sobre la revolución que provocó Twitter? Ilustra tus ideas con ejemplos.

◆ Oportunidades de evaluación

◆ En esta actividad se han practicado las habilidades que son evaluadas por medio del Criterio B: Comprensión de textos escritos y visuales.

ACTIVIDAD: Víctima de Twitter

Enfoques del aprendizaje

■ Habilidades de comunicación: Utilizan una variedad de técnicas de expresión oral para comunicarse con diversos destinatarios

En esta actividad, colaborarás con un compañero y simularán una entrevista entre una celebridad y un(a) periodista. En la interacción, la celebridad discutirá la forma en que Twitter ha revolucionado su relación con sus admiradores y la manera en que su comportamiento se ha modificado después de haber sido víctima de Twitter por un malentendido en el que se vio involucrado/a. El periodista indagará sobre las opiniones que el/la entrevistado/a mencione sobre el malentendido.

La interacción deberá durar cinco minutos.

◆ Oportunidades de evaluación

◆ En esta actividad se han practicado las habilidades que son evaluadas por medio del Criterio C: Comunicación en respuesta a textos orales, escritos o visuales y del Criterio D: Uso de la lengua de forma oral o escrita.

12 ¿Qué cambios despiertan las revoluciones y cómo son los revolucionarios?

303

Tema 2: ¿Pueden las grandes ideas provocar reflexión y revoluciones?

ACTIVIDAD: Definición de revolucionario

■ Enfoques del aprendizaje

■ Habilidades de colaboración: Escuchan con atención otras perspectivas e ideas. Ofrecen y reciben comentarios pertinentes

Trabajarás en parejas o en equipos pequeños:

Utliza los incisos **a–f** para completar la primera parte de la siguiente pregunta. Incluye una palabra lógica en la segunda parte.

Debate las preguntas, pide explicaciones, ejemplos e indaga cuando sea posible.

¿Cuál es el/la… más revolucionario/a que has… ?

a **persona**   d **maestro**
b **libro**   e **disco de música**
c **película**   f **aparato**

Genera un mapa conceptual que presente las características de lo que es revolucionario. Compártelo.

PUNTO DE INDAGACIÓN

Lee las siguientes preguntas y comparte tus ideas con tus compañeros.

1 **¿Qué elementos definen las revoluciones?**
2 **¿Qué hemos heredado de las revoluciones?**
3 **¿Qué elementos o aspectos de una revolución es necesario documentar?**
4 **¿Hasta qué punto las revoluciones cambian la percepción de la realidad?**
5 **¿Quiénes han tenido un papel más destacado en las revoluciones: los hombres o las mujeres?**

ACTIVIDAD: La innovación llamada BOOK

■ Enfoques del aprendizaje

■ Habilidades de pensamiento crítico: Extraen conclusiones y realizan generalizaciones razonables

Realiza una búsqueda en YouTube utilizando las siguientes palabras clave: **Popularlibros.com – BOOK – Versión completa**.

Responde las siguientes preguntas considerando el vídeo.

1 **Analiza** el lenguaje corporal del presentador; ¿hasta qué punto lo consideras efectivo?
2 Realiza una inferencia sobre el mensaje del vídeo: ¿cuál es el problema que se expresa? ¿Qué mensaje quieren comunicar los realizadores?
3 Categoriza la información que se presenta sobre el producto. ¿Cuántas secciones puedes **identificar**? Justifica tus observaciones.

4 **¿En qué sería diferente el tono y tipo de presentación si la hubiese realizado una chica? ¿Qué color(es) de ropa llevaría?**
5 **¿Qué tipo de extracto informativo es éste?**
6 **En tu opinión, ¿por qué decidieron producir este vídeo los realizadores?**
7 **¿Qué reacciones desean provocar los realizadores en el auditorio? ¿Fue éste el caso contigo?**
8 **¿Por qué decidió hacer énfasis en primer plano de los accesorios opcionales?**
9 **¿Qué desean puntualizar o señalar los realizadores con este vídeo? ¿Qué están intentando probar?**
10 **Expresa y explica tu punto de vista sobre este extracto, el concepto general del vídeo y las razones por las que se presentó de esta manera.**

◆ Oportunidades de evaluación

◆ En esta actividad se han practicado las habilidades que son evaluadas por medio del Criterio A: Comprensión de textos orales y visuales.

ACTIVIDAD: Comparando y evaluando las metas de varias revoluciones

■ Enfoques del aprendizaje

- ■ Habilidades de gestión de la información: Utilizan la capacidad crítica para analizar e interpretar los contenidos de los medios de comunicación
- ■ Habilidades de alfabetización mediática: Localizan, organizan, analizan, evalúan, sintetizan y utilizan de manera ética información procedente de diversas fuentes y medios (incluidas las redes sociales y en línea)

Individualmente, en esta actividad necesitas realizar investigación sobre algunas de las revoluciones de la historia de la humanidad.

Utiliza la siguiente tabla para guiar tu análisis y organizar tus ideas:

Revolución	Problemas que existían cuando sucedió	Resultados
Cultural China		
Francesa		
Rusa		
Civil de EE.UU.		
Española		
Mexicana		

Al final de tu investigación, en equipos pequeños, responde las siguientes preguntas:

1 **¿Cuáles son algunas de las similitudes?**
2 **¿Qué objetivos tenían en común?**
3 **¿Qué actitudes o ideales compartían los revolucionarios?**
4 **¿Qué similitudes puedes mencionar sobre el impacto que tuvieron en sus respectivas sociedades?**
5 **Después de estas revoluciones, ¿qué transformaciones ocurrieron en sus respectivos países?**

Después de compartir tus respuestas, selecciona una de estas revoluciones y escribe un ensayo comparativo en el que compares el valor histórico de esa revolución y algún evento de similar impacto en tu país. Haz énfasis en la manera en que surgen las revoluciones y en los cambios que provocan. Concluye mencionando cómo transformaron las sociedades.

◆ Oportunidades de evaluación

- ◆ En esta actividad se han practicado las habilidades que son evaluadas por medio del Criterio C: Comunicación en respuesta a textos orales, escritos o visuales y del Criterio D: Uso de la lengua de forma oral o escrita.

ACTIVIDAD: Revoluciones antiguas en tiempos modernos

■ Enfoques del aprendizaje

- ■ Habilidades de comunicación: Escriben con diferentes propósitos

En la actividad anterior, hiciste un análisis sobre algunas de las revoluciones de la historia.

En esta actividad, indagarás sobre la forma y magnitud que una de esas revoluciones tendría en el presente con la ayuda de las redes sociales como Twitter o Facebook.

Selecciona una de las revoluciones de la actividad pasada (u otra que te apasione) y, en forma de una publicación de blog con un tono algo cómico, completa y responde la siguiente pregunta:

¿Cómo sería la revolución… si las redes sociales hubieran existido?

Sé creativo y escribe entre 300 y 400 palabras.

Comparte tu publicación con tus compañeros.

◆ Oportunidades de evaluación

- ◆ En esta actividad se han practicado las habilidades que son evaluadas por medio del Criterio C: Comunicación en respuesta a textos orales, escritos o visuales y del Criterio D: Uso de la lengua de forma oral o escrita.

PIENSA-COMPARA-COMPARTE

Lee las siguientes preguntas, respóndelas y después, en grupos pequeños, comparte tus puntos de vista y debátelas.

1   ¿En qué son diferentes los conceptos de revolución e innovación?

2   ¿En qué son diferentes los conceptos de revolución y reforma?
3   ¿En qué son diferentes los conceptos de revolución y cambio?
4   ¿En qué son diferentes los conceptos de revolución y rebelión?

ACTIVIDAD: La reacción de los revolucionarios ante las nuevas revoluciones

■ Enfoques del aprendizaje

■ Habilidades de pensamiento creativo: Hacen conjeturas, formulan preguntas hipotéticas ("¿qué pasaría si...?") y generan hipótesis comprobables

Las innovaciones revolucionarias del presente generalmente tienen un antecesor. En su momento, cada avance rompió los paradigmas y revolucionó su ámbito. No obstante, ¿alguna vez has reflexionado sobre lo que pensarían algunos de los grandes inventores si presenciaran algunos de los avances modernos?

Lee las siguientes situaciones y escribe algunas ideas, después, en equipos pequeños, debate cada uno de los casos. Toma en cuenta las características distintivas de cada invento o innovación.

¿Qué pasaría si...

1   Gutenberg, el inventor de la imprenta, fuera testigo de las publicaciones digitales del presente y viera la popularidad de los libros electrónicos?
2   Edwin Herbert Land, inventor de la cámara Polaroid, presenciara la popularidad y las funciones de Instagram?
3   Samuel Finley Breese Morse, inventor del telégrafo morse, **evaluara** los comienzos y evolución de los usos de Twitter?
4   los chinos del siglo IX, inventores de la brújula, conocieran los diferentes tipos de GPS?
5   Alexander Graham Bell, inventor del teléfono, se percatara de la transformación de los teléfonos móviles e inteligentes?
6   John Logie Baird, inventor de la televisión, y Guillermo González Camarena, pionero de la televisión a color, presenciaran las posibilidades y oportunidades que ofrece YouTube?
7   el inventor del radio, Guglielmo Marconi, viera como Spotify o las descargas han modificado la forma de escuchar música?

ACTIVIDAD: Entrevista con un inventor

■ Enfoques del aprendizaje

■ Habilidades de comunicación: Utilizan una variedad de técnicas de expresión oral para comunicarse con diversos destinatarios

Después de compartir ideas sobre las situaciones hipotéticas de la actividad anterior, en esta actividad trabajarás en parejas e improvisarás una entrevista en un programa de televisión. Selecciona uno de los inventores mencionados y el rol que desees: entrevistador o inventor.

El entrevistador incluirá preguntas que aborden impresiones, opiniones, juicios y puntos de vista.

La interacción debe durar cinco minutos.

◆ Oportunidades de evaluación

◆ En esta actividad se han practicado las habilidades que son evaluadas por medio del Criterio C: Comunicación en respuesta a textos orales, escritos o visuales y del Criterio D: Uso de la lengua de forma oral o escrita.

Tema 3: ¿Pueden evolucionar las revoluciones?

PIENSA–COMPARA–COMPARTE

Lee las siguientes preguntas y comparte tus respuestas con toda la clase.

1 ¿Qué querías cambiar cuando eras niño y ahora ya no te interesa cambiar?
2 ¿Qué clase de libertades has adquirido a medida que creces?
3 ¿Cómo ha cambiado tu forma de pensar con el paso de los años?
4 ¿Qué tan exigente te has vuelto?
5 ¿Cómo describirías los cambios negativos de la sociedad?
6 ¿Cuáles han sido los cambios más positivos?
7 ¿Cuánto exiges que se respeten tus derechos y los de los demás?
8 ¿Qué acciones te han abierto las puertas a situaciones más positivas?

ACTIVIDAD: ¿Cuál es la revolución que necesitamos más urgentemente?

■ Enfoques del aprendizaje

■ Habilidades de pensamiento creativo: Utilizan la técnica de lluvia de ideas (*brainstorming*) y diagramas visuales para generar nuevas ideas e indagaciones

En esta actividad, trabajarás en grupos pequeños.

El objetivo es jerarquizar los siguientes conceptos tomando en cuenta la revolución que más nos urge en el presente.

En el cuadro superior del siguiente diagrama, coloca el concepto cuya revolución consideras necesaria, y en el cuadro inferior coloca el concepto que no es tan prioritario.

◆ Oportunidades de evaluación

◆ En esta actividad se han practicado las habilidades que son evaluadas por medio del Criterio C: Comunicación en respuesta a textos orales, escritos o visuales y del Criterio D: Uso de la lengua de forma oral o escrita.

Conceptos:

a	Medio ambiente	d	Sociedad	h	Ética
b	Energía	e	Tolerancia	i	Economía
c	Educación	f	Arte		
		g	Tecnología		

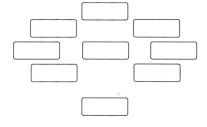

Cuando hagas una propuesta, considera tu definición personal del concepto y justifica tu opinión. Incluye detalles.

Cuando el equipo tenga un consenso, escribe un resumen de la resolución. Menciona qué tipo de sociedad tenemos en el presente y por qué estas revoluciones son necesarias. Enfatiza la sociedad que queremos, de acuerdo con sus conclusiones.

Escribe 300 palabras.

12 ¿Qué cambios despiertan las revoluciones y cómo son los revolucionarios?

307

PIENSA–COMPARA–COMPARTE

Lee las siguientes preguntas y debate tus puntos de vista con tus compañeros.

1 **¿De qué manera hablar varios idiomas está revolucionando la manera en que las personas se relacionan?**
2 **¿Qué ventajas podríamos tener al hablar los siguientes idiomas: inglés, mandarín, español y árabe?**
3 **¿Por qué son los idiomas una parte esencial de la educación en el Bachillerato Internacional (BI)?**
4 **¿De qué manera se beneficia nuestra creatividad al poder comunicarnos en diferentes idiomas?**
5 **¿De qué manera puede aumentar su valor una idea revolucionaria si esta tiene presencia y se discute en diferentes idiomas?**
6 **¿De qué manera el español está revolucionando el contexto mundial?**

ACTIVIDAD: *¿Do you speak* español?

■ Enfoques del aprendizaje

■ Habilidades de comunicación: Utilizan una variedad de técnicas de expresión oral para comunicarse con diversos destinatarios

Doria Constanza Lizcano, catedrática de la Universidad Sergio Arboleda, en uno de sus artículos sobre el futuro de la lengua española, menciona que es difícil imaginar qué destino va a tener al español en el mundo, comenzando con Estados Unidos.

Lizcano discute que si consideramos la presencia que tiene el español en el mundo, así como el tamaño de la población hispana en Estados Unidos, no es difícil creer lo que muchos sociólogos y expertos han comenzado a especular: que al finalizar este siglo sesenta millones de personas hablarán español en Estados Unidos. Así, esta cifra convertiría a los Estados Unidos en el país con más hispanohablantes en el mundo y generaría nuevos paradigmas en el país. Lizcano enfatiza que este proceso poco a poco se convierte en una revolución lingüística imposible de parar, que está poniendo en peligro la supervivencia del inglés como la lengua más hablada en ese país. Por lo pronto, en aeropuertos como los de Miami, Los Ángeles, Chicago, Dallas, Houston y Atlanta, el español es ampliamente usado.

En esta actividad, colaborarás con un compañero. Simula un debate entre dos expertos en lengua y cultura. En la interacción habla sobre las ventajas que tiene aprender español, y la revolución cultural y lingüística que se aproxima a medida que aumenta la cantidad de personas que se interesan en aprender la lengua, así como el número de hispanohablantes en el mundo. Menciona ejemplos de las oportunidades que representará hablar español en el mundo, considerando el rol de la lengua en las Naciones Unidas, el crecimiento de información en español en internet y la manera en que las culturas hispanoamericana y española se vuelven más y más populares en el mundo.

La interacción deberá durar cinco minutos.

◆ Oportunidades de evaluación

◆ En esta actividad se han practicado las habilidades que son evaluadas por medio del Criterio C: Comunicación en respuesta a textos orales, escritos o visuales y del Criterio D: Uso de la lengua de forma oral o escrita.

PUNTO DE INDAGACIÓN

Lee las siguientes preguntas y comparte tus ideas con tus compañeros.

1 **¿Qué personas o movimientos provocan revoluciones?**
2 **¿Cuántas y qué tipo de revoluciones has experimentado en tu vida?**
3 **¿Qué tan desafiante tiene que ser un movimiento para ser considerado "revolucionario"?**
4 **¿Qué es considerado revolucionario?**
5 **¿Hasta qué grado las revoluciones deben tener una conciencia social?**
6 **¿Qué revoluciones son más importantes?**
7 **¿Cómo puede una ideología personal provocar una revolución social?**
8 **¿Hasta qué punto deben ser masivas las revoluciones para ser importantes?**

ACTIVIDAD: Artículo de periódico

■ Enfoques del aprendizaje

■ Habilidades de comunicación: Escriben con diferentes propósitos

En esta actividad, escribirás un artículo de periódico titulado: **Las revoluciones deberían existir regularmente**.

Escribe la manera en que las revoluciones de la juventud, que es el término en el que se agrupan los movimientos como la Primavera Árabe, el movimiento estudiantil mexicano, las protestas en España debido al paro/desempleo, y los múltiples y diversos movimientos que surgen en las redes sociales. Realiza una breve investigación e incluye ideas relevantes que encuentres. Menciona ejemplos que demuestren las similitudes de los movimientos juveniles. Expresa tu punto de vista acerca de las responsabilidades de los gobiernos del mundo para escuchar a la población joven de sus naciones. Concluye expresando la forma en que te gustaría que las personas se involucraran.

◆ Oportunidades de evaluación

◆ En esta actividad se han practicado las habilidades que son evaluadas por medio del Criterio C: Comunicación en respuesta a textos orales, escritos o visuales y del Criterio D: Uso de la lengua de forma oral o escrita.

PIENSA–COMPARA–COMPARTE

Lee las siguientes preguntas y comparte tus puntos de vista con tus compañeros.

1 **¿Cuáles fueron algunas de las ideas del Che Guevara?**
2 **¿Hasta qué punto puede una lengua unificar un grupo de países?**
3 **¿De qué manera la revolución de internet puede afectar o limitar el impacto positivo de otras ideas revolucionarias?**
4 **¿Qué podemos aprender de ideas revolucionarias que causaron dificultades en algunas latitudes? Por ejemplo: las gafas de Google.**
5 **¿Qué retos traen consigo las iniciativas o ideas revolucionarias?**

El sueño de una Latinoamérica unida

Por: Carlos Zavala

1   Cuando Che Guevara dijo: "Constituimos una sola raza mestiza que desde México hasta el estrecho de Magallanes presenta notables similitudes etnográficas. Por eso, tratando de quitarme toda carga de provincialismo exiguo, brindo por Perú y por toda América unida", reveló un sueño, una posibilidad que muchas personas en el presente consideran probable. Guevara también alguna vez afirmó que, considerando que todos los latinoamericanos no eran ni indios ni europeos, sino mestizos hermanados por historias parecidas, la unión de los países latinoamericanos ayudaría a consolidar una nación y sería más fácil pelear contra las injusticias y discriminaciones.

2   Esta realidad implica la existencia de una nación gigantesca con una pluralidad cultural, ideológica y de creencias muy grande y difícil de comparar. No obstante, es importante pensar qué tan fácil sería tener igualdad entre todas las personas, y si con esta unificación muchos pueblos perderían parte de su identidad.

La idea revolucionaria que cambió el Viejo Continente

3   Aunque diferente, es un buen ejemplo observar lo que ha sucedido en Europa. Antes del euro, cada país tenía su moneda y estas eran una representación breve de la identidad de cada país: la peseta para España, el franco para Francia, el marco para Alemania, la lira para Italia, por mencionar algunos ejemplos. Antes, viajar a Europa implicaba visitar muchos países y esto se hacía evidente con todos los visados o sellos de ingreso que aparecían en el pasaporte del viajero. Sin embargo, ahora, aunque cada país conserva su autonomía, una vez que entramos en territorio europeo, es como si Francia, Bélgica, Holanda fueran solamente estados de una gran nación. Además, si notamos la manera en que el euro reemplazó las monedas originales de varios países, se podría especular que parte de la identidad de cada territorio se destruyó con tal iniciativa, cuyo espíritu revolucionario dividió la historia europea en la vida antes y después del euro.

4   Una comparación más. El camino no fue fácil para Europa. Al principio, eran pocos los países que se unieron bajo la idea original de unificarse: Bélgica, Francia, Holanda y Alemania, y poco a poco se han integrado países nuevos. Esta unión ha permitido que economías menos desarrolladas como las que tenían España, Italia y Grecia hacía un tiempo se beneficiaran de cierta forma, pero se impuso una presión tremenda sobre el costo de vida en tales países, lo que eventualmente se tradujo en una crisis financiera. De igual forma, la revolución y de la unificación causó que el flujo de inmigrantes que podían entrar por múltiples puertos al continente europeo comenzara a causar problemas en algunos países.

5   Entonces, si Hispanoamérica se uniera, ¿provocaría esto problemas para Estados Unidos en cuestión de inmigración? Considerando que el flujo de migrantes estadounidenses que se jubilan en México asciende cada día más, ¿abrirá esto las puertas a la migración de Estados Unidos y Canadá a Hispanoamérica? ¿Qué papel jugarían los Estados Unidos y Canadá en el resto del continente? ¿Quedarían asilados permanentemente por no compartir el idioma? Económicamente, considerando todos los recursos disponibles en Latinoamérica, ¿habría más competencia? Nótese lo siguiente: si Latinoamérica fuera una, tres de los países que producen más petróleo en el mundo estarían unidos: México, Brasil y Venezuela, lo que posiblemente podría generar un desequilibrio en los precios del crudo. Similarmente, cinco economías emergentes: Brasil, México, Argentina, Chile y Costa Rica trabajarían juntas y, en conjunto, su poder se asemejaría mucho al de Europa.

6   No obstante, es necesario notar que cada país en Latinoamérica tiene sus propios conflictos, y esto podría crear más problemas que soluciones. Por ejemplo, consideremos la nivelación social que está ocurriendo en Cuba, la lenta recuperación de la economía de Argentina, las reglas estrictas de sanidad que tiene Costa Rica, las guerrillas esporádicas en El Salvador, la existencia de las *favelas* en Brasil y la guerra contra el narcotráfico que existe en México en el presente. Evidentemente, la agenda de trabajo se multiplicaría para los líderes que, por más visionarios que fueran, tendrían una responsabilidad muy grande a su cargo.

Una revolución que puede sabotear otra revolución

7   En el pasado, antes de la aparición de internet, era más común que muchas personas pensaran que sí era posible ser un país enorme; era fácil creerlo porque se hablaba el mismo idioma, se practicaba la misma religión e incluso se adoraba el mismo deporte: el fútbol. Existía una hermandad enriquecida por la fantasía y los cuentos representativos del realismo mágico de autores como Gabriel García Márquez, Isabel Allende y Laura Esquivel, quienes reflejaban la cultura latina tan homogéneamente que los matices de las diferencias eran sutiles. Así, era posible creer en el sueño revolucionario

de una Latinoamérica unida gracias a los ideales y viajes que las palabras de escritores como Mario Benedetti, Octavio Paz y Mario Vargas Llosa, Rubén Darío y José Martí produjeron, dibujando a la parte hispanohablante del continente como una gran familia que pensaba y sentía de la misma manera, pues todos los países compartían una lucha: intentar ser mejores.

8   Sin embargo, con la aparición de internet, ya no solo se compartía una lengua, música y películas, sino que información particular de cada país comenzó a filtrarse en la red, y entonces más personas tuvieron acceso a información que antes desconocían. Con esta innovación, por ejemplo, en los foros de charla y/o discusión, las diferencias de temperamento entre las personas de cada país estaban al alcance de la gente que estaba conectada y comenzaron a hacerse más obvias. Las diferencias lingüísticas en el español que se habla en todo el continente fueron más evidentes y, como resultado, las burlas sobre el uso de ciertas palabras se hicieron populares. Así pues, internet posiblemente unió al continente, pero también enfatizó las diferencias.

9   Así pues, la tecnología, uno de los elementos más determinantes de la revolución global de la información, se convirtió en uno de los elementos que separaron a los países e incluso permitió la existencia de hostilidad entre ellos. Por ejemplo, en un partido de fútbol Argentina contra México, después de los resultados, no es nada extraño encontrar vídeos en YouTube con títulos como: *los mexicanos son mejores que los argentinos* o *los argentinos mil veces superiores a los mexicanos*. También, haciendo referencia a sus historias, si algún programa de televisión en Chile, Paraguay, Uruguay o Argentina menciona información incorrecta acerca de uno de estos países, las salas de chat pueden llenarse de furia y rabia, y malos amores contra los otros países. En el pasado, si esto ocurría, la tinta con la que se escribían las riñas no era permanente, pues no había mundo virtual que las auspiciara permanentemente.

10 ¿Es posible seguir creyendo en la idea de unificar a más de medio continente cuando existe una herramienta revolucionaria, internet, la cual es responsable de muchas otras revoluciones? ¿Acaso la existencia de internet ha cambiado el significado de las palabras del Che Guevara cuando mencionó: "Y empecé a ver que había cosas que, en aquel momento, me parecieron casi tan importantes como ser un investigador famoso o como hacer algún aporte sustancial a la ciencia médica; y era ayudar a esa gente"? ¿Habría sido diferente el sueño del Che si internet hubiera existido?

11 Si los países latinos desean tener una Latinoamérica unida, no se debe olvidar que en el presente el mundo es netamente comercial y muchas cosas simbolizan mercancía. Las crisis del mundo no son solo económicas sino también climáticas, sociales y morales. Y sí, es cierto que Latinoamérica es la parte del mundo que más ha sufrido por las crisis y tiene mucha experiencia en ese sentido, pero no es inteligente pensar que esto es un motivo para no soñar. ¿La unión de los países es una idea revolucionaria? ¿Es una moda? Hay que finalizar, pues, mencionando que es necesario pensar que forma de querer un país único puede *re*unir o *des*unir.

ACTIVIDAD: El sueño de una Latinoamérica unida

■ **Enfoques del aprendizaje**

■ Habilidades de pensamiento crítico: Extraen conclusiones y realizan generalizaciones razonables

Después de leer el texto sobre Latinoamérica, responde las siguientes preguntas:

1 Explica la relevancia y el significado de la relación que el autor establece entre Europa y Latinoamérica.
2 Explica la conclusión del autor utilizando las palabras "*re*unir y *des*unir".
3 ¿Por qué el autor escribió los prefijos "re" y "des" en cursiva? ¿Qué tipo de énfasis quiso provocar?
4 Comenta sobre la razón por la cual el autor mencionó al Che Guevara. ¿De qué manera esto enriqueció el mensaje del artículo?
5 Infiere sobre la importancia de las preguntas que se incluyeron en los párrafos 5 y 10. ¿De qué manera guían al lector hacia la conclusión del artículo?
6 ¿Qué piensas que el autor quiere que sintamos con los ejemplos que mencionó en el párrafo 5? ¿Qué aspecto de la idea revolucionaria que se maneja en el texto presenta con ellos?
7 ¿Qué significado añaden al mensaje del artículo las imágenes 4 y 5: el mapa de frutas y la niña con el mundo en las manos? Explica.
8 ¿Cuál es la postura del autor sobre el tema que discute? Incluye ejemplos del texto para justificar tu respuesta.
9 ¿Qué ideas del texto representa la foto 2?
10 ¿Cuál es tu perspectiva sobre el debate que se presentó en este artículo?
11 ¿Es posible decir que la manera en que el autor redactó el texto refleja una actitud realista de la idea que discute? Utiliza ejemplos para apoyar tu opinión.
12 Con tu opinión, responde las preguntas sobre el internet y el Che en el párrafo 10. Justifica tu respuesta.

◆ **Oportunidades de evaluación**

◆ En esta actividad se han practicado las habilidades que son evaluadas por medio del Criterio B: Comprensión de textos escritos y visuales.

ACTIVIDAD: Latinoamérica

■ **Enfoques del aprendizaje**

■ Habilidades de comunicación: Estructuran la información en resúmenes, ensayos e informes

Considerando las ideas que se presentaron en el texto sobre "El sueño de una Latinoamérica unida", en esta actividad seleccionarás una de las siguientes dos opciones, en la que explorarás el tema con tus propias indagaciones e ideas:

Opción 1

Escribe un ensayo donde menciones las ventajas y desventajas de la unificación de Latinoamérica. En la introducción, describe Latinoamérica y el concepto que tú tienes de ella. Finaliza indicando una razón que te hace pensar en la unificación.

En el cuerpo, menciona ejemplos que apoyen tu tema central. Justifica tus ideas. Enfatiza ventajas y desventajas y concluye con tu opinión personal. Menciona algunos aspectos importantes que son necesarios considerar.

Tu conclusión debe mencionar si hay más ventajas o desventajas y por qué.

Opción 2

Escribe un texto donde describas con detalles la forma en que internet está revolucionando la manera en que los países se relacionan, cooperan, resuelven sus conflictos, o si crea más fricciones. Menciona cómo hemos aprendido más sobre otros países y cómo han cambiado las opiniones que tenemos sobre ellos.

Incluye tu punto de vista personal y una reflexión.

Escribe 300 palabras.

◆ **Oportunidades de evaluación**

◆ En esta actividad se han practicado las habilidades que son evaluadas por medio del Criterio C: Comunicación en respuesta a textos orales, escritos o visuales y del Criterio D: Uso de la lengua de forma oral o escrita.

! Nicaragua, uno de los países hispanohablantes más pequeños, está a punto de poner en práctica una iniciativa que provocará una revolución en cuestión energética al dejar atrás y decir adiós a la compra de petróleo proveniente de países extranjeros. El país le apuesta a las oportunidades de generar energías renovables con los recursos que posee. ¿Qué detiene a otros países a llevar a cabo revoluciones como está? ¿Cuál es tu opinión al respecto considerando el contexto político, económico y regional de Nicaragua? Puedes ver un vídeo en este enlace: **https://youtu.be/9G51ZnuJtjs**.

! Planea una visita al gobierno municipal de tu ciudad para realizar una entrevista y recabar información sobre las iniciativas sostenibles que se han tomado y se están planeando en tu comunidad. Después de tu visita, discute con tus compañeros y realicen sugerencias sobre las iniciativas en las que tu escuela podría tomar parte.

! El mexicano Raúl Rojas, científico de la Universidad de Berlín (ULB), ha creado una patente de vehículos que no necesitan un humano para ser conducidos. Rojas, matemático de profesión, sugiere que los vehículos autónomos son la clave para aspirar a una mejor vida en las grandes ciudades y para mejorar condiciones viales. ¿Qué opinas sobre esta revolución tecnológica en el ámbito de los medios de transporte? ¿Qué pros y contras existen? Puedes leer un artículo al respecto en este enlace: **http://tinyurl. com/oj89r7x**. ¿Qué oportunidades de futuros trabajos y áreas de investigación brinda esta innovación? ¿Qué impacto tendrán las investigaciones de estos prototipos automovilísticos en los programas de estudio en las universidades?

Reflexión

Reflexionemos sobre nuestro aprendizaje… *Usa esta tabla para reflexionar sobre tu aprendizaje personal en este capítulo.*						
Preguntas que hicimos	Respuestas que encontramos	Preguntas que podemos generar ahora				
Fácticas						
Conceptuales						
Debatibles						
Enfoques del aprendizaje en este capítulo	Descripción: ¿qué destrezas nuevas adquiriste?	¿Cuánto has consolidado estas destrezas?				
			Novato	En proceso de aprendizaje	Practicante	Experto
Destrezas de colaboración						
Manejo de la información						
Destrezas de pensamiento crítico						
Destrezas de pensamiento creativo						
Atributos de la comunidad de aprendizaje	*Reflexiona sobre la importancia del atributo de la comunidad de aprendizaje de este capítulo.*					
Buen comunicador						

Agradecimientos

Author's acknowledgements

I would like to express my most sincere gratitude to my friends who were around during the creative and intellectual processes of this book for their patience and understanding of the extra alone time I demanded and needed. Thank you for your encouragement. I particularly would like to thank Youri van Leynseele for his presence and views as I unwrapped ideas and created learning scenarios.

I would like to dedicate this book to my parents, Francisco Angel and Celia Mendoza, who have always understood my passion for books, and have always encouraged me to travel the journeys of my choice, and to share my learning.

I would like to thank the following people as well: Margareth Harris, for believing in my pedagogical leadership and contributions to the Language Acquisition programmes in the IBO; Paul Morris, series editor for the *MYP by Concept* series and So-Shan Au, International Publisher at Hodder Education, for understanding and supporting my creativity, as well as for their insights; to the International Academy Amman in Jordan and Ecole Mondiale World School in India, for being the most fascinating intellectual playgrounds for my teaching, where many of the ideas in this book found their genesis; to Finbarr O'Regan, for his constant encouragement to go beyond what is considered good; and last but not least, to my students, who have taught me how to navigate the waves of learning with passion, determination and fun.

Acknowledgements

The Publishers would like to thank the following for permission to reproduce copyright material. Every effort has been made to trace or contact all copyright holders, but if any have been inadvertently overlooked the Publishers will be pleased to make the necessary arrangements at the first opportunity.

Photo credits

p.iv & p.2 © Library photos posed by models/www.JohnBirdsall.co.uk / Multiracial Family Groups 20; **p.4** © loreanto - Fotolia.com; **p.5** © Orphan Black II Productions Ltd/Temple Street Productions Inc.; **p.8** *l* © Maksim Denisenko – Fotolia; **p.8** *r* © iconogenic – Fotolia; **p.9** © Andy Dean – Fotolia; **p.11** © Hulton Archive/Getty Images; **p.12** © Rawpixel – Fotolia; **p.14** © Trish23 – Fotolia; **p.15** © Andrei Kukla – Fotolia; **p.17** © shibanuk – Fotolia; **p.18** *l* © Glenofobiya – Fotolia; **p.18** *r* © graphicgeoff – Fotolia; **p.19** © bronya – Fotolia; **p.21** © anekoho – Fotolia; **p.22** *t* © michaeljung – Fotolia; **p.22** *b* © nikolam - Fotolia **p.23** *t* © Getty Images/Stockbyte/Thinkstock Images; **p.23** *c* © Artwell - Fotolia; **p.23** *b* © Kadmy – Fotolia; **p.24** *t* © Patrik Stedrak – Fotolia; **p.24** *b* © Courtesy Editorial Seix Barral, Grupo Planeta; **p.25** © Hallgerd – Fotolia; **p.26** © brizardh – Fotolia; **p.28** *l* © Library of Congress Prints and Photographs Division/LC-DIG-ppmsca-13483; **p.28** *r* © Roman Shiyanov / Fotolia.com; **p.29** *l* © PhotosIndia.com LLC / Alamy; **p.29** *r* © Fine Art Images/Heritage Images/Getty Images; **p.30** © Larry Marano/WireImage/Getty Images; **p.32** © archideaphoto – Fotolia; **p.35** © JackF – Fotolia; **p.37** *l* © Hulton Archive/Getty Images; **p.37** *r* © Keystone Pictures USA / Alamy; **p.39** *t* © marko82bg – Fotolia; **p.39** *b* © Victor Chavez/WireImage/Getty Images; **p.40** *cl* © Gjon Mili/The LIFE Picture Collection/Getty Images; **p.40** *t* © Bernardo Galmarini / Alamy; **p.40** *cr* © RIA Novosti / TopFoto; **p.40** *b* © Getty Images/iStockphoto/Thinkstock; **p.41** © Laiotz – Fotolia; **p.42** *t* © DeAgostini/Getty Images; **p.42** *ct* © Christie's Images Ltd./ Superstock; **p.42** *cb* © Peter Horree / Alamy; **p.42** *b* © World History Archive / Alamy; **p.43** *l* © missbobbit – Fotolia; **p.43** *t* © benjamingrafico – Fotolia; **p.43** *c* © adrenalinapura – Fotolia; **p.43** *b* © vectomart – Fotolia; **p.45** © Picture Perfect/REX Shutterstock; **p.46** © Photos 12 / Alamy; **p.48** *tl* © Roberto Lusso – Fotolia; **p.48** *tr* © laufer – Fotolia; **p.48** *bl* © Konstantin Kulikov – Fotolia; **p.48** *br* © leonardogonzalez – Fotolia; **p.50** *l* © Lorena Ramírez; **p.50** *r* © nanettegrebe – Fotolia; **p.51** © fulvio eterno – Fotolia; **p.52** *l* © Giuseppe Antonio Pec – Fotolia; **p.52** *r* © Vuk Vukmirovic – Fotolia; **p.53** © De Agostini/Getty Images; **p.54** © Peter Rose-Pulman/March of Time/The LIFE Picture Collection/Getty Images; **p.55** © natspel – Fotolia; **p.56** © Leo Matiz/ Leo Matiz Foundation Mexico/Getty Images; **p.57** © SSilver – Fotolia; **p.58** *l* © Dánae Kóstiras; **p.58** *r* © Tomasz Zajda – Fotolia; **p.59** *l* © tuelekza – Fotolia; **p.59** *r* © Mihai Blanaru – Fotolia; **p.62** © Giovanni Cancemi – Fotolia; **p.66** *t* © freshidea – Fotolia; **p.66** *c* © rashadashurov – Fotolia; **p.66** *b* © jobrestful – Fotolia; **p.67** © Dušan Zidar – Fotolia; **p.74** *t* © Brocreative – Fotolia; **p.74** *c* © Ljupco Smokovski – Fotolia; **p.74** *b* © pressmaster – Fotolia; **p.75** *t* © Photocreo Bednarek – Fotolia; **p.75** *b* © Tree of Life – Fotolia; **p.79** © Giovanni Cancemi – Fotolia; **p.80** © Stocksnapper – Fotolia; **p.82** *t* © Monkey Business – Fotolia; **p.82** *c* © crdjan – Fotolia; **p.82** *b* © Igor Mojzes – Fotolia; **p.86** © ArtFamily – Fotolia; **p.93** © leremy – Fotolia; **p.94** *l* © Boggy – Fotolia; **p.94** *r* © Rido – Fotolia; **p.95** © Syda Productions – Fotolia; **p.96** © Monkey Business – Fotolia; **p.98** © andròmina – Fotolia; **p.100** © Letizia – Fotolia; **p.103** © Adrian Hillman – Fotolia; **p.104** © Amili – Fotolia; **p.105** *t* © kamenuka – Fotolia; **p.105** *b* © lucvar101 – Fotolia;

p.106 *l* © Kamiya Ichiro – Fotolia; **p.106** *r* © anniris – Fotolia; **p.107** *l* © Cristal Oscuro – Fotolia; **p.107** *r* © Ramiro Gómez – Fotolia; **p.108** *t* © MARCO HAYASHI – Fotolia; **p.108** *cl* © trimbaldi – Fotolia; **p.108** *br* © enens – Fotolia; **p.108** *bl* © FRAN – Fotolia; **p.110** *t* © volk1945 – Fotolia; **p.110** *c* © valentinash - Fotolia; **p.110** *b* © Tyler Olson – Fotolia; **p.111** © Tijana – Fotolia; **p.114** © viperagp – Fotolia; **p.118** © Juulijs – Fotolia; **p.122** *l* © laufer – Fotolia; **p.122** *r* © Morenovel – Fotolia; **p.123** *l* © argot – Fotolia; **p.123** *r* © Tony Baggett – Fotolia; **p.124** © sateda – Fotolia; **p.127** *l* © Eagle – Fotolia; **p.127** *r* © JCT – Fotolia; **p.128** *bl* © Alice Nerr – Fotolia; **p.128** *t* © ALCE – Fotolia; **p.128** *br* © Blue Moon – Fotolia; **p.135** © dzain – Fotolia; **p.136** *t* © Tim Gainey / Alamy; **p.136** *b* © Paolese – Fotolia; **p.137** © Kadmy – Fotolia; **p.140** © panco – Fotolia; **p.146** *t* © Andi.es – Fotolia; **p.146** *b* © robyelo357 – Fotolia; **p.147** © Estudi M6 – Fotolia; **p.151** © mariannette – Fotolia; **p.152** © goodluz – Fotolia; **p.153** *t* © klikk – Fotolia; **p.153** *bl* © artisticco – Fotolia; **p.153** *br* © Sergey Nivens – Fotolia; **p.157** *t* © Julia Tim – Fotolia; **p.157** *c* © Julia Tim – Fotolia; **p.157** *b* © Ogerepus – Fotolia; **p.159** *t* © artincamera – Fotolia; **p.159** *c* © Tommy – Fotolia; **p.159** *b* © Vladislav Kochelaevs – Fotolia; **p.160** *t* © aey – Fotolia; **p.160** *bl* © swety76 – Fotolia; **p.160** *br* © evencake – Fotolia; **pp.162** © crescendo – Fotolia; **p.169** t © alphaspirit – Fotolia; **p.169** *c* © juliabatsheva – Fotolia; **p.169** *b* © Sergey Nivens – Fotolia; **p.170** © Sergey Nivens – Fotolia; **p.171** *t* © Bernardo Varela – Fotolia; **p.171** *b* © George Wada – Fotolia; **p.175** © miff32 – Fotolia; **p.176** *t* © crislopez – Fotolia; **p.176** *b* © full image – Fotolia; **p.177** © Web Buttons Inc – Fotolia; **p.178** *bl* © redkoala – Fotolia; **p.178** *br* © dianacreativa – Fotolia; **p.178** *t* © Nenov Brothers – Fotolia; **p.181** © Grupo editorial Akal; **p.186** © Penguin Random House; **p.187** © Thomas Reimer – Fotolia; **p.188** © Sebastian Tomus – Fotolia; **p.189** © pressmaster – Fotolia; **p.193** © anamad – Fotolia; **p.194** *tl* © ires007 – Fotolia; **p.194** *t* © minicel73 – Fotolia; **p.194** *b* © crphotofile – Fotolia; **p.199** *t* © Monkey Business – Fotolia; **p.199** *b* © Wendy Kaveney – Fotolia; **p.200** *l* © michaeljung – Fotolia; **p.200** *r* © xalanx – Fotolia; **p.201** © Glenda Powers – Fotolia; **p.207** *t* © OmarTorres/AFP/Getty Images; **p.207** *ct* © Derrick Ceyrac/AFP/Getty Images; **p.207** *bc* © Derrick Ceyrac/AFP/Getty Images; **p.207** *b* © AP / Topham; **p.213** *t* © DGA1958 – Fotolia; **p.213** *c* © Sergey Nivens – Fotolia; **p.213** *b* © Vincent – Fotolia; **p.214** © Minerva Studio - Fotolia; **p.217** *l* © BernardBreton – Fotolia; **p.217** *c* © julianwphoto – Fotolia; **p.217** *r* © pict rider – Fotolia; **p.218** © ALCE – Fotolia; **p.219** © BernardBreton – Fotolia; **p.221** © Wirepec – Fotolia; **p.222** © Pampa – Fotolia; **p.223** © Galyna Andrushko – Fotolia; **p.224** © Tony Baggett – Fotolia; **p.227** *t* © full image – Fotolia; **p.227** *b* © delkoo – Fotolia; **p.228** *t* © Africa Studio – Fotolia; **p.228** *b* © Budimir Jevtic – Fotolia; **p.229** © robodread – Fotolia; **p.232** *t* © carloscanlefoto – Fotolia; **p.233** *b* © DNF-Style – Fotolia; **p.235** *t* © carlosgardel – Fotolia; **p.235** *bl* © ZIQUIU – Fotolia; **p.235** *br* © queidea – Fotolia; **p.236** © ave_mario - Fotolia; **p.238** © Rawpixel – Fotolia; **p.240** © mtrommer – Fotolia; **p.244** © sepy – Fotolia; **p.245** *t* © auremar – Fotolia; **p.245** *b* © Petro Feketa – Fotolia; **p.246** © ra2 studio – Fotolia; **p.252** *t* © Carolyn Franks – Fotolia; **p.252** *b* © Taiga – Fotolia; **p.253** © xixinxing – Fotolia; **p.255** © Erica Guilane-Nachez – Fotolia; **p.256** © Marina Ignatova – Fotolia; **p.257** © kuco – Fotolia; **p.260** © Angel Simon – Fotolia; **p.262** *t* © DragonImages – Fotolia; **p.262** *c* © Eric Isselée – Fotolia; **p.262** *b* © macrovector – Fotolia; **p.268** © gigra – Fotolia; **p.270** © Rawpixel – Fotolia; **p.275** © Thomas Pozzo di Borgo – Fotolia; **p.276** *t* © christian42 – Fotolia; **p.276** *c* © Ana – Fotolia; **p.276** *b* © Javier Castro – Fotolia; **p.281** *t* © Sergio Hayashi – Fotolia; **p.281** *b* © genialbaron – Fotolia; **p.282** © WavebreakMediaMicro – Fotolia; **p.284** *t* © Blue Moon – Fotolia; **p.284** *b* © Lefteris Papaulakis – Fotolia; **p.285** © los_ojos_pardos – Fotolia; **p.286** © Lefteris Papaulakis – Fotolia; **p.288** © The AGE/Fairfax Media via Getty Images; **p.292** *t* © Erica Guilane-Nachez – Fotolia; **p.292** *c* © rook76 – Fotolia; **p.292** *b* © Baharlou – Fotolia; **pp.294–95** © Rawpixel – Fotolia; **p.296** *t* © sdp_creations – Fotolia; **p.296** *cl* © nuvolanevicata – Fotolia; **p.296** *cr* © genialbaron – Fotolia; **p.296** *b* © juanjo tugores – Fotolia; **p.301** © atScene – Fotolia; **p.302** *t* © gustavofrazao – Fotolia; **p.302** *bl* © gustavofrazao – Fotolia; **p.302** *br* © undrey – Fotolia; **p.310** © FrankBirds – Fotolia; **p.311** *l* © Comugnero Silvana – Fotolia; **p.311** *r* © mmmg – Fotolia; **p.312** *t* © Elnur – Fotolia; **p.312** *r* © asierromero – Fotolia

t = top, *b* = bottom, *l* = left, *r* = right, *c* = centre

Text credits

Visible Thinking – ideas, framework, protocol and thinking routines – from Project Zero at the Harvard Graduate School of Education have been used in many of our activities. You can find out more here: www.visiblethinkingpz.org

p.3 Various phrases taken from posts on the 'Los Habitos que logran un Mejor Ser Humano' Facebook group; **p.3** Statistics quoted in 'Ocho beneficios de sonreír' from Publimetro (Publimetro, 30th January 2013), http://publimetro.pe; **p.21** Ian McEwan: from the Spanish translation of *The Cement Garden*, trans. Antonio-Prometeo Moya (TusQuets, 2002), © 1978 Ian McEwan. Published in the Spanish language by Tusquets Editores, 1982. For the translation © Antonio-Prometeo Moya; **p.38** Frida Kahlo: various quotations; **p.45** Rafael Arcaute and Calle 13 lyrics from the song 'Latinoamerica' from the album *Entren Los Que Quieran* (Sony Music Latin, 2010); **p.68:** Summary of facts taken from 'Cuáles son las ciudades con mejor calidad de vida del mundo' from *infobae* (infobae, 19th February 2014), www.infobae.com; **p.83** Papa Levante: from 'Gorda' from *Sopla Levante* (Muxxic Records, 2003); **p.148** Isaac Asimov: from the Spanish translation of *The Fun They Had* (*¡CÓMO SE DIVERTÍAN!*), taken from *CUENTOS COMPLETOS*, trans. Carlos Alberto Gardini (Zeta Bolsillo, 2009); **p.180** Fredric Brown: from the Spanish translation of *The Mind Thing* (*El Ser Mente*) (Acervo, 1982); **pp.180–82** Ernst Friedrich Schumacher: taken from *Lo pequeno es hermoso: Economia como si la gente importara* (Ediciones Akal, 2011); **pp.187–89:** P.D. James: from the Spanish translation of The Children of Men (*Hijos de los hombres*) (Editorial Sudamericana, 1994); **pp.206–07** photos and text adapted from 'FOTOS: 1985, el sismo que devastó la Ciudad de México' from *ADN Politico* (ADN Politico, 19th September 2013), www.adnpolitico.com; **pp.213–14** David Jimenez: from the blog 'La impunidad de las ONG' (David Jimenez, 3rd May 2012), http://davidjimenezblog.com; **pp.221–23** Jorge Laborda: from 'La magnética orientación de las Monarcas' from *Cienciaes* (Cenciaes, 2015), reproduced by permission of the author; **pp.228–29** Francisco Jimenez: from *Cajas de carton* (HMH Books for Young Readers, 2002); **pp.239–40** Ken Tenaka: an excerpt from 'What Kind of Asian Are You' (May 2013), reproduced by permission. http://www.KenTanakaLovesYou.com; **p.249** Fanny Lu: from the song 'Ni Uno Menos' (Universal Music Latino, 2009); **pp.250–51** Miguel Delibes: from *El Camino* (Ediciones Destino, 1950); **pp.258–59** Forrest Carter: from the Spanish translation of *The Education of Little Tree* (*La Estrella de los Cheroquis*), trans. Horacio Gonzalez (S&M Books, 1985); **p.281** Elizabeth Burgos: from *ME Llamo Rigoberta Menchu y Asi ME Nacio La Conciencia* (Editorial Seix Barral, S.A., 1994); **pp.290–92** Sarah Lark: from *En el pais de la nube blanca* (Ediciones B, 2011); **p.296** Julieta Venegas: from the song 'Sabiendose de los descalzos' from Aqui (RCA International, 1997)